女性と憲法の構造

大西祥世 著

信山社

はじめに

　本書は，2005年に法政大学から博士（法学）を授与された，課程博士学位論文「女性に関する人権保障の憲法構造」をもとにしている。出版にあたって，最近の議論を加えるとともに，アメリカに関する比較研究の部分は削り，全体の圧縮につとめた。

　私が研究してきたこの10年間は，女性に関する人権論は大きく高揚し，公法学系のジェンダー法学研究の必要性についても理解が深まってきた。1997年に高橋和之教授編集の『岩波講座現代の法　ジェンダーと法』が公刊されて先鞭をつけた。2003年にジェンダー法学会が設立され，さらに，21世紀COEプログラムとして東北大学「男女共同参画社会の法と政策」，お茶の水女子大学「ジェンダー研究のフロンティア」が立ち上げられた。2004年には，いくつかの法科大学院で，ジェンダー法学が科目として設置された。私が大学院に進学した当時は，こういう展開は全く想像ができなかった。だが，他方で，最近，女性に関する人権論は厳しい批判の嵐にも直面している。

　研究を始めた当初は，日本でようやく誕生したばかりの，光り輝いていた法女性学を学び，私の関心も，自分なりに憲法論として構成してみたいというものであった。しかし，この数年間はむしろ，これまでの研究や実務のどこに弱点があったのか，どの点を理論的に解明し，憲法学とジェンダー法学との理論的な融合をどのように強めるのかが課題となった。女性に関する人権論を憲法学的にきちんと位置づけて，理論として十分に固めることなしに，この逆風を乗り越えることはできないのではないだろうか。本書はそうした意識のもとで書かれたものであり，現時点で可能な限り解明したつもりである。

　私は，1992年4月に青山学院大学法学部に入学してすぐに，金城清子教授の『法女性学』（日本評論社，1991年）と衝撃的に出会い，行政法，女性行

はじめに

政について勉強を始めた。そして，1996年4月に法政大学大学院に進学して，主として女性に関する憲法学の理論史を研究し，修士論文にまとめた。博士後期課程に進学してからは，実証的な研究を志し，内外からいくつかの機会を与えていただいた。

まず，DV，セクシュアル・ハラスメントといった，性差別や人権侵害の解決と救済の最前線で日々奮闘している「現場」から多くを学ぶことができた。福原啓子氏，阿部裕子氏，近藤恵子氏には，「現場で人権を考える」ことや，頭と身体の両方を総動員して問題を解決していくことによって生まれる「力」を，身をもって教えていただいた。弁護士の河野敬先生，林陽子先生，菅沼友子先生，渡辺智子先生，市毛由美子先生には，法女性学が実務家によってリードされていることを，さまざまな場面で教えていただいた。

さらに，個々にお名前を挙げることはできないが，市民からの要望に応えて，男女平等を推進する地域をつくるために，市民に一番近い政府である自治体で女性行政に取り組んできた職員の方々，とくに女性行政の黎明期を物心両面で支えてきた有馬真喜子先生，樋口恵子先生，山口みつ子先生，三隅佳子先生，尼川洋子先生，桜井陽子先生には，多くの実践を教えていただいた。

また，アメリカ・ワシントンD.C.にあるジョージタウン大学ローセンターのデボラ・エプシュタイン教授には，面識もないままに大学の研究室をお尋ねしたときから格別の厚遇を受け，また，『ドメスティック・バイオレンスと裁判』にまとめた東京でのセミナーに際しても，多忙な中，時間を割いて，ご自身で参加くださった。それとともに，現職のワシントンD.C.第一審裁判所裁判官であるステファン・G・ミリケン判事もお誘いくださり，また，当時DV法案を準備した国会議員のプロジェクト・チームのメンバー等との会合を持っていただき，日本の立法にも励ましの言葉をいただいた。

この間，1995年には国連第4回世界女性会議（北京会議）NGOフォーラム，2000年には国連人権高等弁務官等主催「アジア太平洋国内人権機関フォーラム・女性の人権ワークショップ」（フィジー会議）に出席する機会があり，国際社会における女性に関する人権促進の熱い空気の一端を知ることができた。

はじめに

　本書では，こうした「現場」の人々に教わったことが，心棒になっている。これまで未開拓の研究分野に挑戦してきた私にとって，現場からの知見，現場の人々の女性に関する人権保障に対する気持ちと励ましが，私の元気になり，くじけそうになる自分を支えてくれた。豊富な実証性をもとに理論的課題を論じることができたのは，現場で私を教え，研究を導いてくれた方々のおかげである。本書でどこまで期待に応えることができたか不安もある。

　一方，理論的には，耐えざる不安のなかにいた10年であった。従来，公法学の領域では，女性に関する人権保障は，独立した研究テーマの一つとしては十分に認められていなかった。私のように，大学で公法系の勉強を行い，女性に関する人権や女性行政に関心をもち，大学院で研究を深めたいと希望している者は少なくない。しかし，多くの大学院では，このテーマを選ぶと，就職へのハードルがより一層高くなるという事情から，こういう希望は退けられがちである。ゆえに，法政大学大学院に入学したときでさえ，私の研究が憲法学として成り立つかどうか大きな不安があった。ジェンダー法学の研究者の先輩の多くは，別のテーマで研究を進めて就職をした後にこの領域の論文を書いてきたが，私は大学院入学と同時に，ストレートにこの問題に取り組み始めた。そのため，課題の設定も理論づけも，五里霧中でさがしてきた。

　そうしたなかで，次の先生方には本当にお世話になった。江橋崇先生，野中俊彦先生，建石真公子先生には，憲法学のイロハから，さまざまにご指導いただいた。とくに大学院で指導教授をお願いした江橋先生には，現場と憲法学の両方を考えた研究に取り組むことの大切さを教えていただいた。

　そして，神長百合子先生と神長勲先生には，青山学院大学卒業後も公私にわたりご指導いただいた。

　また，横田耕一先生，辻村みよ子先生，植野妙実子先生には，憲法学で女性に関する人権論を研究することに，ご指導と励ましをいただいた。山下泰子先生，橋本ヒロ子先生，戒能民江先生，浅倉むつ子先生には，ジェンダー法学研究でご指導いただいた。

　先生方には，あたたかい励ましと，ときには厳しいご指導をいただいて，

はじめに

研究を導いていただいた。本書は，私の研究生活では一つの区切りということになるが，非力な私がここまでたどり着くことができたのは，ご指導いただいた多くの先生方に恵まれたからであると思う。この場をかりて，心からの御礼を申し上げたい。

　憲法学的にいうと，本書は「不在の証明」になってしまう面もある。事実，先生方からは，学界で議論されていないということを指摘して何の意味があるのか，との厳しいご指導をいただいたこともある。しかし，私としては，歴史をゆがみなく理解したいということと，この不在が最近のさまざまな憲法理論上の試みを生み出してきた背景になっていることもあって，比較的丁寧に追いかけてきた。その主眼はもちろん，この閉塞的な状況を打破しようとする理解と共感を表現することにある。

　最後に，厳しい出版事情のなか，本書の出版をお引き受けくださった信山社の渡辺左近社長に厚く御礼を申し上げたい。渡辺社長には，私が大学院修士課程在学中に国際人権法学会に入会して事務局の手伝いをしていたときから，研究をあたたかく見守っていただいたように思う。担当編集者の鳥本裕子さんにもさまざまにご面倒をおかけした。また，これまでの研究生活を支えてくれた両親にも，深い感謝を捧げたい。

目　次

はじめに

序 …………………………………………………………………………………… 1

第1章　女性に関する人権の憲法学における位置づけ ……… 5

第1節　日本国憲法における女性に関する人権保障の形成 ………… 7
第1項　憲法44条・政治的平等 ………………………………………… 11
第2項　憲法24条・家族関係における平等 ………………………… 14
第3項　憲法14条・社会的平等 ………………………………………… 27
第4項　GHQの主導による憲法理念の普及と実現 ……………… 28

第2節　憲法14条論の展開と男女平等 ……………………………………… 36
第1項　違憲審査制を視野に入れた解釈と審査基準 ……………… 37
第2項　合理的差別論による女性差別の容認 ……………………… 49
第3項　男女平等に向けた学説見直しの開始 ……………………… 65

第3節　裁判外での憲法14条論の効用 …………………………………… 70
第1項　ポジティブ・アクションの考え方の導入 ………………… 70
第2項　政府の積極的な差別解決政策の実施義務論の導入 …… 75

小　括 ………………………………………………………………………………… 83

第2章　女性に関する人権保障・政治及び行政の責任と
　　　　公共性 ……………………………………………………………… 86

第1節　女性に関する人権保障の立法の変遷 ………………………… 90
第1項　女性に関する立法の変遷 ……………………………………… 90
第2項　国会議員の立法権限の活用 …………………………………… 95

第2節　国の女性行政の歴史的展開 ……………………………………… 96
第1項　占領下における女性行政の誕生 …………………………… 98
第2項　総合的な女性行政の展開 ……………………………………… 106

目　次

　　第3節　自治体女性行政の展開 …………………………………115
　　　　第1項　首都圏の自治体における女性行政の歴史的展開 ……116
　　　　第2項　自治体女性行政のかたち──推進体制の構築 ………125
　　　　第3項　自治体女性行政の内容 ……………………………132
　　　　第4項　自治体女性行政の新機軸 …………………………136
　　第4節　女性行政における責任と公共性 ………………………144
　　　　第1項　自治体固有の行政責任と公共性 …………………144
　　　　第2項　市民社会との公共性の分有 ………………………152
　　小　括 ……………………………………………………………158

第3章　女性に関する人権侵害の救済 ………………………………161
　　第1節　日本における女性に関する人権救済 …………………162
　　　　第1項　司法的救済 …………………………………………162
　　　　第2項　ADR（非司法的救済機関）………………………171
　　　　第3項　救済の不十分さ ……………………………………182
　　第2節　自治体における男女平等オンブズパーソン制度 ……186
　　　　第1項　男女共同参画会議における苦情処理機関設置の意見 ……189
　　　　第2項　自治体の男女平等に関する苦情処理，人権保護制度の
　　　　　　　　現状 ……………………………………………………196
　　　　第3項　地域特性に応じた自治体男女平等オンブズパーソン制
　　　　　　　　度の意義 ………………………………………………203
　　　　第4項　男女平等オンブズパーソン制度の運用の成果と課題 ……206
　　小　括 ……………………………………………………………221

第4章　当事者による権利の回復 ……………………………………224
　　第1節　当事者とNGOによる権利の救済 ……………………225
　　　　第1項　裁判を利用した権利の回復 ………………………225
　　　　第2項　行政への働きかけ通じた権利の回復 ……………231
　　　　第3項　当事者のエンパワーメントとNGOによるサポート ……238
　　　　第4項　国際社会への働きかけを通じた権利の回復 ……241

　　　　　　　　　　　　　　　　　　　　　　　　　　目　次

　　第2節　当事者による人権保障と地域づくりの接合……………258
　　　　第1項　地域福祉計画及び地域福祉支援計画への関わり　…………259
　　　　第2項　参加型手法による当事者のエンパワーメント　…………266
　　　　第3項　女性に関する人権保障における企業の役割　……………267
　　小　括　………………………………………………………………275

第5章　女性に関する人権論の新たな展開……………………276
　　第1節　人格権論の発展……………………………………………278
　　　　第1項　憲法14条と関連させた憲法13条の解釈　………………278
　　　　第2項　「国政上の最大の尊重」の解釈の不十分さ　……………281
　　第2節　人権の国際化と女性…………………………………………285
　　　　第1項　国際人権法秩序における国家の人権実現の責務　………285
　　　　第2項　国内における国家の国際人権実現の責務　………………288
　　第3節　公私二元論の見直し………………………………………292
　　　　第1項　家族に関する憲法学の新たな展開　………………………292
　　　　第2項　シティズンシップ論からの批判　…………………………297
　　第4節　現場からの人権論の構築に向けて………………………306
　　　　第1項　男女共同参画社会の形成促進　……………………………306
　　　　第2項　ジェンダー法学の勃興とその成果　………………………317
　　　　第3項　司法におけるジェンダー・バイアスの発見　……………327
　　小　括　………………………………………………………………333

第6章　まとめ――女性と憲法の構造　………………………335

参　考　文　献　………………………………………………………341

事項索引・人名索引………………………………………………………377

序

　日本において，女性に関する人権保障が社会全体の課題となったのは，第二次大戦後，日本国憲法の制定以降のことである。その中心的な課題は，憲法のもとで，立法権と行政権の取組みが求められたことである。憲法典に条文がおかれ，国会により関連する立法の改革がなされ，政府により体系的に施策が展開された。自治体もまた，地域においてこれらの実現を図った。これらは，とりわけ当事者である女性に強く歓迎されて，数多くの運動が盛んになった。運動の目的の一つが，裁判を通じた女性に関する人権保障であった。そして，後の時代になると，女性運動は，自治体に地域固有の政策の展開を求めた。他方で，女性の運動は，同様の課題に取組む国際的な運動と連携し，国際社会でも活躍した。

　本書は，第二次大戦後の日本の女性に関する人権保障の取組みを俯瞰するものである。しかし，それはもとより，歴史研究・政策研究ではなく，21世紀の今日，この領域で憲法及び憲法学が直面している課題のより一層適切な理解を深めることが目的である。したがって，最終章では，結論として，この領域における憲法学のあり方に新たな理論的展望を見出すように，努力したい。日本社会においては，依然として，女性に関する人権と差別に，未解決の問題が多く存在している。この問題の解決に，憲法学はどのように貢献することができるのであろうか。憲法学の今日的責務は重いものがある。

　冒頭にあたって，その対象と視角について，趣旨を説明しておきたい。

　第1章では，まず，大日本帝国憲法改正の過程で，女性差別問題がどのように扱われたかという歴史的な経過を追う。次いで，成立した日本国憲法の第14条第1項，第24条，第44条において取り扱われるようになった女性に関する人権保障と差別について，憲法学がそれをどのように受けとめて，どのように解釈を行ったのかを検討する。その際中心的に扱うのは，宮沢俊義

序

教授が代表する通説的理解と、後にそれを批判して登場したいくつかの新しい解釈である。すなわち、日本国憲法によって男女平等、性差別の禁止、女性に関する人権保障が規定されたが、それを誰がどのように実現するのかが明確ではなかった。1970年代以降に、女性運動は自分たちで憲法の活用方法論を切り開かなければならなかった。そして、憲法学が女性運動からの問題提起を受け、それをフォローするようなかたちでいくつかの理論を展開した。本章の考察を通じて、こうした日本国憲法における女性に関する人権保障の憲法構造と、憲法学におけるその理解を整理し、本書における考察の出発点としたい。

日本国憲法の施行によって、憲法上の新しい課題が設定された。すなわち、旧来の国家システムは変革が求められ、女性に関する人権保障への立法・行政の新たな体制を構築することが期待された。そこで、第2章では、国と自治体が女性行政をどのように構成し、展開してきたのかを実証的に検討する。したがって、国の立法府及び行政府の取組みの実際と自治体における同様の取組みのおのおのについて取りあげることになる。その際に、従来の女性学の研究の経験からすると、対象が多種多様なので、どうしても平面的、羅列的な記述になりがちである。ここでは、憲法学の分析視角をつくりあげることを意図した。日本の政府機構の特徴である各省庁の割拠制を常に念頭におくこと、上命下服構造であった国と自治体の関係が、どのように対等・協力な自治体行政として転換できたのか、また、政府の取組みと市民やNGOの活動がどのように結びついているのかに注意することにも配慮したい。また、行政の責務責任やそれを担う公共性等、憲法学の外部での議論の成果も取り入れて、分析を進めていきたい。

もう一つ克服されなければならないのが、差別や人権侵害の問題を十分に救済できない裁判所である。つまり、憲法上の女性に関する人権の保障には、立法と行政を通じた施策全般の進展という課題だけではなく、個別的な事件における被害者の救済という課題も存在する。これは、行政が設置する各種の相談、あっせんという制度によっても担われるが、主要には司法の課題である。そこで、第3章では、司法及び国や自治体における人権救済のシステム並びに男女平等オンブズパーソン等の取組みを扱う。ここでの分析の視座

は，人権救済の総合性，当事者性，地域性に置かれる。

こうした検討を通じて改めて確認されるのが，政府とNGOとの連携の重要性である。この連携について，政府の側からみた意味は第2章で検討する。第4章では，これをNGOの側から検討してみたい。さらに，国内外における日本のNGOの活動についても検討する。これまでのこの領域の研究は，個別事例の調査報告に傾きがちであったので，ここではなるべく多くの活動例を扱い，共通点を明らかにするように努めたい。

以上の考察を経て，立法，行政，司法，地方自治，市民運動，国際社会における取組みとその成果としてつくられてきた女性に関する人権保障の憲法構造が明らかになる。そこで，再び憲法理論に戻り，第1章で検討した時期の後今日に至るまでの間になされた，この問題に対する新しい理解，主張，提案等を扱う。憲法学は，第2章から第4章までで詳細に検討してきた取組みとその成果である憲法構造に対して，どのような理論的な展望を提供できるのであろうか。第5章では，これまでに試みられた憲法学内外におけるさまざまな理論の提唱や，新しい憲法解釈を取りあげたい。

この論文は，この半世紀余りの日本における女性と憲法構造を明らかにする。したがって，本論文の提示する新しい理解には，なお不十分な点が多いにしても，少なくとも議論の前提を整理して基礎的枠組みを共有する可能性は開くことができるのではないだろうか。

なお，本書での用語の使用については次のようにしたい。
① 婦人，女子については，原則として「女性」を用い，固有の用語として「婦人」，「女子」を使用している場合に限り，それを使用する。
② NGOには，国連の協議資格をもつ民間団体だけでなく，広く日本国内の地域で活動する民間団体，非政府組織も含む。

第1章　女性に関する人権の憲法学における位置づけ

　第二次大戦後の日本の憲法学は，基本的人権の尊重を基本原則とする「日本国憲法」という素材を得て，活発な展開をみた。しかし残念なことに，体系書や論文集等，たとえば，東京大学法学部関係の憲法学者を中心に編集され，戦後憲法学の人権論の到達点を示すといわれる『宮沢俊義教授還暦記念論集　日本国憲法体系』[1]（全9巻，1965年），革新色の強い東京大学社会科学研究所編の『基本的人権』[2]（全5巻，1968年）においては，性差別撤廃や女性に関する人権保障は論文のテーマとして扱われていない。これと対極的に保守的な田上穣治教授が中心となって編集された『体系憲法事典』（1968年）では，男女平等に対しては，日本国憲法について扱われた全434頁[3]のうちでわずかに半頁分[4]が割かれているだけであり，1946年から1967年までの20年間の憲法学の文献を収録したリスト[5]では，文献約5,000点のうちで5点しか掲載されていない。しかも，和田鶴蔵教授の論文[6]のほかは，ジュ

---

(1)　田中二郎編集者代表『宮沢俊義教授還暦記念論集日本国憲法体系』（有斐閣，1965年）。第7巻及び第8巻で基本的人権が扱われた。
(2)　東京大学社会科学研究所編『基本的人権1〜5』（東京大学出版会，1968-1969年）。
(3)　田上穣治編『体系憲法事典』（青林書院新社，1968年）252-686頁。
(4)　阿部照哉「基本権と平等原則」田上編・同上，281-282頁。
(5)　田上編・同上，911-1102頁。
(6)　田上編・同上，954，999頁。なお999頁では，和田鶴蔵教授の論文の紹介として「『両性の本質的平等』神戸教育研究録32号」との記載があるが，このような誌名の刊行物はなく，また，このような題名の論文は存在しない。おそらく，和田鶴蔵「両性の本質的平等と教育(1)〜(5)」神戸大学教育学部研究集録30号，31号，33号，34号，35号（1963-1967年）（和田鶴蔵『憲法と男女平等』法律文化社，1969年所収）の誤記と思われる。

第1章 女性に関する人権の憲法学における位置づけ

リストの座談会⁽⁷⁾と世界評論及び婦人公論の論文であった⁽⁸⁾。このように，男女平等に関する本格的な論考は，たいへん遅れて，『岩波講座現代の法』（全15巻，1997年）において高橋和之教授による『ジェンダーと法』の巻⁽⁹⁾が編まれるまで，待たなければならなかった。

戦後期の憲法学では，女性に関する人権論について，確たる蓄積が乏しいように思われる。これに問題性をはじめに感じたのは，女性の研究者たちである。金城清子教授は，性差別は部落差別や人種差別とはちがって複雑な面があり，男と女は違うということがあまりにも当然視され，非科学的，経験的，非論理的に肯定されて，異なる扱いが合理的であるとされてきたきらいがある⁽¹⁰⁾と説明した。また，辻村みよ子教授は，憲法24条及び憲法14条の保障する平等原則を根拠に男性と同じ権利を要求するだけでは，女性の個人としての権利や尊厳は確保しえない⁽¹¹⁾として，憲法13条の保障する個人の尊重や幸福追求権からの理論的アプローチの必要性を力説した。植野妙実子教授は，憲法14条と憲法24条の限定的な解釈が行われてきたのは，憲法の

---

(7) 兼子一ほか「婦人法律家の集い　男女同権は実現されているか（座談会）」ジュリスト6号（1952年）23-37頁。座談会の出席者は，司会の兼子教授以外は，すべて女性であった。すなわち，久米愛氏（弁護士），田辺繁子氏（家事調停委員），立石芳枝氏（明大教授），西塚静子氏（東京家庭裁判所判事），野田愛子氏（東京地方裁判所判事），和田嘉子氏（同），渡辺美惠氏（法務府人権擁護局）がそれぞれ，女性法律家の活動状況について当時の状況を報告した。女性に関する人権については，渡辺氏により「法律的にいえば今の法律は一応至れり尽せりで」あるが，宣言的な法律ばかりで男女平等を「具体的に保証（ママ）するようなものが何もないというところに問題がある」と指摘された（33-34頁）。また，ここで「婦人の人権問題」として具体的に取り上げられた問題は，婦人の人権問題，売春取締，街娼と集娼，人身売買，婦人少年労働，田植え嫁であった（33-37頁）。
(8) 羽仁説子「婦人は憲法にかく要求す」世界評論1巻5号（1946年）40-42頁。塩尻公明「男女平等の諸問題」婦人公論406号（1951年）25-31頁。その他，山本杉「憲法改正と女性の責務」法律新報728号（1946年）43頁が，貴族院事務局調査部『憲法改正に関する諸論輯録』（1946年）の「雑誌之部」の一覧表に掲載された。
(9) 高橋和之ほか編『現代の法11巻　ジェンダーと法』（岩波書店，1997年）。
(10) 金城清子『ジェンダーの法律学』（有斐閣，2002年）5頁。
(11) 辻村みよ子『女性と人権』（日本評論社，1997年）181頁。

解釈をもっぱら男性が担当してきた(12)ことを理由に挙げた。若尾典子教授は，その理由が，戦後改革期の女性の権利に関わる法制度が，欧米諸国に比較して一歩先んじたことにあり，戦後の経済発展のなかで，女性の現実と法制度の乖離が見えにくくなった(13)からだと指摘した。

　これらの指摘は，いずれも適切なものである。しかし，この欠落の背景には，もう少し深刻な，憲法学そのものに内在する問題があるのではないだろうか。なぜ憲法学で女性に関する人権論が論じられなかったのか。

　憲法学史の研究において，研究者によって無視されたり書かれなかったりしたことの理由を明らかにするのは困難である。それは，書かれたことを整理して，その表裏のものとして理解する以外にないだろう。本章ではまず，戦後憲法学を整理してみるが，それはこうした理由によるのである。

第 1 節　日本国憲法における女性に関する人権保障の形成

　日本国憲法が制定されたことによって，女性は，「性別による不当な差別をうけることなく，平等で自立した生活を営むことを—少なくとも法制度の建前上は—権利として獲得した」(14)といわれている。しかし，実態は，その理念とは一致していない(15)。

　第二次大戦の敗戦にともない，日本では，大日本帝国憲法の改正が必要であるか否か，その場合はどの程度の範囲なのかの検討が行われていた。その過程では，女性に関する人権の保障，女性の解放，女性の地位向上といった視点はほとんど意識されていなかった。官僚と学者で構成された政府の憲法問題調査委員会は，当時は女性の官僚も学者もいなかったので，すべて男性であった(16)。

---

(12)　植野妙実子「憲法の中の女性」山下泰子ほか編『法女性学への招待〔新版〕』（有斐閣，2000 年）216 頁。

(13)　若尾典子「『女性の人権』をめぐって」公法研究 61 号（1999 年）109 頁。

(14)　辻村・前掲注(11)，163 頁。

(15)　同旨として，辻村・前掲注(11)，163 頁。

(16)　「憲法問題調査委員会顧問・委員名簿」芦部信喜ほか『日本国憲法制定資料全集

第1章　女性に関する人権の憲法学における位置づけ

　1945年秋にはすでに，連合国軍総司令部（以下，「GHQ」という。）の日本民主化の五大改革[17]の一つとして「一　選挙権賦与による日本婦人の解放―日本婦人は，政治体の一員として家庭の安寧に役立つ新しい概念の政府を日本に招来するであろう」が指令されて，女性の人権が重要であるといった方向性が示されていた。にもかかわらず，1945年の暮れから1946年の年頭に相次いで公になった政府側の憲法案である近衛案，憲法問題調査委員会（松本委員会）による「憲法改正要綱」[18]や，自由党「憲法改正要綱」，日本進歩党「憲法改正問題」，大日本弁護士連合会の「憲法改正案」のいずれの案にも，性差別の禁止ないし男女平等に関する規定は盛り込まれなかった。一方，日本社会党「憲法改正要綱」[19]，共産党の「新憲法の骨子」[20]，民間の「憲法研究会」が作成した「憲法草案要綱」[21]，「憲法懇談会」の「日本国憲法草案」[22]，高野岩三郎教授の「改正憲法私案要綱」[23]には，盛り込まれた[24]。

　1946年2月にGHQが提示した日本国憲法草案には，性差別の禁止と男女

---

(1)』（信山社，1997年）132 - 133頁。
(17)　佐藤達夫『日本国憲法成立史第1巻』（有斐閣，1962年）246頁。なお，この改革の元になったアメリカ政府内での検討とGHQへの指令（国務省内案「PR-32 Final」1945年10月8日）について，原秀成『日本国憲法制定の系譜Ⅱ』（日本評論社，2005年）529, 647頁。
(18)　松本委員会での検討内容については，芦部信喜ほか『日本国憲法制定資料全集(2)』（信山社，1998年）が詳細であるが，女性や男女平等に関する議論はほとんど見当たらない。
(19)　「国民ノ家庭生活ハ保護セラル，婚姻ハ男女ノ同等ノ権利ヲ有スルコトヲ基本トス」とされた。
(20)　「民主議会は一八歳以降の選挙権被選挙権の基礎に立つ」とされた。男女平等を明示的に規定していないが，18歳以上の男女の選挙権，被選挙権の保障が盛り込まれた。
(21)　「国民ハ法律ノ前ニ平等ニシテ出生又ハ身分ニ基ク一切ノ差別ハ之ヲ廃止ス」，「男女ハ公的並私的ニ完全ニ平等ノ権利ヲ享有ス」と，男女平等が盛り込まれた。
(22)　「十四，…男女の同権等々ノ規定ヲ設ケタリ」，「第八十五条　男女ハ政治経済文化其ノ他社会生活ニ於テ均等ナル待遇ヲ与ヘラルヘシ」とされた。
(23)　「凡テ教育其他文化ノ享受ハ男女ノ間ニ差異ヲ設クベカラズ」とされた。
(24)　これらの憲法改正案については，芦部ほか・前掲注(18)，322 - 365頁。

平等が盛り込まれたが，この時期になってもなお，政府側にはこれを受けとめる視点がなかった。このことを憲法学的に問題視する指摘もほとんどなく，そもそも，女性に関する人権についての指摘はほとんどなかった。その中にあって，憲法草案要綱を作成した鈴木安蔵教授の主張は注目される。たとえば，鈴木教授は，憲法改正草案を評価し，女性の解放こそが社会と国家の，旧封建的専制や不平等から解放であると指摘した[25]。さらに，日本国憲法制定直後の解説書の中で，「国民の個々の男女おのおのの尊厳こそ，日本国の尊厳である。国家権威は，ほかならぬ市民男女から発する」[26]とし，憲法14条によって，「女性であるために法的にも政治的にも経済的にも社会的にも男性より一段ひくいものとして扱はれたり…するやうな封建的状態は，今後一掃される」[27]と説明した。それと同時に，憲法24条についても「真の男女平等，相互の真実の自主平等な愛情を基礎とした家庭生活の建設のためには，法的改革以上に，男女相互の深い自覚が必要で」あり，「経済的にも社会的にも女性が男子よりも劣等者扱ひされてゐる事実そのものを廃止する社会的な規定が憲法に設けられないならば，家庭における女性の解放自体が不完全にしか行はれないであらう。新憲法は，かうした点で，まだまだ不十分である」[28]と，憲法が内在している男女平等推進への脆弱性を明らかにした。当時はこの程度の指摘でさえ突出しており，今日からみると，貴重なものである。

とはいえ，実際には，日本国憲法はGHQの影響を強く受けて制定され，大日本帝国憲法の下で長く続いた法制度上の女性差別は大幅に解消された。まず日本国憲法13条において，「すべて国民は，個人として尊重される。生命，自由及び幸福追求に対する国民の権利については，公共の福祉に反しない限り，立法その他の国政の上で，最大の尊重を必要とする。」と規定され，個人の尊重が前提とされた。同14条1項において「すべて国民は，法の下に

---

[25]　鈴木安蔵「憲法と女性」女性改造1巻2号（1946年）〔丸岡秀子編『日本婦人問題資料集成〔第9巻〕思想（下）』（ドメス出版，1981年）96頁所収〕。
[26]　鈴木安蔵『新憲法解説と批判』（新文藝社，1947年）14頁。
[27]　鈴木・同上，34頁。
[28]　鈴木・同上，37-38頁。

第1章　女性に関する人権の憲法学における位置づけ

平等であつて，人種，信条，性別，社会的身分又は門地により，政治的，経済的又は社会的関係において，差別されない。」と規定され，法の下の平等と性別による差別の禁止がうたわれた。

平等については，第一に，憲法公布後に当時の日本全国の各家庭に配布された憲法普及会発行の『新しい憲法明るい生活』という小冊子[29]もいうように，新憲法の特色として，女性の地位も男性と同等となったのであり，「女は男より卑しいものだとか，そんな差別は一切許されないこととなった」[30]と理解された。これによって，女性に対する一般的な法律上の差別が撤廃されるようになった。

第二に，憲法24条で，家制度の廃止と家族生活の中での男女平等が規定された。これによって，家族法における女性に対する差別が撤廃されることになった。この条文が社会に与えたインパクトは大きく，当時の男女平等に関する議論も，どちらかといえば，憲法14条よりもむしろ憲法24条が中心であったといえるだろう。

第三に，憲法44条で，参政権における男女平等が再度規定された。女性の参政権については，実は，日本国憲法制定によってではなく，その直前に改正された衆議院議員選挙法により実現されていた。

また，この他に，居住・移転及び職業選択の自由（22条1項），学問の自由（23条），勤労の権利と義務（27条1項）等がすべての人に保障されたので，女性もその権利を享受することとなった。

ところが，憲法の文言上は「平等」が定義されても，実際には社会的不平等を無くすことにはなっていない。当時の女性の地位[31]は，法律上男性よ

---

(29) 憲法普及会編『事業概要報告書』(1947年) によると，これは小学校卒業程度の学力をもつ国民を対象としたもので，発行部数は2000万部であった。また，同冊子の点字版も作成され，同じく無償で配布された。ただし，部数については，当時の出版事情を鑑みると，真偽が疑わしいといわざるを得ない。

(30) 憲法普及会編『新しい憲法明るい生活』(憲法普及会，1947年) 6頁。

(31) 憲法制定直後の差別に対する認識として，労働省婦人少年局『婦人関係資料シリーズ3　婦人の地位についての調査』(1950年)。これによると，1949年の婦人週間中に各地で開催された講演会等に出席した女性を対象にした調査では，婦人の地位向上を妨げている理由として，「従来の封建制および慣習の残存」が42％，「男性

り下位におかれていただけではなく，社会的にも能力が劣ると認識されていたようである[32]。したがって，女性に関する権利を拡充して法制度上で男女を平等に扱うことについてさえ，日本政府側には女性の力量不足を理由にしてかなりの抵抗があったと思われる[33]。そこで，憲法44条，24条，14条について，憲法学者が各条文の制定過程をどのようにみていたのか，並びに各条文をどのように解釈したのか，検討したい。

第1項　憲法44条・政治的平等

　男女平等の第一の課題は，政治的な平等の実現であった。第二次大戦前には，女性の参政権獲得運動が，女性たちによって行われていた。そうした運動の歴史があったからか，敗戦後わずか10日目の1945年8月25日に，市川房枝氏等が「戦後対策婦人委員会」を結成した。同委員会は1945年9月24日には政府，衆議院，貴族院及び各政党に対して，女性参政権等の5項目の要求をすることを申し合わせた。10月9日に成立した幣原内閣は，その翌日，独自に女性参政権を実現する衆議院議員選挙法の改正を決定したが，これは，GHQからの指示がある2日前であり，GHQの意向がどの程度反映したのかはわからない。GHQは，同月11日に参政権の賦与による日本婦人の解放を含む五大改革を指示した。政府の検討結果は，1945年11月26日に召集

および世人の無理解」が35％であった（8頁）。

[32]　宮沢教授は敗戦直後の講演で「『ファッショ』的傾向ノ出現ハ国民ノ政治意識ノ低級ナル場合ニ生ズルモノニシテ，之ヲ制限セントセバ国民ノ政治意識ノ向上，即チ生活程度ノ向上ニ伴フ余裕ニ基ク教育ヲ強化スルノ要アリ。現在ノ段階ニ於ケル女子参政権ニハ反対ナリ。」と述べ，女性の政治的意識が低いとして女性への参政権付与には反対した（宮沢俊義「宮澤俊義教授講ポツダム宣言ニ基ク憲法，同附属法令改正要點（1945年9月28日於外務省）」国立国会図書館ホームページ（http://www.ndl.go.jp/constitution/shiryo/01/025/025tx.html））。その他，憲法普及会編・前掲注30，9頁。

[33]　土井たか子，ゴードン，ベアテ・シロタ『憲法に男女平等起草秘話』（岩波書店，1996年）19-20頁。シロタ氏は，3月4日の日本側との協議において，「女性の権利についての議論が天皇制問題ほど激しかった」と述べている。

第1章 女性に関する人権の憲法学における位置づけ

された第89回帝国議会臨時議会において，政府から衆議院議員選挙法改正案として提出された。同法案は12月15日に成立し，17日に公布された[34]。これにより，20歳以上の男女に平等な選挙権が法的に認められ，1946年4月10日に戦後最初に行われた第22回衆議院総選挙では，初めて女性が選挙に参加した[35]。その後，地方議会及び自治体の首長選挙[36]や参議院選挙[37]についても，男女平等の取扱いとなった[38]。

これに次いだ日本国憲法の制定過程をみると，すでに1945年10月に，法制局内部では，憲法に公民として男女平等の原則を盛り込むことが検討された[39]。その後，憲法問題調査委員会(松本委員会)においても，憲法に，選挙法の大原則として女性の選挙権等を定めるべきかが検討された[40]。しかし，

---

(34) 1945年10月13日の閣議で，20歳以上の男女に衆議院議員の選挙権が与えられると決定された。また，同月23日の閣議では，25歳以上の男女に被選挙権を与えると決定された。女性の政治結社への加入が禁止された治安警察法(明治33年法律36号)は，1945年11月21日に廃止された。

(35) この選挙では，39人の女性が当選した(女性比率は8.4%)(財団法人市川房枝記念会『女性参政関係資料集』(1997年) 8-9頁)。これを上回ったのは2005年9月に行われた第44回衆議院議員総選挙における43人(同9.0%)である。

(36) 1946年に東京都制改正法(昭和21年法律26号) 6条・13条1項，府縣制改正法(昭和21年法律27号) 3条の3第1項・74条の4第1項，市制改正法(昭和21年法律28号) 9条・14条1項，町村制改正法(昭和21年法律29号) 7条・12条1項が施行された。1947年4月に実施された都道府県・市区町村の知事・市区町村長選挙では，5人の女性が町村長に当選した。地方議会議員についての第1回統一地方選挙では，都道府県議会議員に22人(女性の比率は0.9%)，市区議会議員に94人(同1.2%)，町村議会議員に677人(同0.4%)，合計793人(同0.4%)の女性が当選した。財団法人市川房枝記念会・同上，30，125頁。

(37) 1947年に参議院議員選挙法(昭和22年法律11号)が施行された。同年4月の第1回参議院選挙で当選した女性は10人であった(女性比率は4.0%)。財団法人市川房枝記念会・同上，13，125頁。

(38) なお，衆議院議員総選挙，参議院議員選挙，地方議会議員選挙，自治体の首長選挙は，このように各々異なる法律によって実施されていたが，公職選挙法(昭和25年法律100号，同年5月1日施行)に統合された。

(39) 井出成三「『ポツダム』宣言受諾ニ伴ヒ研究ヲ要スル憲法第二章ニ於ケル問題(昭和22年10月22日)」芦部ほか・前掲注(16)，39-40頁。

「五大改革指令」が出された後に，同調査会において検討されたが，憲法に女性参政権を定めることは否定された[41]。12月の第5回総会に提出された，宮沢委員による「大日本帝国憲法改正案」，清宮四郎，河村又介，小林次郎，大池真の各委員による「大日本帝国憲法改正試案」においても，女性参政権は盛り込まれなかった[42]。同調査会においては，結局，選挙法の大原則（普通，平等，直接，秘密乃至女子選挙権等の原則）そのものを規定するのは妥当ではない[43]とされ，その後の改正案では選挙法に委ねられた[44]。

マッカーサー草案では，起草過程の段階から，後に憲法44条になる項目に，性別（sex）による差別の禁止が挿入されており[45]，政治的な男女平等の観点は明確であって問題はない。帝国議会においても，あまり議論されていないことから，マッカーサー草案が明らかにされた後には，政府関係者や議員には，女性が選挙権を持つことについては当然のことと受け取られたようである[46]。

それでも一般の反応は，女性の政治的・社会的・経済的な能力が男性ほどはないという，女性蔑視観が多少残っていた[47]ようで，女性参政権の実現

---

(40) 憲法35条として議論された。宮沢俊義「調査会資料（昭和20年11月2日第2回調査会配布」芦部ほか・前掲注(16)，136頁。「総会資料（昭和20年11月14日）」同146頁。なお，前述のとおり，宮沢教授は，9月の外務省での講演において女性参政権の導入に反対した。

(41) 「第3回総会（昭和20年11月14日）に於て表明せられたる憲法各条項の改正に関する諸意見」芦部ほか・前掲注(16)，151頁。

(42) 各委員の案につき，芦部ほか・前掲注(16)，167-185頁。

(43) 「憲法問題調査委員会第一回乃至第四回総会並びに第一回乃至第六回調査会に於て表明せられたる諸意見」芦部ほか・前掲注(16)，246頁。

(44) 宮沢俊義「甲案」（第8回調査会（1946年1月4日）で配布）芦部ほか・前掲注(16)，271頁。入江俊郎「憲法改正案（乙案，入江修正案）」（第7回総会（1946年2月2日）で配布）同296頁。

(45) 「民政局長のための覚え書き〔国会の章についての小委員会案〕」高柳賢三ほか編『日本国憲法制定の過程Ⅰ原文と翻訳』（有斐閣，1972年）158-159頁。

(46) 織田信恒議員の発言。第90回貴族院帝国憲法改正特別委員会会議録（以下，「貴委会議録」という）22号（1946年9月26日）34頁。清水伸編『逐条日本国憲法審議録第3巻〔増補版〕』（原書房，1976年）164-165頁。

には時期尚早や棄権者が多く出る，求めずして与えられた等といった反対論や消極的な意見もあった(48)。ただし，こうした見解では，市川房枝氏等の女性参政権運動の成果(49)が考慮されていない(50)といえるだろう。

しかし，第二次大戦中には，銃後，男性に代わって女性が広く社会の各方面で活動をしてきたことから，選挙権を行使する上では女性にも男性と同等の能力があることを，世論も結局は認めた(51)。また，女性が参政権を獲得することは，女性の地位が飛躍的に増大し，その結果当然に政治に大きな影響をもたらすことが期待される(52)とともに，いろいろの「婦人問題，社会問題，家庭問題，あるひは婦人に密接な関係をもつ生活問題についても新しい気運が政治界に導入される」(53)と，一種の社会改革の起爆剤となることが期待された。さらに，女性に参政権を与えることによって，女性の社会的，経済的地位が当然に引き上げられ，女性なるがゆえにいろいろの方面において不利益を被っていた点が逐次改善されてゆくもの(54)と考えられた。

第2項　憲法24条・家族関係における平等

憲法制定当時，男女平等のもう一つの重要課題は，家庭における男女平等の実現であった。これは，主に憲法24条の関連で議論された。憲法24条の

(47)　内務省記者会編纂『新選挙法の解説』(朝日新聞社，1945年) 18頁。
(48)　内務省記者会編纂・同上，3，19-21頁。
(49)　1919年に平塚雷鳥，市川房枝等が中心になって「新婦人協会」を創立し，婦人参政権運動を開始した。その後，1929年には婦人公民権法案，婦人参政権法案が衆議院に上程されたものの，否決された（戦前の婦人運動史及び婦人関係法制史について，労働省婦人少年局監修『婦人参政25周年記念「目で見る婦人の歩み」』(1971年)）。
(50)　宮沢教授は，女性に参政権が与えられるようになったのはGHQに刺激されたからで，日本の女性の意志に基づいたものではなかったと指摘した。宮沢俊義『銀杏の窓』(廣文館，1947年) 39頁。
(51)　内務省記者会編纂・前掲注(47)，18-19頁。
(52)　内務省記者会編纂・前掲注(47)，19頁。
(53)　内務省記者会編纂・前掲注(47)，19頁。
(54)　内務省記者会編纂・前掲注(47)，20頁。

インパクトは相当強かったようで，前述の『新しい憲法明るい生活』や読売新聞社発行の『新憲法読本』では，今日的な理解では憲法 14 条の内容とされる男女同権そのものが，当時は憲法 24 条の解説部分で触れられていた(55)。

　GHQ 民政局は，マッカーサー草案を作成する際，運営委員会のもとに 7 つ（立法，司法，行政，人権，地方行政，財政，天皇・条約・授権規定）の小委員会を設置した(56)。このうち，女性の権利については，「人権に関する小委員会」で案が作成された。ここでも女性に関する人権の議論は，憲法 24 条に関連する検討の中で扱われたので，その過程をやや細かいが，確認しておきたい。

　当時の GHQ 内では珍しい民間人の女性職員であったベアテ・シロタ氏(57)は，ロウスト中佐から，女性だからという理由で，女性の権利に関する憲法起草作業に加わることを許された(58)。シロタ氏は，自らの第二次大戦前の

(55) 読売新聞社『新憲法読本』（1946 年）16 頁には，「男女は本質的に平等である。結婚やそれから来るすべての家族制度は個人の人格と男女平等の基礎に立たなければならない。」とある。

(56) 高柳ほか編・前掲注(45)，110 - 113 頁。草案作成にあたった 25 人のうち，女性は 6 人であった。鈴木昭典『日本国憲法を生んだ密室の九日間』（創元社，1995 年）26 頁。メンバーの一人のハリー・E・ワイルズ氏の日記でもマッカーサー草案の起草及びその後の憲法草案作業が若干触れられているが，起草の当事者でありながら，その記述はそれほど詳しくない。ワイルズ，ハリー・エマルソン（井上勇訳）『東京旋風』（時事通信社，1954 年）69 - 72 頁。

(57) シロタ氏は，GHQ の民間人の職員の一人として，1945 年 12 月 24 日に日本に赴任した。日本では GHQ 民政局政党課に所属し，日本の政党調査や公職追放者のリスト作成を担当した。ロウスト中佐から与えられた最初の仕事は，女性の小さな団体を調べて，公職追放に該当する人を探し出すことであった。1947 年 5 月にアメリカへ帰国した（ゴードン，ベアテ・シロタ（平岡磨紀子構成・文）『1945 年のクリスマス』（柏書房，1995 年）9 - 17 頁，125 - 219 頁）。なお，シロタ氏は帰国後結婚して，ゴードン，ベアテ・シロタ氏となったが，本稿では引用を除き，「シロタ氏」に統一して表記することとする。

(58) ゴードン・同上，148 頁。24 条の制定過程について紹介する初期のものとして，依田精一「占領政策における婦人解放」中村隆英編『占領期日本の経済と政治』（東京大学出版会，1979 年）279 - 284 頁。GORDON, Beate Sirota, The Only Woman in the Room, 109（1997）. 横田啓子「インタビュー ベアテ・シロタ・ゴードン 私はこ

第1章　女性に関する人権の憲法学における位置づけ

滞日の経験から，男女平等を前提とすることはもちろん，とりわけ家庭内における男女平等を重視した規定を憲法典に盛り込むことが重要と考え，詳細な条文案[59]を準備した。同局では，当時の日本の女性の置かれた状況を「現在日本では，婦人は動産に等しく，父親の気まぐれによっては庶子が嫡出子に優先するし，米の作柄の悪いときには農民は娘を売ることもできる」[60]と，ほぼ正確に把握し，それゆえに憲法典に女性の人権に関して規定することが必要であると認識していたにもかかわらず，「乳幼児をかかえている母親の保護や子供を養子にすることについて詳細な指示を〔憲法に〕織り込んだとしても，それを補完する立法を国会が行なわない限り，事態は改善されぬであろう」[61]との立場をとった。ゆえに，シロタ氏が起草したこれらの草案は，運営委員会による最終的検討で，憲法で規定するのが妥当であるかどうかは疑問であり，むしろ法律の規定にまつべきであるとの民政局次長ケイディス大佐の指摘[62]があり，第一段の「それ故，婚姻と家庭とは，法の保護を受ける」という規定が削られ，婚姻と家庭の両者について定めていた第三段の「家庭」を削り，「婚姻」のみについて規定するものに修正された。同案は，さらに文言を手直しされ，2月13日に日本政府に提示されたマッカーサー草案23条及び24条（現憲法24条）としてまとめられた[63]。こうして原案よりも

うして女性の権利条項を起草した」世界583号（1993年）66頁。関口千恵インタビュー「憲法の男女平等条項を起草したベアテ・シロタ・ゴードン氏」法学セミナー501号（1996年）108‐109頁。和田幹彦「元GHQ民政局次長故チャールズ・L・ケイディス氏へのインタビュー（一九九三年）―憲法二四条の成立と，民法・戸籍法の『家』制度の改廃過程―」法學志林94巻2号（1997年）133‐158頁。光田督良「憲法による家族の保障」DAS研究会編『ドイツ公法理論の受容と展開』（尚学社，2004年）452‐477頁。

(59) 「民政局長のための覚書〔人権の章についての小委員会案〕（2月8日）」高柳ほか編・前掲注(45)，222‐225頁。
(60) ロウスト中佐の発言，「民政局長のための覚え書き〔人権の章についての小委員会案〕」高柳ほか編・前掲注(45)，205頁。
(61) スウォウプ海軍中佐の発言，「民政局長のための覚え書き〔人権の章についての小委員会案〕」高柳ほか編・前掲注(45)，205頁。
(62) ゴードン・前掲注(57)，183頁。
(63) 高柳ほか編・前掲注(45)，276‐279頁。佐藤達夫・佐藤功補訂『日本国憲法成

第1節　日本国憲法における女性に関する人権保障の形成

大幅に文言が削られたが(64)，起草者の考えは残ったので，他の条文に比べると長文で詳細であった。

　3月4日のGHQと日本政府との協議の際には，マッカーサー草案23条について，日本側から，「家庭は，人類社会の基礎であり，その伝統は，善きにつけ悪しきにつけ国全体に浸透する。」と定めた23条第一段が，日本の法文の体裁に合わないし，かつ，必ずしも憲法の上に書く必要もないことであるとの強い反対意見が提示され，この文言は削除された。そして，第二段が，「婚姻は，両性の合意に基いてのみ成立し，夫婦が同等の権利を有することを基本として，相互の協力により，維持されなければならない。」という，より簡潔な文言に修正された。また，第四段の，「これらの原理に反する法律は廃止され，それに代って」と書かれている個所も，その趣旨は最高法規の章の条文に出ているので必要がないということで削られ，それに伴う文言の修正がなされた。このように日本側が強く反発したにもかかわらず，最終的には日本国憲法24条となるこの条文が残ったのは，ケイディス大佐が，シロタ氏の功績を引き合いに出して，条文案のとおりに通すことを主張したところ，日本側もこれに同意したからとされている(65)。

　以上のような修正を経ることによって，この条文は，婚姻と夫婦及びその子によって構成される家庭とについて，双方に等しく重点を置いて規定するものから，漸次，主として婚姻について規定するものとなり，それらの面における個人の尊厳と両性の平等を強調するものとなった(66)。

　　立史第3巻』（有斐閣，1994年）36頁。和田幹彦「戦後占領期の民法・戸籍法改正過程㈡」法學志林95巻2号（1998年）40-43頁。
(64)　シロタ氏が起案した条項のうち，妊婦と乳児のいる母親が国から援助を受けられる権利（草案19条），非嫡出子に対する差別の禁止（同），養子縁組（同20条），教育の理念（同23条），子ども医療の無料化（同24条），男女の賃金平等化（同26条），母性の手当・保護（同29条）等，女性に関する部分の多くは，GHQにおける検討作業の際に削除された（ゴードン・前掲注(57)，186-188頁）。ワイルズ氏の日記ではこの部分について具体的に触れられておらず，「示唆のあるものは，あまり急進的だというので即時に放棄された」という部分のように思われる（ワイルズ・前掲注(56)，70頁）。
(65)　ゴードン・前掲注(57)，216頁。和田・前掲注(58)，149頁。

衆議院の審議においては，帝国憲法改正案委員小委員会で，国民の家庭生活は保護されることを24条に定めてはどうかという修正案が出されたが，賛成が得られなかった。また，貴族院の審議においても，特別委員会で，「家族生活は，これを尊重する」とする規定を加える修正案が出されたが，成立をみるに至らなかった[67]。貴族院帝国憲法改正案特別委員小委員会懇談会で，宮沢俊義委員はこの修正案が憲法改正案の24条の精神に反するとの立場から，修正案に反対した[68]。

　このように，憲法24条に関しては，その目的として「女性の地位向上」だけでなく，封建制度の解体による「日本の民主化」が挙げられる[69]。その他，日本国憲法制定過程で議論された主な論点として，次の4つにまとめることができるだろう。

　第一に，本質的平等の意味である。これは，政府関係者や議員においては，男女は全く平等という絶対的平等を保障する意味ではない，と考えられた。木村篤太郎司法大臣は，無差別が必ず平等でもなく差別の中に不平等がある[70]と述べた。また，沢田牛麿議員は，本質的には男女は不平等なもので

---

(66) 以上の条文制定経過について，高柳賢三ほか編『日本国憲法制定の過程Ⅱ解説』（有斐閣，1972年）169-170頁。和田（幹）・前掲注(63)，43-47頁。佐藤（達）・前掲注(63)，28，122頁。
　　　アメリカ社会からみた，24条制定過程に関する考察として，イノウエ，キョウコ（古関彰一監訳，五十嵐雅子訳）「個人の尊厳と婚姻における両性の平等」『マッカーサーの日本国憲法』（桐原書店，1994年）348-417頁。

(67) 帝国議会の衆議院，貴族院における憲法24条に関する議論について，和田（幹）・前掲注(63)，29-85頁。同「戦後占領期の民法・戸籍法改正過程㈢」法學志林95巻4号（1998年）39-89頁。

(68) 和田（幹）・同上「改正過程㈢」，69頁。

(69) 我妻栄『家の制度』（酣燈社，1948年）40頁。我妻教授は「日常生活の最も基本的な家庭生活が，民主的に営まれることこそ，日本民主化の出発点でなければならない」と述べた。また，読売新聞社・前掲注(55)，16頁では，「民法その他の関係法規は一切根本的な改革が行はれわが国社会制度に変革をもたらし日本民主化促進の挑躍台となるものとして注目される」とある。

(70) 第90回衆議院帝国憲法改正案委員会会議録（以下，「衆委会議録」という。）15号（1946年7月17日）5頁。清水伸編『逐条日本国憲法審議録第2巻』（有斐閣，1962

あって，本質的平等というものは男女の間にはないものであり，それを本質的に平等だと云うことは，了解できない言葉であるとした意見[71]を述べた。一方，加藤シヅエ議員は，この両性の本質的平等というのは，男女が人格として平等であるということだと定義し[72]，河合良成厚生大臣もそのように答弁した[73]。

　第二に，母性についてである。当時の女性にとって，もっとも深刻な問題の一つは母性の保護であったことを反映してか，母性については，女性議員[74]からの発言が多かったのが特徴である。審議においては，現在にも通じるような問題提起があった。すなわち，加藤議員は，法律的に平等が認められているのと同時に，母性の保護という思想が条文の中にはっきりと認められることの必要性を指摘した。そして，(1)寡婦は一家の経済を支持し，子女の教育も担当するという二重の負担を課せられるので，主に寡婦の生活が一番問題になっていること，(2)機械的に男女が平等であるという風に書かれているのでは，本当の意味において実際の生活において平等でありえないことを述べた[75]。こうした発言について，河合厚生大臣は，母子に対しては特殊の負担があることは正しく認めるが，男子にもそれと全く違った意味において，肉体上とはいわなくても，慣習その他の面から勤労の面にもっとも進出しなければならないという自然的役回りもあるとし，それを雄雌の職務がわかれている鳥にたとえて，各々の分野について，男女それぞれの職務があると説明した[76]。

　武田キヨ議員は，(1)国家は男女という立場の両性の平等の原理を認めて，母性に対する考慮はないのかと政府に問いただし，(2)子どもがいるために，

　　　年) 491 頁。
(71)　貴委会議録16号（1946年9月18日）18頁。清水編・同上，492頁。
(72)　衆委会議録7号（1946年7月6日）13頁。清水編・同上，492-493頁。
(73)　衆委会議録・同上，14頁。清水編・同上，493頁。
(74)　新憲法制定のための衆議院憲法委員会のメンバー72人のうち，6人（武田キヨ，森山ヨネ，加藤シヅエ，越原はる，大橋喜美，大石ヨシヱ）が女性であった。労働省婦人少年局監修・前掲注(49)，8頁。
(75)　衆委会議録・前掲注(72)，13頁。清水編・前掲注(70)，492-493頁。
(76)　衆委会議録・前掲注(72)，14頁。清水編・前掲注(70)，493頁。

第1章 女性に関する人権の憲法学における位置づけ

母親が個人としての権利や自由を行い得ないことがたびたびである，と指摘した[77]。また，母子関係は生活保護法に統合するという政府の方針[78]に対して，越原はる議員は，憲法に「母と子供の生活権はこれを保障する」という一項を憲法に挿入することを求めた[79]。これに対し，金森徳次郎国務大臣，木村司法大臣，河合厚生大臣はともに，憲法に規定するのではなく，生活保護法の一部として対応することが適切であるとの立場をくり返し表明した[80]。

この質疑応答からは，子育ては母親の役割という意識がみてとれるものの，両性の平等観を前提とした母性の尊重をめざしているものといえよう。

第三に「家族制度」，第四に「戸主」に関してである。日本国憲法制定にともない，家族制度はもっとも大きく変化した[81]。封建制や家制度の象徴として捉えられていた戸主権，男性のみの親権，妻の無能力制等が廃止される等，民法の家族法は大改正された。これに関連して，妻(女性)の財産法や契約法の地位についても改正が必要とされたが，民法1条の2（現2条）の新設にとどまった[82]。そのため，衆議院の審議では，もっぱら家族制度について多くの議論が行われた。とくに，大日本帝国憲法下での家族制度は廃止しても，その価値観を残そうとするものと，家族制度を名実ともに廃止しようとするものとの2つの意見が鋭く対立した。

---

(77) 衆委会議録・前掲注(70)，5-6頁。清水編・前掲注(70)，495頁。
(78) 河合厚生大臣の発言。衆委会議録・前掲注(72)，15頁。清水編・前掲注(70)，495頁。
(79) 衆委会議録・同上，8頁。清水編・前掲注(70)，496-497頁。
(80) 衆委会議録・同上，6頁。清水編・前掲注(70)，495-498頁。
(81) 家族制度に関する議論は，和田(幹)・前掲注(63)，50-55，81-83頁の注96-104，同・前掲注(67)，同「戦後占領期の民法・戸籍法改正過程(四)」法學志林101巻3号（2003年）46-52頁が詳しい。また，民法，戸籍法の改正に関する議論について，同(四)52-77頁。
(82) 中川善之助「個人の尊厳と両性の平等―民法一条の二について―」東北法學雑誌10号（1960年）1-9頁。その他，憲法と民法との補完・協働関係について，吉田克己「憲法と民法」法律時報76巻2号（2004年）50-58頁，山本敬三「憲法システムにおける私法の役割」同59-70頁。

第1節　日本国憲法における女性に関する人権保障の形成

　前者では，吉田茂首相が，日本の家族制度並びに家督相続等は「日本固有の一種の良風美俗」であると発言している[83]。また，北浦圭太郎議員は，憲法24条によって家族法が改正され，子どもが親の意に反して結婚，離婚をすることを憲法が認めることになり，家庭教育が成り立たなくなることへの懸念を示した[84]。

　これらに共通することは，「男女の同権」を一応は認めてはいるものの，そこには当然のごとく性別による役割があり，それを前提とした夫婦や家族を想定していることである。たとえば，三浦寅之助議員は，(1)夫婦関係において男女平等の立場を守るということは当然であると思う。(2)男女同権ではあるが，一つの家庭においては各々その職分があり，女は家庭内において主婦としての仕事がある。男は男としての仕事がある。(3)お互いにその立場立場を守るべきであると思うし，またそうしたところで決して男女平等を阻碍するものでもない。(4)一本の木にたとえれば，地下を支える根は女の役目で，男は地上にあって働く幹の役目を勤めることによって夫妻が立派に維持される。(5)この線に沿って日本の家制度も維持されて，同時に男女平等の立場をも立派に維持されると思う，と述べた[85]。こうした性別役割分業を前提とした男女平等の主張に対し，金森国務大臣は，「男女各職分を異にすると云うことは，確かに御説の通りとは思いますけれども，その言葉をその儘取りますれば，何等の進展なくして古い時代に固定せられたる考えによって今現にある姿が男女の正しき職分の分配，地位の分配であると誤解し易いような嫌いも持って居ります。…故なく存在して居る封建制度風の遺物をも綺麗に掃除して，現代の人々が満足するように持って行かねばならぬ」[86]と考えていると，批判的に答えた。

　木村司法大臣は，戸主権の問題について，個人の尊厳と両性の本質的平等の尊重というのは建前で，本音では家制度の存続を望んでいる答弁を行った。

---

(83)　第90回衆議院本会議会議録6号（1946年6月26日）3頁。清水編・前掲注(70)，501頁。
(84)　衆議院会議録・同上，4，8頁。清水編・前掲注(70)，502頁。
(85)　衆議院会議録・同上，12頁。清水編・前掲注(70)，503頁。
(86)　衆議院会議録・同上，13頁。清水編・前掲注(70)，504頁。

第1章　女性に関する人権の憲法学における位置づけ

すなわち，家の中心というものはなくてはならず，家系の尊重，祖先の崇拝に基盤を置く良い意味における従来の日本の家族制度の存置と，個人の権威と両性の基本的平等権をいかに組合せるかということが苦心するところ[(87)]とした。また，「家庭は何処迄も尊重，維持しなければならぬということは当然の建前であります。殊に我が国の美風と致しまして，祖先を崇拝し，家系を重んずると云うこの点に於きましては，我々是非とも将来にこの美点を遺したいという熱意を持って居るのであります。改正憲法草案に於ても決してこの善き意味における家族制度を破壊しようとするものではないのであります。唯個人の尊厳と両性の本質的平等というものを何処迄も認め，これを尊重しようと云うのがその建前で」[(88)]あると述べた。こうした本音は，多くの議員が共有していたようである。たとえば，牧野英一議員が「新しい憲法が夫婦だけを書いて，而も我々の家と云うものを除外したのはどう云うものでありましょうか」と発言すると拍手が起こり[(89)]，他の議員からも支持された。

この点について，政府は，随所で概ね，家族制度に対して政府は所見を言う段階にない，と答弁している。にもかかわらず，金森国務大臣は，憲法24条について「個人の尊厳」と「両性の本質的平等」を同時に明らかにしているとし，議論されたおのおのの要点は，おそらく承認を願える程度の合理的な規定ではないかとした。一方で，本質的平等は，他面においては，場合によっては不平等のこともありえるということも含むものと解しており，憲法によって家制度がなくなるという結論は当然には含まれず，今後の民法改正案の議論となると説明した[(90)]。

他方，家族制度を名実ともに廃止するという主張もあった。霜山精一議員は，「個人の尊厳と両性の本質的平等と云うことに着眼して，この家族制度

---

(87) 衆院会議録・前掲注(70)，3頁。清水編・前掲注(70)，510頁。
(88) 第90回貴族院本会議会議録25号（1946年8月28日）2頁。清水編・前掲注(70)，515頁。
(89) 第90回衆議院本会議会議録24号（1946年8月27日）22頁。清水編・前掲注(70)，512頁。
(90) 貴委会議録・前掲注(71)，18頁。清水編・前掲注(70)，517-518頁。

第1節　日本国憲法における女性に関する人権保障の形成

というものを眺めて行きましたならば，これを存続させて宜いかどうか頗る疑わしい」(91)とし，「婚姻を中心として，従って個人の尊厳と両性の本質的平等に立脚して，これからの家族生活というものは維持されて行く。…そう云う風にこの規定を見て参りますと，もう家は棄てられてしまう訳です。…従って政府としては寧ろこの際そう云う家はまだ保存するのだと云うようなことは言わないで，綺麗さっぱりと，従来の本当の日本の封建的な家族制度と云うものは棄ててしまうのだ，斯う云う風に明確に態度をこの規定によって示すことが寧ろはっきりして宜い」(92)のではないかと述べた。木村司法大臣は，先のような発言にもかかわらず，戸主は，所謂封建的色彩が濃厚であるという理由の下に従来批判されていたので，戸主中心主義の家族というものはなくなるだろうと思う(93)と主張した。

　また，今日的な問題関心からみると，「氏」の制度の撤廃を大胆に主張した大河内輝耕議員の問題提起が注目される。大河内議員は，「氏を置くとどうしても家族制度を置いたようになって面白くないですから，家族制度を廃してしまうと云うことになれば，氏を廃止してしまうが一番宜い」(94)と述べた。今日の夫婦別姓に関する議論等では，依然として家制度の名残がみられることからみても，的を射た予測であったといえよう。

　そして，この家制度存続派と改革派の対立は，結局，田所美治議員によって提案された，日本の国体の根本になる家の関係，家族の生活の関係，すなわち，親子の忠孝を基とした国体，家族主義の国体が何千年来の日本の家族生活，社会生活，人生生活の基本になっていることを忘れてはならぬ，尊重するという意味を込めた条文として第1項に「家族生活はこれを尊重する」

---

(91)　貴委会議録・前掲注(71)，20頁。清水編・前掲注(70)，520頁。
(92)　貴委会議録17号（1946年9月19日）4頁。清水編・前掲注(70)，525-526頁。
(93)　貴委会議録・同上，5頁。清水編・前掲注(70)，528頁。この発言は別の意味でも注目される。日本国憲法制定後，民法が改正されて戸主中心の家族制度は廃止されたが，それにかわって法制上，世帯主中心の家族制度が誕生した。後に，この「世帯主制度」は女性差別的であると批判された（浅倉むつ子ほか『フェミニズム法学』〔戒能民江〕（明石書店，2004年）159頁）。
(94)　貴委会議録・前掲注(46)，22頁。清水編・前掲注(70)，530頁。

23

第1章　女性に関する人権の憲法学における位置づけ

を加える修正案の発議(95)について，採決に賛成したのは少数で，否決されるという結果(96)となり，決着がついた。

さらに注目されるのは，結婚していない男女間の子ども，寡婦の子どもの場合，養育費の負担はすべて母親にかかるので，国家の方で積極的な法律あるいは施策の下に保護せられることが当然だと思うが，いかがか(97)という，武田議員の発言である。ここでは当時は珍しく，国家に対して積極的施策が求められている。しかし，残念ながらこれに関する政府の見解は記録に残っていない。子どもの育て方，また家庭内での男児と女児の処遇の違いも議論されていない。憲法26条が男女平等に保障した教育を受ける権利については，これまで女子教育が良妻賢母主義，淳風美俗主義であった問題性と今後の家庭教育の重要性を指摘した(98)ものの，家庭内で男児を優遇すること等の問題についても議論されていない。

憲法24条の議論は以上であるが，本来は必要な家庭における子どもの男女平等を保障する観点からの議論が決定的に不足していて，その結果，婚外子，障害児，外国籍児，被虐待児等の差別の問題が根強く残った。本書の直接の課題ではないので詳しくは論じられないが，問題点は指摘しておきたい。

これらの議論からは，当時の議員の強い性別役割分業観を推察することができるだけではなく，両性の平等について，憲法24条と憲法14条が連関して重層的に理解されていなかったことが見てとれる。

それならば，学界での議論はどのようになっていたのであろうか。憲法制定当時は，民法学者による憲法24条の家制度廃止に注目した発言が目立った。それに対して，憲法学者の憲法24条に関する議論は貧弱で(99)，時期的

---

(95)　貴委会議録24号（1946年10月3日）9頁。清水編・前掲注(70)，539-543頁。

(96)　貴委会議録・同上，19頁。清水編・前掲注(70)，545頁。

(97)　衆委会議録・前掲注(70)，6頁。清水編・前掲注(70)，495頁。

(98)　田中大臣の発言。衆議院会議録・前掲注(72)，17頁。

(99)　戦後から1953年末までの法学文献の一覧を掲載した，法律時報編集部『戦後法学文献総目録第一集』（日本評論新社，1954年）では憲法24条に関する文献は1点も掲載されていない。次いで1954年から1966年までの文献を掲載した，同『戦後法学文献総目録〔一九五四～一九六六年版・公法編(上)〕』（日本評論社，1969年）では，わずかに3点であった（82頁）。

にも遅れた。そこで，代表的な民法学者の見解を検討しておきたい。

我妻栄教授は，憲法24条に対して甚だしい物足りなさを感じる[100]のであって，単に夫婦や男女が法の下に平等であると宣言したり，男子の法律上の特権を否定したりしただけでは，男女平等は実現されないので，国家に積極的な施策推進を求めるという見解を述べた[101]。一方では，戸主権について金森国務大臣や木村司法大臣が衆議院審議において，戸主権の制限は認めても廃止はしないという趣旨の答弁をしたことについては，同教授は，だんだんになくなるとやや楽観的に分析し[102]，積極的な対応には言及しなかった。

川島武宜教授は，憲法24条は，直接的には家制度の廃止について言われていないが，廃止を要求していることは疑いの余地がなく[103]，戸主権・夫権・親権を中心とする家制度は憲法の「人格の尊厳」という大原則に矛盾するので，存続することは許されない[104]と主張した。さらに，同教授は，我妻教授と同様に，法律上家制度を廃止しても，伝統的な力は強く，男女平等が容易には実現しないことを指摘した[105]。

加藤一郎教授は，婚姻年齢については，男女の性的成熟の差を理由に，合理的な規定と考えられるとの立場をとった[106]。一方で，女性のみに定められている再婚禁止期間については，必要以上の禁止期間を決めた部分は違憲の疑いがあることになるし，さらに進んで，父性確定のために重複の生じうる期間についても，ただ重複が起こるのを防ぐというだけのことから再婚を禁止するのは妥当でないと考えられ，立法論としてはこの規定を削除すべきだとの見解を示した[107]。

---

(100) 我妻・前掲注(69)，34頁。
(101) 我妻・前掲注(69)，34頁。
(102) 我妻・前掲注(69)，80-81頁。
(103) 川島武宜「家族制度」国家学会編『新憲法の研究』(有斐閣，1947年) 111頁。
(104) 川島・同上，113頁。
(105) 川島・同上，115頁。
(106) 加藤一郎「男女の同権」中川善之助教授還暦記念家族法大系刊行委員会『家族法大系Ⅰ』(有斐閣，1959年) 316頁。
(107) 加藤・同上，317頁。

第1章　女性に関する人権の憲法学における位置づけ

　同教授は，さらに，女性を優遇する憲法学説上の「合理的差別」が，男女同権の原則からすれば憲法に反し，さらには反面的な効果として女性に不利な結果をもたらすことも指摘した(108)。しかし，女性労働者の保護規定そのものについては，それを肯定する見解をとった。女性労働者の保護について，「そもそも，男女同権の原則が，沿革的に，女を男よりも劣悪な条件におくことを禁止し，それを男子の水準まで引き上げることを目的としているという点からいえば，そもそも女を男より優遇することが男女同権に反するかどうかも問題である。」として，男女同権に関しては，女性が男性並みになること，または，女性が男性化することと捉えた。規定上形式的には男女の差別はないが，実際の適用上では差別の生じやすい規定は，それだけではただちに男女同権に反して憲法違反になるということはないであろうし，その差別の生じるのが現実の社会の反映である以上，社会的な変化を待つべきであって，実際上の差別が生じるゆえをもってただちにその規定が不当だというべきではないであろう(109)と指摘した。

　以上では，比較的初期の憲法24条論を振り返ってきた。ここでの特徴は，くり返しになるが，民法学者を中心に，男女平等に関しては憲法24条の問題として議論されていたことである。ところが，その後憲法学者によって，憲法24条論は「平等の原則の具体化」(110)の一つとして捉えられる傾向が強まり，男女平等の議論も憲法14条の中で議論されることが増え，それにともなって憲法24条に関する憲法学での議論は衰退していった。一言でいえば，民法学者は民法に戻り，憲法学者は独自の研究を行わず，憲法24条論の不在という状況に至ったのである。

　その際に考慮しておかなければならないことは，憲法学者にとっては日本国憲法制定による一連の民法改正によって，憲法24条の規範の内容が実現されたと理解されていたということである(111)。そのことをとくに明示する

---

(108)　加藤・同上，317頁。
(109)　加藤・同上，322-323頁。
(110)　佐藤功『日本国憲法概説〔全訂第4版〕』（学陽書房，1991年）171頁。
(111)　宮沢俊義『憲法Ⅱ〔新版〕』（有斐閣，1971年）280頁には，「民法における女子に対する差別はすべて廃止された」とある。

論文や基本書は存在しないが，憲法の規範内容を説明する際に民法の規定を引用するという態度は，すでに憲法 24 条が充足したという意識を反映したものと思われる。

また，公私二元論を当然視した憲法学では，家族に関する憲法 24 条の議論は活発ではなかった。夫婦同姓原則，婚姻年齢の男女差，女性の再婚禁止期間等，家族制度における女性や子どもの問題が，裁判で争われるようになっても，これらを人格権侵害の問題と捉えたためか，24 条の問題として積極的に取り上げられてこなかった。こうした傾向を「性差別の解消」という観点から見直してみると，実は，憲法学説の多くは女性差別の問題解決のために十分に貢献するものではなかったということが読み取れる。

実際，憲法学者が民法学者の唱えた憲法 24 条の解釈を超えて，独自にそれに関する研究を行い，国家と家族の関係，家族と個人の関係等について成果を発表するようになったのは，女性差別撤廃条約及び子どもの権利条約の批准や民法改正に関する議論の活発化によって，社会的に憲法学に対しても問題が提起されたときである。憲法 24 条は，単なる「家制度からの解放」だけではなく，男性支配的な核家族を男女平等にすることと，家族関係における個人の尊厳を確保するという命題も包含していたのではないだろうか。このような問題提起に対し，辻村みよ子教授ら，ごく少数の憲法学者を除いては，問われていることの意味すらほとんど理解されておらず，ましてや，憲法学からの発言等はほとんど期待できなかった。そして，憲法学は後述するように[112]，これらの条約の規範内容を，憲法学の問題というよりもむしろ立法政策による実現の問題であると位置づけて，憲法の解釈に取り込まなくてもよいとする立場を維持したのである。

第 3 項　憲法 14 条・社会的平等

憲法 14 条は憲法制定過程で大いに議論されたが，その主要な論点は，(1)「法」の概念，(2)「法の下に平等」の意義，(3)法の及びうる範囲内における平

---

[112]　本書 55 - 56, 288 - 289 頁。

等の原則，(4)「人種」の概念，(5)「社会的身分」と「門地」，(6)法の下の平等下における天皇の地位の問題，(7)政治的関係における「性別」の問題，(8)均しく公務に就く権利と新しい任用制度の問題，(9)被圧迫部落民に対する差別撤廃の問題，(10)庶子と私生子に対する取扱いの問題，(11)前科者に対する取扱いの問題，(12)復員軍人に対する取扱いの問題，(13)中産階級保護政策と法的平等の問題というものであった[113]。これで明らかなように，性別による差別についての議論は少なく，ただ，「政治的関係における『性別』の問題」で，女帝が議論になっている程度に過ぎなかった。憲法14条の制定過程では女性差別はほとんど議論になっていないのである。

さて，それならば，日本国憲法制定後の学説並びに裁判でこの問題はどう扱われたのであろうか。この点については大きな議論をよんできたので，節を改めて説明したい。

第4項　GHQの主導による憲法理念の普及と実現

憲法で定められた女性に関する人権の普及は，GHQの主導で行われた。GHQでこれを担当したのは，草案を作成した民政局の下に置かれた地方軍政部と民間情報教育局であった。なかでも，民間情報教育局女性情報官のエセル・ウィード氏[114]は，日本における女性行政の立ち上げからかかわり，

---

(113)　清水編・前掲注(70)，286-307頁。
(114)　1906年生まれ。アメリカ軍の婦人部隊に所属し，1945年に来日し，GHQ民間情報教育局女性情報官に配置され，1951年に帰国した。当初の階級は中尉であったが，1947年6月に軍籍を離れて民間人の職員となった。その任務は，女性解放に関する政策の立案，政治・経済・社会分野における女性教育，民主的な女性団体の育成，民主化における情報提供であった。日本女性自らの組織づくりに助力したことによって，1946年9月にアメリカの陸軍省から，勲章を与えられた。上村千賀子「終戦直後（昭和20年～21年）における婦人教育―G.H.Q.占領政策資料を中心として」婦人教育情報No.14（1986年）23頁。同「昭和20年代の婦人教育―占領前期における占領政策と婦人団体―」婦人教育情報No.18（1988年）28-30頁。同『占領政策と婦人教育―女性情報担当官E.ウィードがめざしたものと軌跡―』（財団法人日本女子社会教育会，1991年）6-14頁。また，ウィード氏は，こうした

第1節　日本国憲法における女性に関する人権保障の形成

途中で軍籍を離れたが，民間人として引き続きGHQに雇用され，その仕事を継続し，マッカーサー司令官の信任も厚く，占領期全体にわたって強い影響力を行使した。

ウィード氏は，GHQが日本国憲法の理念，とくに，女性の政治参画，労働，教育の分野での実現，定着に大きな役割を果たした。こうしたウィード氏の実績は長い間ベールに覆われていたが，1957年の民法学者の唄孝一教授[115]に続き，1970年代後半以降にアメリカの政治学者であるスーザン・ファー教授[116]，民法学者の依田精一教授[117]，教育学者の上村千賀子教授[118]，政治学者の山崎紫生教授[119]らによって明らかにされた。ここでは主として，教授らの研究に依拠して，GHQの取組みを整理したい。

GHQがはじめに行ったのは，実現された女性参政権の普及と女性の政治参画の促進である。ウィード氏は，当時女性参政権獲得運動の中心人物の一人であり，アメリカでの運動史にも詳しかった加藤シヅエ氏の助言を得て，1945年11月に「婦人諸問委員会」と組織した。ウィード氏はこの活動を支

　　政策立案や実施に関して，アメリカ女性歴史研究家のメアリ・ビアード氏の助言を求め，2人の間には60通以上の往復書簡が交わされた。上村・同上「昭和20年代」，30 - 31頁。同「日本における占領政策と女性解放―労働省婦人少年局の設立過程を中心として―」女性学研究2号（1992年）5 - 28頁。ウィード氏の経歴について，山崎紫生「占領初期（1945年〜1947年）の婦人政策にみる女性の役割その1」婦人展望363号（1986年）12頁。
(115)　唄孝一『戦後改革と家族法』（日本評論社，1992年）49 - 68頁〔初出：同「新民法の成立」中川善之助ほか責任編集『講座家族問題と家族法Ⅰ』（酒井書店，1957年）〕。
(116)　ファー，スーザン・J.（坂本喜久子訳）「女性の権利をめぐる政治」坂本義和，R.E. ウォード編『日本占領の研究』（東京大学出版会，1987年）477 - 494頁。
(117)　依田精一「戦後家族制度改革と新家族観の成立」東京大学社会科学研究所戦後改革研究会編『戦後改革1課題と視角』（東京大学出版会，1974年）271 - 317頁。同「占領政策における家族制度改革」思想の科学研究会編『日本占領軍その光と影・上巻』（徳間書店，1978年）362 - 377頁。同・前掲注(58)，267 - 300頁。
(118)　上村・前掲注(114)。
(119)　山崎・前掲注(114)，12 - 13頁。同「占領初期（1945年〜1947年）の婦人政策にみる女性の役割その2」婦人展望364号（1986年）12 - 13頁。

第1章　女性に関する人権の憲法学における位置づけ

援したので，日本の女性運動家による「婦人民主クラブ」の結成につながった[120]。なお，加藤氏は女性問題に関するGHQの非公式顧問となった[121]。また，1946年2月から3月に全国へ視察に行き，女性が参政権を行使するための啓発活動やキャンペーンを実施した[122]。このように，ウィード氏は各地の女性運動家を励まし，同年4月の衆議院議員総選挙での成功を導いた。当選した多くの女性議員は，先に述べたように，帝国議会での審議の際に，日本国憲法に女性の視点を導入することに大きな役割を果たした。

　第二にGHQが行ったのは，女性教育の推進である。これは，日本の文部省を通じて実行された。その前提として，戦時中の動員型の女性団体を解体

---

[120]　婦人諸問委員会のメンバーは，加藤シヅエ氏，羽仁説子氏，山本杉氏，佐多稲子氏，山室民子氏，赤松常子氏，宮本百合子氏，松岡洋子氏の8人であった。加藤シヅエ氏の回想として，加藤シヅエ『ある女性政治家の半生』（PHP研究所，1981年）124-129頁。他方，市川房枝氏はウィード氏が米国の女性運動団体について知らないことに「なあんだ」と思い，呼び出されても忙しいからといってあまり応じず，一定の距離をおいたようである。婦人有権者同盟の設立や運営に関してもウィード氏の支援はなかった。市川房枝「私の婦人運動」歴史評論編集部編『近代日本女性史への証言』（ドメス出版，1979年）83-86頁。

[121]　民間情報教育局のツカハラ氏が，加藤氏の自宅を訪ねて顧問就任を要請した。なお，加藤氏が1935年にアメリカで出版した『Facing Two Ways』（加藤シヅエ（船橋邦子訳）『2つの文化のはざまから』（青山館，1985年））は，アメリカで信頼できる文献とされ，GHQの基本書になっていた。原秀成『日本国憲法制定の系譜Ⅲ』（日本評論社，2006年）127頁。

[122]　1946年2月11日から23日までは静岡，名古屋，京都，大阪，神戸へ，3月11日から20日までは，福島，山形，青森，秋田，新潟等を回って，地域の女性指導者と交流し，講習会を開催して女性たちの啓発活動を行った。山崎・前掲注[119]，12頁。「新有権者婦人よ起て　奮起を促すウィード少尉」（読売報知1945年12月20日），「次の日本を担ぐ気で覚醒せよ婦人の一票　ウキード女史談」（同1946年1月20日）。「婦人参政に」（朝日新聞1946年2月10日），「五人の眼をひらけ総選挙と日本女性の立場ウキード中尉とかたる」（同3月31日），「活発な京女　ウィード中尉の選挙視察談」（読売報知1946年3月30日）。

　翌年に行われた衆議院議員総選挙にあたっても，積極的な啓発活動を行った。「生活に結びつけ」（朝日新聞1947年2月11日），「婦人よあなたの一票世界は注目」（読売新聞1947年4月17日），「政治活動の中核へウ女史，婦人議員を語る」（朝日新聞1947年5月21日）。

し，公職追放を行ったが，ウィード氏はこの陣頭指揮をとった。その次の段階として，占領政策における民主化の推進には，女性問題を自ら考えて行動する女性団体を育成することが必要であると考えられた[123]。ウィード氏は手引書『団体の民主化とは』[124]の作成を支援して，動員型の女性団体の再構成を構想していた文部省の政策転換を導くとともに，各地を視察して民主的な女性団体の育成を支援した。日本国憲法が成立すると，こうした女性団体を通じて，女性に対する憲法の普及・啓発活動が行われた。

第三に，憲法24条をもとに，主として民法改正を通じて，家制度の解体，男女均等相続制，結婚・離婚・親権・養子の男女平等の確保が進められた[125]。ここでもウィード氏は，民政局法制司法課の求めに応じて意見を述べ，当時の世評ではウィード氏がイエスと言わないと何事も動かないとされた[126]。

第四に，女性の社会進出を促して，女性労働政策に取り組んだ[127]。これについては，ウィード氏は，労働だけではなく，女性の問題全般を扱う女性政策を行い，それを内務省が担当するという構想をもっていたが，GHQ内部から対案が出され，労働省婦人少年局を設置することで折り合いがついた（この点については，第2章第2節第1項で詳述する）。ウィード氏はさらに，

---

[123] 教育と社会編集部「婦人団体に就て―ウィード中尉に訊く」教育と社会1巻5号（1946年）30頁。ウィード氏のこの取り組みは，後の文部省社会教育局によって行われた社会教育政策に引き継がれた。

[124] GHQ民間情報教育局編纂『団体の民主化とは』社会教育連合会（1946年）。作成の経緯につき，上村・前掲注(114)「昭和20年代」，26, 29頁。

[125] 当時，日本のさまざまな法制度改革を担当したGHQ法制司法課長のオプラー氏は，民法改正案の起草に際して，家制度の完全な廃止を強要せず，日本側の作業を見守り，助言を求められたときのみに情報を提供したと述べた。オプラー，アルフレッド（内藤頼博監訳）『日本占領と法制改革』（日本評論社，1990年）99頁。

[126] 川島武宜『ある法学者の軌跡』（有斐閣，1978年）216頁。ただし，ケイディス氏は和田教授のインタビューに答えて，ウィード氏は下級の職員なのでマッカーサー司令官からのそうした指示はありえない，と述べた。和田(幹)・前掲注(58)，139-140, 155頁の注42。

[127] GHQ労働諸問題委員会『日本における労働政策と労働計画』（1946年）。この報告書では，労働行政に関する機構改革，男女同一賃金，女性保護，寄宿舎制度の改革等も示された。依田・前掲注(58)，290-291頁。

第1章　女性に関する人権の憲法学における位置づけ

女性運動の活発化を通じて，女性労働者の地位の向上を図ろうとした。しかし，これは，女性労働者の労働条件の保護を通じて女性全体の地位の向上が図れるとしたGHQ経済科学局労働課のゴルダ・スタンダー氏とは意見が対立した(128)。

このように，ウィード氏は，「女性の視点」と「女性の力」を重視して，女性が主体となる政策立案をめざして奮闘した(129)。ウィード氏のこうした取組みは，第二次大戦後の日本の女性運動と女性に関する政策の発展に大きく貢献した。

第五に，日本国憲法の制定である。しかし，ウィード氏の日本国憲法制定過程への関与は未解明である(130)。GHQ内部での検討は，民政局において極秘に，密室で行われており，GHQでも民政局以外の部局で，公衆衛生，福祉，労働，教育等を担っていた者は関与していない。日本国憲法の人権規定のうち，24条から28条までを担当したベアテ・シロタ氏の回想でも，こうした部局のメンバーとの連絡の痕跡はない(131)。加えて，ウィード氏の場合は，この時期に，東京を離れて視察を行っていた(132)ので，関与することは物理的に不可能であった。他方，シロタ氏は，1947年5月に帰国したこともあってか，ウィード氏と比べて，女性政策や女性運動の発展に寄与したことは伝えられていない。

---

(128) スタンダー氏のもとで労働課に勤務していたミード・スミス氏の証言。竹前栄治『証言日本占領史』(岩波書店，1983年) 189頁。
(129) ファー教授は，GHQの下級女性職員と日本人女性の官僚，政治家，運動家が連携して形成された「女性政策同盟」が第二次大戦後の女性の権利確立の政策の実際の推進力となったと分析した。ファー・前掲注(116)，461 - 462，497 - 499頁。
(130) 山崎教授は，日本国憲法制定を「除くほとんどすべての婦人政策立案の討議に加わり，指導的地域を築いていった」と指摘した。山崎・前掲注(114)，13頁。
(131) 1977年にファー教授が行ったシロタ氏へのインタビューで，シロタ氏は，ウィード氏といえども当時民政局の秘密会議で行われていた新憲法の草案作成にだけは関与することができなかった，と述べた。ファー・前掲注(116)，485頁。
(132) シロタ氏は，GHQで日本の女性のことを調べていたのは，シロタ氏とウィード氏の2人であり，ウィード氏は日本語ができなかったが，地方の村に出かけて行っていろいろ話をきいていたようだ，と述べた。ゴードン，ベアテ・シロタ(高見澤たか子構成)『ベアテと語る「女性の幸福」と憲法』(晶文社，2006年) 43 - 44頁。

第 1 節　日本国憲法における女性に関する人権保障の形成

　このように，GHQ はウィード氏を中心に，憲法理念の実現に熱心に取り組んだ。他方，女性を主体とした憲法に関する普及・啓発活動は，直接行わなかった。

　それでは，実際の男女平等に関する憲法普及活動や，憲法の理念を実現しようと取り組まれた政策はどのように行われたのであろうか。先行研究や当時の新聞記事を検討して，考察したい。

　日本国憲法の普及，啓発活動の中心となったのは，政府が設立した「憲法普及会」である[133]。同会の発足当初，貴衆両院議員及び有識者で構成される役員及び理事 73 人はすべて男性であった[134]。立ち上げを記念した「憲法普及特別講演会」では，鈴木安蔵教授が「基本人権」を，我妻栄教授が「家族制度，婦人」を講演し，聴衆は省庁から選抜された国家公務員であった。この席には，とくに選ばれた東京都職員と東京大学法学部の学生が参加を許された[135]。同会はさらに，憲法を普及する地域のリーダーを養成するために，全国 9 地区で「憲法普及中央講習会」を開催した。その他，全国で講演会や夏期大学講座も開催されたが，こうした講座では，「家族制度・婦人問題」が必ずテーマの一つとされた[136]が，講師は常に男性[137]であり，受講者も全受講者 2,087 人のうち，女性はたった 128 人であり，圧倒的に男性が多かった。なお，日本青年会と提携して開催された「新憲法普及移動教室」で

---

[133]　同会は，貴族院，衆議院，政府が，日本国憲法を国民生活の実際に浸透させるため，1946 年 12 月 1 日に帝国議会内に創設した。憲法に関する講演会を実施し，各種普及資料を作成して啓発活動等を行い，1947 年 12 月に解散した。

[134]　1947 年 8 月の役員変更によって，57 人の役員及び理事のうち，貴族院議員の宮城タマヨ氏が新たに加わった。憲法普及会編・前掲注(29)，3-4 頁。

[135]　憲法普及会編・前掲注(29)，7-8 頁。参加者は 664 人だったが，当時の状況を考えれば，講師も受講者も男性であったと思われる。

[136]　憲法普及会編・前掲注(29)，8-32 頁。なお，憲法普及会の各県支部の事務局は，都道府県教育委員会の社会教育部局が担当した。

[137]　ただし，各政党の代表者が講師として出席した新宿駅前や渋谷駅前で行われた街頭講演会では，自由党の武田キヨ，芦田均，社会党の加藤シヅエ，浅沼稲次郎，松谷天光光，片山哲，協民党は香川兼吉，大橋キミ，酒井俊雄，奥むめお，原國，越原春子，石田一松，諸氏が各政党の代表者として講演を行い，さらに無党派の市川房枝の女性も講師に加わった。憲法普及会編・前掲注(29)，20-22 頁。

第 1 章　女性に関する人権の憲法学における位置づけ

は，出席者の合計が 13,033 人のうち，女性は 7,062 人で，女性の憲法の学習意欲が非常に高かったことがわかる[138]。憲法を主体的に学ぼうとする女性の熱意と，当時日本政府が考えた「上から」，「男性から」の啓発には，ずれがあるように思われる。

　他方，民衆娯楽を通じての啓発活動も行われたが，この取組みでは男女平等が主なテーマの一つとして掲げられていたことがわかる。たとえば，同会と毎日新聞社が共催した記念放送劇脚本募集事業では，主権在民，戦争放棄，男女同権というテーマが設定された[139]。また，男女同権を主題とする映画「情炎」が 1947 年 4 月 29 日に封切られた[140]。5 月 3 日から 1 週間は「新憲法施行記念週間」とされ，全国各地の県支部でも新憲法記念のレクリエーション大会，素人演芸コンクール，音楽会，弁論会，講演会等が開催され，女性が多く参加した[141]。タバコやお酒の配給があり，地方軍政部の幹部から各地域の地方新聞へ，憲法施行を祝うメッセージが寄せられた[142]。

---

(138)　憲法普及会編・前掲注(29)，97 - 101 頁。

(139)　第一位は男女同権をテーマとする「良夜」。憲法普及会編・前掲注(29)，64 - 73 頁。

(140)　憲法普及会編・前掲注(29)，37 - 38 頁。この他のテーマは，自由民権運動を主題とする「壮士劇場」が 5 月 6 日に，戦争放棄を主題とする「戦争と平和」が 7 月 8 日に封切られた（同 38 - 40 頁）。「情炎」は新聞でも大いに取り上げられた（東海新聞夕刊 1947 年 4 月 29 日，同 5 月 4 日）。

(141)　憲法普及会編・前掲注(29)，101 - 105 頁。「女性へ輝く栄冠　新憲法記念の青年弁論大会」（新潟日報 1947 年 5 月 12 日）。京都市では，夫婦が同等の権利を有する旨が書かれた掲示板をつけた市電が 5 月 3 日から 1 週間，走った（京都新聞 1947 年 5 月 3 日）。高知県の高知駅前では記念祝賀開場を設け，男性に酒 1 合とするめなどの肴，煙草 10 本が，女性に蒸しパン，いもが配られた（高知新聞 1947 年 5 月 3 日）。大分合同新聞では，男女同権の憲法施行の祝賀で，男性のみ酒が特配されたことを皮肉った四コマまんがが掲載された（大分合同新聞 1947 年 5 月 3 日）。

(142)　「日本婦人の自覚語るローレス夫人」（秋田魁新聞 1947 年 5 月 3 日）。「婦人の団体活動に助力　宮城軍政府ゲーリング女史語る」（河北新報 1947 年 5 月 4 日）。「日本婦人の責任重大です　新憲法実施にスプーナー女史の言葉」（神戸新聞 1947 年 5 月 3 日）。ただし，軍政部の男性司令官の場合は，男女平等について触れられていない（合同新聞 1947 年 5 月 3 日，高知新聞 1947 年 5 月 3 日，愛媛新聞 1947 年 5 月 4 日）

第 1 節　日本国憲法における女性に関する人権保障の形成

　また，女性団体も憲法普及活動を行った。たとえば，婦人民主クラブは機関紙の「婦人民主新聞」で，憲法 24 条の意義をわかりやすく解説した[143]。また，市川房枝氏の新日本婦人同盟は，1946 年 12 月 3 日に，新憲法公布を記念して，映画「キューリー夫人」の上映会を兼ねた講演会を開催した[144]。

　以上のことからみると，憲法の男女平等に関する普及活動は，官主導の憲法普及会による男性主導のものと，草の根のレベルで女性も積極的に加わった自主的な学習の双方があったことがわかる。当時の地方紙や雑誌[145]からも，憲法に対する女性の期待と熱意がみてとれる。ただし，その際には憲法 14 条よりも，憲法 24 条と家制度からの解放が強調された。一番女性に身近な問題であるとともに，戦前からの女性運動の実績があった分野だからであろう[146]。

　以上，憲法制定過程における議論と学説を検討してきたが，ここでは 2 つの憲法学における問題点が明らかになったといえるだろう。第一の問題は，憲法制定のための帝国議会で，性差別や女性の人権に関する問題が，憲法 24 条の議論として展開され，憲法 14 条の議論が貧弱であったことを指摘しなければならない。憲法 24 条が制定されてから，民法を改正しなければならないという考え方は活発に出てきたが，それに比べて憲法 14 条で「性別」

---

(143)　1946 年 8 月 22 日に創刊。男女同権の問題は民法と家制度を中心に論じられた（1946 年 10 月 31 日号，1947 年 1 月 2 日号，1947 年 3 月 13 日号，1947 年 5 月 29 日号）。

(144)　東京都が後援。新日本婦人同盟「新憲法公布記念講演会ちらし」（1946 年 12 月 3 日開催）。

(145)　たとえば，当時の家庭雑誌「家庭文化」では，憲法上の男女平等が特集として取り上げられ，尾佐竹猛教授を司会に，九州帝国大学を卒業した法学士の門上千恵子氏，堀内みさを氏の三者による座談会が行われた。尾佐竹猛ほか「新憲法を語る座談会」〔尾佐竹猛〕家庭文化 2 巻 4 号（1946 年）17 - 19 頁。

(146)　戦前から女性参政権の実現運動の中心であった市川房枝氏は，終戦後いち早く，女性参政権の実現を主張した「政治は生活　婦人と参政権問題」（読売報知 1945 年 9 月 30 日）。高橋展子氏は，日本の女性に受け入れる気運，待っていた気運があったから占領初期の女性政策が成功したとの見解を述べた。西清子編『占領下の日本婦人政策』〔高橋展子の証言〕（ドメス出版，1985 年）79 頁。

による差別が禁止されたのだから，なんらかの法律の改正または新たに法律を制定しなければならないという議論はほとんど登場しなかった。そのために，憲法14条は国に対して平等実現のための積極的な立法や施策を要求するという考え方が確立されなかったことは，その後の「立法義務論の不在」の長い歴史を考えると，いかにも残念である。

　第二の問題は，憲法学が「家族」の問題を憲法24条の問題とし，民法学者にまかせて放置して，憲法14条の議論を展開しなかったことである。ここでは，「家族」が政治的，経済的，社会的な制度の枠組みではないとして，憲法学で扱う範囲から追放された。確かに，憲法24条は多くの人々の生活に密着した問題として，一般社会でもたいへん関心をもってうけとめられたが，新聞報道等の検証で明らかなように，この問題の解説はもっぱら民法学者にまかされた。他方で，憲法14条の意義は十分に検討されなかった。すなわち，「家族関係」を理由にして，個人が，性別によって，政治的，経済的，社会的に差別されるということ，具体的には事実婚・同性婚差別，婚外子差別，単身女性差別，母子家庭差別等の「近代家族制度」による「近代的性差別」が議論される機会を失ってきたということでもある。

第2節　憲法14条論の展開と男女平等

　日本国憲法は憲法81条において，違憲立法審査制を導入したので，裁判所を通じて男女平等を獲得していく道筋が開かれた。そこで，男女平等についても具体的争訟において憲法の規定が裁判規範として適用されることになった。

　裁判で憲法上の男女平等違反が争われるようになったのは，1955年前後からであった。憲法14条の関係では，強姦罪や売春防止条例についての平等原則違反[147]，憲法24条の関係では，妻名義の土地に関する売渡処分無効

---

(147)　強姦罪の被害者を婦女に限定するのは，社会的・道徳的見地から「婦女」をとくに保護せんがためであり合理的とした事例（最大判昭和28年6月24日刑集7巻6号1366頁），売春する者を罰する尼崎市売春取締条例は女性のみを処罰の対象とするものではないから憲法14条には違反しないとした事例（最二小決定昭和32年

確認⁽¹⁴⁸⁾や民法762条の夫婦別産主義⁽¹⁴⁹⁾が争われた。憲法44条における男女平等が，裁判として争われたことは，今日まで一度もない。

裁判上，憲法違反が論点とされたことには，訴訟技術上の理由もある。民事，刑事ともに，日本の訴訟法では，憲法違反は上告理由として認められる（民事訴訟法312条1項，刑事訴訟法405条1項1号）。単なる法令違反では上告ができない。そのために，最高裁判所の判断を求めるときに，「憲法違反」として主張されることが多かった。

平等の保障に関する基本的規定が憲法14条1項であることはいうまでもないが，この規定は解釈論としても多くの問題を含んでいる⁽¹⁵⁰⁾。

第1項　違憲審査制を視野に入れた解釈と審査基準

1　法の下の平等

そこで，憲法14条に定められた「平等」の定義についての議論を検討しておきたい。憲法学界で最も理論水準の高い「日本公法学会」は，1957年に「法の下の平等」を，1982年に「平等権の諸問題」をテーマとして学術大会を開催し，それぞれの成果は『公法研究』にまとめられた。前者に関しては，田畑忍教授⁽¹⁵¹⁾，伊藤正己教授⁽¹⁵²⁾，安部義信教授⁽¹⁵³⁾，奥平康弘教授⁽¹⁵⁴⁾，松原正晃教授⁽¹⁵⁵⁾，神谷義郎教授⁽¹⁵⁶⁾による論考がある。この中で，田畑教

　6月8日刑集11巻6号1638頁）等。
(148)　妻の特有財産である妻名義の土地を実質的には夫の特有財産であるとして樹立された買収計画は，憲法14条，24条に違反して無効であるとした事例。千葉地裁昭和31年2月21日行集7巻2号238頁，東京高判昭和32年11月13日。
(149)　大阪地判昭和34年1月17日行集10巻1号53頁。
(150)　伊藤正己「法の下の平等」公法研究18号（1958年）17頁。
(151)　田畑忍「法の下の平等」公法研究18号（1958年）1-16頁。
(152)　伊藤・前掲注(150)，17-30頁。
(153)　安部義信「法的平等についての理論的考察」公法研究18号（1958年）31-36頁。
(154)　奥平康弘「"Separate but Equal" Rule の推移過程」公法研究18号（1958年）36-43頁。

第1章　女性に関する人権の憲法学における位置づけ

授は，日本国憲法 14 条第 1 項後段の定める平等主義は生活の全面には及んではいない[157]と述べて，国家行為のみが拘束されるとした。後者の特集では，憲法 14 条前段の法的性格について論じた川添利幸教授[158]，憲法 14 条の保障内容とその限界について論じた中村睦男教授[159]，アメリカの憲法判例を素材に合理性基準について論じた釜田泰介教授[160]の論考がある。中村教授は，平等の内容を具体的にすることの必要性を論じた。すなわち，法の下の平等の観念は，絶対的平等か相対的平等か，形式的平等か実質的平等か，機械的平等か比例的平等かという議論にもみられるように，定義を明確にしがたい。そこで，他の憲法上の権利侵害で問題を解決できる場合はできるだけそれで解決すべきであるが，人種や性別による差別的取扱いにおいては，法の下の平等固有の問題が残るので，当事者も主張しやすく，裁判所も使いやすい条文である法の下の平等を同時に主張することの意義は否定できない。だからこそ，「『合理的差別』一般の問題として議論するのではなく，できるだけ類型化して，具体的に法の下の平等の保障内容とその限界を明らかにすることが肝要である」[161]と指摘した。さらに，中村教授の，女性労働者の保護規定を例にしての，必要最低限を超える実質的平等のための特別措置をはかることは，男女の形式的平等の実現を妨げる差別になる可能性がある[162]との指摘は，当時の女性解放運動の主張を背景にしたものと考えられるが，1980 年代後半以降のポジティブ・アクション論の盛行とは逆の立場であり，興味深い。

　1960 年代に長谷川正安教授は，法の下の平等とは単なる原則にとどまらず，平等権を指すとした[163]。その理由は，各人が同じ権利を持っている状

---

(155)　松原正晃「法の下の平等と法の理念」公法研究 18 号（1958 年）43 - 49 頁。
(156)　神谷義郎「法の下の平等」公法研究 18 号（1958 年）49 - 53 頁。
(157)　田畑・前掲注(151)，14 頁。
(158)　川添利幸「平等原則と平等権」公法研究 45 号（1983 年）1 - 26 頁。
(159)　中村睦男「法の下の平等と『合理的差別』」公法研究 45 号（1983 年）27 - 48 頁。
(160)　釜田泰介「性差別と平等」公法研究 45 号（1983 年）62 - 73 頁。
(161)　中村・前掲注(159)，46 頁。
(162)　これは，保護と平等の選択か両立かという概念の争いでもある。中村・前掲注(159)，42 頁。

第 2 節　憲法 14 条論の展開と男女平等

態または法律の内容が平等を侵さないように決められることが侵害されたときに一定の法的効果をもつことから,「権利」であるとされた。1980 年代に阿部照哉教授は, 法の下の平等は一種の価値判断であり, 人の事実上の差異を無視するか考慮に入れるかの基準は, 平等処遇の対象となる生活関係, 人間関係によって規定され, 憲法の基礎に横たわる価値判断から具体的に明らかにされる[164]とした。1990 年代に浦部法穂教授は, 平等は比較を前提にした観念であるが, 憲法原理としての平等原則は, 法律上有利不利に扱うことを禁止する効果をもつ[165]とした。要するに,「平等」の定義は, 論者によってさまざまであるが, ほぼ同様の意味を示すものと考えられる。

他方, 伊藤教授は,「法の下の平等」を違憲審査制の中に位置づけて, 憲法 14 条は「単なる政治の準則でなく裁判規範たる性質をも」ち,「その後段は前段の一般原則を具体化し重要な場合を列挙したのであるが, 裁判規範としては特殊の意味をもつ。すなわちそこに主張責任と立証責任の転換が行われている」[166]と解した。

こうした伊藤教授の問題提起は極めて注目される。裁判を通じて人権や平等の実現を図ろうとするときに, 人権の尊重という思想を, 違憲審査の基準における特異な取扱いに結実させようとする考え方は, 実にこの伊藤教授によってはじめられたものである。同教授は, アメリカ連邦最高裁判所の憲法判例の研究から日本に議論を導入して, とくに「表現の自由」と「法の下の平等」について, 主張責任, 立証責任の転換を主張したのである[167]。

また,「保障される平等」の内容については, 憲法がいかなる意味で平等を要求しているかについての議論があった。そこでは, 大きく分けて,「絶対的平等か相対的平等か」及び「形式的平等か実質的平等か」という論点で争われ,「形式的平等の保障」が強調されてきた。宮沢教授は, 法の下の平等の

---

(163)　長谷川正安「法の下の平等」法学セミナー 54 巻 8 号（1960 年）26 - 27 頁。
(164)　阿部照哉・野中俊彦『平等の権利』〔阿部照哉〕（法律文化社, 1984 年）44 頁。
(165)　樋口陽一ほか『憲法Ⅰ』〔浦部法穂〕（青林書院, 1994 年）311 頁。
(166)　伊藤・前掲注(150), 24 頁。
(167)　同様の主張は, のちに芦部信喜教授によってなされ, 当時の若年の研究者や実務家によって強く支持された。

第 1 章　女性に関する人権の憲法学における位置づけ

原理は「単に機械的にあらゆる法的な差別を禁止する趣旨ではなく，民主主義の理念に照して不合理と考えられる差別を禁止する趣旨である」[168]とした。

この形式的平等は，スタートラインにたどりつくまでの過程や，スタートしてからの成果の相違については関心を抱かない[169]。しかし，古典的な意味での平等は，この形式的平等であり，日本国憲法の解釈問題としても，大部分がこの点に関する争いである[170]。すなわち，通説では，憲法14条は，第一義的に形式的平等を保障しているとされ[171]，実質的平等の保障は，憲法14条の範囲を超えるとされた[172]。この立場をとると，実質的には不平等が存在しているときは，その相対化の要請を相当程度まで受容すれば足りるとされ[173]，不平等の解消を求めたときに，通説では対応できないことになる。

その一方で，結果の平等を志向する議論も提起された。阿部照哉教授は，「平等権は『差別されない自由』という自由権的性格と共に，実質的平等の実現を内容とする社会権的性格を帯有し，ますます多くの分野で，出発点における『機会の平等』から『結果の平等』への移行が語られるにいたっている」[174]と指摘した[175]。

さらに，憲法14条に定める「法の下の平等」は，男女平等の要請を盛り込む論理かどうかが問題となった。もともと欧米で法の下の平等が唱えられた近代革命当時は，そこには性別による差別を認めないという趣旨を含んでい

---

(168)　宮沢・前掲注(111)，288頁。
(169)　戸波江二ほか『憲法(2)』〔安念潤司〕(有斐閣，1992年) 101頁。
(170)　安念・同上，101頁。
(171)　野中俊彦・浦部法穂『憲法の解釈Ⅱ人権』〔野中俊彦〕(三省堂，1990年) 20頁。
(172)　阿部照哉・野中俊彦『平等の権利』〔野中俊彦〕(法律文化社，1984年) 317頁。
(173)　野中・前掲注(171)，20頁。
(174)　阿部照哉編『平等権』〔阿部照哉〕(三省堂，1977年) 8頁。
(175)　機会の平等と結果の平等の間に位置するものとして，新たに「過程の平等」の概念が提起された。土屋彰久「過程の平等」早稲田政治経済学雑誌356号 (2004年) 67-83頁。

なかったのである。アメリカの独立宣言が「すべての人間は，平等に造られている」といい，フランスの人権宣言が「すべての人間は，権利において平等」だといったとき，「人間」の意味するところに女性は含まれず，それによって女性差別は明確には否定されていなかった[176]といわれている。アメリカでも，フランスでも，その後もいろいろな点で法律上男女は差別されていた。いうまでもなく，その差別はつねに女性の不利益となった。その後，各国において，女性の社会的地位が高くなるとともに，法の下の平等の原理は，性別による差別の禁止を含み，男女平等の実現も要請されると解されるようになった。この点について多くの論考を発表した和田鶴蔵教授によると，「男女平等の根拠は，男女の人間性における能力，欲求などの事実的平等に根底をもちながらも，人間社会全般の幸福をよりよく伸ばすための必要から，男女は平等に取り扱わねばならないという要請が生まれたもの」[177]と理解された。

このように，憲法が保障する平等の内容は，学説上は一定しないようにみえる。後に，棟居快行教授は，こうした解釈論の難しさ，複雑さが，憲法14条の解釈にあいまいさや空虚な印象を与えている[178]と指摘した。伊藤教授は，基準のあいまいさによって自壊しかねないと警鐘を鳴らした[179]。

ただし，女性差別の解決に向けて，裁判を通じて各論的に対応しようとするときに，憲法学にも果たし得る役割があった。それには二つの内容がある。すなわち，憲法14条の規定を私人間の問題にも適用できるものと再解釈することで裁判による対応の範囲を拡げることと，厳格審査の基準を要求することで，合理性の基準による安易な合憲化に釘をさすことである。

2　性差別裁判の展開と私人間適用論の活用

社会に埋もれていた女性差別は，1960年代以降，裁判により少しずつ具体的に発見されていった。そのほとんどは雇用関係の裁判である。たとえば，

---

(176)　辻村・前掲注(11), 44, 65頁。
(177)　和田鶴蔵『憲法と男女平等〔増補版〕』（法律文化社, 1974年）98-99頁。
(178)　棟居快行『人権論の新構成』（信山社, 1992年）117-118頁。
(179)　伊藤正己『憲法〔第3版〕』（弘文堂, 1995年）248頁。

第1章　女性に関する人権の憲法学における位置づけ

結婚退職制についての住友セメント事件[180]，山一証券事件[181]，出産退職制についての三井造船事件[182]，女子若年定年制についての伊豆シャボテン公園事件[183]や日産自動車男女別定年制事件[184]等である。

　日産自動車事件では，男女に定年の差を設けることについて，差の大小にかかわらず，このような差を設ける合理的理由の存在は必要で，その差が小であるからといって，合理的理由があることにはならないといい，男女別定年制は専ら女性であることのみを理由とした性別のみによる不合理な差別を定めたものとした。他方，差別は私人間のことであり，私的自治の原則の下，法的な意味で平等原則を云々できる問題とはなりにくく，企業側の違反はいずれも民法90条違反とされたのであって，憲法14条違反ということにはならなかった。これらは，従来の憲法14条の解釈論を前提とした判決であるが，14条論が女性に関する人権の実現に寄与したとはいえないという事実を露呈するものとなり，14条論を見直すきっかけともなった。

　憲法の規定を私人間へ適用する問題は，一般的に「私人間効力」の問題として扱われ，おおまかに「無効力説」，「直接適用説」，「間接適用説」の三つに分類される。現在では，間接適用説が通説的見解である[185]。そして，直接適用説と間接適用説の実際上の差はほとんどないとして対立自体は不毛とされ[186]，それ以降は一応の理論的決着をみたと判断されたのか，あまり議論されなくなった[187]。判例では，憲法の条項をそのまま私人相互間に適用

---

(180)　東京地判昭和41年12月20日判時467号26頁。
(181)　名古屋地判昭和45年8月26日労民集21巻4号1205頁。
(182)　大阪地判昭和46年12月10日労民集22巻6号1163頁。
(183)　東京高判昭和50年2月26日労民集26巻1号57頁。
(184)　最高裁判昭和56年3月24日民集3巻2号300頁。
(185)　三菱樹脂事件（最大判昭和48年12月12日民集27巻11号1536頁）。
(186)　芦部信喜『現代人権論』（有斐閣，1974年）71頁。木下智史教授は，私人間効力に関する学説間の対立の意味合いの不明確さが実際の事件の解決に役立たない原因の一つであると指摘した。木下智史「私人間における人権保障をめぐる学問と実践の狭間」神戸学院法学34巻1号（2004年）123頁。
(187)　他方，高橋和之教授は，無効力説を再評価する立場を表明した（高橋和之「『憲法上の人権』は私人間には及ばない―人権の第三者効力論における『無効力説』の

ないし類推適用すべきでないとしながらも，民法の条項等の解釈の際に憲法上の原則を読み込む可能性を示唆している。いわゆる間接適用説であるが，それでもなお通説的立場では，これを援用して積極的に私人間の権利保障をする方向にはない。

しかし，1990年代に入り，間接適用説を批判的に克服する，あるいは，新たな視点から再構成しようとする見解から，再び問題提起されるようになった[188]。すなわち，私人間適用の問題を(1)だれが（「適用」主体），(2)どこで（「適用」場面），(3)何を（「適用」内容），(4)いかにして（「適用」方法），適用するかという視角から再検討し[189]，私人間適用について批判的法学によって問題視された公私二分論から再検討するものがある[190]。また，諸外国の例を紹介し，アメリカのステイト・アクション，ドイツの基本権規定やフランスの議論も詳細に紹介して，日本での私人間適用を考察するようになり，再び議論が活発になっている[191]。

再評価―」ジュリスト1245号（2003年）144‐146頁）。その他，私人間効力学説を学者別に分類して詳細に紹介するものとして，三並敏克『私人間における人権保障の理論』（法律文化社，2005年）。
(188) このような指摘をするものとして，戸波江二「国の基本権保護義務と自己決定権のはざまで―私人間効力論の新たな展開」法律時報68巻6号（1996年）126頁。
(189) 棟居・前掲注(178)，8‐112頁。
(190) 公私二分論からの問題提起を受けたものとして，藤井樹也「私人による憲法上の『権利』の侵害㈠㈡」民商法雑誌110巻1号（1994年）1‐36頁，同2号（1994年）321‐352頁。また，辻村みよ子教授は，「国連では，女性の権利実現のための具体的戦略を模索してきた。また，第二波フェミニズム以後の諸理論は，女性の自己決定権やリプロダクティブ・ライツの問題を重視し，家庭内暴力やセクシャル・ハラスメントなど，これまで放置されてきた私的領域での人権侵害撤廃について大きな貢献をしようとしている。」とした。辻村みよ子「性支配の法的構造と歴史的展開」高橋ほか編・前掲注（9），30頁。
(191) ドイツの議論の紹介として，小山剛「西ドイツにおける国の基本権保護義務」法学研究63巻7号（1990年）54‐78頁。同「私法関係における基本権の保護」法学研究65巻8号（1992年）23‐82頁。同「基本権保護と自己決定」名城法学47巻1号（1997年）21‐66頁。同「基本法下におけるドイツ基本権論の展開」比較憲法学研究10巻（1998年）33‐48頁。同『基本権保護の法理』（成文堂，1998年）。同『基本権の内容形成』（尚学社，2004年）。小山剛ほか訳「保護義務としての基本権」

第1章　女性に関する人権の憲法学における位置づけ

　たとえば，アメリカでは，ステイト・アクション（国家行為）の論理により，私人の行為を国家（state）の行為と同一視することによって憲法上の権利保障の効果を及ぼそうとする[192]。この理論は，人権規定が公権力と国民との関係を規律するものであることを前提としつつ，公権力が，私人の私的行為にきわめて重要な程度までかかわり合いをもった場合，または私人が，国の行為に準ずるような高度に公的な機能を行使している場合に，当該行為を国家行為と同視して，憲法を直接適用するというものである[193]。

　ドイツでは，小山剛教授によると，「国の基本権保護義務」に基づく第三者効力論が展開され，有力視されている[194]とのことである。国の基本権保護義務とは，国の憲法上の作為義務であり，その目的は，生命・健康その他の基本的法益を第三者による侵害から防禦することである。したがって，私人による人権侵犯問題を憲法問題として構成するカギは，第三者の侵害から各人の基本権法益を保護すべき国の義務である。保護義務論は，国家と私人のあいだに，基本権尊重関係に加えて基本権保護関係を設定することによって，基本権的救済の対象を私人による侵犯に拡張する。私人間適用論を以上のように保護義務論的に構成するのが，現在のドイツにおける判例・通説である[195]。私人間の私法関係に対する基本権を根拠とした介入は，自己決定を

　　イーゼンゼー，ヨーゼフ（ドイツ憲法判例研究会編訳）『保護義務としての基本権』（信山社，2003年）129-238頁。小山剛「イーゼンゼーの基本権保護義務論（解説）」同238-244頁。櫻井智章「基本権論の思考構造㈠㈡」法学論叢155巻3号（2004年）109-129頁，6号（2004年）94-116頁。戸波・前掲注(188)，126-131頁。同「人権論の現代的課題と保護義務論」樋口陽一ほか編集代表『日独憲法学の創造力〔上巻〕―栗城壽夫先生古稀記念―』（信山社，2003年）699-749頁。フランスの議論の紹介として，高作正博「フランスにおける表現の自由の私人間適用」上智法学論集38巻2号（1994年）223-279頁。

(192)　芦部信喜『憲法学Ⅱ人権総論』（有斐閣，1994年）314-327頁。

(193)　公共サービスの民営化の問題からステイト・アクションを論じるものとして，宮下紘「民営化時代における憲法の射程」一橋法学3巻3号（2004年）495-531頁。

(194)　小山・前掲注(191)「私法関係」，35頁。

(195)　西ドイツにおける基本権に関する判例は，戸波江二「西ドイツにおける基本権解釈の新傾向㈠～㈤」自治研究54巻7号（1978年）83-95頁，同巻8号（1978年）91-104頁，同巻9号（1978年）67-79頁，同巻10号（1978年）71-83頁，同巻

第 2 節　憲法 14 条論の展開と男女平等

前提としつつ，自己決定の「尊重」に加えて自己決定の「保護」をはかるものである。このように，基本権保護義務論は，人権の私人間効力論の行き詰まりを解く一つのカギとして，魅力的にみえる[(196)]。

とはいえ，基本権保護義務論について，日本の憲法学では，警戒的な論調が一般的である。その理由は，第一に，社会国家における人権のあり方を考える上で注目に値する[(197)]ものの，日本の伝統と戦後状況の下では人権に不当な国家権力の介入を招くおそれが大きくなる[(198)]こと，第二に，従来憲法学で支配的であった立法政策論との峻別が困難であることが考えられるだろう[(199)]。

フランスでは，人権の私人間効力について問題関心がないといわれ[(200)]，法技術的考察は貧困である[(201)]ようだが，高作正博教授によると，裁判上争いになったこともあり，議論となっている[(202)]とのことである。

私人間効力の最大の問題は，このような法の支配の要請を満たした既存の法秩序を前提として成り立っている私人の行動に，国家が「人権」条項違反を理由にアドホックに介入し，法律行為の効力を否定するのが妥当か否かという問題である。この点について，日本の従来の学説を整理・考察するもの

---

　　　11 号（1978 年）111 - 125 頁が詳しい。
(196)　西原博史「基本権保護義務論の位相と『平等の法律による具体化』について」樋口ほか編集代表・前掲注(191)，194 頁。
(197)　芦部・前掲注(192)，89 頁。
(198)　芦部信喜『宗教・人権・憲法学』（有斐閣，1999 年）230 頁。
(199)　松本和彦教授は，「従来の議論は基本権保護義務のマイナス面を警戒するあまり，私人間における基本権法益の衝突とそれを調整する国家の義務を適切に位置づける憲法論を提供できていなかったように思われる」と指摘した，松本和彦「基本権の私人間効力と日本国憲法」阪大法学 53 巻 3・4 号（2003 年）288 頁。
(200)　高作・前掲注(191)，224 頁。ジュアンジャン，オリヴィエ（山元一訳，解説）「独仏基本権比較試論」法学セミナー 597 号（2004 年）74 頁。
(201)　内野正幸「"人権"という言葉の位置づけ」渡辺昭夫編『アジアの人権』（財団法人日本国際問題研究所，1997 年）40 頁。
(202)　表現の自由について争われたクラヴォー判決に関するフランスの議論を紹介して，憲法の人権規定の私人間適用を考察したものとして，高作・前掲注(191)，223 - 279 頁。

として，憲法の権利規定が，裁判規範としての性質を持つ以上，これが最終的に適用される裁判の場を意識し，憲法上の「権利」という概念が，裁判の場でどのような意味をもつのかという点に着目しなければならない(203)という問題関心から，日本国憲法で定められているさまざまな「権利」を，「国」だけに向けられていると理解するべきなのか，「私人」にも向けられていると理解すべきなのかという点が問題となっており，「おそらく，これが，『国』だけにむけられていると断定することはできないであろう」(204)と指摘するものがある。また，平等原則が私人間に持ち込まれると問題になるが，平等原則の私人間効力を否定すれば，私人間効力論で問題とされてきた重要な問題の多くが抜け落ちてしまうと指摘するものもある(205)。

他方で，高橋教授は無適用説を再評価し，憲法上の人権は国家を名宛人とし，私人間には民法 90 条や 709 条といった法律を適用して救済を行うべきであると主張した(206)。巻美矢紀教授は新たに，差別が政府言論とみなされる場合，または社会的権力による慣行となっている場合には，憲法を直接適用するという「最小限直接適用説」を提唱した(207)。

3　憲法訴訟論の進化と厳格な違憲審査基準

憲法 14 条は，その差別を禁止するものとして「人種」「信条」「性別」「社会的身分」「門地」を挙げている。これは例示的列挙であることには異論はない。しかし，とくにこの五つを挙げているということは，これらに対する厳格なもしくは重点的な取扱いを求めているともいえるのではないだろうか。これが，伊藤正己教授によってはじめられた憲法 14 条の領域にある「二重の基準」理論であり，後に，君塚教授らの主張するところ(208)である。

---

(203)　藤井・前掲注(190)「私人㈡」，324 - 325 頁。
(204)　藤井・同上，323 頁。
(205)　桜井・前掲注(191)「基本権論㈠」，114 - 115 頁。
(206)　高橋・前掲注(187)，137 - 146 頁。同『立憲主義と日本国憲法』(有斐閣，2005 年) 100 - 101 頁。
(207)　巻美矢紀「私人間効力の理論的意味」安西文雄ほか『憲法学の理論的論点』(有斐閣，2006 年) 252 - 254 頁。

第 2 節　憲法 14 条論の展開と男女平等

そこで，厳格審査論について考察したい。厳格審査論とは，憲法が差別禁止項目として「性別」を掲げたことに注目して，「性差別は禁止され，撤廃されるべきものであり，特に明文で掲げる必要があるものであることを，憲法が示したものと言ってよいであろう」[209]という見解である。この見解によると，性差別事例の違憲審査基準については，中間審査ではなく厳格審査が要求される[210]とされる。中間審査，厳格審査とは，アメリカでの裁判で用いられる違憲審査論であり，この中間審査か厳格審査かという論点が，日本の憲法学界では争いとなっているのである[211]。

従来から，憲法 14 条の後段の差別を禁止する事項について，その差別の合憲性を審査する際にはより基準を厳しくするという「厳格審査」を求める説は，多くの学者により論じられていた。しかし，それらは性差別の観点をとくに注目して論じられているものではなかった。

他方，性差別に重点をおいた研究として，戸松秀典教授，君塚正臣教授のものがある。戸松教授は，社会における私人間での差別問題は，重要な人権保障問題となっているが，女性差別に対しては積極的に裁判が提起されていることに注目した[212]。その際には，憲法 14 条 1 項の禁ずる「性別による差別」が司法的救済の場面を通して，いかように実現されたかということが問題となり[213]，厳格度の高い審査が行われるならば，司法的救済の可能性が高まると指摘した。ただし，そのような審査方式は，日本では未だ確立していない[214]と悲観的な判断を下した。

君塚教授は，通説である合理性の基準説が合憲性を判断する基準としては問題があり，憲法上規定された性差別の解消に役立っていないとして，従来

---

(208)　君塚正臣『性差別司法審査基準論』(信山社，1996 年) 127 - 133 頁。
(209)　君塚・同上，128 頁。
(210)　同旨として，佐藤幸治『憲法〔第 3 版〕』(青林書院，1995 年) 478 頁。
(211)　君塚・前掲注(208)，124 頁。
(212)　戸松秀典「平等原則とアファーマティブ・アクション」ジュリスト 1089 号(1996 年) 186 頁。
(213)　戸松・同上，187 頁。
(214)　戸松・同上，187 頁。

第1章　女性に関する人権の憲法学における位置づけ

の中間審査を適用する違憲審査のあり方について批判した[215]。そして,「他の列挙事由と並んで,憲法は性別による差別の禁止を国家機関に命じており,またこの種の差別の撤廃を憲法は標的にしていると考えてよいであろう。日本国憲法は,何らかの方法によりその実現を国家機関に託したものと解することができよう」[216]としながらも,法律が中立であっても,雇用での性差別や夫婦同氏の下での姓の選択状況を例に,市場原理等によってこの問題が解決しないと述べた。その一方で,この問題の解決を立法や行政に期待することは無理であり[217],「平等が重要な価値を持ち,性差別が日本の民主主義過程で容易に解消できない性質のものであるのなら,裁判所がその価値の実現に向けて憲法上最大限の力を行使することも,ある意味では当然の帰結であるとは言えまいか」[218]という結論に達した。その際には,合憲性を主張する側がやむにやまれぬ目的の存在と,それを達成するための必要最小限度の正当な手段であることの両方を,証明しない限り,違憲と判断すべきであるとして,厳格審査を適用することによっての裁判所による救済の道を模索した[219]。

そして,性に中立的であるとされていた法規に対しては,社会的差別や役割分担が実際に存在するときには,差別が噴出することを考慮する必要があるとした[220]。性差別を含む法規や政策については,戦後すぐに著しく封建的・前近代的なものを改正した後,ほぼ1980年代まで変更がなされず,変更されたのは女性差別撤廃条約のような多国間条約の力によるところが大きく,またその改正も不完全なままであり,性差別はいまだにかなり残っている[221]と指摘した。また,性差別的な法規定は,厳格審査を適用する必要性を主張した。すなわち,「生来の偶然を理由に性役割を強調し,自己の判断

---

(215)　君塚・前掲注(208),123頁。
(216)　君塚・前掲注(208),128頁。
(217)　君塚・前掲注(208),129頁。
(218)　君塚・前掲注(208),296頁。
(219)　君塚・前掲注(208),142頁。
(220)　君塚・前掲注(208),301頁。
(221)　君塚・前掲注(208),129頁。

による様々な生き方を認めないということが、憲法の『個人の尊重』に反する」[222]点で問題であるので、現在の「常識」では認められるような差別を解消し、憲法の求める平等を実現するためには、厳格審査を適用し、現在の常識に合わない結論が生じたとしても、仕方のないことであろうとした[223]。

松井茂記教授は、裁判所による現行法令の解釈、あるいはそれが困難であれば私法の一般原則の解釈の中で、その私人の行為が法律行為であれば公序良俗違反とし、あるいは不法行為にあたると判断することによって私法上の救済を図るべきであるとした。すなわち、憲法は、きわめて強い平等への志向を示しているので、「とりわけ日本における差別の歴史を踏まえ、14条の平等権の趣旨を重く受け止めることが求められよう」[224]として、厳格審査を求めた。他方、私人が性別を理由に他人を差別している場合には、そのような行為を立法によって禁止する責任は国会にある[225]と、立法政策論を支持した。

以上をみれば、要するに、厳格審査基準は、憲法学者の理想または夢として提案されたものである。残念ながら、現実の裁判所でそれが認められたものではないし、日本の裁判例から導きだされたルールでもなかった。

第2項　合理的差別論による女性差別の容認

実際の裁判では、先に述べたように、憲法問題について、「抽象的な『法の下の平等』のルールを既存の法令や国家行為に機械的にあてはめて合憲性の判断をするという単純な手法がとられた」[226]結果、個人の基本権としての平等権は確立されなかった[227]といえるだろう。

憲法学では、こうした判例の傾向を「合理的差別論」と呼んで支持してき

---

(222)　君塚・前掲注(208)、135頁。
(223)　君塚・前掲注(208)、142頁。
(224)　松井茂記『日本国憲法〔第2版〕』(有斐閣、2002年) 358頁。
(225)　松井・同上、325-326頁。
(226)　阿部・前掲注(174)、5頁。
(227)　阿部・前掲注(174)、5頁。

た。女性差別的，または男女の取り扱い方が異なる場合について裁判で争われたときがその典型であって，その多くについて憲法学では「合理的差別」であると説明し，正当化してきた。この，無規定的な「合理的差別論」の代表は，宮沢俊義教授である。

まず，何が差別とされるかの判断基準について，宮沢教授は，先天的な条件と民主主義的合理性を挙げた。先天的な条件とは，家柄，門地，人種といった「『人間性』を尊重するという個人主義的・民主主義的理念に照らしてみて，不合理と考えられる理由による差別」[228]と説明された。ここでは，性別による差別は第二次大戦を機に「だいたい姿を消した」と認識された[229]。

宮沢教授は，他方で，民主主義的合理性とは人間性の尊重ないし個人の尊厳に適合することをいい，社会国家の理念に即した実質的平等が要請されるとしつつも，不平等は私有財産制との関係で生じるものであるとした[230]。さらに男女平等については，少なくとも法律上は完全な男女平等が実現されており，男女の生理的条件の違いに応じた異なる取扱いは当然に認められ，法の下の平等に反しない[231]との考え方をとった。こうしたことから，日本には女性に対する別置の取扱いはあっても，女性なるがゆえの不平等は存在しないと把握していることが読み取れる。

女性差別に関する裁判が提起されるようになってからも，こうした憲法学の対応は変化しなかった。再び宮沢教授の論考を参照すれば，「労働条件につき，女子を特に優遇すること（労働基準法61条以下）は，『性別』による差別といえるかもしれないが，男女の肉体的なちがいに立脚する差別であり，もとより法の下の平等に反するものではない」[232]としつつも，「結局なにが『事柄の性質に即応して合理的と認められる差別的取扱』であるかは，判例の積み重なりによって明らかにされるよりほかはない」[233]とした。このよう

---

(228) 宮沢・前掲注(111)，269頁。
(229) 宮沢・前掲注(111)，270頁。
(230) 宮沢・前掲注(111)，289頁。
(231) 宮沢俊義・芦部信喜補訂『全訂日本国憲法』（日本評論社，1978年）280頁。
(232) 宮沢・同上，207頁。

な宮沢教授の憲法理論が通説的見解となり，その後の憲法学にも大きな影響を与えたといえるだろう。

　差別は個別的に，具体的場合に即して，解決されなければならない。他方，差別解決のためには，一般的な原則が必要であると思われる。それらを定めるのが法律であるが，逆に，「事実上の差異が法的取扱との関連で無視できない重要性を有する…ものでなければ法上差別の根拠とならない。逆に，重要な事実上の差異があるときは，法的に無差別の取扱をすることは許されない」(234)というように，一般的な原則を定めることに否定的な考えをとる説もある。具体的場合に即して，差別か，合理的な差別か，差別ではないかを判断することは，誤りではないだろうが，その判断基準についてのあいまいさに対しては疑問が残るであろう。

　その「合理的」とされるものについて，何が「合理的な差別」といえるのか，基準を見出そうとする動きが，伊藤正己教授の問題提起であった。これ以降，「何が女性差別か」についての基準が，違憲審査基準論として争われるようになり，学説上も「絶対的平等ではない相対的平等」を基準とするような合理的差別論を見直す動きがでてきた。

　伊藤教授は，両性の対等な地位の保障という法的平等の実現の強い要求によって，女性参政権が実現し，妻の無能力が否定されたと述べた(235)。その一方，男女の肉体的心理的差異を法律的にいかに投影するかは，必ずしも容易に解明できる問題ではなく(236)，男女のもつ肉体的な相違を，法は見逃す訳にはいかない(237)としつつ，合理的差別として男女間の差異をおしなべて合憲とする議論へ疑問を提起した。「合理性の要請」とは，事実上均しい状態にある者が均しい法的取扱をうけることであり，通説となっているものの，それは抽象的であいまいである(238)ので，判断が恣意的になるという非難を

---

(233)　宮沢・同上，208 頁。
(234)　芦部信喜編『憲法 II 人権(1)』〔阿部照哉〕（有斐閣，1978 年）216 頁。
(235)　伊藤正己「法の前の平等」国家学会雑誌 64 巻 1 号（1950 年）50 頁。
(236)　伊藤・同上，45 頁。
(237)　伊藤・同上，50 頁。
(238)　伊藤・前掲注(150)，20 頁。

第 1 章　女性に関する人権の憲法学における位置づけ

免れるためには，事実関係の精密な論証に裏づけられる客観的判断を行うべきである(239)と指摘した。すなわち，相対的平等の観念の妥当性について，憲法学上の違憲審査基準論の問題点を指摘した(240)のである。

ところで，憲法学の問題として憲法学者がとりあげている女性差別の事例は，次のようなものがある。

1970 年代では和田鶴蔵教授によって女性差別の問題について，選挙や公務員等，政治的関係における差別，職業，労働，社会福祉，租税に関する差別，教育制度や社会慣習等，社会的関係における差別，家族関係における差別について，詳細な指摘があった(241)。ここでは，国の行政における差別の例として，労働差別を放任している行政機関の存在(242)及び男尊女卑道徳を温存するかのような社会教育行政の実施(243)が具体的に挙げられた。1980 年代では野中俊彦教授(244)によって女性差別と判断された事件の裁判例について，詳細に紹介された。また，棟居快行教授は，差別を「範疇化型差別」，「取扱型差別」の 2 つに類型化した(245)。

さらに事項別に整理すると，大きく分けて，労働関係では，若年定年制と結婚・出産退職制，労働基準法 64 条の 2 から 68 条までの女性保護規定であ

---

(239)　伊藤・前掲注(150)，26 頁。
(240)　伊藤・前掲注(150)，21 - 26 頁。
(241)　和田(鶴)・前掲注(177)，21 - 69 頁。
(242)　和田(鶴)・前掲注(177)，41 頁。
(243)　和田(鶴)・前掲注(177)，57 頁。
(244)　野中・前掲注(172)，122 - 149 頁。
(245)　棟居教授は，この 2 つの差別をそれぞれ細かく分類したが，「範疇型差別」を，敵対感情型差別(外見や文化の相違がもたらす違和感が，不快感や敵意に高められたもの)，利益独占型差別（職場における性差別の主要因は，男性側が職域の独占を維持しようとすることにある），情報費用型差別（女性の平均的運転技術技能は男性のそれより劣るというデータがあるとした場合に，企業が運転手の雇用に際して採用希望者全員に運転技能のテストを施せばかかるであろう費用を低減させるために，女性の希望者を不合格にするといった場合）に，また，「取扱型差別」を，他事考慮型差別（生活保護立法において需給資格を平均身長以上の者に限定して女性が資格外とされやすくする場合），不作為型差別（議員定数不均衡の場合），比例原則違背型差別（比例原則の要請に反するもの）の 3 つに分類した。棟居・前掲注(178)，154 - 161 頁。

第 2 節　憲法 14 条論の展開と男女平等

る。家族関係では，民法 731 条（婚姻年齢の差），同 733 条（再婚禁止期間）である。その他，教育関係では国公立女子大学，刑事関係では刑法 177 条（強姦罪），売春防止法が挙げられた。ほとんど定型的で，厳しく言えば通り一遍のものと批評されかねないが，もう少し詳しく説明しておきたい。

　第一に，女子若年定年制と結婚・出産退職制であるが，これらの制度は裁判所の違憲判断が確定していることもあってか，憲法学者はこれについて例外なく違憲であると断定している。そして，「採用時の契約または就業規則で結婚退職制や出産退職制を定めたり，あるいは女子について若年定年制を設けることは，男女差別として無効とみるのが支配的である」[246]のように，憲法 14 条違反の典型例として論じた[247]。

　第二に，労働基準法 64 条の 2 から同 68 条に定められている，いわゆる「女子保護規定」であるが，これについては，先の若年定年制や結婚・出産退職制とは対照的に，社会一般にこれを正しいとする判断があり，この判断に従ったのか，ほとんど憲法学者は「合憲」と簡単に判断し，「合理的差別」の理論を使う格好の素材として扱った。たとえば，「男女の別による価値的判断に基づく別扱い…は許されない。が，男女の肉体的差異に基づき，女性を保護する趣旨から別扱いにすること（例えば，労働基準法による女子の労働保護）は，必要最小限の範囲にとどまる限り，憲法の禁止する男女差別ではない」[248]というものであった。しかし，後述するように，この「合理的差別合憲論」に批判的な見解も提起された。

　第三に，民法 731 条（婚姻年齢の差）及び 733 条（再婚禁止期間）である。日本国憲法制定により，大日本帝国憲法下での民法上の女性差別が大幅に撤廃された。それでもなお，このような法律上の性差別が残っていた[249]が，

---

(246)　佐藤(幸)・前掲注(210)，473 頁。

(247)　その他に，佐藤功・前掲注(110)，168 - 170 頁。浦田賢治・大須賀明編『新判例コンメンタール日本国憲法Ⅰ』〔三並敏克〕（三省堂，1993 年）242 - 243 頁。長谷部恭男『憲法〔第 2 版〕』（新世社，2001 年）178 頁。

(248)　佐藤(幸)・前掲注(210)，472 頁。その他に，同旨として佐藤功『憲法(上)〔新版〕』（有斐閣，1983 年）221 頁。

(249)　伊藤・前掲注(179)，253 頁。

第1章　女性に関する人権の憲法学における位置づけ

先に述べたように、憲法学者は民法学者の合憲論に依存したのか、自ら合憲・違憲の判断をすることなく、合憲と判断した。

再婚禁止期間については、父性の確定のために、女性のみに禁止期間を設けることは合理的であるとされた(250)。近年になってようやく、医学上100日の間があれば父性の確定は可能であることから、「六ヶ月の待婚期間は長きに失し、合理性は疑わしく違憲のおそれが大きいと思われる」(251)というように、その違憲性が指摘されるようになると、他の憲法学者もそれに同調した。なお、婚姻年齢の差を設けることへの批判や抗議に対して、憲法学者は無視し続けてきたが、その根拠が明確ではないため合理性はないという意見が有力になる(252)と、この点でもにわかに、それに同調するようになった。

また、一見性中立的に見える規定である夫婦同氏の原則等も、結婚時に女性の側が姓を変える率が約97％であり(253)、事実上女性に不利益が生じている。これについても、憲法学者は長期間、十分に考慮してこなかったが、両性の平等の保障という憲法趣旨から、性別による差別を避ける立法上の考慮の必要性(254)が主張され、夫婦同氏の原則の合理性を疑問視する説が提唱された。

これらの規定に関しては、女性運動が先行してその合憲性を問題にしたからであろうか、1996年に法制審議会民法部会の決定した民法改正案の要綱では、婚姻年齢の区別はなくなり、再婚禁止期間も短縮され、選択的夫婦別姓も認められた(255)。憲法理論はこれを追認した(256)のであって、憲法の存

---

(250) 広島高判平成3年11月28日判時1406号3頁。本件の評釈として、君塚正臣「女性の再婚禁止期間の合憲性」『家族法判例百選〔第6版〕』（有斐閣、2002年）8－9頁等。

(251) 伊藤・前掲注(179)、254頁。

(252) 家族関係における平等（婚姻適齢、再婚禁止期間）は「『厳格な審査』テストによって判断されることになり、その合憲性を導くことはかなり困難ではないか」との見解。佐藤(幸)・前掲注(210)、480頁。

(253) 厚生労働省『人口動態統計』(2003年)。

(254) 伊藤・前掲注(179)、254頁。

(255) 保守派の立場から夫婦別姓を批判したものとして、千葉展正「夫婦別姓推進論七つのウソ」八木秀次・宮崎哲弥編『夫婦別姓大論破！』（洋泉社、1996年）10－

第 2 節　憲法 14 条論の展開と男女平等

在が立法をリードしたとは言いにくい展開である。

　第四に，国公立女子大学についてである。女性保護の立場から，こうした大学の合憲性を認める説が有力であったが，女性のみに入学を認めることの合憲性を問題視する学説も登場した[257]。国公立大学で男子のみに入学を制限している制度はすべて廃止された。それらの大学への入学が，職業に密接に関連することから，入学を制限することによって，性別による職業分離が生じることになるためである。女子大学は，以前では，女子教育に果たす役割は大きかったであろう。しかし，今日ではそうした以前に期待されていたような役割は薄れ，国公立である意義が問われている。

　第五に，刑法 177 条の強姦罪の，被害者を女性のみに限定する規定である。この合憲性は，憲法学者の間で広く認められている[258]。しかし，男性も被害にあう可能性があることから，女性に限定することは問題があるだろう。

　第六に，売春防止法である。この法律は，売買春を禁止したものの，売春を行った者のみが処罰され，買春をした者は処罰されない（5 条）。同 5 条に規定された罪を犯した者について，懲役又は禁固刑の執行を猶予するとき，満 20 歳以上の女性は，補導処分を受けることがある（17 条 1 項）が，男性については規定がない。こうした片面的な売春防止法の合憲性についても，多くの憲法学者は，合理的であると説明した。しかし，近年では，売春とは女性のみが行うものではないという点，また売春には男性から女性への支配構造が前提となっているためむしろ買春をした男性側こそ処罰すべきであるという点から，本規定の合憲性が問題視されている。

　その他，憲法学上の議論の対象となったものには，女性差別撤廃条約がある。これに関しては，それまで合理的差別論を肯定していた憲法学者にも，

---

　　　37 頁。
(256)　芦部信喜・高橋和之補訂『憲法〔第 3 版〕』（岩波書店，2002 年）129 頁。
(257)　青柳幸一「国公立女子大学の憲法適合性―高等教育における差別」同『個人の尊重と人間の尊厳』（尚学社，1996 年）365-401 頁。芦部・同上，129 頁。内野正幸「みんなが生きてゆくために」樋口陽一編『ホーンブック憲法』（北樹出版，1993 年）196 頁。
(258)　長谷川・前掲注(163)，28 頁。三並・前掲注(247)，242 頁。佐藤功・前掲注

第1章　女性に関する人権の憲法学における位置づけ

国籍法の改正及び男女雇用機会均等法の制定作業をともなったことによって，注目された(259)。労働関係，すなわち採用，昇進，研修等における性差別は，その存在が認識されていても，裁判の場で証明することは困難であり，間接適用説ないし民法2条（旧1条の2），90条，同709条などによって個別的に対応するだけでは限界があった。そこで，企業の人事政策のあり方全体を，平等原則に適合するように再編成するための立法措置が必要となったが，こうした要請に応えるため，男女雇用機会均等法が制定された(260)と理解された。しかし，同法は，女性労働者ではなくむしろ使用者側に立った法律であり，必ずしも十分なものではなかった(261)ため，1997年に改正され，1999年4月に全面施行された。

　以上のような女性差別の実例の紹介と，その合理的差別論に終始した憲法学であったが，その背景には，憲法学者自身の性別役割分業意識が反映されているものと考えられる。

　たとえば，もっとも顕著に表れているのは，これまでもしばしば紹介してきたように，宮沢憲法学である。宮沢教授は，終戦直後は，女性に参政権を付与することに反対した(262)。しかし，日本国憲法が施行されると，考え方が変わったのか，大日本帝国憲法との違いとして，日本国憲法14条と24条を挙げて，男女間の性的不平等撤廃等の平等原理が徹底されたことを指摘し(263)たり，「婦人の問題はこれからの日本で一番大事な問題のひとつである」(264)と述べたりした。その後も，日本国憲法は「法の下の平等の原理を徹底させ，性別を理由とする差別禁止をはっきり定めた」ものであるとしたが，

---

(248)，222-223頁。浦部・前掲注(165)，320頁。

(259)「一九八一年発効の女子差別撤廃条約（一九八五年日本批准）は，国籍法の改正（一九八四年），男女雇用機会均等法の制定（一九八六年）など同権を一層推進した点で注目される」芦部・前掲注(256)，129頁。

(260)　安念・前掲注(169)，123頁。同旨として伊藤・前掲注(179)，246頁。

(261)　浦部・前掲注(165)，321頁。

(262)　宮沢・前掲注(32)。

(263)　1946年の東京大学における憲法の講義ノート。高見勝利『宮沢俊義の憲法学史的研究』（有斐閣，2000年）291頁。

(264)　宮沢・前掲注(50)，23頁。

第 2 節　憲法 14 条論の展開と男女平等

　それは，女性差別は，「日本国憲法の施行とともに，その趣旨にしたがって，それまであった各種の男女差別待遇は，すべて否定された」(265)と解釈された。当時，差別的規定が存在するとしながらも，それを合理的差別論で説明して正当化を試みた他の多くの憲法学者よりも，宮沢教授には具体的な事例のとりあげ方において，性別役割分業意識並びに女性差別意識を強くもっていることが感じられる。また，売春の処罰対象が女性のみであることに対して，「かりに，女の売春だけを処罰すると定めたところで，すでに売春を行なうおそれのある女子に対してのみ補導処分をみとめることは，事がらの性質からいって，じゅうぶん合理的であると考えられる」(266)とした。ここでの「事がらの性質」とは，一体何を意味するのだろうか，不明である。

　また，職業については，「保健婦，助産婦，看護婦，准看護婦，歯科衛生士などの業務は，法律上，原則として，女子だけの仕事とされている。これらの業務がその性質上女子に適し，慣行上ももっぱら女子の業務とされていることにかんがみて，それらを女子のための仕事と定めたのであろう」(267)とされた。このような男女の職業分離について，「形の上からみれば，女子の利益において男子を差別した点で，法の下の平等に反するといえないこともなかろうが，男子がそれによってうける不利益というものが実際上ネグリシブルである以上，これもあえて憲法違反と見るにはおよぶまい」(268)と評価した。

　このような論理は，女性の「特性」によって職業を分離するのであるから，アメリカで人種差別の関係で形成された「分離すれども平等」という法理論と同じなのではないかとの疑問が生じる。この「分離すれども平等」の原則は，20 世紀後半ではアメリカでも真の平等を実現するものではなく，差別を温存する趣旨であることが，ブラウン判決(269)によって確認されていた。

---

(265)　宮沢・前掲注(111)，280 頁。
(266)　宮沢・前掲注(111)，281 - 282 頁。
(267)　宮沢・前掲注(111)，283 頁。
(268)　宮沢・前掲注(111)，283 頁。
(269)　公立学校における人種別学制度が，連邦最高裁判所によって合衆国憲法第 14 修正に違反するとされた事例。Brown v. Board of Education of Topeka, 347 U.S. 483

第1章　女性に関する人権の憲法学における位置づけ

これは伊藤教授の業績等を通じて広く日本にも紹介されていたので，宮沢教授も熟知しているところであった。しかしながら，「別に，だが，ひとしく」の原理を準用して，国立女子大学で男子の入学を拒否することを説明することができるかどうかの問いを立てて検討した結果，「原則としては，国立学校が，入学に関して，性別によって差別することは，憲法の精神に反するというべきであろう。しかし，(1)学校の教育内容と男女の肉体的条件のちがいとのあいだに特にふかい関係がある場合(たとえば，商船大学の場合)や，(2)その差別の範囲がきわめて小さく，しかも，それによって，男女の一方が，他方にくらべて，不当に教育の機会を拒否されるというような結果にはならない場合(たとえば，お茶の水女子大学の場合)は，そうした差別は，おそらく憲法に反すると見るべきではあるまい」[270]との結論を導き出した。とくに(1)の叙述の中に，宮沢教授の職業観が性別役割分業意識に支えられていることを容易に読み取ることができるが，それとともに，宮沢教授が，「男女」に関して，このような「分離すれども平等」のような性別役割分業を認めていることは矛盾している，といわざるを得ないだろう。

このような宮沢教授の理論は，戦後の宮沢憲法学の憲法学全体への影響力をみれば，以後の男女平等に関する憲法学説に与えた影響の大きさははかりしれない。宮沢教授の学説が展開された時期を考慮すると，今それを取り上げて批判するのは重箱の隅をつつくようだと，その意味が問われるかもしれない。ところが，宮沢教授は一方で，自らをフェミニストと呼び[271]，さらには(1)女性の問題を考えるときはいつも男性だったので，どうしても男の立場からの議論になってしまうこと，(2)日本の女性は多くの場合，男の玩弄物であるか，さもなければその奴隷であり，この地位から女性を解放することが日本の女性問題の根本である，(3)女性の社会的地位は男性よりずっと低かったので，男性は女性に対して優越者の目でみるくせがついている，(4)職業問題を解決して，女性が男性と同じ条件で職業につくことができるようにならない限り，女性問題は根本的には解決されない，といった，まさにフェ

　　(1954), 349 U.S. 294 (1955).

(270)　宮沢・前掲注(111)，282-283頁。

(271)　宮沢俊義『東と西』(春秋社，1943年) 49頁。

第 2 節　憲法 14 条論の展開と男女平等

ミニズム的な思考も併せもっていた[272]。こうした考え方が憲法学に反映されれば、男女平等の議論はかなり前進したのではないだろうかと思われる。しかし、憲法学内部からは、依然としてこうした宮沢教授の議論[273]に対する批判は提起されておらず、多くの憲法学者がこれに追随して合理的差別論を提唱した事実をみると、宮沢憲法学はなお検討を要すると思われる。

　宮沢俊義教授より後の憲法学説で、とくに注目されるのは、佐藤幸治教授、三並敏克教授である。佐藤幸治教授は、独自の角度から、通説である合理的差別論への批判を展開した。まず、「合理的差別」という言葉については、「差別」はそれ自体否定的含意をもつ言葉であって、「差別」である以上は憲法上許容されないので、問題は「差別」か「合理的区別」かである[274]とした。そして、旧民法下の妻の無能力、姦通罪といった、男女の別による価値的判断に基づく別扱いは許されないとしながらも、「男女の肉体的差異に基づき、女性を保護する趣旨から別扱いにすること（例えば、労働基準法による女子の労働保護）は、必要最小限の範囲にとどまる限り、憲法の禁止する男女差別ではない」[275]と述べた。しかし、刑法 177 条を後者の例に挙げていることからみても、実際の差別問題をこのように線引きすること自体の差別性には気がついていないようである。

　この線引きについて、三並敏克教授は、実際には、合理的差別の判断基準として、2 つの異なる次元での基準があること[276]を指摘した。2 つの基準とは、宮沢教授の主張する「民主主義的合理性の基準」（人間性を尊重するという個人主義的・民主主義的理念に反するかどうかといった基準）と「目的合理性の基準」（一定の正当な立法目的を達成するため、法のとる具体的措置（別異の法的取扱い）が合理的であるか否かを決定する次元で説かれる基準）である[277]。

---

(272)　宮沢・前掲注(50), 23 - 37 頁。
(273)　こうした宮沢教授の両面性は、宮沢・前掲注(50), (271)のほか、同『神々の復活』（読売新聞社, 1955 年）。
(274)　佐藤(幸)・前掲注(210), 471 頁。
(275)　佐藤(幸)・前掲注(210), 472 頁。
(276)　三並・前掲注(247), 222 頁。
(277)　三並・前掲注(247), 222 - 223 頁。

第1章　女性に関する人権の憲法学における位置づけ

　また，合理的基準について，判例の立場である「単なる合理性の基準」（単に合理性が判断基準となることを示すにとどまっている立場）を批判し，「このような抽象度の高い『合理性』が基準とされるときは，法律の合憲性の推定が行われていることと関連して，法令が差別立法として違憲とされるのは，差別の不合理性が一見明白である場合に限られることになろう」(278)という見解をとった。そこで，性別のような憲法14条1項後段の列挙事由による差別は強い違憲性の推定を受け，それが十分に共同の正当化理由のある場合にのみ差別が合理化されるとし，その他の事由による差別の場合には，原則として「合理性」を基準とする合憲性の判断がなされるべきである(279)とした。

　その他，合理的差別論に対する批判として，その基準の曖昧さ及び変化の可能性について「立法の目的が憲法に適合しているとしても，手段としてとられる男女の差別的取扱がなお立法目的に対し，合理的関連性を有するか，社会の状況が急テンポで変る各時点で見直しをする必要がある」(280)という阿部照哉教授による主張があった。また，差別的取扱いの合理性を認定する際考慮すべきこととして，橋本公亘教授の主張があった。同教授は，「第一に，事実上の差異が存在すること（たとえば，成人と少年の精神的・身体的差異），第二に，右の差異による差別的取扱いが正当な目的にもとづくこと（たとえば，少年の保護，婦女の保護），第三に，当該事項につき差別的取扱いの必要性が認められること，第四に，差別的取扱いの態様とか程度が，社会通念上許容できる範囲内であること，の諸点を総合判断して決するほかはない」(281)とし，人間の社会生活の変遷にともなって，これらの合理的差別として許容されることがらも変化することを指摘した。

　また，相対的平等説は憲法上許容される異なった取扱いと憲法上許容されえない不平等取扱いとを，どのような標準によって区別するかという，非常に困難な問題に直面することとなり，「平等原則の妥当領域を限定しないか

---

(278)　三並・前掲注(247), 223頁。
(279)　三並・前掲注(247), 223頁。
(280)　阿部・前掲注(174), 10頁。
(281)　橋本公亘「現代における平等」橋本公亘・和田英夫編『現代法2巻　現代法と国家』（岩波書店，1965年）92頁。

第 2 節　憲法 14 条論の展開と男女平等

わりに，憲法の要請する平等の意味を一義的に決定しえないという難点をもつことは，否定できない」[282]という浦部教授による指摘もあった。これらの指摘は，合理性の基準をある程度明確にしつつも，あいまいさの残る「合理的基準」を当然に違憲審査制の基準としている点では批判が残るだろう。

また，佐藤教授によって，基本的人権の重大な制限を伴う場合には，法律の目的を厳格に解し，あるいは手段が実質的相当性を有するか否かを厳格に問う必要がある[283]という「新二重の基準」論も提唱された。その理由には，絶対的平等は文字通りの意味においてはいかなる場合でも維持できるわけではないとしても，だからといって憲法がその都度の利益衡量による「合理的」調整に委ねたとみるのは，憲法による平等権の保障をあまりにも相対化するものといわなければならない[284]ためである。この佐藤教授の説について，「基準論として検討の余地がないわけではない」が，「判例の多くが従来通り単純な合理性の基準を採用して，しかも立法裁量の範囲内の事項については当然のように合理性の存在を前提としているのを目の当たりにするとき」，「きわめて注目に値する」[285]と評価するものもある。この指摘は，厳格審査を導入する可能性を示唆するものとして，注目に値する試みであろう。

その一方で，今でいうジェンダー・センシティブな（ジェンダーに敏感な立場からの）主張を展開する論者も存在した。和田鶴蔵教授は，(1) 20 世紀の社会における平等の内容は，人種の平等，男女の平等のような，自然的先天的な人間の属性に関連した取扱いの平等にまで，その範囲を拡大し，平等内容を充実してきたこと，(2)過去の社会においては，この自然的先天的な事実上の差異による区別取扱いに便乗して，人為的歴史的慣習的事実上の差異に起因する区別扱いまでも肯定してきたのであるから，この点に注意し，男女の自然的生理的事実上の差異と人為的慣習的事実上の差異とを厳格に峻別して，男女平等の問題を論じなければならないという議論を展開した[286]。1970 年

---

(282)　浦部・前掲注(165)，312 頁。
(283)　佐藤(幸)・前掲注(210)，478 頁。
(284)　佐藤(幸)・前掲注(210)，471 頁。
(285)　三並・前掲注(247)，223 - 224 頁。
(286)　和田(鶴)・前掲注(177)，3 頁（はじめに）。

第1章　女性に関する人権の憲法学における位置づけ

代前半にこのような指摘がなされたことは，今日的に見ればたいへん意義深いが，当時はほとんど注目されなかった。

従来の憲法学説は，以上のように憲法14条論を展開してきたが，それには次の三つの問題がある[287]。

第一に，憲法14条の拘束性である。通説では，国家は国民を不合理に差別してはならないという原則を定めたものであり，その原則は直接的な法規範として，立法・行政・司法のすべての国家行為を拘束するものである[288]とされている。また，憲法14条を「抽象的な原理の宣言ではなく，具体的な権利を保障する裁判規範である」[289]と理解するように，その裁判規範性を強調する場合が多い。

なお，その際には，必ず「私人間適用の有無」について議論されている。憲法14条はそもそも，憲法上の平等の要請としても，「特殊のものを除いて，憲法規範は，国家にむけられた法規範であって，純粋の私人相互間はその拘束をうけないことは当然とも考えられる」[290]とされた。この点は伊藤教授から，憲法法規は私人間における差別を規制しえない[291]が，「憲法の趣旨は間接的に私人間の関係に効果を及ぼす」[292]と指摘された。

第二に，憲法14条後段は制限的列挙を定めたのか例示的列挙であるかについては，性差別は具体的に憲法14条に列挙されていたこともあり，問題はなかった。しかし，学説上は確かに女性差別について触れてはいるものの，戦後の民法改正により問題は解決したと思われていたために，基本的には問題は解決済みという態度であって，女性差別的立法が存在し続けているという認識はうすい。したがって，憲法学の議論は，刑法177条，売春防止法，労働法の女性保護規定，民法731条，733条，750条，それに加えて国立女子

---

(287)　このような分類をするものとして，たとえば，阿部・前掲注(234)，208-226頁。
(288)　野中・前掲注(171)，23頁。
(289)　伊藤・前掲注(179)，239頁。
(290)　伊藤・前掲注(150)，27頁。
(291)　伊藤・前掲注(150)，27頁。
(292)　伊藤・前掲注(179)，246頁。

大学の当否，天皇の男系主義等の適当な事例を挙げて，それらを当然に合憲と判断した上で，合理的な差別として説明するという現状追随的な議論に集中していた。

　第三に，合理的差別については，その判断基準は曖昧さが目立った。平等の性質は絶対的平等か相対的平等かに関しては，相対的平等が通説であるが，基準そのものの不平等性は指摘されていない。したがって，男女で異なる取り扱いをすることについては，「合理的な区別」「合理的な差別」であるとされ，女性差別解決のための道は狭く，閉ざされていた。

　これらの理論は，現実を追認する「安全な議論」でしかなく，具体的な問題の解決のための「冒険的な議論」たりえていないという問題がある。また，自己と正反対の議論との論争を経験してきた「闘う議論」でもない。これについては，早くも1970年代に阿部照哉教授から，立法者拘束性，後段と前段の関係，絶対的平等か相対的平等かといった点に関する通説の立場は，最高裁の判例によってもほぼ認められるにいたったが，「これによって具体的な差別の問題は何ら解決されないことも明らかとなった」との痛烈な批判があった[293]。その後，1990年代初頭に，憲法14条で規定されているのは，平等権か平等原則かという論点が，新たに提起された[294]。すでにみたように，日本においては，大日本帝国憲法時代に，選挙法では選挙権・被選挙権が男性にのみ与えられ，民法では妻が無能力者とされ，刑法では妻の姦通のみが罰せられた状況があったが，これらはいずれも「性別」にもとづく差別であった。日本国憲法下で「性別」による差別が禁止されたことにともない，このような規定は男女同権の原理に反するとされ，すべて廃止となった。

　金城教授による平等権の議論は，法を男女に平等に適用することの要求にとどまらず，法内容の平等の要求及び一見女性差別には関係がないと思われる法律の「隠れた」不平等性の克服までを視野に入れた権利であるという主張であった。同教授は，「国が，男女平等を実現していくための施策を積極

---

(293) 阿部・前掲注(174)，6頁。
(294) 金城清子『法女性学』（日本評論社，1991年）85-90頁。野中俊彦「憲法における原則と権利」樋口陽一・野中俊彦編集代表『小林直樹先生古希祝賀　憲法学の展望』（有斐閣，1991年）566-574頁。

的に実現している場合にも，多くは平等原則で足りるであろう。しかし国が，何らの施策も行なわないとき，積極的に施策の展開を求めることは，平等原則ではできない」(295)ため，憲法14条は，「平等原則」ではなく「平等権」を意味すると主張した。この論争は，金城教授が「平等権は自由権としてだけではなく，社会権として保障していかなければならない」(296)と，主張の軸を「原則か権利か」という論争からやや変化させたこと，並びに，憲法学者の側からは，平等権でなく平等原則であっても，裁判上の救済ができることが指摘されて(297)，一応の決着をみた。現在では，両説をわけてもその法的効果には違いが生じないので，論ずることにそれほどの意味がないとする議論が有力となった(298)。

しかし，1990年代後半に，高橋和之教授は，男女の平等は法規範レベルの問題としては解決済みのものであり，不平等の実態は規範に照らして個別に解決して行けば足りるものと観念されてきたと指摘した(299)。それまでの学説が女性に焦点をあてていなかった結果，結局差別の状態を追認することになっていたという憲法14条論の自己批判ともいえよう。

実際，法律学の分野では，「わが国では，憲法を頂点とする戦後の法改革によって，法律上の男女の平等はほぼ完全に実現され，判例もその理念を具体化することに努めていることがうかがえる」(300)という見方が大方であった。しかし，このような見解を持つ鍛冶千鶴子氏でさえ，「これらはあくまで建前の問題であって，そのかげには依然として，男性優位の社会体制が厳存し，しいたげられた性としての女性があった」(301)と指摘した。性差別の

---

(295) 金城・同上，88-89頁。
(296) 金城・前掲注(10)，219頁。
(297) 佐藤幸治教授は，「平等権あるいは平等原則が互換的にいわれるところも首肯できる」とした。佐藤(幸)・前掲注(210)，468頁。
(298) 高井裕之「男の正義／女の正義」平井亮輔編『正義』(嵯峨野書院，2004年) 201頁。とはいえ，「実質的平等を図るべく，国家に対して，一定の作為を要求する権利」を「憲法一四条は保障しているとは言い得ない」との根強い批判もある。寺田友子「男女平等推進条例について」樋口ほか編集代表・前掲注(191)，534頁。
(299) 高橋ほか編・前掲注(9)，ⅴ頁。
(300) 鍛冶千鶴子「女性の権利をめぐる問題」ジュリスト586号 (1975年) 37頁。

被害者である女性の多くは、後者の見方をしていたのではないだろうか。

第3項　男女平等に向けた学説見直しの開始

　アメリカで女性差別が大きく社会問題化したのは 1960 年代であった。その影響を受けて日本で「ウーマン・リブ」の波が起こったのは 1970 年代であった。1970 年代以降、社会学等様々な分野から、日本国憲法制定により形式的な平等が達成されたとしても、実質的には不平等であり依然として女性差別が存在するという指摘がなされてきた。しかしそれ以降も、男女平等に関する憲法学の議論は従来の議論を踏襲し、価値の転換ははかられなかった。

　法律学の分野では、先に述べたように、法とは中立的な価値を持つものという「常識」により、しばらく女性差別の問題が議論されなかった。一方アメリカでは、1980 年代に、今までの法理論はむしろ女性を抑圧してきた論理であったと指摘したフェミニズム法学の考え方が登場した。その影響を受けて、日本でも 1990 年代から、憲法学内外の女性法律家を中心に、法律学全体の見直しを行う動きが出てきた[302]。最近では、男性研究者の中からも同様の主張がなされている。そして、憲法学の内部からも女性差別に何とか対応しようとする動きが生じてきた。

　戸松教授は、1987 年に、いち早く、憲法学上許容されていた合理的差別の問題点を指摘した。すなわち、当時の状況を、日本国憲法成立時に考えられていた男女平等論の意味に再検討を迫り、あるいは、問題によってはかつての考え方を否定する傾向も現れている[303]と分析し、いままで憲法のもとで許容されるとされてきた男女間の差異に関する固定観念の打破と女性保護規定の見直しの必要性を主張した[304]。それに加えて、従前の男女平等に関

---

(301)　鍛冶・同上、37 頁。
(302)　女性の憲法学者による論考は、本章冒頭を参照のこと。法社会学からの考察として、神長百合子「フェミニズム法理論の現状」桐朋学園大学短期大学部紀要第 9 号（1991 年）106 - 116 頁。弁護士からの問題提起として金城・前掲注(294)、角田由紀子『性の法律学』（有斐閣、1991 年）等。
(303)　戸松秀典「性における平等」ジュリスト 884 号（1987 年）171 頁。

第1章 女性に関する人権の憲法学における位置づけ

する憲法論議の特色として，憲法学者には女性が少ないこと，また，男性憲法学者が，男女平等問題について積極的な発言を差し控える傾向があることを指摘した(305)。

戸松教授の指摘から10年後に，高橋和之教授は，憲法学そのものが抱えている問題点を指摘した。すなわち，「戦後の日本の法律家にとっては，男女の平等は法規範レベルの問題としては解決済みのものであり，不平等の実態は規範に照らして個別に解決して行けば足りるものと観念されてきた。そのため，性差別は，…法学の各領域において個別に議論され，諸領域を貫通する統一的な視座の探求から，性差別を不可欠の要素として組み込んだ社会構造のあり方そのものの究明に至るといった展開をたどることはなかった。この特徴は，アメリカにおけるフェミニズム法学の展開と比較するとき，一層きわだったものに映る。」(306)と指摘した。そして，女性差別が存在することについて，「第一に，性差別・性支配が社会構造として存在するとすれば，それは構造を規定する法制度のなかに現れているはずであり，その剔抉は法学の課題でなければならない。第二に，法的手段は性差別・性支配構造の解体を目指す際の重要な過程を提供しうる。法のみによって問題を解決することはできないにしても，法の助けなしに解決することも困難なのである。」(307)とし，それが法学の課題であるとも述べた。さらに，男性と女性を形式的に同じに扱えば不当な「結果の不平等」が生じる可能性があり，それを避けるための別異処遇は「実質的な観点から平等権を捉えるときには，憲法上許されるべきだ」(308)と形式的平等論の限界を指摘した。

性差別の問題について，このような総論だけでなく，各論においても，従来の学説を見直す動きがある。平等がもっぱら国家からの差別を排除することを内容としていたかぎり，それは自由権に包括されるものであったが，やがて条件の平等を整備して機会の均等を確保することを国家に要求すること

---

(304)　戸松・同上，174頁。
(305)　戸松・同上，174頁。
(306)　高橋ほか編・前掲注(9)，v-vi頁。
(307)　高橋ほか編・前掲注(9)，vi頁。
(308)　高橋・前掲注(206)，132頁。

第 2 節　憲法 14 条論の展開と男女平等

が問題となると，それは社会権の一環として位置づけられるようになった。すすんで，結果の平等の確保までが問題となると，それはポジティブ・アクションの問題に発展した。すなわち，まず，これまで見てきたように，裁判における平等の確保についての「私人間効力と厳格審査」といった裁判規範上の議論が提起され，その後，第二に「ポジティブ・アクション」をどのように憲法上で位置づけるのかが問題となり，第三に「人権概念の転換」の議論等が提起されるようになった。

また，その際には，性差別の問題の解決や積極的に両性の平等を実現することを期待することは司法に対してはできても，立法や行政に対しては無理である[309]と考え，あるいは，人権は「男性の」人権を指し，女性は含まれていなかったと考え，実際に女性差別を受けている人にとって直接「役に立つ」理論をつくりあげようと努力することもあった[310]。前述したように，憲法 14 条に対して直接的に法的な効果を持たせようとした金城教授による平等権の主張[311]はその一例である。

ここで，もう一つの人権概念の転換を示唆する問題提起である「人権概念の閉鎖性」について検討したい。この点に関し，(1)日本国憲法に規定がないからといって，それが人権でないといえるのか，(2)憲法学と実際の社会とのずれに憲法学はどう対応するのか，の二点に関して興味深い問題提起したのが内野正幸教授である。すなわち，内野教授は，日本の憲法学での人権の議論のされ方について，裁判で認められていることのみが「人権」という，概念規定の閉鎖性を指摘し，日本の憲法学における人権のとりあげ方は狭い面があり，既成の代表的な憲法学においては，裁判規範（いわば裁判官の準拠

---

(309)　君塚・前掲注(208)，129 頁。

(310)　建石真公子「女性差別と憲法　憲法で抵抗する」法学セミナー 509 号（1997年）40‐43 頁。この法学セミナー「特集役にたつ日本国憲法」の特集では，役に立つ理論構築の試みがなされている。同教授は，憲法上の平等と女性差別撤廃条約上の特別措置との解釈上の矛盾の解消は急務であること，法制度全般において性別役割分担意識の解消が求められること，憲法上の平等の定義も「差別の解消」を射程に入れることが今後の課題となることを指摘した。

(311)　金城・前掲注(294)，55‐127 頁。

第1章 女性に関する人権の憲法学における位置づけ

枠）としての人権に対する関心が強い反面，人々の行動や批判の準拠枠としての人権というものに対する関心がやや弱いと批判した[312]。さらに，そもそも憲法学や人権論の中心的任務は，日本国憲法の人権規定の解釈におかれており，しかも，そこでは裁判例（判例）が批判的文脈でとりあげられることが多いとはいえ，重要な位置をしめてきたことから，裁判事件以外の国内の社会事象や，諸外国（とくにアジア諸国）で起きている人権侵害的な諸事例に対する関心がうすくなりがちであることも指摘して，さらに，これまでの日本の憲法学は，人権にかかわる思想，制度や法的技術に強い関心を持ってきたものの，生活や仕事をする生身の人間にとっての人権という問題を重視してこなかったきらいがあるとした。このようにして，今日の日本の代表的な憲法学について，反差別を軸にして人権の主張を掲げてきた国内の行政や運動等の領域との間で，問題関心のずれを引き起こしがちなものになっていることを指摘した[313]。

一般的に憲法学では，憲法の人権の規定が防いだり禁止したりしているものは，民間社会における，私人による権利侵害であるというよりも，むしろ国家，政府による権利侵害であると理解される傾向にある。しかし，人権は，何よりも国家による侵害から保護されるべきものであるとしても，私人による侵害が放置されていいことにはならないだろう。たとえば，公務員採用の際，女性を排除すれば憲法上激しく非難されるにもかかわらず，民間企業が採用活動を行う際に女性を排除することに対して，憲法は沈黙し，放置していてもいいのだろうか。これでは，まるで「社会的」差別の問題については，憲法上議論するにはあたらないものといっているようである。

この「社会的」が意味するものについて，一歩ふみこんだ考察をしているのが，和田鶴蔵教授である。すなわち，和田教授は，男女平等の観念の内容は，女性の自由獲得と過去の男性による圧迫から解放されるという要素が強く含まれ[314]，男女の性が異なるという理由だけで，女性に対する機会の差別，条件の差別，機能価値の差別，人権享有の差別，社会的処遇の差別をし

---

(312) 内野・前掲注(201), 35 - 36 頁。
(313) 内野・前掲注(201), 36 頁。
(314) 和田(鶴)・前掲注(177), 105 頁。

第 2 節　憲法 14 条論の展開と男女平等

てはならないということ(315)とした。また，男女平等の実現は少なくとも，男女の自然的事実平等をいうのではなく，男女を社会的に平等にしなければならないというものであり(316)，憲法 14 条は人間の作った社会における人間関係において差別されないということを規定している(317)，と指摘した。

　しかし，従来の日本の憲法学界では，先述したように，こうした和田教授のような問題提起は十分に受けとめられることがなく，一般的に私人間適用の問題として，ドイツ，アメリカ，フランスの議論を参考に議論を展開してきた。しかし，これらの議論だけでは不十分であるとする学界内部からの反省として，内野教授の立場が極めて注目されるのである。

　内野教授は，「裁判を通じて実現する人権」では人権が狭い範囲に限定されるため，実際に人権侵害にあっている人々の「人権」を救済することにはならないということを指摘した。国家の不作為を，立法義務ではなく，あくまでも私人間効力の問題として扱おうとする戸松教授とは対照的である。すなわち，国家の不作為による人権侵害というテーマが与えられると，日本の憲法学界では，おもに平等選挙や社会保障を実現するための立法義務を国会が果たさなかったという立法不作為のことがイメージされがちであるが，より重要なことは，民間社会における人権侵害を放置しておく(318)（あるいは黙認する）という種類の不作為の方であろう(319)と，立法義務論について述べた。

　そこで，内野教授は，欲求理論を参考にして人権概念の再定義を試みた(320)。これは，人権を，裁判を通して認められた人権や価値序列的な人権

---

(315)　和田(鶴)・前掲注(177)，106 頁。
(316)　和田(鶴)・前掲注(177)，99 頁。
(317)　和田(鶴)・前掲注(177)，100 頁。
(318)　表現の自由は経済的自由よりも優先する，といった命題などが考えれらる(内野・前掲注(201)，45 頁)。
(319)　内野・前掲注(201)，39 頁。
(320)　欲求理論とは，アメリカの心理学者 A・H・マズローが欲求階層説とは別に説明している理論。人間の欲求を，(イ)欠乏部分を埋めようとする欲求と，(ロ)成長しようという欲求とに分ける枠組みのことである。これを用いて，内野教授は，「欲求を保持および成長という二種類の欲求に分けることができるのであれば，人権についても自己保全の権利（自分の体や心を守る権利）と自己実現の権利（自分の能力

だけではない，とても広い範囲を含む概念だといえよう。このように，従来の人権論の範囲を超える新しい概念が提唱されている。現在の社会的な問題に憲法学が対応しようとするならば，このような人権の社会的存在を明らかにしようとする議論が必要になるだろう。この点は第5章で詳述する。

第3節　裁判外での憲法14条論の効用

　前節で明らかにされたことは，日本の憲法学における人権概念の閉鎖性である。すなわち，内野教授の言葉によれば，人権の実現手段を裁判所のみに求める私人間効力論の閉鎖性を超えて，裁判外での人権の実現を模索する試みが必要とされているのである。

第1項　ポジティブ・アクションの考え方の導入

　アメリカでは，人種差別が深刻な問題となっていた。その解決のために，「公権力が color-blind でいたのでは，平等の実現は困難であることが判明しはじめたのは，六〇年代半ばから」[321]であった。それから差別や不平等の状態から脱却するには，社会のあらゆる部分での構成員に被差別者である黒人が欠落している，あるいは極端に少ない状況を変えなければならないことが認識され，そうして，差別撤廃への具体策としてアファーマティブ・アクションが採用され，実施されるようになった。具体的には，大学入学者に黒人を優先的に一定人数割り当てるクオータ制や，政府が黒人を一定以上雇用していない企業と契約しないといった選択的契約制度，社会貢献的投資等である。

　どの社会にもさまざまな内容，形態をもつ差別が存在する。これに対し，アメリカでは連邦最高裁判所が積極的にこの種の問題に取組んできた[322]。

　　　を生かしたり発展させたりする権利）の区別を語ることができそうである」と指摘
　　　した。内野・前掲注(201)，43 - 44 頁。
　(321)　阪本昌成「優先原則と平等権」公法研究45号（1983年）98頁。
　(322)　横田耕一「法の下の平等と最高裁」法律時報59巻9号（1987年）11頁。

裁判で「差別である」と認定された事項について、具体的な差別の状態を解決する方法の一つとして、アファーマティブ・アクションが導入された。

アメリカで導入されたアファーマティブ・アクションは、ヨーロッパにおいても差別解決の手段の一つとして用いられるようになった。ヨーロッパではポジティブ・アクションといわれている。両者の名称は異なるものの、内容はほぼ同じである。現在では、アメリカやオーストラリアで呼ばれている「アファーマティブ・アクション」というよりも、国際的にはEUで用いられている「ポジティブ・アクション」と呼ばれることの方が多い[323]（以下では、両者を総称して、「ポジティブ・アクション」とする）。

アメリカで人種差別解決の手段として開発されたポジティブ・アクションは、女性差別の解決にも一定の効果を上げたといわれている。こうした成果から、日本での導入を模索する動きがでてきた[324]。そこで、ポジティブ・アクションの日本国憲法上の合憲性が議論されるようになった。

日本では、差別の事例が主として私人間の社会的関係において問題となっているためか、最高裁判所で差別の事例が直接的に問題になることは稀である。日本の最高裁判所で争われた女性差別としては、横田耕一教授によると、①売春防止法における女性差別事件、②日産自動車男女別定年制訴訟、③強姦罪に関する事件の3つに整理された。しかし、①では、売春防止法によって実際には主として女性が罰せられるという実態が軽視されている。②では、日産自動車という企業の性別定年制は違法と判断されており、結論は妥当であるが、男女役割分業意識を正面から問うものとはなっていない。③では、強姦罪の犯罪客体を女性に限定したことについての判断は、今日の女性解放運動の理論水準からみれば問題視されてはいるものの、裁判での解決は望め

---

[323] 諸外国のポジティブ・アクションについては、神奈川県自治総合研究センター『平等な社会を求めて』（1991年）、奥山明良ほか『世界のアファーマティブ・アクション（資料集）』（財団法人東京女性財団、1995年）、同『諸外国のアファーマティブ・アクション法制』（財団法人東京女性財団、1996年）、辻村みよ子編『世界のポジティヴ・アクションと男女共同参画』（東北大学出版会、2004年）が詳しい。

[324] 日米の実践を比較するものとして、牛尾奈緒美「アメリカ型アファーマティブアクションの日本への導入」三田商学研究45巻5号（2002年）155-173頁。

ないと主張した(325)。このように，憲法14条1項が現実の女性差別解消に果す役割はかなり限定されている。その理由として横田教授は，憲法学上の問題点を挙げた。第一に，この条項のみでは，実質的平等を実現することはできない。そして，実質的平等が実現しない限り，真の形式的平等は実現しないことも予想されていることである。第二に，先述のごとく，憲法14条の私人間適用は通常認められていないことから，これらの隘路を打開するには，立法の必要がある(326)と論じられた。その立法措置は，ポジティブ・アクションであり，これを過渡的，暫定的措置であることを理由に，合理的差別の範囲内として理解した(327)。

そして，横田教授は，差別問題は，憲法原則や抽象的な平等論から出発したので，なにごとも明らかにならない(328)ということを前提としながら，アメリカを例に差別認識を次の3つに分類した。第一に，「あからさまで意図的な差別」である。これは，合衆国憲法第14修正の「平等保護条項」によって保護され，平等を実現する手段は差別事象の禁止と差別者の教育・啓蒙に落着するものである(329)。第二に，「不平等な取扱い」である。これは，雇用等における不平等な取扱いは，原則的にすべて差別として違法，ただ例外として，宗教・性・出身国に基づく不平等な取扱いが，企業等の活動に合理的に必要である場合に限って容認されるというものである。このような差別認識への対策は，教育・啓蒙にとどまるものというものである(330)。第三に「不平等な結果」である。これは，中立的な準則を用いて採用や昇進等を決定することが，実質的にはマイノリティや女性にとって差別をもたらすことがやがて認識される。その結果，差別を解消する目的のために人種・性・出身国を考慮に入れた積極的努力が必要であり，それは特定の人びとが構造的差別

---

(325) 横田・前掲注(322)，12頁。
(326) 横田耕一「女性差別と憲法」ジュリスト819号（1984年）71頁。
(327) 横田・同上，72-73頁。
(328) 横田耕一「平等原理の現代的展開」現代憲法学研究会編『小林直樹還暦記念・現代国家と憲法の原理』（有斐閣，1983年）646頁。
(329) 横田・同上，647頁。
(330) 横田・同上，647-648頁。

第3節　裁判外での憲法14条論の効用

を受けていることを認識し，その人びとに配慮しようというものであるから，必然的に差別が行われる基盤である人種・性別等を意識して行われることになるというものである[331]。そこで，第三の差別を解決するために，「裁判所がその事実認定をした後に，差別行為に対する救済手段として Affirmative Action を命じることがしばしば行われている」[332]のである。

　横田教授は，現に存在する女性は決して抽象的な白紙の存在ではなく，過去の不当な差別や「役割分担」の影響を被って男性よりも不利な状況にある具体的な存在なのであり，女性と男性の間には「歴史的差異」が存在する。「歴史的差異」のある両者が，セックス・ブラインドの下で形式的に均等に取り扱われたならば，必然的に差別的結果を再生産することになる。「差別は，個別に，新たに行われるだけではなく，過去の歴史によって社会構造の中に組み込まれており，それは日常的に性差別を再生産し続けているといえよう（構造的差別）。この認識を前提とするなら，性差別の解消のためにはセックス・ブラインドでは不十分であ」[333]って，実質的平等が必要とされる。そこで，ポジティブ・アクションを導入することにより，このような差別を解決し，実質的平等の実現をめざすと主張した。なお，このように積極的な差別是正のための方策としてポジティブ・アクションの必要性を政策的に提示する横田教授でさえ，理論的には，日本国憲法はポジティブ・アクションのような「実質的平等」を命じているものではない[334]が，「合理的区別」により合憲とすべきであるとするにとどまっている。ポジティブ・アクションのような政策は，社会権的要請からでた憲法14条の例外として，日本国憲法の容認するところである[335]と言うのである。

　また，戸松教授は，とくに関心を寄せるべきことは，女性に対する差別を解消するための積極的な政策を施すべきであるか否かということであり，立法・行政を通じての平等を実現することが通常の方式であるとして，ポジ

---

(331)　横田・同上，648-649頁。
(332)　横田・同上，650頁。
(333)　横田耕一「性差別と平等原則」高橋ほか編・前掲注（9），88頁。
(334)　横田・同上，90-91頁。
(335)　横田耕一「『集団』の『人権』」公法研究61号（1999年）62頁。

第1章　女性に関する人権の憲法学における位置づけ

ティブ・アクションの可能性を論じた。同時に，積極的差別解消策にいたる前に解決すべき種々の問題の一つとして，裁判法理の形成を挙げた(336)。

なお，ポジティブ・アクションはすでにその役割を終えたとして，その効果が疑問視されたり(337)，逆差別にあたるとして批判されたこともあった。しかし，近年では，諸外国においても積極的に推進される傾向にある(338)。たとえば，EC裁判所は，1995年のカランケ判決(339)において，ポジティブ・アクションをEC指令違反であるとしたが，1997年のマーシャル判決(340)においては，その必要性を判断して，これを適法とした。アメリカ連邦最高裁判所は，グルッター判決(341)において，厳格審査を適用して，合憲と判断し

---

(336)　戸松・前掲注(303)，176-177頁。

(337)　横田・前掲注(328)，662-670頁。

(338)　政治参画に関するポジティブ・アクションについて，辻村みよ子「ポジティブ・アクションの手法と課題―諸国の法改革とクォータ制の合憲性―」法学67巻5号（2004年）176-207頁。

(339)　州公務員の昇進について，候補者の男女が同等の資格を有する場合は，女性が少ない部門においては自動的に女性を優先させる規定を設けているドイツのブレーメン州法が争われた。Eckhaed Kalanke v. Freie Hansestadt, Case C-450/93 [1995] ECR I-3051.

(340)　州公務員の昇進について，候補者の男女が同等の資格を有する場合は，上位ポストに女性が少ない場合おいては，男性候補者がとくに自己に有利な事由を示さない限り，女性の昇進を優先させる規定を設けているドイツのノルトライン・ウェストファーレン州法は男性に対する逆差別にあたらないとした判決。Hellmut Marschall v. Land Nordrhein-Westfalen ,Case C-409/95 [1997] ECR I-6363. カランケ判決とマーシャル判決を比較検討するものとして，西原博史『平等取扱の権利』（成文堂，2003年）126-137頁。同書並びに柴山恵美子・中曽根佐織編訳『EU男女均等法・判例集』（日本評論社，2004年）では，EC裁判所における男女平等に関する判決が詳細に検討されている。なお，EUの男女平等推進機関及び指令については，柴山恵美子・中曽根佐織編著『EUの男女均等政策』（日本評論社，2004年）を参照のこと。

(341)　Grutter v. Bollinger, 123 S. Ct. 2325 (2003)。ミシガン大学ロースクールを不合格となった白人女性が，人種ゆえに差別されたとして，入学者選抜試験におけるアファーマティブ・アクションの合憲性を争った。判例評釈として，安西文雄「ミシガン大学におけるアファーマティブ・アクション」ジュリスト1260号（2004年）227-230頁。同事件の控訴審判決は Grutter v. Bollinger, 288 F.3d.732（2002）。判

た。また，フランスでは，選挙によって選出される議員と役職の女性比率を向上させるためのクオータ制について，1982年には違憲と判断された[342]が，1999年に憲法が改正され，2000年に「パリテ法」が制定されて，その導入を行った[343]。日本では，こうした流れを受けて，1997年の改正雇用機会均等法にポジティブ・アクションの導入に関する国による事業主への支援が規定された（20条）。さらに，1999年の男女共同参画社会基本法に，ポジティブ・アクションの規定（2条2項）が盛り込まれた。

第2項　政府の積極的な差別解決政策の実施義務論の導入

かつて，日本国憲法を制定する審議において，差別撤廃に関して，国の積極的な差別解消義務の存在について言及した点があることが注目される。すなわち，被圧迫部落民に対する差別撤廃の問題に関する議論の中で，金森国

　例評釈として，吉田仁美「Grutter v. Bollinger, 288 F.3d.732（2002）―Bakke 判決の基準をめぐって」関東学院法学12巻1・2号（2002年）177-207頁。勝田卓也「ミシガン大学ロー・スクールにおけるアファーマティブ・アクションをめぐる連邦控訴裁判決」ジュリスト1229号（2002年）180-183頁。

(342)　Dec. no. 82-146 DC du 18 novembre 1982 in RJC I-135。本判決を分析するものとして，建石真公子「フランスにおける市町村会選挙と国民主権―『クオータ制法』と『マーストリヒト条約に基づく外国人の選挙権』に関して」法政論集156号（1994年）155-193頁。武藤健一「選挙におけるクォータ制の違憲性と『政治的選挙』―クォータ制判決」フランス憲法判例研究会編『フランスの憲法判例』（信山社，2002年）122-127頁。

(343)　パリテについては，以下の論文が詳しい。糠塚康江「フランス社会と平等原則」日仏法学22号（1999年）67-105頁。同「パリテ―その後」法律時報73巻1号（2001年）88-91頁。同「パリテ―違憲判決をのりこえるための憲法改正と憲法院」フランス憲法判例研究会編『フランスの憲法判例』（信山社，2002年）128-133頁。同「政治参画とジェンダー」ジュリスト1237号（2003年）59-67頁。同『パリテの論理』（信山社，2005年）。なお，議会制民主主義の弊害を補い，高齢者や女性の意見を意思決定に反映するため，フランスでは2002年に近隣民主主義法が制定された（建石真公子「女性に関わる人権政策の課題」ヒューマンライツ196号（2004年）11頁）。

第 1 章　女性に関する人権の憲法学における位置づけ

務大臣が「実際日本で人種，信条，性別等に於きましての色々の区別のある部分も多少ありますけれども，…諸般の差別が行われます場合には，国法は固より眠って居ってはいけないのでありまして，これらに対して十分の措置を講じて斬様なことの起らないようにすべき旨の原則が第 13 条（日本国憲法 14 条―筆者注）に掲げられて居るのであります。具体的方法は，又個々の他の法規を利用して具体的に実行せらるべきものと思うのであります」[344]と答弁しているのである。これは，差別の問題が解決するまで，国は，長期的，反復的に努力する責務があることを認めたものであるといえるだろう。鈴木教授は，早くも，憲法規定が効力を生じれば，法律上における男女の平等と同権とがはじめて日本に実現するのと同時に，この規定にとどまる限りは日本社会における男女の社会的不平等は実質的に相当する残存する危険性を指摘し，真の男女平等が実現するためには憲法事態において，具体的に詳細に女性の劣等感，不平等待遇が残存する余地のない規定を設ける必要があると主張した[345]。我妻教授も，個人は法の前に自由だ，平等だと宣言するばかりで，実質的な自由と平等とを実現するために国家が積極的な施策をなるべきことをおろそかにしている傾きがあると述べた[346]。

しかし，憲法学では，その具体的な方法を，議論してこなかった。先に述べたように，「立法者拘束性」の議論においても，ほとんどの学者は「立法者拘束説」をとったが，立法者がどのように拘束されるのか，具体的な内容の評価については触れられなかった。そのために，立法者は裁判の上で憲法違反といわれたとき初めて自分が態度を誤ったことを知るようになり，事前に，国政上での最大限の尊重（憲法 13 条）を行うための基準を見いだすことができない。

それは，日本国憲法に 44 条，24 条，14 条が規定されたことをもって，憲法学上の性差別問題は解決したという考えの裏返しの表明であるともいえる。すなわち，依然として社会に存在していた問題は，恩恵として政府の施策で解決すべきこととしたのである。これは，国家の政策策定義務論の欠落から

---

[344]　衆委会議録・前掲注(70)，4 頁。清水編・前掲注(70)，298 頁。
[345]　鈴木・前掲注(25)，96 頁。
[346]　我妻栄「新憲法の焦顚」（毎日新聞 1946 年 4 月 24 日）。

生じたものともいえる。その理由として考えられるのは，(1)行政の行動計画への無関心，(2)立法政策論への積極的な支持である。

1　行動計画への無関心

　日本では，1977 年から，政府の『国内行動計画』の一部として，行政全体として性差別の問題に取組むことになった。これはその後，各地の自治体にも波及した。行政計画は，法律の授権によって策定が義務づけられているものと，行政の裁量によって策定されるものがある。行政機関は，法律や計画にしたがって，施策を展開している。したがって，ここに，憲法学には，こうした女性行動計画について，それを憲法上の積極的な施策推進義務の実現と考えるか，単なる行政裁量の問題と考えるのかという，解決すべき理論課題が生じたことになる。また，行動計画の内容には，どのようにして憲法の人権理念が組み込まれるべきであるのか，という問題点も生じたことになる。

　行政計画については，行政法学では重要な分野として考察されている。それは，大日本帝国憲法下において，行政機関に付与された広い裁量権によって，恣意的な行政が展開されたことの反省からである。ゆえに，行政計画は，法律の留保があることが原則とされる。しかし近年では，生命や人権に関するような，緊急に取組まなければならない課題で，その実施を授権する法律がない場合に，行政が「先取り」して計画を策定することも多い。

　男女平等に関する女性行動計画も，こうした「先取り」した計画の一つである。まず憲法 14 条が存在し，その理念を内閣が政策化し，政府として取組み，計画を策定し，条約に加盟し，立法措置をとり，行政として施策を行う，という段階を経た。しかも，これらは，単なる女性保護を超えて，男女平等の実現をめざすものである。

　一方で，夫婦同氏の原則等性中立的と思われている法律や深夜労働の解禁等の女性保護規定の見直しも行われた。これらのほとんどでは，法律を具体的に実行するための行動計画が策定された。

　そうした段階にあるにもかかわらず，憲法学においては，女性行動計画について論じているものは，ほとんどなかった。この原因は，憲法 14 条に権利論は存在するが，行政論がなかったためであると考えられる。女性行動計

第1章 女性に関する人権の憲法学における位置づけ

画と憲法に関して検討することが必要であるが、これについては第2章で詳述することとする。

2 立法政策論への転化

先に述べたように、これまでの憲法解釈学によれば、「法の下の平等」は、国家権力による差別的取扱いを禁じているだけであって、国家権力による実質的な平等の実現まで要請しているとは解されていない。

一般的に権利とは、それに対応する義務を想定しており、その権利義務関係の紛争は裁判所において処理される。そこで、憲法14条の裁判規範性、すなわち司法権による適用の保障が強調された。このように、権利の保障が担保される場として裁判所を挙げることは当然である。しかし、とくに違憲審査制のもとでは、裁判官による恣意的な解釈を招き、憲法における「秩序」の公共的選択を、議会ではなく裁判官に委ねることになり得る可能性がある[347]。また、裁判所での適用を強調した結果、憲法13条に規定されているような政策立案や執行を直接指導する原理としての人権を軽視または無視するような事態になったことは奇妙なことである。

こうした立法権や行政権に対する直接的拘束性を軽視する学説には次のようなものがある。すなわち、(1)「一四条一項は、裁判規範としては、あくまでも法的取扱いの禁止という消極的な意味をもつと解すべきである。現実の社会における実質的平等の実現は、生存権その他の社会権を国家が積極的に確保する措置をとることによって行われる」[348]、(2)「実質的平等の実現のためには、国会による立法措置が必要であるところ、そのような立法措置がなされないことに対して、それを憲法一四条違反として訴訟で争うことは、はなはだ難しいことである。第一に、どのような仕方で実質的平等の実現を目指すかは、多分に立法裁量に委ねられているのではないかという問題があり、第二に、権力分立に由来する司法権の限界から、立法不作為の違憲訴訟がそもそも可能かという問題がある」[349]、(3)「実質的な平等の実現を、憲法一四

---

(347) 石川健治「自分のことは自分で決める―国家・社会・個人―」樋口陽一編『ホーンブック憲法』(北樹出版、1993年) 169-170頁。

(348) 伊藤・前掲注(179)、242頁。

第3節　裁判外での憲法14条論の効用

条の問題として，裁判で争うことは難しく，したがって訴訟の提起もほとんどないために，判例を拠り所にして問題の所在は明らかにならない。貧困問題，身体障害者問題，老人問題，女性問題，被差別部落問題などがその代表的なものである」[350]，(4)「憲法一四条が原則的に要請しているのは，形式的平等（一律扱い）の方であって，実質的平等（結果における平等への接近）ではない。というのは，形式的平等の要請は，規範内容が明確であり，また，個人の自由を確保すべしとする要請と十分両立するからである。…アファーマティブ・アクションの場合も含め，実質的平等の促進は，憲法上の要請ならぬ政策論の問題として位置づけられるべきであろう」[351]，(5)「憲法一四条一項がただちに実質的平等の実現を国に義務づけているとは考えにくい。この見解は，法律が実質的平等を実現するための施策を講じた（したがって，形式的には不平等状態を作り出した）としても，それは違憲ではないという趣旨のものと解すべきであろう。すなわち日本国憲法は，一般に実質的平等の実現を命じてはいないが，禁止もしていないと考えられるのである」[352]等がある。

これらに共通してみられる要点は次のようなものである。第一に，憲法14条は形式的平等のみを保障していること，第二に，形式的平等のみを保障している憲法14条を使って実質的に問題を裁判の場で解決するのは難しいこと，第三に，実質的平等は立法政策により実現されるべきであること，という三点である。

しかし，こうした議論に対しては疑問がある。まず，憲法14条の「政治的，経済的，社会的」の解釈である。これらの憲法学では，とくに「社会的に差別されない」という文言が適切に解釈されていないのではないだろうか。すなわち，憲法学では，「社会的に差別されない」ということを「一般社会，とくに労働の場において差別されない」と読みかえて，こうした一般社会における私人間の差別問題には憲法の人権規定は適用されないとしているのであ

---

(349)　野中・前掲注(172)，316頁。
(350)　野中・前掲注(172)，317頁。
(351)　内野・前掲注(257)，192頁。
(352)　安念・前掲注(169)，102頁。

第 1 章　女性に関する人権の憲法学における位置づけ

る。例外として「第三者効力」の問題を論じる余地があるが，判例は憲法14条の第三者効力を消極的に解釈している。一方で，実際には，社会的差別を是正するための立法や施策がなされており[353]，それを導き出す理念として，憲法14条が機能している。しかし，これまでの憲法学の論理を突き詰めていけば，このような現象は憲法学とは関係のない，立法政策の所産として判断されるだろう。

　次に，その「立法政策論」と称される，そもそもの国の立法義務に対してである。立法政策の問題にすることにさえ否定的である「平等の理念は，歴史的には，形式的平等から実質的平等をも重視する方向へ推移していると言えよう。もっとも，実質的平等を重視すると言っても，それを実現する国の法的義務が『法の下の平等』原則からただちに生ずる，という趣旨ではない」[354]という見解もあるが，一般的には立法政策の問題とされている。そして，今までの通説的見解では，「法の下の平等」があたかもプログラム規定に過ぎないかのように，立法者に対する指導原理としての意味しか持ちえなかったとしても不思議ではない，というものもある。

　一方，「これまでの通説が形式的，消極的，静態的平等の観念に執着しすぎていたことを批判し，国家権力による差別の禁止という消極的な立場から，国家権力による平等の実現という積極的な課題への転換が示唆」[355]された。さらに，人権保障に関する国家の任務が，国家権力からの解放から，憲法で保障された平等の意味を形式的なものから実質的なものへと転換した[356]ともされた。

　すなわち，現在では，憲法14条は積極的ないし社会権的内容を盛り込んで理解されるようになった[357]。ここでの平等原則の範囲は，立法，行政及

---

[353]　なお，1999年に制定された男女共同参画社会基本法4条の「社会における制度又は慣行」についての政府による見解では，法律上の平等だけではなく，事実上の平等（ただし，結果の平等ではない）もめざすものとされている。内閣府男女共同参画局編『逐条解説男女共同参画社会基本法』（ぎょうせい，2004年）99頁。

[354]　芦部・前掲注(256)，122頁。

[355]　阿部・前掲注(234)，221頁。

[356]　阿部・前掲注(164)，16-17頁。

び司法を拘束する程度に差異はなく,「立法裁量の領域,補助金制度,行政計画などにおいてもこの原理が支配する」[358]のは当然である。それにもかかわらず,具体的に国家の任務の内容が議論されることはなかった。

こうした国家権力による差別の禁止から,国家権力による平等の実現という積極的な課題への転換を示唆した初期の学説としては橋本公亘教授の説が注目される[359]。橋本教授によると,20世紀に入ると,それまでの平等の観念ではあき足らず,実質的な平等を実現させるための国家の任務が認識されるようになってくる[360]とされ,部落解放問題を例に,「差別が解消しない原因としては,いろいろあるが,第一に,国の側の積極的施策が欠けていたことをあげなければなるまい」[361]とした。第二に,国の差別解消のために積極的な行動をとることを求め,「憲法は公権力により国民を差別することを許さないということでとどまっているのは,古い考え方ではなかろうか。一歩進めて,平等原則を国政上の指導原理として考えなおしてみる必要があ」[362]り,「もし人間を人間として扱わないような社会的慣行がある場合には,国家はこれを傍観していることは許されず,進んでそのような状態を改めるために必要とされる立法や行政措置をする義務を負うものである。そこで,これからの課題は,民衆の偏見をとり除き,いわれなき差別をこの世からなくすために,適切な立法や行政を推し進めていくことであろう」[363]とした。さらに,国家機関が,どのような場合に,どこまで,積極的に行動する義務を負うとすべきかについては「まず,民衆の偏見その他に由来する,いわれなき差別が存在し,社会の成員の人格の実現が妨げられているときには,国家は,進んで被差別者を差別から解放するために必要な立法その他の措置を講ずる義務を負」い,「本人の責に帰すことのできない事由による貧困

---

(357) 佐藤(幸)・前掲注(210),467頁。浦部・前掲注(165),312-313頁。
(358) 阿部・前掲注(234),209頁。
(359) 同旨として,三並・前掲注(247),213頁。
(360) 橋本・前掲注(281),82頁。
(361) 橋本・前掲注(281),108頁。
(362) 橋本・前掲注(281),111頁。
(363) 橋本・前掲注(281),111頁。

のために，人格の自由な実現を妨げられている人があるときには，国家は，救済その他積極的な施策を講ずることにより，人格の自由な実現のための平等な機会を実質的に補償する義務を負う」[364]という結論に達した。性差別についても，同様のことが言えるだろう。

以上のように，憲法14条に関する国の積極的な責務の実施が求められている。このような学説は，憲法14条を手がかりに，行政権の範囲を広げる可能性を示唆しているともいえるだろう。しかし，これまで概観したように，多数の憲法学者はこのような説に否定的な見解であった。

日本での人権保障規定は，実質的には日本国憲法により初めて制定されたといえる。そこで，憲法制定によって，国や自治体に差別解決・平等実現という責任が生じるのだろうか。一つの代表的な説である芦部教授によると，実質的平等を実現する法的な義務は社会権の保障にかかわる問題であり，それを通じて具体化されることを憲法は予定しており，「平等原則との関係では実質的平等の実現は国の政治的義務にとどまる」[365]としている。このような見解に従えば，国や自治体に差別解消の法的な責任が生じないことになる。

女性差別に関する学説を検討すると，確かに，第二次大戦後の初期には「女性の人権保障」という観点はなかったことがうかがえる。しかし，このような憲法14条解釈には疑問が残る。第一に憲法14条により国・自治体は法的義務を負うのか本当に負わないのか，第二に義務を負うとしたらその履行のための権力的規制が許されるのか，ということである。新しい人権概念からのアプローチから，人権保障のためにこそ国家や権力の存在意義があり[366]，平等や権利の確保をはかる国家の役割は増大し，「国家における行政権の重要性と具体的な政策形成の必要性が認識されるようになった」[367]という指摘や，ドメスティック・バイオレンス（DV）のような生命身体への重大な危害や恒常的な暴力，支配のもとに置かれた人々を保護するための介入

---

[364] 橋本・前掲注(281)，121頁。
[365] 芦部・前掲注(256)，122頁。
[366] 辻村・前掲注(190)，30頁。
[367] 植野妙実子『「共生」時代の憲法』（学陽書房，1994年）126頁。

は憲法上要請されると見ることも可能とする⁽³⁶⁸⁾指摘がなされていることは注目されるだろう。

小　　括

　女性に関する差別撤廃及び人権保障は，憲法学でどのように扱われたのであろうか。初期の憲法学では，形式的平等を実現することが強く要請され，立法機関，行政機関がその要請に拘束されて，さまざまな法制度上の改革が行われた。さらに，女子若年定年制事件等，裁判でも問題とされた。これは，裁判での審理を経て，人権論として構成され，差別撤廃が実現された。

　形式的平等の実現が一段落すると，実質的平等へ，実現されるべき平等の内容の質的な変化が求められた。そこで，憲法14条は，実質的平等を求めるものとして，女性差別撤廃と女性に関する人権保障を求めた場合，実際そのように機能してきたであろうか。

　憲法学では，考察の例証として扱うことができる判例があれば，その根拠条文として用いられた憲法14条とその事象及び判例による効果とを結びつけて，憲法学の課題として扱ってきた。憲法14条が規定したのが「平等原則」か「平等権」かの議論はさておくとして，いずれにせよ，憲法14条は，裁判で用いられるべき概念である。

　しかし，こうした裁判で主張，適用させるべきという役割だけを論じるのは，人権論としては不足であろう。これまで主流の憲法学者が採用してきた，裁判所による法解釈を通じて憲法14条を実現するという立場では，多くの問題点が放置されたままとなる⁽³⁶⁹⁾。すなわち，現代の社会においては，個人の人権の危機は国家によってのみ生ずるのではなく，広く社会関係全般の中から生じているので，憲法14条を実現する国家義務について，具体的にどのような内容が導き出されるのか，「その義務を実行させる法的・政治的手段は何かという問題を検討するという方向で進められるべき」⁽³⁷⁰⁾なのであ

---

(368)　只野雅人『憲法の基本原理から考える』（日本評論社，2005年）183－184頁。
(369)　西原博史「『国家による人権保護』の困惑」法律時報75巻3号（2003年）80頁。

第1章　女性に関する人権の憲法学における位置づけ

る。

　憲法学では，実質的平等の実現は「立法政策の課題」とされ，政策＝非憲法学的課題とされがちであった。しかし，それが問題とされたのである。立法政策の課題とは，いいかえれば，憲法14条の理念について，新たに法律を制定，あるいは政策を立案して実施することを求めた，ということになるだろう。すなわち，このような立法や政策を導く，「政策指導概念」ともいうべき役割も期待されているといえるのではないだろうか。これは，女性差別撤廃や人権保障について，実質的に取組むよう要請するものである。こうした，人権保護について積極的に求めることについて，「人権保護を謳うことによって，これまで当然であった法治主義的な権力制限が掘り崩され始めている」と懸念する見解も表明されている[371]が，この２つの働きが，憲法14条には期待されてきたといえるだろう。

　以上のように，男女平等に関する既存の憲法学説を検討し，そこで明らかになったように，女性に関する人権の問題は，ほとんどの憲法学のテキストに取り上げられているものの，それは通り一遍の記述に終始し，社会で求められている，女性に関する人権を実質的・実効的に保障するための議論にまでは至っていない。女性に関する人権論は，一見するところよりも実際には未成熟であった。

　この背景には，「序」でも述べたように，憲法学に内在する理論的な要因がある。とりわけ，ここでは次の３点を強調しておきたい。第一に，女性差別撤廃に向けて政治は何をなすべきなのか，憲法は何を求めているのであろうか。こうした政治責任及び行政責任あるいは義務を探求するという観点が不足していることである。ただし，これは女性差別に限ったことではなく，部落差別，障害者差別，外国人差別等にも共通している。第二に，裁判所の果たすべき役割，とりわけ個人の人権の救済についての課題意識が欠けていることである。すなわち，人権救済と裁判の関係が明らかになっていない。第三に，憲法学は伝統的に国際機関の動向について十分に検討してこなかった

---

(370)　戸波・前掲注(195)「基本権解釈㈤」，123頁。
(371)　西原・前掲注(196)，198頁。

ので，国連機関を中心とした国際社会における人権の促進が反映されにくかった。いわゆる憲法優位説が，この内向きの発想を加速した。これも，女性の問題に限ったことではない。

　こうした問題は，憲法学総体がもっている構造的な欠陥によるものである。そこで，次章からは，こういう点について十分意識して検討していきたい。

第 2 章　女性に関する人権保障・政治及び
　　　　　行政の責任と公共性

　本章では，国の女性に関する人権保障の立法並びに行政の変遷，展開について概観し，その「責任」「義務」「責務」「公共性の分有」のあり方を考察したい。

　まず，本章の作業が対象とする女性行政を定義しておこう。それは，性差別（主として女性差別）の撤廃を通じた男女平等の実現並びに女性に関する人権の確立のための総合的な行政(1)である。単なる施策や政策だけでなく，行政領域の一つとして位置づけられることを明確にするために，女性「行政」という。なお，女性行政とほぼ同義の用語として，「男女平等推進行政」，「男女共同参画行政」等も考えられるが，困難がより集中していて，主たる受益者を明確に示すために，「女性行政」とあらわす方がより適切であると考え，採用したい。

　ただし，女性行政が効果的であるためには，女性だけではなく，男性も対象とすることが必要となる。さらに，後に見るように，女性行政は政府だけで展開できるものではないから，連携先としての市民，NGO が考えられる。

　そこで，政治については，第二次大戦後の立法機関の取組みを概観したい。行政については，女性行政のこれまでの経緯を，まず国に関して検討し，次に先進的に施策を展開してきたいくつかの自治体を例に検討し，結局のところ，戦後日本の国及び自治体において，女性行政がどのような意味で行政と呼べるのか，また，憲法上の行政権とどう関わるのかについて検討したい。

（1）　行政を対象ごとに分類することについては，「環境法，消費者法，医事法の例から明らかなように，単に行政法通則の適用場面としての行政各部ではなく，憲法との関連でも独立した法領域を形成しているとみるのが妥当」とされている（塩野宏『行政法 I〔第 3 版〕』（有斐閣，2003 年）11 頁）。したがって，女性行政も独立した行政領域ということができるだろう。

また，女性差別撤廃条約で実施が求められた国家及び自治体の義務についても付け加える。以上を通じて，女性行政の必要性，並びに，憲法からもその実施が求められていること[2]を全体として明らかにしたい。

もう一点，本章で視野に入れているのが，「公共性の分有」である。ここでは，主権をもたない自治体並びにNGOにおいても，行政権をもつ国と同様に，あるいはそれ以上に，性差別の撤廃を通じた男女平等の実現並びに女性に関する人権の確立のための取組みが行われ，それが公共性をもつものであることを明らかにしたい。

こうした視座から検討するのには，次のような理由がある。女性差別の解消は，それが社会問題であって政策的な対象に過ぎないという認識もあって，政治学，公共政策学の課題とされがちであった[3]。しかし，公共政策学の課題とされると，そこには，「女性差別の撤廃」，「女性に関する人権保障」といった憲法理念の検討が見過ごされ，「国政の上で，最大の尊重を必要とする」（憲法13条）共通理念としての人権の機能への理解が抜け落ちてしまう。女性差別撤廃条約では，女性差別撤廃のための施策を国家が行う義務を規定し（2条），男女共同参画社会基本法では，国の責務（8条），自治体の責務（9条）が規定されている。他方，この観点は，女性行政の初期の段階から意識されていた。たとえば，日本初の女性行政の行動計画（以下，女性行政に関する行動計画を総称して「女性行動計画」という）である，1977年に国が策定した『国内行動計画』の「基本的考え方」は，女性行動計画と憲法との関連について，次のように述べている。これは，女性行政と憲法との関連性を明確に意識したことでも注目される。

（2）　他方，条例の制定過程における住民の男女平等参画の実態を分析することこそが，憲法実現という視点からは重要であるとする見解をとるものとして，寺田友子「男女平等推進条例について」樋口陽一ほか編集代表『日独憲法学の創造力〔上巻〕―栗城壽夫先生古稀記念―』（信山社，2003年）525頁。

（3）　西原博史教授は，日本の憲法学は「権利とされたものを『国民一般の概括的な』権利，すなわち個人の請求権としての色彩を失った単なる政策原理の地位に貶めた経験を有している」と批判した。西原博史「『国家による人権保護』の困惑」法律時報75巻3号（2003年）84頁。

第2章　女性に関する人権保障・政治及び行政の責任と公共性

「国内行動計画は，憲法の定める男女平等の原則及び世界行動計画を始めとする国際文書の趣旨に基づき，政治，教育，労働，健康，家族生活等に関して憲法が保障する一切の国民的権利を婦人が実際に男性と等しく享受し，かつ，国民生活のあらゆる領域に男女両性がともに参加，貢献することが必要である」[4]。

このほか，1997年に策定された神奈川県の女性行動計画『かながわ女性プラン21』では，「男女共同参画社会の実現をめざすこの計画は，『日本国憲法』と『女子に対するあらゆる形態の差別の撤廃に関する条約』を基本において展開」[5]することが基本理念とされ，自治体女性行政においても，憲法との関連性を明確に示した。

それにもかかわらず，こうした国や自治体の責務についての憲法学における考案は十分ではない。やはり，憲法学の課題として論じられる必要がある。

そこでは，実際に差別を解消し，個人の人権が保障されるために必要な，「人権理論」，「行政責任」，「個別の人権救済」，「運動との連携」をつらぬく論理が，国会，政府，裁判所，自治体，女性運動等によって憲法構造全体を通じてどのように構築され，展開されてきたのかを分析することが主眼となる。

さらに，実務上の課題からも，憲法学からの理論的視座の提供が求められている。大きく分けて，次の3点に整理できるだろう。第一に，女性行政は，「女性の人権」論の高揚にともなってその必要性が認識されるようになった新しいタイプの行政であり，古典的な行政とは随分その形態・性格とも異なる。女性行政には，公金の支出等，人的資源も含む資源が投入されている。これについて主権者・住民が価値を見いだし，認め，納得する「公共性」，「公益性」について明確に示す必要がある。とくに，行政の財政状況が厳しくなると，各々の施策の政策的な必要性が問い直されることになり，女性行政もその例外ではない。

第二に，女性行政は各行政組織が独立して展開している施策の「調整」として機能しており，行動計画の策定と進行管理を別にすれば，固有の「現

---

(4)　総理府『国内行動計画』(1977年) 2-3頁。
(5)　神奈川県『かながわ女性プラン21』(1997年) 10頁。

場」をもたず，また規制権限という強制力をもたないことが多い。そこから，女性行政は本来的な行政なのか，それともある種の住民サービスであって行政の事務といえないのではないかという疑問が生じる。本来的に行政ではないとされるのであれば，たとえ性差別の解決に公益性が認められても，その実施について行政の責任は否定されることになる。また，女性行政では国，自治体，NGO がそれぞれ，性差別の解決のための「仕事」のどの部分を受け持つのか明らかになっていないことが，その「行政性」への疑問を増幅する。

　第三に，行政内部での位置づけの問題である。国も自治体も，行政改革の名の下で，事務の縮小傾向にあるが，女性行政の縮小・廃止が認められてよいのだろうか。あるいは，これは，行政需要の無視，政策責任の放棄として批判されるべきものであろうか。

　この点では，最近，責任の問題を法哲学的な観点から分析した瀧川裕英教授の分析が，たいへんに参考になる。瀧川教授は，責務責任という概念を打ち出した。同教授によると，「責務責任には，『責務（obligation）』だけではなく『義務（duty）』も含まれる」[6]。この責務責任の特質として，次の点が挙げられている。

　責務責任には，責務と義務が重なる。しかし，権利に対応する義務に尽くされるものではない。瀧川教授は，ロールズを引用しつつ，責務には3つの特徴があると述べた[7]。第一に，責務は，ある特定のポジションに立つことによって自発的に引き受けられる責任である。立法者や政府が，個別に約束や同意等を明示的に行ったのか，地位につくことで黙示的に引き受けたのかは，問題ではない。いずれにせよ，自発的に引き受けた責任である。第二に，責務責任の内容は，当事者に特定の行為を要請する規則を持つ制度，実践によって規定される。憲法14条は，ここでいう，特定の行為を要請する規則といえるだろう。第三に，責務は，ある制度を維持するために集まっている特定人に課される。すなわち，立法者，政府関係者に課されるといえる。

（6）　瀧川裕英『責任の意味と制度　負担から応答へ』（勁草書房，2003年）36頁。
（7）　瀧川・同上，36頁。

ロールズ／瀧川教授は，これを対比して，「義務」の概念についても説明している。義務は，自発性と無関係に適用され，また，特定の制度関係者に限定されるものではない[8]。責務責任には，この「責任」の要素と「義務」の要素が混ざっている[9]。

瀧川教授はさらに，責務責任は義務と異なり，一定の「裁量（discretion）」を本質的な構成要素としている[10]とする。ある人に責務責任を認定するときには，裁量を行使する能力，権力をも認定していることになる。憲法14条が立法者や政府に課している平等実現の責務は，このような裁量権のある自発的な実現の責務である。

瀧川教授はさらに，責任を，「事前責任（pre-event responsibility）」と「事後責任（post-event responsibility）」に区別し，責務責任が事前責任であるとも考えている[11]。性差別に関していえば，実質的に差別が生じたり，深刻になったりしないように，事前に立法や行政計画を通じて，予防することが求められている。

責任の議論をこのように重層的に考えると，人権に関する憲法構造を問題にするときには，国の立法，行政の負っている責任を一つにまとめて，責務責任と理解するのが適切だと思われる。そうすることで，憲法14条が政府に課している責任の意味が全体的に明らかになるのではないだろうか。

第1節　女性に関する人権保障の立法の変遷

第1項　女性に関する立法の変遷

戦後，女性を差別していた法律の多くが改められ，また，さまざまな分野における女性の地位向上を目的とした法律が新たに制定された。その立法の

---

(8)　瀧川・同上，36頁。
(9)　瀧川・同上，36-37頁。
(10)　瀧川・同上，37頁。
(11)　瀧川・同上，38頁。

第1節　女性に関する人権保障の立法の変遷

変遷を概観しておく。

　女性に関する最初の立法は，第1章でも述べたように，1945年12月に衆議院議員選挙法が改正されたことである。これによって，女性の参政権が初めて認められた。

　日本国憲法施行後には，その他にも，多くの分野の法制度が整備された。1940年代後半では，明らかな法律上の差別が改正された。1947年に，男女同一賃金，女性保護規定の明確化を定めた労働基準法（昭和22年法律49号）が制定された。教育の機会均等，男女共学制の認定等を定めた教育基本法（昭和22年法律25号）及び学校教育法（昭和22年法律26号）が制定された。刑法（明治40年法律45号）183条が昭和22年法律123号により削除され，姦通罪が廃止された。また，同年には，家制度の廃止にともない民法（昭和22年法律222号）が大幅に改正され，戸籍法（昭和22年法律224号）が制定されたが，これらはすでに第1章で述べたところである。

　また，1947年に発足した労働省に「婦人少年局」[12]が設置され，女性労働の問題が取組まれるようになった。1948年5月に，同省に「婦人少年問題審議会」[13]が設置された。

　一方，売春については，占領軍の男性兵士から「日本人の一般婦女子の貞操」を守るため，「性の防波堤」となる「特殊慰安施設協会（Recreation and Amusement Association：RAA）」が，内務省の指令，警視庁の指導，大蔵省の融資によって，接客業者により，1945年8月26日に設立された。売春の取締りについては，1946年1月に連合国最高司令官から日本国政府に「日本における公娼制度廃止に関する覚書」が公布され，明治時代から続いていた公娼制度が廃止された。同年3月には，RAAへの占領軍兵士の立ち入りが禁止されたため，「パンパン」と呼ばれた女性たちが路上で売春をするようになった。1947年に「婦女に売淫をさせた者等の処罰に関する勅令」（昭和

---

[12]　労働省は1984年7月に「婦人少年局」を廃止し，新たに「婦人局」を設置した。

[13]　同審議会によって，「売春等処罰法案に対する建議書」（1948年），「女子の職場拡大方策中，看護婦問題についての答申書」（1949年），「女子年少者労働基準規則改正についての建議書」（1954年），「未亡人等の職業対策に関する建議書」（同年）等が提出された。

22年勅令9号）が施行されたが，売春（買春）を禁止する明示的な法律はなく，施策が不十分であった。そのため，1953年に内閣に「売春問題対策協議会」が設置され，取組まれるようになった。1956年に総理府に「売春対策審議会」が設けられ，同年5月に売春防止法案が国会に提出された。同法は，1958年4月に施行された（昭和31年法律118号）。

1960年代には，1961年5月に文部省社会教育局に婦人教育課が設置され，社会教育としての女性教育が開始された。教職員についての法律も整備され，「女子教職員産前産後の休暇中における学校教育の正常な実施の確保に関する法律」（昭和30年法律125号）が制定された。同法は1961年11月に「女子教育職員の出産に際しての補助教育職員の確保に関する法律」（昭和36年法律200号）に改正された。さらに，文部省（当時）の出先機関として，1977年10月に，「国立婦人教育会館」（当時。現独立行政法人国立女性教育会館）が開館した。

また，1964年に母子福祉法（昭和39年法律129号。1981年に母子及び寡婦福祉法に改称）が施行された。1965年には母子保健法（昭和40年法律141号）が成立した。

1970年代には，公務員の受験資格について，1976年度試験からは初級試験のうち行政事務Bについて女性に受験資格を与えられ，1979年度からは航空管制官等運輸省所管5職種について女性の受験が認められた。

また，労働省に設置された「婦人問題審議会」が「職場における男女平等の促進に関する建議」（1975年9月），「雇用における男女の機会の均等と待遇の平等の促進に関する建議」（1976年10月）等の検討を進めた。

さらに，1976年4月に育児休業法が施行され，教職員，看護婦，保母の育児休業が認められた。同年6月に，民法767条が改正され，離婚後の婚氏続称制度が認められた。1977年3月に，児童福祉法施行令が一部改正され，男性も保育職員になることができるようになった[14]。資格の名称は，男性であっても「保母」であったが，一般的には通称として「保父」が用いられた。なお，1999年の改正均等法の施行にあわせて，「保育士」に変更された。

---

(14) 翌年の1978年3月に東京都で初の男性の保母が3人誕生した。

第1節　女性に関する人権保障の立法の変遷

　1980年代は，1980年に政府が女性差別撤廃条約を署名したことをうけて，批准をめざす個別法の整備が行われた。まず，国籍法が父系優先血統主義から父母両系主義へ改正された（昭和59年法律45号）。1984年12月に，高校の家庭科が女子のみ必修から男女とも選択必修とすること等の「家庭科教育に関する検討会議」が報告された。その後，1989年3月に，新学習指導要領で，高校家庭科の男女必修化及び中学技術・家庭科における男女同一履修が告示された。

　1981年1月に民法が改正され，配偶者の相続分が2分の1に引き上げられた。

　1985年に，勤労婦人福祉法（昭和47年法律113号）を抜本的に改正して，「雇用の分野における男女の均等な機会及び待遇の確保等女子労働者の福祉の増進に関する法律」とすること，及び労働基準法（昭和22年法律49号）の一部を改正することを内容とする「雇用の分野における男女の均等な機会及び待遇を確保するための労働省関係法律の整備等に関する法律」（昭和60年法律45号）が国会に提出され，1986年に施行された。

　前者については，企業の募集，採用から定年，退職，解雇に至る雇用管理における男女の均等な機会及び待遇の確保，機会均等調停委員会による紛争処理，出産，育児等のため退職した女性の再就職の援助等が規定された。そして，1997年に，名称及び内容の改正があり，「雇用の分野における男女の均等な機会及び待遇の確保等に関する法律」（平成9年法律92号。全面施行は1999年4月）とされた。

　労働基準法の改正部分については，女性の時間外労働，休日労働，深夜業の規制を一定の者について廃止する等の女性保護措置の廃止又は緩和，産前産後休業期間の延長等の母性保護措置の拡充が行われた。1986年7月には「労働者派遣事業の適正な運営の確保及び派遣労働者の就業条件の整備等に関する法律」（昭和60年法律88号）が施行された。

　また，1986年4月に「国民年金法」が一部改正され，女性の年金権が確立された。

　1990年代には，1992年に「育児休業法」（平成3年法律76号）が施行された。これは，1995年に「育児休業・介護休業等育児又は家族介護を行う労

働者の福祉に関する法律」に改正された。1999年5月に，「児童買春，児童ポルノに係る行為等の処罰及び児童の保護等に関する法律」（平成11年法律52号）が施行された。

さらに，1994年に，「総理府組織令の一部を改正する政令」（平成6年政令157号）により，総理府に男女共同参画室及び男女共同参画審議会が設置された。1997年に同審議会は，「男女共同参画審議会設置法」（平成9年法律7号）による法定審議会となった。これに伴い，売春対策審議会は廃止された。

1999年6月に「男女共同参画社会基本法」（平成11年法律78号）が制定・施行された。同年7月には，「食料・農業・農村基本法」（平成11年法律106号）が制定され，農業分野における男女共同参画の推進が規定された。2000年11月には「ストーカー行為等の規制等に関する法律」（平成12年法律81号）が施行された。また，議員立法によって，2000年12月に「児童虐待の防止に関する法律」（平成12年法律82号），2001年10月に「配偶者の暴力の防止及び被害者の保護に関する法律」（平成13年法律31号）が一部施行された（全面施行は2002年4月）。

以上，女性に関する立法について，主要なもののみを挙げた。詳論する余裕はないが，次の3つは言えるだろう。

第一に，こうした立法の端緒は緊急に取組む必要がある課題についての女性運動の高まりであった。NGOが政府に要求して，法律案をつくらせるという手法がとられた。

第二に，法律案は，内閣提出法案（閣法）として準備された。閣法であるため，法律課題に応じて主務官庁が定められた。法律案は，その所掌事務の範囲内で，省庁縦割りで準備された。したがって，総合的に女性差別に対抗する点に弱さが残った。

第三に，女性にかかわる法律は，一種の社会改革の歯車であり，そのときどきの運動の要求に応えて，主務官庁で法案が作成された。しかし，実際に成立した法律では，政府与党によって内容が後退させられることが多かった。

第1節　女性に関する人権保障の立法の変遷

第2項　国会議員の立法権限の活用

　立法作業に関し，日本では歴史的に，内閣提出法案の率がたいへんに高い。その結果，国会は立法機関ではあるが，国会議員は閣法の作成段階で，官僚への影響力をどれだけ発揮するか，ということが焦点となった。それが，閣法では縦割り行政の弊害が色濃く反映されるために人権問題の総合的な解決が十分にできないので，党派を超えて，さらには閣法の制定を待たずに，政策目標を同じとする議員が結集して，議員立法を提出するようになった。

　こうした議員立法の提出は，1990年代後半から活発になった。1989年に実施された第15回参議院選挙は，「主婦の声を国会に」というスローガンのもと，それまでの参議院選挙では最も多い22人の女性が当選した。第14回選挙まで，1回の参議院選挙における女性当選者が，最大で10人であったことからみると，飛躍的に増加したことになる。女性議員が最も増加した政党は社会党（11人）であり，全女性議員の半数を占めた。続いて1990年に実施された第39回衆議院選挙では，12人の女性が当選した。第23回選挙以降，1％台であった女性議員比率が，2.3％になった。ここでも，社会党の議員が2人から7人に増加して，女性議員の半数以上（約58％）を占めた[15]。これらの選挙については，女性議員が多く誕生したことによって，「マドンナ選挙」とも呼ばれている。これ以降，女性議員の発言力が増し，女性議員の位置づけが，看護師等の女性職業団体が推薦する代表であったのが，実質的な国民の代表へと変化したといえるだろう。こうした現象の契機となったのは，1986年9月に土井たか子氏が日本社会党第10代中央執行委員長として選出され，主要政党における初の女性党首となったことである。土井氏は，1989年に参議院で首班指名されたが，結局は衆議院で指名された自民党の海部俊樹氏が内閣総理大臣となったため，女性初の総理大臣の誕

---

(15)　衆議院及び参議院の女性議員の当選数と比率について，財団法人市川房枝記念会『女性参政関係資料集』（1997年）8‐16頁。

生とはならなかった。また，同氏は，1993年8月から1996年9月まで衆議院議長を務めた。

　女性行政に関する議員立法の成果には，児童虐待防止法，児童買春・ポルノ禁止法，DV法等がある。2000年には参議院に「共生社会に関する調査会」が新たに設置され，DV法の制定に向けて熱心な議員が，超党派で集結した。同調査会は，参議院法制局を活用し，関係省庁と協議をしながら法案を作成した。また，議員立法における新しい手法として，法案の骨子を国会提案前に広く公表して，NGOから意見を募り，その意見を最終の法律案作成の参考にした。この成果が，2001年に制定された「配偶者からの暴力の防止及び被害者の保護に関する法律」である。同法は，施行後に明らかにされた課題に対応するため，参議院共生社会に関する調査会のもとに設置されたプロジェクトチームによって法律の見直しが検討されて，2004年に改正された[16]。こうした女性行政に関する議員立法は，女性議員が担ってきたが，国会議員のもつ立法義務を活性化させたという意味でも注目されるだろう。

第2節　国の女性行政の歴史的展開

　人権先進国といわれる国々は，政府として，男女平等の推進に取組んでいる[17]。すなわち，性差別を禁止する一般法を制定し，女性行政に取組む国内本部機構を整備し，さらに当該法律に抵触する事案を簡易迅速に処理する機関（男女平等オンブズパーソン，人権委員会等）を設置し，性差別是正のためのポジティブ・アクションを導入した。

　国際社会においても，女性に関するあらゆる問題の解決をめざす取組みは活発であった。たとえば，国連の「女性の地位委員会」及び「女性差別撤廃

---

(16) 改正DV法について，南野知惠子ほか監修『詳解改正DV防止法』（ぎょうせい，2004年）。

(17) 斎藤純子「男女平等法制の新段階」外国の立法33巻4・5・6合併号（1995年）1-7頁。奥山明良ほか『世界のアファーマティブ・アクション資料集』（財団法人東京女性財団，1995年）。

第2節　国の女性行政の歴史的展開

委員会」をはじめとする諸機関の活動，女性差別撤廃条約及び他の条約の制定に向けた一連の動き，1975年の「国際婦人年世界会議」(於メキシコシティ)，1980年の「国連婦人の10年中間年世界会議」(於コペンハーゲン)，1985年の「国連婦人の10年最終年世界会議」(於ナイロビ)，1995年の「世界女性会議」(於北京)，2000年の「国連特別総会女性2000年会議」，2005年の「第49回国連女性の地位委員会（北京＋10）」等の，一連の国連会議等をあげることができる。

そして，1985年の女性差別撤廃条約批准後，国と自治体は同条約によって女性差別解決のために具体的な推進義務を負い（2条），さらに第3回世界女性会議の合意である「ナイロビ将来戦略」が行政に対して，女性差別撤廃に関する積極的な取組みを求めていることもあってか，日本では，法制度の整備だけではなく，国・自治体の双方で本格的に女性行政が展開されるようになった。

しかし，これまで女性行政について論じられてきたことは，「女性政策」として政策面から検討した評価及び批判[18]であり，その多くは国及び自治体の職員または地方議会議員によるものであった。そこでは，行動計画策定にあたっての（女性）市民参加の必要性や，女性センター，職員とくに管理職への登用の問題がテーマとされ，論じられた。すなわち，女性行政は，憲法14条を基礎に，性差別を解消し，女性に関する人権を保障することを目的としているが，法的な面及び憲法学からはほとんど議論されてこなかったのである[19]。

---

(18)　先行業績として，金平輝子編『男女協働社会の創造』(ぎょうせい，1993年)。グループみこし『自治体の女性政策と女性問題講座』(学陽書房，1994年)。財団法人横浜市女性協会『女性施設ジャーナル vol. 1-8』(学陽書房，1995-2003年)。橋本ヒロ子「地方自治体における女性政策の政策評価に関する試論1」社会情報論叢2号(1998年) 43-78頁。大沢真理編集代表『21世紀の女性政策と男女共同参画社会基本法〔改訂版〕』(ぎょうせい，2002年)。大沢真理ほか「男女共同参画社会への施策と住民自治の発展(1)～(3)」自治総研286-288号(2002年)，同「自治体における男女共同参画の取り組み状況(1)～(5)」自治総研291-295号(2003年)。進藤久美子『ジェンダーと日本政治』(有斐閣，2004年) 200-264頁。

(19)　こうした観点からの研究として，2003年度から5年間の計画で実施されるお

第2章　女性に関する人権保障・政治及び行政の責任と公共性

　そこで，第2節，第3節では，女性行政とは実際どのような行政であるのかについて，国の事例と先進的な施策を展開してきた首都圏の自治体を例としてとりあげ，女性行政の歴史を検証し，これらに共通する女性行政推進の手法や女性行政の成果について明らかにした上で，憲法的な議論を始める必要があるだろう。その上で共通する女性行政推進の手法及び成果について検討したい。

第1項　占領下における女性行政の誕生

　女性行政がはじめに直面した大きな問題は，国の省庁割拠制である。

　明治時代は，行政各部を担当する省庁が設置され，その大臣が主権者天皇を輔弼して，行政を行うというしくみが確立された。これが，大日本帝国憲法の定める国務大臣の単独輔弼責任の制度（55条1項）であり，内閣はその連合組織に過ぎなかった。

　第二次大戦後は，憲法66条1項，3項により，各大臣は国務大臣として内閣の構成員となり，内閣は国会に対して連帯して責任を負うことになった。各省庁はすべて一体として行政を行うこととされた（国家行政組織法2条2項）が，大日本帝国憲法のもとでの割拠制の官僚機構は，事実上残された。行政の仕事は各省庁の設置法と設置令により課の単位まで細分され，分配された。行政組織が仕事を行う際には，「組織」「権限」「人員」「予算」を要求し，これが満たされなければ自己の職務と認めなかった。他省庁の権限に触れるおそれのある仕事をしようとすれば，事務次官会議に諮られ，他の省庁すべての事務次官の合意を得なければならなかった。

　女性に関する人権保障についての行政も，霞ヶ関のこのような構造のなか

茶の水女子大学と東北大学のCOE研究プロジェクトが注目される。その成果として，お茶の水女子大学21世紀COEプログラム「ジェンダー研究のフロンティア」プロジェクトA-1ワークショップ「国・自治体のジェンダー政策研究」報告書編集委員会編『若手研究者・NGO中心型ワークショップ報告書「国・自治体のジェンダー政策」』（F-GENS Publication Series 3，2004年），辻村みよ子・稲葉馨編『日本の男女共同参画政策』（東北大学出版会，2005年）。

第 2 節　国の女性行政の歴史的展開

では，各省庁間での奪い合いになり，組織，権限，人員，予算をそろえることに成功した省庁が，他の省庁の干渉，介入を一切認めない所掌事務として，単独に実行することになる。

　こうした「割拠制」「縦割り」の弊害は，女性行政の発足に際しても存在した。最初の問題は，労働省婦人少年局（後の女性局）の設置であった。同局が 1947 年 9 月 1 日に設立されるまでに，3 つの段階で，GHQ や日本政府内でのさまざまな意見の対立を克服しなければならなかった。

　まず，GHQ 内部での構想起案の対立があった。GHQ は，第 1 章で述べたように，女性の社会進出を促して女性の解放を進めるため，女性労働政策の確立を急いだ[20]。1946 年 4 月に，GHQ はアメリカから，労働法と女性問題の専門家であるヘレン・ミアース氏を含む，12 人の労働問題専門家を日本に招聘し，諮問委員会を設置して，日本における労働問題を調査した。同委員会は，同年 7 月 29 日に，労働省の設置をはじめとする勧告案を盛り込んだ最終報告書を提出した[21]。この報告書には，ミアース氏が提案した，新設の労働省の中に，婦人少年局を設置する勧告も含まれ，これが GHQ の公式見解として採用された。

　一方，GHQ 民間情報教育局のエセル・ウィード氏は，これとは別に，女性の地位向上に関するあらゆる業務を行う「婦人局」を，内務省内に設置することを，1946 年 5 月に GHQ の民間情報教育局局長と民政局長に提案した[22]。内務省に設置する主な理由は，当時の政府機構のもとでは，(1)各省が女性問題の一部を部分的に取り扱っており，また，重複もみられ，女性の地位向上政策に関する包括的な責任を負う機関がないこと，(2)女性問題を

---

(20)　ただし，1946 年 2 月から 1947 年 4 月まで GHQ 経済科学局労働課長を務めたセオドア・コーエン氏は，GHQ は日本の女性の地位向上についての政策は持っていなかったと述べた。竹前栄治『証言日本占領史』（岩波書店，1983 年）110 頁。

(21)　GHQ 労働諮問委員会『日本における労働政策と労働計画』（1946 年）。依田教授は，占領政策での女性労働行政は，女性解放から行政組織再編の一環として位置づけられたと分析した。依田精一「占領政策における婦人解放」中村隆英編『占領期日本の経済と政治』（東京大学出版会，1979 年）294-295 頁。

(22)　GHQ 民間情報教育局覚書（1946 年 5 月 8 日）。

第2章　女性に関する人権保障・政治及び行政の責任と公共性

扱っている課は政府組織の下位にあり実質的な権力を持っていないこと，(3)女性政策に関する企画の責任は，その仕事について訓練を受けていない男性官僚に任されているので，女性官僚の意見を実行に移すことができないことを挙げた[23]。すなわち，労働，農業，教育，公務員，消費者，主婦に至るまで，あらゆる女性問題を扱い，加えて，女性問題の調査やその解決方法等を研究する権限をもつ機関を，「局」レベルで，かつ，行政の中枢に位置する内務省に新設しようという，大胆な提案であった。これが実現すれば，現在の内閣府男女共同参画局に相当する，強い調整権限をもつ機関となったであろう。

しかし，この提案は，同年8月17日まで，GHQ上層部に取り上げられることはなく，放置された。GHQ民政局特別補佐官のハッシー氏は，ウィード氏の提案に対し，内務省のなかに婦人局を設置したり，内閣に半独立の婦人問題庁を設置したりすることは得策でないと，次の3つの理由を挙げて反対した。すなわち，こうした局や庁の創設は，第一に，男女の差異を強調し，その利害の分離を助長すること，第二に，不必要に物事を混乱させること，第三に，日本の男性の深刻な怨念と反発を引き起こすことである[24]。これは，GHQは日本の女性運動家と提携して旧来の男性官僚たちと闘うべき，としたウィード氏が覚書に込めた意図をハッシー氏が理解した上で，日本の男性官僚を敵に回すことを避けたことを意味した[25]。

ウィード氏やミアース氏のこうした提案は，女性自身が，女性問題を総合的に，集中して扱う部局の重要性を指摘するものとして，先進性をもち，たいへん注目に値するだろう。しかし，マッカーサー総司令官，ケイディス民

---

(23)　上村千賀子「日本における占領政策と女性解放―労働省婦人少年局の設立過程を中心として―」女性学研究第2号（1992年）10頁。

(24)　上村・同上，11頁。山崎紫生「占領初期（1945年～1947年）の婦人政策にみる女性の役割その2」婦人展望364号（1986年）13頁。ファー，スーザン・J.「フェミニストとしての兵隊達―占領下における性役割論争―」国際女性学会『国際女性学会'78東京会議報告書』（1978年）16-17頁。

(25)　ファー，スーザン・J.「女性の権利をめぐる政治」坂本義和・R.E.ウォード編『日本占領の研究』（東京大学出版会，1987年）477-499頁。

政局次長等を含むGHQ上層部は，女性が女性だけの集まりを形成するような「独立した特別な行動」をとるよりも，男性と「調和と協力」することが，女性の権利の拡張に必要と考えていたので，ウィード氏の提案は反対され[26]，実現されなかった。今日の男女共同参画の定義に関する見解の対立をみるようであるが，結局，1946年8月21日に，労働省内に婦人局を設置することが，GHQの公式政策となった。

ついで，日本の女性運動家の間での方針の対立があった。女性運動家たちは，女性問題を扱う行政の組織の必要性を訴え，加藤シヅエ氏を中心とした社会党の女性議員は，1946年夏に，女性問題を扱う，独立した内閣の省庁の設置を提案した。しかし，これに対しハッシー氏が圧力をかけたので，方針がGHQ寄りに変更された。すなわち，彼女たちは同年12月に，労働省婦人局を女性の地位向上のための総合的な連絡調整機能をもつ強力な機関とすることを提案し直した。

一方，当時厚生省労働監督官で，後の労働省婦人少年局の3代目の局長となる谷野せつ氏は，加藤氏たちの提案に対して，官僚らしい視点から反対した。すなわち，(1)すでに他省が管轄している女性に関する所掌事務を取り上げることはできないこと，(2)働く女性の保護のみを目的とする場合には，局として成立するほどの仕事量がないこと，(3)婦人局に管理能力を与えるように立法化するのは難しいこと，(4)したがって，女性関係の調査・計画庁ならば可能である，と主張した。

こうした考え方のちがいは，ウィード氏の知るところとなり，ウィード氏によって女性間の意見の調整が図られた。

これに続く第三の対立は，GHQと女性労働政策に熱心ではなかった日本政府との間に起こった。1947年2月に，吉田茂内閣がGHQに提出した労働省設置法案には，女性問題を扱う機関について言及されていなかった。そこで，民政局のハッシー特別補佐官と経済科学局のコーエン労働課長は，先に示したGHQの公式見解にそって，労働省内に婦人少年局の設置を検討するよう示唆した。

---

[26] 山崎・前掲注(24)，13頁。

第2章　女性に関する人権保障・政治及び行政の責任と公共性

　しかし，それを受けて厚生省が4月14日に提出した修正案は，労働省労働基準局のなかに，婦人少年課を設置して，女性と年少者の労働問題を担当させる，というものであった。GHQ側は，この担当部局の実質的な格下げ案に反対し，逆に，女性と年少者の労働問題や女性の地位向上のための研究等を所管する婦人少年局を労働省に設置することを提案した。

　1947年5月に，厚生省内に「労働省設置準備委員会」が設置され，婦人少年局の創設について検討が進められた。同委員会の委員であった谷野氏によると，女性問題について所掌する部局を労働省内に設置するのはおかしいという意見もあり，内務省や厚生省に設置する案等が議論され，結局は，女性の地位向上は「経済問題や労働問題の解決に待たなければならない意味が大きいから，労働省で婦人問題も所管して，婦人少年局として両者の機能の充実を計るべきだという結論に達した」のであった。こうした経緯は，日本の女性運動家たちに知らされず，加藤シヅエ氏は後に，婦人局が婦人少年局になったことへのGHQの意見の影響を示唆した[27]。

　こうした3つの対立を経て，1947年9月1日に労働省婦人少年局は設置された。同局は，次の事務を所掌した。①婦人及び年少労働者に特殊の労働条件及び保護に関する事項，②児童使用禁止に関する事項，③家族労働問題及び家事使用人に関する事項，④その他婦人及び年少労働者に特殊の労働問題に関する事項，⑤労働者の家族問題に関する事項，但し法律に基づいて他省の所管に属せしめられたものを除く，⑥婦人の地位向上，その他婦人問題の調査及び連絡調整に関する事項，但し婦人問題の連絡調整については，他省が法律に基づいてその所管に属せしめられた事務を行うことを妨げるもの

---

[27]　西清子編『占領下の日本婦人政策』（ドメス出版，1985年）〔加藤の証言〕66頁。藤田たき氏は，「アメリカ労働調査団のメイヤー氏が，婦人局設置すべし，日本婦人の民主化，地位向上のため絶対必要であると，マッカーサー元帥に進言した」と当時の状況を振り返った（藤田たき『わが道―こころの出会い』（ドメス出版，1979年）115頁。また，ワイルズ氏は日記で「人権問題は政治改革のなかにまぎれこみ，婦人・少年問題は法律改革のつけたり(ママ)になっていた」と記した（ワイルズ，ハリー・エマルソン（井上勇訳）『東京旋風』（時事通信社，1954年）263頁）。

ではない（労働省設置法7条：当時）。なお，施策には，女性問題，女性の地位向上，家族問題に関するラジオ，映画，その他刊行物等の資料整備も含まれたので，女性問題に関する啓発活動は同局が担当することとなった。

　初代局長は山川菊栄氏である[28]。この設立にあたって，当初は総合調整ができる省のなかに設置することが構想されたことは，今日からみると興味深いことである。また，設置から2年も経たず，1949年1月に行政改革の一環として婦人少年局の廃止問題が浮上した。これに対してウィード氏は，女性運動団体，女性国会議員，婦人少年局員の職員と連携して行動し[29]，同局は廃止を免れた[30]。同局の第2代目局長の藤田たき氏[31]も，就任早々，行政機構改革による婦人少年局の廃止問題が浮上した[32]。

---

(28) 初代の局長人事は，当初，市川房枝ら新日本婦人同盟が谷野せつ氏を，加藤シヅエ氏と赤松常子氏は共同で山本杉氏を推薦した。その後，加藤氏はウィード氏に，山本氏のかわりに山川菊栄氏を推薦した。結局山川氏が着任したことで，ウィード氏が官僚よりも女性運動家を人材として重視したことがわかる。山崎・前掲注(24)，13頁。

(29) 上村・前掲注(23)，16-18頁。

(30) 市川氏は，山川氏は局長会議に課長を代りに出し，ウィード氏のところばかりに行って，自分の言いたいことをGHQから省の幹部に言わせるということで省の首脳部には評判が悪く，婦人少年局廃止の議論が起きたので，山川氏が退任して藤田たき氏を後任とすることで免れたことや，廃止を阻止するために，閣議の前日に当時の吉田茂内閣総理大臣の娘である麻生和子氏の自宅を訪問して存続を依頼したところ，吉田首相は存置を指示したと述べた。市川房枝「私の婦人運動」歴史評論編集部編『近代日本女性史への証言』（ドメス出版，1979年）93-95頁。藤田たき氏は，市川氏から聞いた話として「政令諮問委員会の案では，婦人少年局は人員を百％整理，機構は他の局課に配分統合となっていた」と述べた（藤田・前掲注(27)，118頁）。

(31) ウィード氏が直接藤田氏を訪れて局長就任を要請しており，1951年と占領の後期となってもウィード氏が女性労働行政に強い影響力をもっていたことがわかる。藤田・前掲注(27)，108-109頁。

(32) 局長就任3日目の1951年8月24日の初省議で「行政機構改革について，婦人少年局存置必要の理由書を提出せよ」といわれたとのことである。婦人少年局は，1947年度の人員は313人（予算は半年で801万5千円）であったのに，1951年当時は170人に減っていた。藤田・前掲注(27)，115-116頁。

第2章　女性に関する人権保障・政治及び行政の責任と公共性

　以上に加えて，もう一つの権限争いが，労働省と文部省との間で生じた。文部省は，戦前から婦人会を通じた婦人教育，母親教育の実績があり，第二次大戦後もその事業は継続され，社会教育施策の一つとして成人女性に対する教育を行った。そこで文部省は，労働省婦人少年局が設置されることを知ると，同局が成人女性に対して，女性の地位向上に関する啓発活動を行うことに警戒感を示した。すなわち，労働省婦人少年局の設置により，文部省の女性教育行政が婦人少年局によって奪われてしまうのではないかという恐れを持った文部省は，民間情報教育局成人教育担当官のネルソン氏にこの点を訴えたので，ネルソン氏も文部省と同一の立場から，同局婦人教育担当官のドノバン氏とウィード氏との会議を開いた。この会議でネルソン氏は，教育は文部省が行うべきであり，労働省が教育に果たす役割については否定的な見解を表明した。同会議に出席したドノバン氏は，ネルソンは労働省の小さい局が文部省の教育事業を奪うことを恐れているが，文部省は労働省によって仕事を奪われる危険性はないとした[33]。この争いは，結局，基本的に労働省婦人少年局による事業を推進しようとしたウィード氏の考え方に沿って決着した[34]。

　このように文部省は婦人教育事業の「縄張り」を主張したが，他方で，民間情報教育局の意向を受けて，1946年9月に「母親学級」を中止し，母親だけではなく父親も対象とした「両親学級」に再編成した[35]。両親学級は，

---

(33)　上村千賀子『占領政策と婦人教育』(財団法人日本女子社会教育会，1991年) 11, 22-23頁の注22。

(34)　小川利夫・新海英行編『日本占領と社会教育―資料と解説』〔伊藤めぐみ〕(大空社，1991年) 18頁。他方，当時ウィード氏のアシスタントをしていた高橋展子氏は「だいたい，ウィードさんの説が通っていた」と述べた(西編・前掲注(27)〔高橋展子の証言〕，74-75頁)。

(35)　"Bureau of Social Education Note to Prefectural Governors Concerning Community Education Classes", 4 Oct. 1947, CI&E Records, Box No.5745, Sheet No. CIE (B)-06408. テーマは，「社会教育学級に関する各都道府県知事当ての社会教育局の通達」。この会議後の10月24日に，「昭和22年度成人教養施設『社会学級』の委嘱実施について」(文部省発社242号，各都道府県知事宛，社会教育局長)が出され，母親学級は地域に開かれた学校拡張講座として位置づけられていく。

第 2 節　国の女性行政の歴史的展開

　1947 年 10 月に社会学級とさらに名称が変更され，両親だけではなく，一般成人に対象が拡大した。このように，GHQ 民間情報教育局成人担当官のネルソン氏[36]は，ビアード教授の影響をうけて「女性の視点」を重視するウィード氏の方向性と対立し，女性だけを差別的に取り上げて国が行政的に進めることは民主主義の教育原理に反するとして，成人教育における男女共学を実施した。さらに，こうした GHQ の女性のみを対象とした教育は行わないという方針により，文部省の女性教育は文部省設置法に規定されたものの，予算は 1947 年度から 1951 年度まで計上されなかったため，国の女性教育政策は遅れた。その結果，文部省の女性関係政策に関する専管組織の設置は，1947 年の労働省婦人少年局，1948 年の農林省生活改善課と比べてかなり遅れ，婦人教育課は 1961 年に設置された[37]。その一方で，地方軍政部の婦人担当官による公民教育は活発に取り組まれ，成人女性に対する教育は，地方を中心に展開された[38]。その方法は，戦前の地域婦人会とは全く性格

---

[36]　ジョン・M・ネルソン氏は，1916 年 10 月生まれで，1942 年から 1946 年までアメリカ陸軍に在籍し，1946 年 4 月に成人教育担当官の大尉として来日した。同年 12 月に軍籍を離れて民間人の職員となり，1950 年に帰国した。ネルソン氏が日本で行った社会教育改革については，ネルソン，ジョン・M（新海英行監訳）『占領期日本の社会教育改革』（大空社，1990 年）に詳しい。これはネルソン氏が帰国後にまとめた博士論文である。こうしたネルソン氏の方針に反して，社会学級の実際の参加者は，圧倒的に女性が多数であった（千野陽一「戦後婦人教育の展開と課題」羽仁説子・小川利夫編『現代婦人問題講座 5　婦人の学習・教育』（亜紀書房，1970 年）193 頁）。

[37]　文部省社会教育局『婦人教育資料婦人教育 15 年のあゆみ』（1961 年）15 頁。上村千賀子「終戦直後（昭和 20 年〜 21 年）における婦人教育—G.H.Q. 占領政策資料を中心として」婦人教育情報 No.14（1986 年）25 頁。同「昭和 20 年代の婦人教育—占領前期における占領政策と婦人団体—」婦人教育情報 No.18（1988 年）27 頁。
　　このような混乱について，当時の文部省社会教育局職員の横山宏氏は，「地方の軍政部にすれば，婦人解放の観点から婦人に対して啓蒙せよ，ということと，男女同権なのだから婦人だけを別扱いしてはいけない，という矛盾した二つの指令が，民間情報局と民政局から出てきた」と述べている。西編・前掲注(27)〔横山宏〕，95 - 96 頁。

[38]　この矛盾する方針が生み出した現象と民主的団体の構築をめざす地方軍政部の奮闘ぶりは，四国軍政部婦人問題担当官のジョンソン氏の日記に詳しい。なお，

の異なる女性団体の構築をめざした GHQ の考え方に反し，地域を基盤にした戦前型婦人会の組織原理を継承する地域婦人団体を通して行われた(39)。

このような経緯を経て，女性行政は，「婦人の地位の向上その他婦人問題の調査及び連絡調整を行うこと」（労働省設置法3条）が所掌事務として明記された労働省を中心に，女性の労働条件，勤労女性の福祉に関しては労働省婦人少年局(40)，母子の福祉，母子保健，売春防止は厚生省児童局保育課と母子衛生課，女子教育は文部省初等中等教育局初等教育課と中等教育課，社会教育（後の生涯学習）としての成人女性を対象とした女性教育は文部省社会教育局社会教育課，農林水産業に従事する女性については農林省農業改良局生活改善課等で行われていた。自治省が所管する自治体行政における女性に関する事務としては，寡婦の救助，援護，看護，更生を行うこととされていた（旧地方自治法（昭和22年法律67号）2条9項）。しかし，それぞれに質量ともに不十分であり，とくに日本の行政特有である「縦割り」の弊害が明らかであった。

第2項　総合的な女性行政の展開

日本における女性行政は，諸外国及び国際社会の取組みの影響を受けて，国において展開されるようになった。1975年に開催された第1回国際婦人年世界会議における決定事項を国内施策に取り入れる責務が生じたことから

ウィード氏は，全国各地で婦人教育を担当する地方軍政部婦人問題担当官に対する研修も行った。ジョンソン，カルメン（池川順子訳）『占領日記』（ドメス出版，1986年）94-146頁。なお，ジョンソン氏が四国の婦人会の指導者研修を実施するに先立ち発表した声明は高知新聞に掲載され，「ジョンソンさんの宣言」として広く知られるようになった（同117-118頁，高知新聞1948年2月6日）。

(39)　天野正子「『解放』された女性たち」中村政則ほか編『戦後思想と社会意識』（岩波書店，1995年）225頁。千野・前掲注(36)，196頁。

(40)　婦人少年局は，1984年に婦人局に再編され，1997年に女性局に改称された。女性労働行政について，入江信子「労働行政からみる働く女性の地位」法律論叢78巻2・3号（2006年）1-32頁，堀江孝司『現代政治と女性政策』（勁草書房，2004年）。

第 2 節　国の女性行政の歴史的展開

はじまり，これまでの世界女性会議の成果及び女性差別撤廃条約の批准とともに発展してきた。それまでは，そこでまずは女性行政を，転機となった年をもとに 6 つの時期に分類[41]して，検討したい。

政府は，前項で述べた縦割りの弊害を除去し，「施策の総合的かつ効果的な推進を図る」[42]ため，1975 年に，まず総理府に「婦人問題企画推進本部」並びに「婦人問題担当室」が閣議決定により設けられた[43]。これが日本で最初の女性行政専管組織である。女性の国会議員も，この国際婦人年を契機として，女性行政を展開するよう政府に求めた[44]。このように，1975 年は，「女性行政元年」ともいえる。他方，労働省の女性労働行政の権限をはじめ，各省の権限を移管することはできなかった。したがって，その主要な機能は規制権限を持つ各省庁間の連絡調整機能であり，行政や国民に対する連絡や啓発を行うにとどまった。

同年にはさらに，女性行政に関する諮問機関[45]として「婦人問題企画推進会議」（会長：藤田たき氏）が創設された。同会議が，1976 年に『我が国の婦人問題について十年の展望に立った意見』を内閣総理大臣へ提出した後，1977 年に『国内行動計画』が策定された[46]。また同年には，文部省管轄の

---

[41] 山下泰子教授は，日本の女性行政の展開を，第 1 期「女性行政の黎明期」（1947 年～），第 2 期「女性政策の草創期」（1975 年～），第 3 期「女性政策の国際化期」（1985 年～），第 4 期「女性政策の転換期：男女共同参画社会形成への女性政策の転換」（1999 年～）の 4 段階に区分した。山下泰子「女性政策をめぐる動き―国連・国・自治体―」大沢編・前掲注(18)，42-45 頁。

[42] 総理府・前掲注(4)，まえがき。

[43] 当時の婦人問題企画推進会議有識者会議のメンバーである中村紀伊氏によると，労働省はこういった組織を同省に設置することを辞退したようである。なお，婦人局長は森山眞弓氏であった（猪口邦子ほか「座談会婦人問題企画推進本部機構をめぐる問題について」婦人展望 447 号（1994 年）7 頁）。ただし，両省には権限争いがあった（本書 112 頁以下）。

[44] 衆参婦人議員「国際婦人年にあたり，婦人の社会的地位の向上をはかる決議」（1975 年 6 月 17 日）。

[45] 諮問大臣は，これ以降全て内閣総理大臣である。

[46] 具体的な施策については，総理府『婦人に関する施策の推進のための「国内行動計画」前期重点目標』（1977 年），同『事務概要』（1977 年），同『婦人の現状と

第2章　女性に関する人権保障・政治及び行政の責任と公共性

「国立婦人教育会館」が設立された。

　この1975年以降の動きを女性行政の第一段階とすると，1980年に開催された第2回世界女性会議以降，女性行政の第二段階に入る。まず，1980年，新しく創設された「婦人問題企画推進会議」が，コペンハーゲン大会で署名式が行われた女性差別撤廃条約に日本も加盟することを求める『女子差別撤廃条約の署名に関する要望書』を提出した。この要望書は効を奏し，同条約の署名に消極的であった当局が二転して前向きに検討し，政策変更を行った[47]。また，政府は1981年，『婦人に対する施策の推進のための国内行動計画後期重点目標』を策定した[48]。

　第三段階は，1985年に開催された第3回世界女性会議以降である。1985年に政府は，国籍法や男女雇用機会均等法を改正した後，女性差別撤廃条約を批准した。「婦人問題企画推進会議」は，同年，ナイロビ会議において採択された『ナイロビ将来戦略』を反映させた『婦人問題の将来展望と対策』を提言した。そして，1986年に，政府は「婦人問題企画推進本部」の本部構成省庁を全省庁に拡大した。同年，諮問機関は「婦人問題企画推進有識者会議」（会長：縫田曄子氏）として新たに設置され，『婦人問題企画推進有識者会議意見の取りまとめの方向について』の中間発表を行い，1987年に『長期的展望にたった婦人関係の施策について意見とりまとめ』を提言した。それを受けて，政府は1987年に『西暦2000年に向けての新国内行動計画』を策定した。

　第四段階は1990年以降である。1991年に「婦人問題企画推進有識者会議」（会長：縫田曄子氏）は『婦人問題企画推進有識者会議意見－変革と行動のための五年－』を提言した。同年には政府によって『西暦2000年に向けての

　　施策概要』（1978年）。

(47)　本申入れは，藤田，福武，大友，西の各委員が，ベネチア・サミット出席直前の大来外相に手渡した。藤田たき『続わが道—こころの出会い』（ドメス出版，1988年）332頁。また，同会議は1984年にも「女子差別撤廃条約批准に関する要望書」を提出した。

(48)　総理府婦人問題企画推進会議『国連婦人の十年後半期に向けて』（1981年）を受けて策定された。

新国内行動計画』の第1次改定が行われ，1992年には宮沢改造内閣（宮沢喜一内閣総理大臣：当時）によって，「女性問題担当大臣」[49]が創設された。また，同有識者会議は，その下に「状況改善委員会」を設置した。これは，国と自治体との連携及び自治体での女性行政推進を重視して検討したものとして注目される[50]。

そして，第4回世界女性会議に向けての準備も活発になる。1994年に，総理府「婦人問題担当室」は，政令設置機関へ改組されるのにともない，「男女共同参画室」と名称を変更した。これは女性行政を女性だけの問題として「婦人問題」という視点で捉えるのではなく，男性も巻き込んだ「男女共同参画」という観点から捉えるという姿勢を明確にしたものであるということができるが，むしろ労働省との権限争いの帰結という面も否定できない[51]。これにともない，同年，諮問機関の名称は「男女共同参画審議会」（会長：岩男壽美子氏），担当大臣は「男女共同参画担当大臣」とされた。

そして，女性行政の第五段階は，1995年に開催された第4回世界女性会議（北京会議）以降であろう。1996年に，男女共同参画審議会は北京会議の成果をふまえ，同会議で採択された『行動綱領』の内容を反映させた『男女共同参画審議会部会における論点整理』を公表し，国民から意見・要望を聴取し，それを提言に反映させるという，新しい手法を取り入れた。こうして

---

(49) 初代大臣は当時官房長官でもあった河野洋平氏。このように，「担当大臣」はいわば全省庁のまとめ役である官房長官が兼務していたが，1996年（第1次橋本内閣）に総務庁長官が兼務することとなった。しかし，この事実上の格下げ措置はNGOの猛反発にあい，1997年（第2次橋本内閣）からは再び官房長官が兼務している。

(50) 婦人問題企画推進有識者会議状況改善委員会『地方公共団体における婦人行政の推進について—都道府県と市（区）町村との連携を中心として—』（1990年），同『地方公共団体における女性問題に関する行政の推進体制について—都道府県・指定都市及び特定市（区）における女性問題に関する行政の推進体制の現状と課題—』（1993年）。

(51) 労働省と総理府の事務次官の間で互いの権限を侵さない覚書が交わされていた。「覚書」並びに「確認事項」は，縫田曄子編『あのとき，この人—女性行政推進機構の軌跡』（ドメス出版，2002年）222-225頁に収録されている。

1996年に同審議会は『男女共同参画ビジョン』を提言し，同年，行動計画として『男女共同参画2000年プラン』が策定された。

1997年に男女共同参画審議会は「男女共同参画審議会設置法」の制定にともない法定審議会となり[52]，その答申がより尊重され，女性行政の推進役となることが期待された。1997年6月，男女共同参画審議会は，「男女共同参画に関する基本的事項」並びに「女性に対する暴力」について諮問を受けた。そして，同審議会は，1998年6月に『男女共同参画社会基本法（仮称）の論点整理』を公表し，国民から寄せられた意見を盛り込んで，11月に『男女共同参画社会基本法について』を答申した。同法（案）は内閣提出法案として整備され，1999年6月に可決・成立し，施行された。

この時期は，同審議会の下に「女性に対する暴力部会」が設置され，DV等の施策について急速に検討が進められたことも注目される[53]。

基本法施行後の1999年以降現在までが第六段階である。1999年8月に，小渕恵三内閣総理大臣（当時）は男女共同参画審議会に対して，男女共同参画社会基本法21条2項2号の規定に基づき，「男女共同参画社会基本法を踏まえた男女共同参画社会の形成の促進に関する施策の基本的な方向について」を諮問した。同審議会は，2000年5月に，『男女共同参画社会の形成の促進に関する施策の基本的な方向に関する論点整理』を公表して，パブリック・コメントを実施した。それを受けて，同年9月に，森喜朗内閣総理大臣（当時）へ『男女共同参画基本計画策定に当たっての基本的な考え方―21世紀の最重要課題―』を答申した。

政府は，『男女共同参画基本計画（案）』を策定し，同年12月11日に，男

---

(52) これに伴い，売春対策審議会が廃止された。
(53) 総理府男女共同参画審議会女性に対する暴力部会『女性に対する暴力部会の中間取りまとめ』(1998年)，同『女性に対する暴力に関する基本的方策についての中間取りまとめ』(2000年)，同『女性に対する暴力に関する基本的方策について』(2000年)。総理府男女共同参画審議会『男女共同参画社会基本法について』(1998年)，同『男女共同参画審議会暴力部会中間取りまとめ』(1998年)，同『女性に対する暴力のない社会を目指して答申』(1999年)，同『女性に対する暴力報告』(1999年)。

女共同参画審議会に同案について意見を求めた。その翌日に、『男女共同参画基本計画』は閣議決定された。

2001年1月6日に、中央省庁改革によって、内閣に男女共同参画会議が、内閣府に男女共同参画局が新設された（内閣府設置法（平成11年法89号）4条、内閣府本府組織令（平成12年政令245号）25条）。同会議は、男女共同参画に関する総合調整を行うため、議長は官房長官、議員は各省庁の大臣と民間議員12人が任命された。さらに、会議の下には、これまでにのべ8つの専門調査会(54)が設置された（男女共同参画会議令平成12年政令259号）。同会議や各専門調査会では、幅広い政策課題のなかから、時宜に応じて課題が選択されて、集中的に議論が行われている。

なお、男女共同参画担当大臣は官房長官が兼務していたが、2005年10月に発足した第3次小泉改造内閣では、兼務が外れ、新たに内閣府特命担当大臣（少子化、男女共同参画）が置かれ、猪口邦子氏が就任した。男女共同参画担当大臣には、官房長官のもつ権限の活用が期待されていただけに、別置されることが男女共同参画の推進に働くのかどうか、今後見守る必要があるだろう。

さらに、男女共同参画基本計画が2005年12月に改定されて、「第2次男女共同参画基本計画」が策定された。策定にあたって実施されたパブリック・コメントでは、男女共同参画は男女の性差をなくす「ジェンダーフリー」であると批判して、真の男女共同参画は男女の機能特性論を尊重し、性別役割分担を固定化するものであるべきだという意見も寄せられた(55)。その結果、

---

(54) 8つの専門調査会とは、①仕事と子育ての両立支援策に関する専門調査会（2001年1月23日から同年6月19日まで）、②苦情処理・監視専門調査会（2001年4月3日から2004年7月28日）、③男女共同参画影響調査専門調査会（同上）、④女性に対する暴力に関する専門調査会（2001年4月20日から現在まで）、⑤基本問題専門調査会（2001年5月14日から現在まで）、⑥男女共同参画基本計画に関する専門調査会（2004年10月8日から現在まで）、⑦監視・影響調査専門調査会（2004年10月20日から現在まで）、⑧少子化と男女共同参画に関する専門調査会（2004年10月21日から現在まで）。

(55) たとえば、自民党は、2005年7月に第2次基本計画改正に向けての意見を表明した（自民党過激な性教育・ジェンダーフリー教育実態調査プロジェクトチーム

ジェンダーは「社会的性別」と限定的に解釈されるとともに，男女共同参画局は 2006 年 1 月に都道府県・政令市の男女共同参画担当課に対して，「『ジェンダー・フリー』について」という事務連絡を行い，自治体がこの用語を使うことは適切ではないと通知した。こうした保守的な考え方の浸透が，当初期待されたような総合調整の機能にどのような影響を与えるのか，注目される。

　この間の国の女性の地位向上に関する担当セクションは，先に述べたように，1975 年までは労働省であった[56]。一方，総理府では，自民党からの要請により，1965 年初めに，総理府に関係省庁の事務次官による婦人問題連絡会議を設置しようとしたが，結局は，同年 8 月に課長クラスの会議がつくられた。1967 年 10 月に，総務庁長官が有識者による「婦人関係の諸問題に関する懇談会」を設置した。さらに 1972 年 6 月に内閣総理大臣が委嘱する「婦人に関する諸問題調査会議」が設置され，1973 年 3 月に調査報告書を田中角栄内閣総理大臣（当時）に提出した[57]。1974 年 10 月に，報告書に基づいて議論を行う総務庁長官の私的諮問機関として「婦人に関する諸問題懇談会」が設置されたが，これも，めだった成果を挙げることができなかった。

　しかし，当時の三木武夫内閣総理大臣の熱心さもあり，1975 年の国際婦人年世界会議を契機に，同年 9 月 23 日に，総理府に新たに「婦人問題企画推進本部」が閣議決定によって設置された。一方，労働省設置法には，婦人少年局の事務として，「婦人の地位の向上その他婦人問題の調査及び連絡調整を行うこと。但し，婦人問題の連絡調整については，他省が法律に基いて，その所掌に属せしめられた事務を行うことを妨げるものではない。」（9 条 8 号）とされていたため，新たに総理府において「『国連婦人の一〇年』ナイロビ会議における決定事項の国内施策への取入れに伴う施策その他婦人に関する施策について，関係行政機関相互間の事務の緊密な連絡を図るとともに，総合的かつ効果的な対策を実施する」ための「婦人問題企画推進本部」並び

　　　「2005 年 7 月 7 日会合資料」）。
　(56)　国内本部機構の設置と変遷について，縫田編・前掲注(51)。
　(57)　総理府婦人に関する諸問題調査会議『婦人に関する諸問題の総合調査報告書』（1973 年）。

に「婦人問題企画推進本部参与」,「婦人問題企画推進会議」,「婦人問題企画推進有識者会議」を設置し,本部の庶務は内閣総理大臣官房で担当することとされた。担当セクションとして「婦人問題担当室」が設置されたが,この設置にあたっては,総理府設置法の改正について労働省から内諾が得られず認められなかったので,法律上の根拠を必要としない係級の組織として設置された。また,同推進本部で担当する事務が,労働省設置法によって規定された,労働省婦人局の所掌事務である「婦人の地位向上」及び「連絡調整」とどのように関わるのかがあいまいであった。いずれにせよ,こうした新たな組織の設置は,労働省にとっては,自らの権限を少なくするものとみなされたため,同省からは強い抵抗があったと言われている[58]。その結果,1975年以降の婦人問題担当室の室長は,労働省から出向した審議官級の女性職員が就任することがほとんどであり,実質的な権限は,労働省婦人局が持っていたといえるだろう。

この権限争いはしばらく続き,同本部を改組するにあたって,1993年7月13日に,総理府と労働省とで,『覚書』と『確認事項』という文書を交わすに至った。総理府次長と労働省事務次官は,『覚書』で,「男女共同参画社会づくりに関する推進体制の整備について」(以下,「推進大綱」という)を本部決定するに際し,(1)推進大綱に基づき,総理府が新たな審議会又は事務組織において担当しようとしている事務は,「男女共同参画型社会」についてのビジョンの設定及び当該設定されたビジョンの実現に向けて各省が実施する施策を総合的にとりまとめた計画の策定であり,この事務は労働省が従来所掌している「婦人の地位向上その他婦人問題」の事務とは全く異なる事務であること,(2)「男女共同参画社会型社会の形成」は,他省庁の所掌に属さない事務としての総理府の所掌事務ではなく,男女共同参画型社会に向けた

---

[58] たとえば,婦人問題企画推進会議の会長であった藤田たき氏は「婦人問題企画推進本部が設置され,私が座長を仰せつかった婦人問題企画推進会議で,関係省庁の責任者,また婦人団体幹部などを集めて連絡協議会などを開いているのを,谷野さんはたしかに面白く思っていられませんでした。そしてあるとき,あれは当然,婦人少年局のすべきことであるのにとハッキリ言われました。歯に衣きせぬ彼女です」と当時を振り返った。藤田・前掲注(47),216‐217頁。

第2章　女性に関する人権保障・政治及び行政の責任と公共性

個々の施策は各省庁がその所掌に応じて行うものであり，総理府はそれを妨げるものではないこと，(3)総理府に審議会の設置や事務組織を整備する際には，総理府設置法の解釈は(1)(2)の考え方によるものであり，労働省設置法及び同設置令（労働省によるその有権解釈を含む）の文言・解釈に変更をきたさないこと，が合意された。さらに，『覚書』に続いて，総理府内閣総理大臣官房審議官と労働省婦人局長は『確認事項』で，「労働省によるその有権解釈」の内容について具体的に確定させた。すなわち，労働省が所掌している権限は損なわない，総理府は他省庁が実施する男女共同参画に関する施策に対して口出ししない，新たに組織を立ち上げる際には，1ヵ月以上の余裕をもって労働省と協議し，労働省との合意に基づいて行う，ということである。この『覚書』と『確認事項』を交わした翌日の1993年7月14日に，婦人問題推進本部は『男女共同参画型社会づくりに関する推進体制の整備について』を決定した。

　1997年に男女共同参画審議会は，男女共同参画社会の実現に関する基本法について，内閣総理大臣から諮問を受けて，その内容の検討を開始した。同審議会における主な論点は，(1)「基本法」の名称，(2)目的，(3)国，自治体，国民の責務，(4)基本法の実効性を担保するため苦情等の処理を行う機関（オンブズパーソン制度）の設置，の4点であった。推進体制の強化・充実は，女性運動からは強く求められていたものの，政府側の姿勢は消極的であった。

　これが大きく変化したのは，中央省庁改革に関する議論の際においてである。男女共同参画に関する問題は，省庁を横断して，連絡調整ではなく総合調整ができる機関が担当すべきであるとの意見が通り，1998年に成立した「中央省庁等改革基本法」（平成10年法律103号）で，強化された内閣の機能の一つとして，男女共同参画会議が設置されることが決定された。同法の施行とともに，先に述べたように，2001年1月に「男女共同参画会議」が設置され，その庶務を行う担当セクションとして，「内閣府男女共同参画局」が設置された[59]。男女共同参画局は，同法によって多くの局が統合・廃止

---

(59) 中央省庁等改革基本法，中央省庁等改革に係る大綱（中央省庁等改革推進本部決定，1999年）には，2001年より男女共同参画審議会は廃止され，新たにその機能を強化した「男女共同参画会議」が設置される予定が記されていた。

された中で、唯一新たに設置された局として注目された。一方、労働省婦人局は、厚生省児童家庭課と統合され、男女の雇用均等、母子保健等を担当する「厚生労働省雇用均等・児童家庭局」となり、権限は大幅に限定された。その主な所掌事務は、(1)雇用の分野における男女の均等な機会及び待遇の確保、育児、介護等家族的責任を有する労働者の福祉の増進並びに労働者の家族問題、(2)女性労働者に特殊な労働問題及び労働に関する女性の地位の向上その他労働に関する女性問題への対応、(3)母子保健の向上、並びに(4)児童家庭・母子・寡婦の福祉の増進があり、女性労働、母子保健、母子福祉の権限が残された。

第3節　自治体女性行政の展開

「自治体女性行政」とは、性差別（主として女性差別）の撤廃を通じた男女平等の実現並びに女性に関する人権の確立のための総合的な行政であり、自治体行政の一分野である[60]。自治体女性行政については、以前に調査を行って詳細に論じたことがあるので、そちらも参照して欲しい[61]。

---

(60) 全国の自治体の概況について、総理府『都道府県及び指定都市における婦人に関する施策の推進状況』（1977年, 1981年, 1985年, 1988年, 1996年）、『都道府県及び指定都市における男女共同参画社会の形成又は女性に関する施策の推進状況』（1999年）、総理府『地方公共団体における男女共同参画社会の形成又は女性に関する施策の推進状況』（2000年）、内閣府『地方公共団体における男女共同参画社会の形成又は女性に関する施策の推進状況』（2001～2006年）。

(61) 自治体女性行政については、1999年に筆者と江橋崇教授が共同で行った調査「自治体女性行政の比較研究」をもとに考察した。本論文では紙幅の関係から考察から得られたポイントのみを論じるにとどめた。大西祥世・江橋崇「自治体女性行政の比較研究」法學志林98巻3号（2001年）115-213頁。なお、この調査は、1999年度の財団法人東京女性財団研究助成の支援を得た。

第2章　女性に関する人権保障・政治及び行政の責任と公共性

第1項　首都圏の自治体における女性行政の歴史的展開

1　東京都の女性行政

　東京都は，美濃部亮吉知事（当時）のもと，自治体の中では最も早く女性行政に取組みはじめた。

　1958年に，「婦人保護」の所管を児童婦人部から移し，民生局に「婦人部」が設置された。そして，1971年に民間から縫田曄子氏が民生局長として登用され，女性初の局長が誕生した[62]。庁内では，1972年連絡組織として「婦人関係行政連絡協議会」が設置され，同年，民生局長の私的諮問機関としての「婦人問題懇話会」（会長：鍛治千鶴子氏）が創設された[63]。同懇話会の最初の検討課題は婦人会館の機能とその位置づけであった[64]。

　1976年には，東京都にも国際婦人年世界会議の合意を実現する責務があると考えられ，国に1年遅れたが，本格的に女性行政に取組まれるようになった。同年，民生局婦人部が「都民生活局婦人青年部」になり，「婦人計画課」を設置した。1977年に，知事の諮問機関として「婦人問題会議」が設置され，同会議は1978年に『東京都行動計画策定にあたっての基本的な考え方と施策の方向について』を提言した。同年には，庁内組織が部長級の「婦人関係行政推進協議会」となり，推進体制が強化されるとともに，『東京都行動計画』が策定された。さらに同年に「区市町村婦人問題（連絡）担当課長会」が発足した。

　翌1979年には，女性問題に関しての情報の重要性を考慮し，婦人情報センターが設置された。1981年に設置された「婦人問題協議会」は，1982年

---

[62]　縫田氏のもとで，東京都婦人関係施策研究会は『東京都における婦人関係施策の課題と施策の体系について（中間報告）（最終報告）』（1971年，1972年）を公表した。

[63]　東京都婦人問題懇話会『国際婦人年世界行動計画にたった東京都行動計画の基本的考え方』（1976年），同『婦人問題総合計画（東京都行動計画）策定における婦人の参加のあり方』（1977年）。

[64]　東京都婦人会館建設準備委員会報告書『婦人会館の建設について』（1975年）。

に『「国連婦人の10年」後半期における東京都婦人問題施策のあり方について』を鈴木俊一知事（当時）に提言した。その提言を受けて、1983年に『第2次行動計画』が策定された。

　ここまでの東京都の女性行政は、いわば「女性行政先発地域」として先進的な施策を展開してきたが、これ以後の東京都の女性行政は、審議会からの提言のみが目立つようになる。

　婦人問題協議会は、1985年に『男女平等都政のすすめ方―男女平等の社会的風土づくり―』、1987年に『男女平等都政のすすめ方―21世紀へ向けての新たな展開』といった報告書を提出した。また、1988年には、女性センター建設に向けた提言である『東京ウィメンズプラザ（仮称）の基本構想』が報告された。

　同協議会は、1989年に『21世紀に向けて男女平等の実現をめざして―その課題と基本的考え方―』報告を提言した後、名称を変え、「女性問題協議会」となった。「第1期女性問題協議会」は1990年に『21世紀へ向け女性問題解決のための新たな行動計画の策定について』を提言し、それを受けて1991年、『第3次行動計画』が策定された。

　1991年に東京都は庁内の組織として局長級の「男女平等推進会議」を設置した。東京都は、自治体として最初に行動計画を策定したように、先進的であった。ただし、他の自治体が次々と女性行政推進をめざして女性センターや推進団体としての財団法人を設立したにもかかわらず、東京都でのそれらの設立は遅れ、1991年にようやく「男女平等推進基金」を設置し、それを基に1992年に「財団法人東京女性財団」（理事長：鍛冶千鶴子氏）を設立した。そして、1995年に「東京ウィメンズプラザ」が誕生した。

　1992年に「婦人計画課」は「女性計画課」に改称された。1993年には「第2期女性問題協議会」が『男女平等の社会的風土づくり―21世紀への旅立ち―』を提言した。1995年、「第3期女性問題協議会」は、『都政における男女平等施策の新たな展開に向けて―エンパワーメント・アプローチ』を提言した。1996年に男女平等推進会議設置要綱を改正し、「男女平等推進員」を設置した。

　東京都の女性行政は、1995年の世界女性会議以降、再び活性化した。

第2章 女性に関する人権保障・政治及び行政の責任と公共性

1997年には、1995年に設置された「第4期女性問題協議会」（会長：樋口恵子氏）から『男女が平等に参画するまち東京』が提言され、『男女が平等に参画するまち東京プラン』が策定された。また、同年、東京都は「女性への暴力」についての実態調査を行政として初めて実施し、1998年に報告書をまとめた(65)。これは、夫やパートナーからの女性に対する暴力の実態を明らかにしたものとして高い評価を受けた。

さらに東京都は、全国の自治体に先駆けて、男女平等条例制定に向けて動き出した。1996年8月、東京都の総合計画策定について青島幸男知事（当時）から諮問を受けた「生活都市東京を考える会」の報告で、「基本理念、事業者の責務等を盛り込んだ『男女平等推進基本条例（仮称）』の早期制定」について盛り込まれた。その後、1997年11月に提言された第4期女性問題協議会の報告『男女が平等に参画するまち東京』で、「都民、事業者、行政の責務、男女平等参画のしくみ等を盛り込んだ男女平等推進条例（仮称）の早期制定」の必要性が盛り込まれた。それを受けて、1998年に策定された『男女が平等に参画するまち東京プラン』では、「男女平等推進条例（仮称）」の1999年度中の制定が盛り込まれ、同年に発足した「第5期女性問題協議会」において検討された。同協議会では、同年12月に『東京都男女平等推進基本条例（仮称）検討骨子』を公表し、都民会議を開催する等、広く都民からの意見を募集した。そして、1999年8月に『男女平等参画の推進に関する条例の基本的考え方について』を石原慎太郎知事に報告した。そして、2000年2月の都議会に条例案が提案され、3月30日に成立した。「男女平等参画基本条例」は、2000年4月1日から施行された。

条例制定以降、保守的な立場をとる石原知事の強い影響で、東京都の女性行政は後退を始めた。2000年12月にまとめられた「都庁改革アクションプラン」のもと、財政難の克服と都政改革を理由に、東京女性財団の廃止が決定された(66)。実際には、2002年11月に、同財団は解散された。2001年4月に、それまでの庁内横断組織「東京都男女平等参画推進会議」のトップが知

---

(65) 東京都『女性に対する暴力調査報告書』（1998年）。
(66) 同プランに基づいて廃止が決定されたのは、東京女性財団と東京地域福祉財団組織の2団体である。東京都『都庁改革アクションプラン』（2000年）112頁。

事から助役へかわり，担当セクションが「女性青少年部」から「総務部男女平等参画室」となり，男女平等参画担当部長が置かれた。さらに，東京ウィメンズプラザは都が直接に管理運営を行うようになった。

2000年7月に，条例に基づき「第1期東京都男女平等参画審議会」が設置され，2001年1月に，中間まとめ『男女平等参画のための東京都行動計画の基本的考え方』を公表し，同年7月に答申を行った。それを受けて，東京都は2002年1月に『男女平等参画のための東京都行動計画チャンス＆サポート東京プラン2002』を策定した。

東京都では，この他に，1968年に当時憲法違反と追及する国からの強い批判を受けながらも，無認可保育所への公金の助成を開始するというように，女性の福祉に関わる施策では先駆的な取組みを行っていた。1977年には婦人相談所を改組し役割を拡大した「婦人相談センター」，1980年には労働の分野において「職場における男女差別苦情処理委員会」を設置する等の先進的な施策を展開した。

2　神奈川県の女性行政

神奈川県の女性行政も国際婦人年世界会議の影響を受けてはじまり，長洲一二知事（当時）の熱心な姿勢もあって，1976年に知事室県民課に「婦人行政窓口」が，1977年に県民部県民総務室「婦人班」が設置された。そして，同年，庁内組織として「婦人関係行政連絡推進会議」及び庁内職員による「婦人問題プロジェクトチーム」が創設された。さらに，知事の諮問機関として「婦人問題懇話会」が設置された。

また，1978年には，神奈川県の総合計画である『新神奈川計画』に「婦人の社会参加の促進」が，1980年には改定された『新神奈川計画』の実施計画に「婦人の自立と社会参加を促進するために」が位置づけられた。そして，1978年に，「婦人情報コーナー」が設置されると，1980年に女性センター設立に向けて，動き出した。1979年に『県民との共同作品神奈川婦人総合センター基本構想』を策定し，1980年に県民部に「婦人総合センター建設準備室」が設置された。

1981年には，「婦人問題懇話会」が『神奈川婦人の地位向上プラン（仮）

第2章 女性に関する人権保障・政治及び行政の責任と公共性

の策定に向けて』を提言し,同年,「婦人の地位向上プラン策定委員会」が設置された。

神奈川県の女性行政にとって,1982年は充実した年であった。まず,『かながわ女性プラン』が策定された。県民部に「婦人企画室」,労働部労政課に「勤労婦人室」が設置された。また,女性センターとして「婦人総合センター」がオープンした。女性センターではとくに調査研究機能が重視され,これまでに多くの成果を挙げている。さらに,県民女性(団体)を構成員とする「かながわ女性会議」(代表:深沢淑子氏)が設立され,「プラン」の推進や「センター」の運営等に積極的に参画した。

1983年に,県内の女性行政担当者の情報交換をはかるため,「県市町村婦人関係行政連絡研究協議会」が設置された[67]。また,同年には「審議会等への女性の参加推進要綱」が制定された。

1982年に設置された「婦人問題協議会」(会長:久場嬉子氏)は,1986年に「女性プラン改正について」を提言し,1987年に『新かながわ女性プラン』を策定した。1990年に「女性問題協議会」は『新かながわ女性プラン実施計画改定案』を提言し,それを受けて1991年に『新かながわ女性プラン実施計画』を策定した。さらに,1982年に,県民女性(団体)を構成員とする「かながわ女性会議」(代表:深沢淑子氏)が設立され,「プラン」の推進や「センター」の運営に積極的に参画した。

専管組織の名称は,1991年に「婦人企画室」が「女性政策室」に,「婦人総合センター」が「かながわ女性センター」に改称された。1999年には「女性政策室」が,「人権・男女共同参画課」に改組された。

1996年に「女性問題協議会」(会長:沖藤典子氏)は,岡崎洋知事(当時)に『新かながわ女性プラン改定に向けての提言』を提出し,1997年に『かながわ女性プラン21』が策定された。また,同年には『かながわ新総合計画21』の「Ⅷ共に生きる参加型社会をめざして」に「男女共同参画社会の実現」が位置づけられた。

---

(67) 成果として,神奈川県・県・市町村女性行政連絡会『はじめて女性行政を担当するあなたに』(1994年),同『行政刊行物を作成するにあたって』(1996年)。

第3節　自治体女性行政の展開

2002年4月に,「神奈川県男女共同参画推進条例」が施行された。同月に「神奈川県男女共同参画審議会」(会長：上條茉莉子氏) が設置され, 2003年3月に次期行動計画に関する『神奈川県男女共同参画審議会意見』が答申された。それを受けて, 県では, 2003年6月に『かながわ男女共同参画推進プラン』が策定され, 松沢成文知事のもとで実施されている。

3　横浜市の女性行政

横浜市の女性行政は, 総合計画に女性行政推進の方向が示されたことからはじまった。1981年に,『よこはま21世紀プラン』に「婦人の地位向上計画策定」が示された。そして, 同年, 企画調整局に「婦人問題調査等担当」が置かれ, 細郷道一市長 (当時) の諮問機関として「婦人問題懇話会」(座長：藤井治枝氏) が設置された。

専管組織として, 1983年には市民局に「婦人行政推進室」, 庁内調整組織として「婦人行政推進会議」が設置された。1983年には,「婦人問題懇話会」が『婦人問題懇話会提言』を報告し, 1985年に『よこはま女性計画』が策定された。

横浜市の女性センターとして, 1988年に「横浜女性フォーラム」が開館した。開館にあたっては, 市民が女性センターに期待する機能について綿密に調査し, その結果情報機能を充実させ, 女性だけではなく男性にも幅広く利用されるよう計画されたものである[68]。1987年に設立された「財団法人横浜市女性協会」(理事長：有馬真喜子氏) が, 同館の管理, 運営を行った。

同年には,「婦人問題協議会」(会長：高橋展子氏) から『第2次よこはま女性計画への提言』が報告され, 1989年に『第2次よこはま女性計画』が策定された。

専管組織の名称は, 1990年に「婦人行政推進室」から「女性計画推進室」に改称された。1999年には「男女共同参画推進室」となった。諮問機関は, 1992年に「男女平等社会推進協議会」, 2000年に「男女共同参画推進協議

---

[68] 横浜市女性センター基本構想委員会『横浜市女性センター (仮称) 基本構想』(1985年)。

第2章　女性に関する人権保障・政治及び行政の責任と公共性

会」へ名称が変更された。

1993年に第2館目の女性センターである「フォーラムよこはま」が開館した。同年には「男女平等社会推進協議会」（会長：矢澤澄子氏）が『男女の性を超えて未来をつくる』を高秀秀信市長（当時）に提言し，1995年に『ゆめはま男女共同参画プラン（第3次よこはま女性計画）』が策定された。

1998年，「男女平等社会推進協議会」が『私たちが拓く新世紀への提言』を提出した。1999年に『ゆめはま男女共同参画プラン（第4次よこはま女性計画）』が策定された。

2001年1月に，「男女共同参画推進協議会」（会長：牧野カツコ氏）が条例について答申[69]を行い，同年4月に「横浜市男女共同参画推進条例」が制定された。2002年2月に，「男女共同参画審議会」から行動計画について答申があり，同年7月に『いきいきみらい計画』が策定された。計画の名称から，「女性」や「男女共同参画」という文言が除かれたことから，女性行政の縮小が懸念されたが，現在では中田宏市長によって施策が実施されている。

また，2000年4月に，横浜市婦人会館の管理・運営が横浜市女性協会に委託され，2005年10月末にフォーラムよこはまが閉館した。2005年4月に，女性フォーラムは「男女共同参画センター横浜」に，横浜市婦人会館は「男女共同参画センター横浜南」に名称が変更された。また，同年10月に，新たに3館目の女性センターである「男女共同参画センター横浜北」が開設された。こうした影響からか，2005年9月に横浜市女性協会も横浜市男女共同参画推進協会に名称が変更された。さらに，2005年度から，横浜市は同協会を各センターの指定管理者として指定した。横浜市では，同協会の活動が活発であった[70]ことから，こうした移行が今後どのように影響するか，注目される。

---

(69)　横浜市男女共同参画社会推進協議会『男女共同参画社会の推進に資する条例について』（2001年）。

(70)　財団法人横浜市女性協会『1997年度～2004年度財団法人横浜市女性協会事業報告書』（1998～2005年）。

4　川崎市の女性行政

　川崎市は，比較する自治体の中では最も遅く女性行動計画が策定されたが，策定まで女性行政が実施されなかったということではなく，女性行政推進のためのさまざまな施策が展開されていた。

　1976年に発足した民間の女性運動団体である「川崎婦人連絡会」は，1978年に『川崎市行動計画に関する要望書』を発表した。

　そして，1979年には，教育委員会社会教育課に「婦人問題行政窓口」が設置された。このように専管組織が，企画調整を担当する部局ではなく，社会教育を担当する教育委員会に設置されたことは，川崎市の特徴である。同年，庁内連絡組織として「婦人問題行政連絡調整会議」が設置された。

　1982年には伊藤三郎市長（当時）の諮問機関として「婦人問題懇話会」（会長：大羽綾子氏）が設置された。同懇話会には，「かわさき男女共同社会をすすめる会」というNGOのメンバーが市民代表として当初から参画していた[71]。そして，1983年には庁内組織が「婦人問題調整連絡推進会議」となり，女性行政をより総合的に推進するため，専管組織を市民局に移し，「婦人室」が設置された。さらに，「婦人問題懇話会」は『婦人問題解決のための基本的考え方』を提言し，「川崎市男女共同社会をめざす計画策定委員会」（会長：園田恭一氏）が設置された。そして，1984年に『川崎市男女共同社会をめざす計画（仮称）』が提言され，1985年に「川崎市男女共同社会をめざす計画」が策定された。

　川崎市は早期に「婦人」から「女性」への改称が行われたことも特徴である。1986年に，諮問機関が「女性問題推進協議会」（会長：横溝正子氏）として設置され，1988年には『川崎市男女共同社会をめざす計画第2期実施計画』を策定した。専管組織の改称は1990年に「婦人室」から「女性行政推進室」となった。

　1991年に『川崎市男女共同社会をめざす計画第3期実施計画』が策定され，翌年には「女性行政推進協議会」（会長：鳴海正泰氏）が『川崎市男女共同社会をめざす計画の見直しについて』を高橋清市長（当時）へ提言した。

---

(71)　川崎の男女共同社会をすすめる会『すすめる会のあゆみ』（1996年）。

第2章　女性に関する人権保障・政治及び行政の責任と公共性

　川崎市の審議会は，1980年代という早い時期から，実施計画の進捗状況を審議会として独自に評価する必要性を認識し，実際に行ったという点で先進的である[72]。

　女性センターについては，1992年，「女性センター構想委員会」が『(仮称)川崎市女性センターの基本構想について』を提言し，それを受けて建設が計画化され，2000年5月に「川崎市男女共同参画センター」が開設した。

　1994年には「新女性行動計画策定委員会」(会長：井上輝子氏)が『(仮称)男女平等推進プラン』を提言し，1995年『かわさき男女平等推進プラン』が策定された。さらに，同年，「男女平等推進協議会」が『審議会等委員への女性の参加促進について』を提言した。

　1997年に同協議会(会長：福島瑞穂氏)は『かわさき男女平等推進プラン第1期実施計画の見直しと第2期実施計画の策定について』を提言し，同年，『かわさき男女平等プラン第2期実施計画』が策定された。

　さらに，1995年に「かわさき男女平等推進協議会」(会長：井上輝子氏)が「(仮称)男女平等委員会」の設置を提言し，さらに同協議会は1996年に『川崎市男女平等オンブドゥの設置に向けて』を提言した。それを受けて，1998年7月に「川崎市男女平等オンブド設置準備委員会」(会長：渡辺智子氏)が発足し，1999年に報告書『川崎市男女平等オンブド設置について』を提出した。そして，2001年に「人権オンブズパーソン条例」が制定され，2002年5月に施行された。

　同協議会(会長：藤原千賀氏)は，2000年に『民間企業・団体における男女平等推進の取組への支援について』，『夫や恋人など男性からの女性に対す

---

(72)　川崎市女性問題推進協議会『「川崎市男女共同社会をめざす計画」の昭和63年度事業について』(1987年)，同『「川崎市男女共同社会をめざす計画」の実施と今後の方向について』(1987年)，同『審議会等委員への女性の参加促進について(提言)』(1989年)，川崎市女性行政推進協議会『「川崎市男女共同社会をめざす計画」第3期実施計画について』(1990年)，同『「川崎市男女共同社会をめざす計画」第3期実施計画の評価について(報告並びに提言)』(1994年)，川崎市男女平等推進協議会『審議会等委員への女性の参加促進について』(1995年)，同『かわさき男女平等推進プラン第2期実施計画進捗状況調査』(1999年)。

る暴力についての対応策』，2001年に『男女平等のための新行動計画策定に向けた基本的な考え方について』を提言した。

さらに，同協議会において，川崎市における男女平等社会の実現に向けた条例の基本的な考え方についての検討が始められた。同協議会（会長：国広陽子氏）は，2001年2月に『男女平等社会の実現に向けた条例の基本的な考え方について』を提言した。これを受けて，2002年6月に「男女平等かわさき条例」が制定された。

2003年11月に，「男女平等推進審議会」（会長：井上輝子氏）が阿部孝夫市長に『男女平等推進プランについて』を答申し，2004年5月『川崎市男女平等推進行動計画かわさき☆かがやきプラン』が策定された。

このように，国においても自治体においても，十分な法的な枠組みがないまま女性行政を展開してきた。政府が自主的に女性行動計画を策定し，改定を重ね，内容を充実させてきた。また，担当する専管組織を立ち上げ，女性行政が市民にも行政内部にも認知されるとともに発足時より強化され，庁内連絡組織も強化された。さらに，女性行政に対する行政需要を把握するために，専門知識をもった有識者や現場で実際に差別と向き合っている市民を多く登用した審議会を活用してきた。それに加えて，社会で性差別撤廃に取組んでいるNGOとの協働で行う「官民協働行政」という新しい手法を用いた。こうした点は，行政の責務責任の実施と考えることができる。他方，女性行政の取組みの姿勢は，首長の交代に影響されることもわかった。

そこで，こうした歴史的展開をふまえて，次項以下では，自治体が女性行政に取組む「行政としての責務」をどのように具体化したのかについて明らかにするために，推進体制並びに理念を検討することとする。

　　　　　第2項　自治体女性行政のかたち――推進体制の構築

1　女性行動計画の策定

女性行政を展開する上では，自治体の女性行政に取組む理念を明らかにし，その理念に基づく施策を組み立てた女性行動計画の策定が重要になる。各自

治体を見ると，計画は理念や施策の柱に一貫性を保ちつつも，改定を重ねるごとに，その内容を充実させてきた。自治体女性行政は条例が制定される以前にも，計画が行政の柱として十分に機能してきた。国は1977年に「国内行動計画」を策定した。同計画では，自治体等に対し，それぞれの分野において行動計画の趣旨に沿った自主的な行動を展開することを期待した。

こうした動きに対応して，1975年の国際婦人年の世界的な合意を実現することを強く意識した自治体では，1978年の北海道や東京都をはじめとして，女性行動計画が策定された。2005年4月1日現在で，計画を策定している自治体は，すべての都道府県と政令市，943市区町村の合計で1,004自治体（41.0％）である[73]。基本法が制定された直後の2000年3月末では，618自治体（18.7％）であったので，この5年間に多くの自治体で新たに計画が策定されたことがわかる。こうした動きは，公共性が分有されていく過程といえるだろう。

しかし，行動計画といっても，福祉や労働の部局で実施されていた事業について，女性に関連するものをピックアップしてまとめただけというものもある。女性行動計画が，計画どまりの「絵に描いた餅」で，具体的な事業の成果に結実しにくいのは，女性行政担当セクションが，いわゆる調整部局であって，事業の実施部局ではないことが一因と思われる。つまり，推進体制の権限の問題である。

2 調整権限の強化

一般に行政組織内部での調整権限には，「連絡調整」，「企画調整」，「総合調整」がある。連絡調整は，単に組織間の連絡や依頼にとどまる。企画調整は，やや高い視点で，他の組織に対して企画全体との調和を求めることであり，首長に近い企画担当が行うので実効性が高い。総合調整は，制度化された強い権限であり，首長の権限のもとで政策の実行を求め，十分でない場合はその改善を求めることができる。自治体女性行政は，その初期からどの自

---

(73) 内閣府男女共同参画局『地方公共団体における男女共同参画社会の形成又は女性に関する施策の推進状況』(2006年)。

治体でも，とくに審議会等の委員からは，連絡調整だけでなく，縦割り行政の弊害をのりこえて，計画の基本理念や事業を実効力あるものとするため，担当セクションの権限強化をともなった推進体制の整備が強く要請されていた。これを反映してか，自治体の事務分掌上では，企画調整の権限が担当セクションに与えられている場合が多い。また，総合調整を行うために，首長や助役をトップにした庁内横断組織が設置された自治体もある。

また，担当セクションは，独自で行うことができる事業でリーダーシップを発揮しようと工夫した。審議会等委員の女性への登用促進事業や計画の進行管理事業である。計画の進行管理とは，担当課に事業の実績を照会するだけでなく，計画の目標達成が不十分であった部局に対し，その実行を積極的に働きかける，というものである。これらの工夫によっても，なかなか困難な状況が続いた。

こうした調整権限の弱さを克服するために，個別の課題ごとに，庁外の機関や団体も含めたネットワークを立ち上げて対応するようになった自治体がある。たとえば，札幌市の「『女性への暴力』（家庭内暴力）対策関係機関会議」である。こうした事例をつうじた連携により，女性行政の理念や計画を実行していく例が見られる。

一方，国の場合は，先に述べたように，2001年1月6日に実施された中央省庁改革によって，担当セクションが内閣府の男女共同参画局となった。さらに，男女共同参画会議が設置されて，男女共同参画の観点から，全省庁の施策に対して内閣の立場からの総合調整ができる強い権限が与えられた。自治体の女性行政担当セクションは調整権限をもっているとしても，まだまだ弱い。このような枠組みでは，自治体の方は遅れがちである。

3　女性センターの活用

自治体女性行政では，女性センターの活用がその推進の一つの手法となった。

女性参政権獲得や売春防止対策等の運動を展開した民間の女性団体が，運動の拠点として設立したセンターは，すでに100年以上の歴史がある。戦後には，全国の都道府県の県庁所在地に，地域婦人団体の学習・活動拠点が設

けられた。

　こうした運動の成果から，地域の女性団体は，活動や交流，学習のために公設の拠点を整備することを中央政府や自治体に求めた。その結果，1977年に国立婦人教育会館（当時）が設立された。さらに，地域の女性市民は，女性市民の交流，学習，活動，情報の拠点となり，さまざまな悩みを抱える女性たちの相談に応じ，男女平等推進のための調査研究を行うといった，専門機能をもったセンターの地域への設置を要望した。そして，こうした施設は，何よりも女性市民が利用しやすいものとすることが強調された。

　本格的な自治体の女性センターが誕生したのは 1982 年である。1982 年に設置された「神奈川県立かながわ婦人センター」の基本構想では，センターのイメージを「婦人の社会参加を促進し，社会的・文化的活動を助け，自立をはげまし，その地位の向上をはかるための自主的な運動の拠点としてのセンターを必要とし，創り出し，育て上げる」こととし，従来の交流・学習という目的から一歩踏み出した。この結果，センターの運営に，地域の女性団体の積極的な参画を得たり，センター独自に研究機能，シェルター機能を併せた相談機能をもったりするようになった。

　当時の女性センターは，いわゆる「公設公営」方式，つまり自治体が設置して運営する施設として設立された。自治体が財団法人を設立して，それに管理運営を委託する，いわゆる「公設民営」方式を採用するようになったのは，1988 年以降である。この時期には，女性センターの機能として，女性の活動に対する支援の重要性が強調された。とりわけ，活動に対する財政的な支援を弾力的に行うために，自治体の直営方式ではなく，民間によるセンターの運営という手法が採用されたといえるだろう。

　こうした活動の蓄積により，今日では女性センターは女性行政に不可欠な要素として位置づけられた。女性センターが設置されている自治体は，都道府県・政令市では，2005 年 4 月 1 日現在で 42 都道府県，13 政令市である。市区町村では 256 自治体である[74]。

---

　(74)　内閣府男女共同参画局・同上。

4　外部との連携

女性行政では，発足当時から，自治体の外部とのさまざまな連携が顕著に見られる。

その理由の一つは，地域の女性団体の強い働きかけからその取組みが始まったことである。何でも自治体単独で行うのではなく，女性団体や国際社会の意見をききながら政策を推進する姿勢ができたといえるだろう。川崎市や京都市では，女性団体の行動が直接，行政の担当セクションの設置につながった。

また，女性行政は，国際会議との関連が密接である[75]。1985年のナイロビ会議で「ナイロビ将来戦略」が採択され，そこには審議会等委員への女性の登用率を数値目標化して実現を図る手法が盛り込まれた。そして，1995年の北京会議では「女性に対する暴力」への対策が大きなテーマとなった。これらの各会議を節目として，各自治体で重点的に取組まれるようになった。

2003年7月に国連女性差別撤廃委員会は，女性差別撤廃条約実施状況を報告する日本政府レポートに対する最終コメント[76]を公表した。これは，自治体の女性行政の課題にも密接に関連するため，どのような影響を与えるのか，注目される。

他方，企業との連携も試みられている。今日では，女性差別が解決し，女性の能力が発揮されないと社会が発展・成長しないということが，民間[77]・行政[78]においても共通の認識となっている。1997年に発表された国民生活白書に初めて「働く女性－新しい社会システムを求めて」がテーマとなり，女性が働くには社会制度・慣行に多くの問題点が残されているという認識の

---

(75)　山下泰子『女性差別撤廃条約の展開』（勁草書房，2006年）105-135頁。大西祥世「男女共同参画政策―女性差別撤廃条約2条と国及び自治体の動き」国際女性19号（2005年）113-119頁。

(76)　日本女性差別撤廃条約NGOネットワーク（JNNC）訳「女性差別撤廃委員会第29会期日本レポート審議最終コメント」国際女性17号（2003年）99-104頁。

(77)　女性の働きやすさを示す勤続年数を，アパレル関連の企業と銀行業とを調査・比較した結果，女性の勤続年数の長い会社は成長率が高いことが判明した。経済企画庁『国民生活白書平成9年版』（1997年）68-71頁。

(78)　総理府『男女共同参画2000年プラン』（1996年）14頁。

もと，働く女性と企業，家族，教育，社会システムの関係を中心としながら，具体的には就業，出産・育児，介護，年金，税制が主として論じられた[79]。そこでは，企業と行政が連携することが求められた。自治体でもこうした視点は以前から重視されている。

しかし，労働行政の管轄は原則的に国の行政に属する。都道府県では，労政事務所や労働センターで労働相談に対応したり，企業からの相談にも応じたりしているが，市町村では，統計調査や意識調査以外で，企業と直接の接点をもつことは少ない。男女平等推進に取組んでいる企業においても，自治体と接点をもつことは少ない。

一方，働く女性に対する支援を行うことは，市民から強い要望があるので，自治体も独自に工夫をしながら実施してきた。その典型的なものは，仕事と家庭の両立ができるよう，支援策を実施している企業を表彰することである。この試みも国が先行しているが，自治体でも独自の取組みを行っているところもある。たとえば，神奈川県では，事業者に対して，男女共同参画実施報告書の提出を求めている[80]。埼玉県は，男女共同参画推進企業表彰事業を実施している[81]。しかし，企業との連携は，事例がまだ少なく，はじまったばかりである。

5　男女共同参画条例の制定

女性行政は，法的根拠がないまま，長年展開されてきた。そこで，審議会等委員や自治体の担当職員が，女性行政の根拠規定となる法律や条例の制定

---

(79) 経済企画庁・前掲注(77)。1998年には，ほぼ同様の趣旨で，厚生省により『厚生白書平成10年版』がまとめられている。これは少子化対策に過ぎないという批判もあるが，テーマ設定されたこと自体，評価できるであろう。

(80) 神奈川県は2002年10月から，従業員300人以上の事業所に対して，男女共同参画の推進状況を届け出ることを求め，結果を公表している。神奈川県『神奈川県男女共同参画推進条例に基づく届出結果』(2002年〜2004年)。

(81) 同制度は2000年度から実施されたが，2005年度からは「さいたま輝き荻野吟子賞の事業所の部」に再編された。埼玉県『男女共同参画推進事業所表彰取組事例集』(2001年〜2005年)，同『みんなですすめよう男女共同参画平成17年度年次報告』(2006年)。

第 3 節　自治体女性行政の展開

を強く望んでいった。関係者の話では，法律及び条例の制定によって，女性行政の計画の実効性がより確保されること，女性行政が主流化すること，すなわち，直接女性には関係ないと思われる行政の施策であっても女性行政の視点が全体に行き渡ること，諮問機関の意見がより行政に反映されること等が期待された。

　1999 年に施行された男女共同参画社会基本法は，自治体に対し，男女共同参画社会形成のための条例制定を明示的に求めていない。しかし，これまでにも自治体は，市民，NGO から条例の制定を求められてきた。実際，東京都や埼玉県等では，国に先行して条例の制定が構想され[82]，関係者はそれを国の立法化の起爆剤に生かそうとした。しかし，国の立法化の動きが予想以上に急で，結果的にはそれが先行するかたちになった[83]。

　その結果，基本法の下で，条例を制定するかどうか，また，どのような条例を考えるのかが，新しく自治体女性行政担当者の課題意識となった。その際には，地域的特色を盛り込みつつも，基本法に準じた基本条例を策定しようとする東京都のような考え方と，もはやそういったものよりは女性行政の権限を具体的に強化する推進条例に進むべきだという埼玉県のような考え方がある。東京都の場合は，「基本条例」と名づけられ，埼玉県では「推進条例」と名づけられた。全国では，2005 年 4 月 1 日現在で，46 都道府県，14 政令市，258 市区町村で制定された[84]。ただし，全国の自治体では市町村合併が急速に進み，2001 年度末の 3,232 から 2005 年度末には 1,820 に数が大

---

(82)　東京都女性問題協議会『東京都男女平等推進基本条例（仮称）検討骨子』（1998 年），同『男女平等参画の推進に関する条例の基本的考え方について』（1999 年）。埼玉県『男女共同参画推進条例（仮称）検討調査報告書』（1998 年），同『男女共同参画推進条例（仮称）に関する県民意見交換会報告書』（1998 年），同『男女共同参画推進条例（仮称）に関するアンケート調査報告書』（1999 年）。埼玉県女性問題協議会『埼玉県男女共同参画推進条例について』（1999 年）。埼玉県男女共同参画推進条例（仮称）検討委員会『埼玉県男女共同参画推進条例（仮称）論点整理』（1999 年）。

(83)　男女共同参画社会基本法の立法過程は，大沢真理「男女共同参画社会基本法のめざすもの」財団法人横浜市女性協会・前掲注(18)（vol. 5），76 - 121 頁に詳しい。

(84)　内閣府・前掲注(73)。

幅に減少した。その影響で，2005年4月1日までに43の条例が失効した。

第3項　自治体女性行政の内容

1　基本理念の変遷

　女性行政は，性差別の撤廃と男女平等推進のための行政政策であるが，時代の変遷とともにその理念が変化している。

　女性行政発足前の女性の人権に関する議論を大まかに紹介すると，次のようになる。1947年には，男女平等を規定した日本国憲法が施行され，女性差別的な民法や刑法が改正された。これで，表面的には男女平等が達成されると期待されたが，実際には性差別は残った。1970年代前半には，アメリカのウーマンリブの運動が日本でも紹介されて，運動が活発になった。この時期では，そうした運動を受けて，自治体が取組むべき課題として，「婦人の福祉の向上」，「婦人の働く権利の保障」，「婦人教育」が挙げられていた。これらの課題は，自治体女性行政発足後も，主要な課題として位置づけられた。

　他方で，男女平等の実現には，労働省設置法に規定されたように，女性の地位向上をめざすことが前提とされた。それは女性の支持も得たが，一部で女権拡張論と呼ばれ，抵抗感を覚える市民も多かったと言えるだろう。

　女性行政では，こうした批判を意識したのか，たとえば神奈川県で，女権拡張ではなく，広く世界の人々の人権尊重と平和をめざす視野の中に捉えられるべきであることが確認された。東京都では，男女平等社会とは，男女それぞれが，その性別を超えて個人として尊重される社会と定義された。その上で，女性問題の解決には，憲法で保障している基本的人権の尊重と両性の本質的平等の具体的実現を図ることを根幹に置くことを表明した。北九州市では，男女平等の社会とは，婦人が男性化することではないことが確認された。

　つまり，「男は仕事，女は家庭」という固定的な役割分担意識の克服こそ，男女平等の推進にとって重要であると理解されるようになった。そして，個別の領域ごとに対策を講じるのではなく，総合的に，トータルに取組んでいかなければならないという認識が深まり，女性行政の目的が明確になってい

たといえるだろう。その後，1985年の女性差別撤廃条約の批准により，同条約の理念も女性行政に取り込まれていった。

また，職場，学校，地域社会，家庭での意識の変革を促すために，男性に対する啓発の必要性も認識された。そこで展開されている事業の多くは，男性に対する研修や男性が家庭責任を担う力を身につけるための料理教室，育児教室，介護教室が中心であった。

そして1993年以降，女性行政において，「女性の人権」という言葉が頻繁に用いられるようになった。1993年にウィーンで開催された第2回国連世界人権会議では，「女性の権利は人権である」ことが確認された（「ウィーン宣言及び行動計画18」）。これ以降の女性行動計画の理念では，女性に関する人権保障が大きな柱となった。

1995年の北京会議では，女性の人権の確保には，女性自身のエンパワーメントが重要であることが確認された。そこで，その成果を取り入れて，自治体女性行政でも女性のエンパワーメントが目標となり，女性の自主活動の支援施策として取組まれるようになった。

さらに，1995年の北京会議以降，日本では，女性の人権の確保という理念とともに，「男女共同参画」という理念も強調されるようになった。男女共同参画という言葉は，1990年ごろから使われるようになった。そこでは，男女が単にいすをならべて参加する，というだけでなく，企画立案等，意思決定過程に参画する，という意味で使用された。

この言い換えを，当時の総理府男女共同参画室は，労働省女性局との権限争い[85]を打ち破る切り札として行政文書に多用した。これが，女性問題の解決には男性の参画も不可欠，という考え方と結びついて，急速に浸透していった。

そして，基本法の制定過程，とくに男女共同参画審議会での検討の際に，女性行政の理念として盛り込まれてきた女性の人権論が，男女共同参画論に吸収されていったように思われる。すなわち，「女性の人権」にかわり，「男女の人権の尊重」が新たな基本理念とされた。また，「男女共同参画社会は，

---

(85) 朝日新聞1993年12月11日（夕刊）。

第2章　女性に関する人権保障・政治及び行政の責任と公共性

男女平等の実現を当然の前提とした上で、さらに、男女が各人の個性に基いて能力を十分に発揮できる機会を保障することも重要な基本理念としている」と定義され、それまでの女性に対する性差別を撤廃することで男女平等を実現していこうとする女性行政の理念とは距離が置かれた。こうした姿勢が強く現れているものの一つが、担当セクションの名称である。基本法制定前は、ほとんどの自治体で「女性政策」や「女性行政推進」という名称であった。2005年度当初では、都道府県で男女共同参画、男女平等参画、男女参画、男女共生等がセクションの名前に含まれている自治体は、41都道府県、すべての政令市（14市）に増えた。具体的には、「男女共同参画」が32府県12政令市、「男女平等参画」が2都道1政令市、「男女参画」が4県、「男女共生」が2県1政令市、「男女平等社会」が1県、「男女家庭」が1県、「女性政策」が1府、「女性青少年」が3県、「人間尊重」が1県である[86]。

しかし、基本法に関する男女共同参画審議会での答申作成や国会での審議の過程で、こうした女性の人権論に距離をおいたという転換に対して、抵抗も見られた。国も反省したのか、基本法（案）には「性差別の克服」を基本理念の一つとして明示した[87]。自治体でも条例に、女性の人権に関する条文を盛り込む等、これまでの取組みの成果を継承する動きになった。

2　政策方針決定過程への女性の参画促進

加えて、具体的に、政策方針決定過程の男女共同参画を促すために、ポジティブ・アクションを策定する動きが加速した[88]。要綱や行動計画で、自治体や公立学校における管理職や審議会等委員における女性の割合を、具体的に数字目標を定めて増やしてこうとするものである。さらに、これまで女性の仕事とされがちであった保育、看護、介護職における男性の割合や、地域の町内会、自治会の女性役員の増加が想定された。また、女性の活動領域

---

(86)　内閣府・前掲注(73)。

(87)　男女共同参画審議会基本問題部会『男女共同参画社会基本法（仮称）の論点整理』（1998年6月）。詳細は本書第5章第4節第1項で論述する。

(88)　詳細は、大西祥世「日本の暫定的特別措置（ポジティブ・アクション）」国際女性18号（2004年）97-99頁。

を増やすためのポジティブ・アクションとして，女性に対する市民活動支援，起業支援等が実施された。

地方議会議員や首長における女性の極端な少なさも問題とされたが，三権分立のもとで，自治体が政治の領域の課題に直接取組むことには消極的であった。自治体は，地域の女性リーダー養成講座や政治参画講座を開催し[89]，間接的にこの問題に取り組んでいる。

3　自治体女性行政と国際協力政策との関連

さらに，自治体女性行政は，地域の女性と外国の女性との単なる国際交流を通じた女性の地位向上や世界平和の希求という目的を発展的に解消し，国際協力活動に女性の視点，ジェンダーの視点を反映させること，すなわちWID（Women in Development）やGAD（Gender and Development）の推進を通じた世界的な男女平等の実現を視野に入れるようになった。こうした理念の転換には，1989年に冷戦が終結し，世界平和の希求という目的が徐々に薄れ，むしろ地域に住む開発途上国出身の女性が来日してきた背景を考えたり，地球環境課題への対応が求められたりするようになったという背景があった。

こうした背景のもとで世界各国の自治体が相互に連携しつつ，国際社会のアクターとして政策を提起し，あるいはそれを実施する動きが強まった。とくに，オランダに本部を置く「国際自治体連合（International Union of Local Authorities, IULA）」（現UCLG）は，1995年に自治体国際協力に関する大規模な調査を行い，フォーラムを開催した[90]。日本国内でもこれに連動する動きがあった[91]。IULAは，その成果と第4回世界女性会議を受けて，自治体に解決が求められている地球規模の課題の一つとしてジェンダーを取り上げ，1997年にこれに関する政策研究チーム「自治体における女性タスクフォース（Women in Local Government Task Force）」を立ち上げた[92]。

---

(89)　鳥取県の例として，片山善博「自治体行政の正常化としての男女共同参画」都市問題97巻1号（2006年）9-13頁。

(90)　IULA, Local Challenge to global challenge (1995).

(91)　江橋崇編『東西自治体国際協力セミナー報告書』（1997年）。NGO自治体国際協力推進会議『市民と自治体がつくる国際協力』（1997年）。

国も国際協力（ODA）政策の一環として，「女性と開発協力」を重視するようになり，国際協力事業団（JICA）国際協力総合研修所（当時）において研究会を立ち上げた[93]。1995年には，多くの自治体で市民を北京会議のNGOフォーラムに派遣する事業を行い[94]，世界各地の女性が抱える問題に対する理解を深め，国際協力，国際貢献の必要性が自治体の課題としてより一層認識されるようになった。その後，自治体は行財政危機に直面し，この種の海外派遣事業は縮小，休止，廃止に追い込まれることが少なくないものの，こうした取組みは，国，自治体，国際社会，NGOによる「公共性の分有」のあらわれといえよう。

第4項　自治体女性行政の新機軸

1　NGOとの連携の推進

女性行政では，NGO等の地域グループとは，行政と民間団体との関係でみられがちな上下関係ではなく，対等な関係を築きあげてきた。

女性行政の誕生には，地域の女性団体が大きな力を発揮した。1970年代には，市民自治や住民参加を求める市民運動が活発だったので，それにも影響され，NGOとの連携の重要性が強調された。どの自治体においても，地域の女性市民グループの支援が施策の重要な柱となっていた。具体的には，活動の場の提供，情報の提供，活動資金助成，共催・委託事業の実施等が実施された。北京会議で，政府とNGOのパートナーシップの強化が確認されたことを受けて，1995年以降では，より一層，こうした視点が明確になった。

また，自治体では，地域で活動している女性グループを把握し，さらにそ

---

(92) タスクフォースの成果は，IULA, Local Govermnents Working for Gender Equality（2001）. にまとめられた。なお，1998年にIULAは，「自治体における女性に関するIULA宣言（IULA Worldwide Declaration on Women in Local Government）」を宣言した。

(93) 国際協力事業団国際協力総合研修所分野別（開発と女性）援助研究会『WIDの視点を組み込む基本的な方策について』（1991年）。

(94) たとえば，財団法人横浜市女性協会・横浜市編『1995北京第4回世界女性会議市民派遣報告書』（1996年）。

れらをネットワーク化しようという事業を展開した。これには，行政とNGOの単なる意見交換的性格のものから，草の根の意見を実質的に行政に反映させようとするものまでさまざまである。

さらに，女性行政の実施についても，NGOとの連携が欠かせないものとなった。とくに実践例が多いのが，DV被害者一時保護や相談に関する事業である。最近では，指定管理者制度の導入による女性センターの運営委託事業も実施されている。

2 相談，苦情処理，オンブズパーソン制度の導入

女性の人権侵害や性差別の事件では，被害にあった当事者は混乱していたり，非は自分の側にあると悩んだり，逆に自分の悩みはたいしたことがないと思い込んだりしていて，何が問題なのか，その解決方法は何かについて十分に把握していないことが多い。そこで，被害者本人が問題点を整理し，自分で解決しようとするようになる方向での支援が必要である。

先に述べたように，女性行政において，こうした支援は女性センターによって取り組まれているが，とくに，権利の保護，救済が必要な主な分野として考えられたのは，「女性に対する暴力」と「労働」である。女性に対する暴力は，都道府県警察，婦人相談所，配偶者暴力相談支援センター等が中心になって取組まれている。他方，労働行政は国の所管であり，厚生労働省の出先機関である都道府県労働局が対応にあたるが，実際には，これらの国の機関は，純然たる法律違反事例で，かつ正規の労働者の事案しか扱わない傾向がある。雇用形態が流動化している現状では，これらの機関の管轄外とされてしまう事例が多くある。こうしたなか，東京都，神奈川県，大阪府，大阪府豊中市等では，権限が不足しているにもかかわらず労働紛争の解決に熱心である[95]。実際に，東京都の労働相談情報センター（旧労政事務所）で

---

(95) 東京都労働相談情報センターの実施状況について，東京都産業労働局編『東京都の労働相談の状況』2000～2005年。神奈川県の労働相談の実施状況について，http://www.pref.kanagawa.jp/press/0405/25029/index.htm。大阪府個別労使紛争解決支援システムの実施状況について，http://www.pref.osaka.jp/sogorodo/soudan/15-kobetu.pdf。豊中市労働相談苦情処理システムについて，http://www.city.toyonaka.

は,「あっせん」によって持ち込まれた相談の約7割が解決した[96]。こうした事業は,女性行政の事業というよりも,労働行政の一環として展開されてきた。一方,相談事業を展開しているNGOや地域の女性たちのコミュニティ・ユニオンに持ち込まれた事例も高い解決率を誇っている。

　当事者の必要とする支援は,当事者の自己決定の支援である。本人が決めなければ,外部に熱意があっても,結局はうまくいかない。その実現に向けて,利用できる支援制度を考えることが,当事者性の確保である。こうした考え方は,福祉制度においても採用され,社会福祉法に基づく市町村地域福祉計画及び都道府県地域福祉支援計画の考え方の基本ともされた。自治体女性行政でも,こういう視点が持たれることが,行政内部の他機関との連携に有効となる。

　また,女性行政の実践の場として,各地の条例では,職場,学校,地域,家庭が挙げられている。地域コミュニティは,市民が性別役割分業意識に基づく旧来の考え方や行動にとどまっていれば,性差別や人権侵害の起きる場にもなりうるし,女性の人権や男女共同参画への理解が増せば,それらを克服する場にもなりうる。したがって,「問題は,生じた地域で解決する」という視点が重要である。自治体は,地域で市民に一番近い政府だからこそ,当事者の立場にたった総合的な問題解決ができる。

　こうした個別具体的な問題を解決し,その解決する過程で問題となった施策の問題点や矛盾点について,行政に意見を言い,改善策を提示するものが男女平等オンブズパーソンである。性差別や人権侵害に関して安価で,簡易,迅速な問題解決を行う先進的な手法として日本に紹介されたのが,スウェーデンやノルウェーで導入されているオンブズマン制度である。これらは,行政施策や労働分野における性差別事例等について,公正中立な第三者として相談に応じ,事案の解決を行う制度である。オンブズマンはスウェーデン語であるが,性に中立的な表現にするために,国連等では「オンブズパーソン」という（北京会議行動綱領パラグラフ232(e)）。

　これが日本の自治体で最初に構想されたのは,川崎市である。同市に続い

---

　　osaka.jp/ toyonaka/seikatsu/shoko/roudou/shori.html。
　(96)　東京都・同上（2005年），19頁。

て制度づくりが検討されたのは，埼玉県である。これらの制度については，第3章第2節で詳述したい。

3　一時保護，自立支援の制度化

先に述べたように，女性に対する暴力，DVの被害を受けた女性を救済することの重要性は，自治体女性行政の初期から認識されていた。とくに，アルコール依存症や多額の借金を抱えた夫から逃れた女性の緊急一時保護を実施するべきとの提言が出された。しかし，自治体内部では，これを女性の人権問題とみなす視点が不十分であって，夫婦間のトラブルに行政が介入すべきではないという観念があり，自治体の課題としては最近までとらえられてこなかった。実際に逃げてきた女性には，婦人相談所が長年弾力的に対応してきた。これが行政の課題へ変化したのは，北京会議以降である。

そして，配偶者からの暴力の防止及び被害者の保護に関する法律（平成13年法律31号）が2001年4月に成立し，同年10月13日に施行された。国と自治体にDVへの対応義務が定められ，都道府県は配偶者暴力相談支援センターを設置することが義務付けられた。同法は，2000年12月に施行された児童虐待防止法とともに，行政の民事不介入原則を突破して，被害者の人権を保障するために，夫婦・恋人間の暴力に介入し，被害者を積極的に支援することを制度化した，非常に画期的な法律である[97]。また，これまで自治体女性行政で取組まれてきたことに法的根拠を付与したものでもある。

多くのDV被害者が望む問題の解決への取組みには，自治体の各部局が直接，間接に関係している。DV被害者にとって必要なのは，これらの問題がばらばらにではなく，総合的に解決されることである。自治体の対応も，部局ごとに異なるのではなく，全体的にコーディネイトされ，解決されること

---

(97)　同法の意義と課題について，戒能民江『ドメスティック・バイオレンス』（不磨書房，2002年）。同「ドメスティック・バイオレンス」ジュリスト1237号（2003年）146-155頁。戒能民江編『ドメスティック・バイオレンス防止法』（尚学社，2001年）。同『DV防止とこれからの被害当事者支援』（ミネルヴァ書房，2006年）。南野智恵子ほか監修『詳解DV防止法』（ぎょうせい，2002年）。堂本暁子『堂本暁子のDV施策最前線』（新水社，2003年），南野ほか監修・前掲注(16)。

第2章　女性に関する人権保障・政治及び行政の責任と公共性

が必要である[98]。ただし，配偶者暴力相談支援センターの発足によって，この問題の担当部局が福祉部門から男女共同参画部門に移管された自治体も多く，女性に関する人権保護の観点からは前進であるが，福祉担当者との結びつきが弱くなった。そのため，DV被害者の一時保護に続く自立，生活回復の段階での支援，とくに生活保護，子どもの転入学，住宅確保の支援等について，従来のような福祉担当者中心の連携，ネットワークが弱まって，対応に温度差が出ることも懸念される。DVに先進的に取組んでいる米国でも，かつては各機関の対応がばらばらで，相矛盾するときもあり，被害者が困ったので，「ワンストップショッピング（一つのショッピングセンター）」という考え方にたどりついた[99]。被害者が抱えている問題の解決にあたって，対応する役所や組織を個別に訪問して手続を行うのではなく，1ヶ所にいけば必要な支援が受けられる，というしくみである。DV法でも，配偶者暴力相談支援センターの業務を取りまとめる部局を決定し，当該部局を中心に各種施策を推進すること，ならびに複数の施設においてセンター機能を果たす場合に，中心となる施設を指定し，複数の施設間の連携を図ることが求められた[100]。こういう考え方が自治体女性行政にどう活かされているかが，総合的という視点で，重要である。

さらに，埼玉県では，男女共同参画推進条例の制定にむけた協議会での検

---

(98) この必要性を説くものとして，シェルター・DV問題調査研究会議『シェルターを核とした関係援助機関の活動連携事例および法制度・運用に関する調査』（2000年）。同『日本人女性を対象としたドメスティック・バイオレンスの実態調査』（2000年）。同『シェルターにおける援助に関する実態調査』（2000年）。同『マイノリティ女性に対するドメスティック・バイオレンスに関する研究』（2001年）。

(99) NMP研究会・大西祥世編著『ドメスティック・バイオレンスと裁判―日米の実践』（現代人文社，2001年）52，88頁。ワシントンD.C.のDV法廷を参考に，日本におけるDV統合法廷に関する試論として，池本壽美子「DVと裁判所の改革―日本におけるDVコートの可能性」民商法雑誌129巻4・5号（2004年）615-645頁。

(100) 内閣府男女共同参画局通知「『配偶者からの暴力の防止及び被害者の保護に関する法律』の円滑な施行について」（平成13年10月30日付府共第592号）。DV法の施行の状況について，内閣府男女共同参画会議女性に対する暴力専門調査会『配偶者暴力防止法の施行状況等について』（2003年）。

討過程では，暴力被害を受けた女性がその権利を，裁判を通じて回復するための「訴訟支援制度」について，条例案に盛り込むよう議論された。結果としては，条例には規定されなかったが，要綱が定められ，実施されている[101]。豊中市では，男女共同参画推進条例の制定に向けた検討を行う際に，労働問題に関する訴訟について市民に資金を貸し付ける制度があり[102]，男女平等の問題についてはどのように扱うかが検討された[103]。その結果，2003年に，この2つを統合して，豊中市訴訟等に係る資金の貸付に関する条例が制定され，労働問題と男女平等問題に関する訴訟費用を貸し付ける制度が運用されている。これは，アメリカ，カナダ等，世界各国の新しい人権救済の動きと同じ方向を向いており，自治体やNGOはこうした外国の事例の研究にも取組んでいるので，今後の展開が注目される。

4 事業評価，行政評価の導入

自治体でも，国でも，女性行政に対する評価システムの必要性が以前から主張されていたが，最近はより一層強調されるようになった。女性行政の評価には，まず女性行政そのものの評価という点と，自治体行政全体に女性行政の視点が反映されているかどうかを評価する点の，2つがある。

女性行政そのものの評価については，行動計画の進行管理を通じて，評価を行う手法がある。しかし，それだけでは不十分な場合，女性行政担当セクションでは，他の行政セクションと対等な立場であるため，評価がしにくいこともあり，審議会が評価を行ったところもある[104]。審議会が自ら行ったところも，権限の不足から十分に行えなかったため，自ら計画の実行の評価

---

(101) 他方，東京都では，1999年度に，男女平等に関する訴訟支援制度の実態把握のための試行事業が実施されたが，それ以降は実施されていない。東京都『男女が平等に参画するまち東京プラン平成11年度実施細目』(1999年) 31頁。

(102) 1993年から豊中市労働訴訟等に係る資金の貸付に関する要綱が運用されている。

(103) 豊中市男女共同参画等苦情処理事案等検討会『豊中市における男女共同参画苦情処理委員会について』(2003年) 20頁。

(104) 川崎市女性問題協議会，同女性行政推進協議会，同男女平等推進協議会・前掲注(72)。

や点検を行う監視機能をもった機関の創設を構想した自治体もある[105]。

さらに一歩進めて，自治体行政全般に対する政策評価，行政評価における女性行政の視点の位置づけについても，議論されるようになってきた[106]。埼玉県では，各部局で，「男女共同参画配慮度評価」が実施されている。

こうして実施された評価は，女性行政の風通しを良くする，という意味がある。つまり，市民が確認できるようにする必要があるといえるだろう。行政の内部資料とされると，評価が十分に実施されたかどうか，市民は判断することができない。男女平等・男女共同参画条例で，計画の進行状況の公表が首長の義務として盛り込まれた自治体では，市民による評価も行いやすくなった。公表の方法は，報告をまとめた印刷物ではなく，ホームページで公開する自治体が多い。

5　男女共同参画社会基本法制度との関連

自治体女性行政と基本法との関連について，基本法の9条，14条，17条

---

(105)　兵庫県伊丹市「女性施策市民オンブード」。東京都『婦人問題解決のための新東京都行動計画男女の平等と共同参加へのとうきょうプラン』(1983年) 121頁。東京都女性問題協議会『都政における男女平等施策の新たな展開に向けて―エンパワーメント・アプローチ』(1995年) 75頁。神奈川県女性問題懇話会『新かながわ女性プラン改定に向けての提言』(1996年) 64頁。神奈川県『かながわ女性プラン21』(1997年) 68頁。大阪府女性問題懇話会『女と男のジャンプ・プラン見直しに向けての提言』(1996年) 56頁。大阪府『おおさか男女共同参画プラン』(2001年) 54頁。京都市『第2次京都市女性行動計画―男女が共に自立，参画，創造する都市・京都21プラン―』(1992年) 79頁。京都市婦人問題懇話会『第2次京都市女性行動計画への提言21世紀に向けた男女平等社会実現のための指針』(1991年) 75頁。京都市男女共同参画懇話会『第2次京都市女性行動計画の新たな展開への提言』(1996年) 27頁。福岡県婦人問題懇話会『婦人問題懇話会提言―男女共同参画型社会の実現に向けて―』(1991年) 17頁。北九州市女性行政推進会議『男女共同参画社会の実現をめざして―次期「北九州女性プラン」に対する提言―』(1999年) 49頁。

(106)　最近の研究成果として，雑賀葉子「男女共同参画影響調査手法による事例研究」日本評価研究4巻1号 (2004年) 31-40頁。村松安子「政策評価手法としてのジェンダー予算」同4-19頁。

第3節　自治体女性行政の展開

を中心に触れておきたい。

　第一に，基本法9条で，自治体が国の施策に準じた施策及び区域の特性に応じた施策を策定し，実施するよう努めることが規定された。これは，自治体の女性行政では，国の施策が最低ラインで，それ以上のことを地域の特性に応じて展開できる，ということである。

　第二に，基本法14条で，都道府県には男女共同参画計画を策定する義務を設け，市町村には，国や都道府県の計画を勘案して計画を策定する努力を求めた。同条では，これまでの自治体女性行政で実施されてきた，自治体による相談事業，NGOへの支援，調査研究活動，国際活動について，基本法上の位置づけは必ずしも明らかではない。少なくとも，9条との関連もあり，これまでの計画のスリム化を求めたものではなく，むしろ，積極的な女性行政の展開が求められているといえるだろう。

　第三に，基本法17条の苦情処理機関についてである。同条では，国の行政への苦情は行政相談委員へ，私人間の問題は人権擁護委員へ申し立てることが念頭におかれている。自治体の行政への苦情は，あえて空欄とされた。国の審議会の関係者によると，地方分権の時代なので，自治体自ら条例を制定して取組むことを期待してこのような条文に落ち着いた，ということである。つまり，自治体が積極的に地域の特性に応じた苦情処理機関を設計することができる，ということである。

　なお，国会の男女共同参画社会基本法附帯決議と自治体との関係については，明らかではない。この附帯決議[107]では，基本法で明記されていない間接差別，DVについての対処の強化と男女平等オンブズパーソンの制度化の検討を求めている。NGOは，これにも重要な立法者意思が反映されているとして，自治体においても同趣旨の規定を盛り込もうとしている。この試みが実れば，これまで軽視されてきた衆参両院の附帯決議の有意義な活用法となると思われる[108]。

（107）　参議院総務委員会平成11年5月21日，衆議院内閣委員会平成11年6月11日。
（108）　ただし，基本法の施行後に国が発行した同法の解説パンフレットには附帯決議が紹介されておらず，市民がその内容を知ろうとしても困難であった。これと対照的に，北九州市立女性センターは，基本法を広く紹介する小冊子を，附帯決議ま

第2章　女性に関する人権保障・政治及び行政の責任と公共性

第4節　女性行政における責任と公共性

　これまで検討したように，女性行政のような新しい行政は，一見すると，行政作用として主に権力的行政を研究対象にしてきた既存の憲法学並びに行政法学の行政権概念の枠組みに収まらないように思われる。そこで，前節までで述べてきたように，女性行政はこれまで約30年の豊かな実践があるので，女性行政のいわば「行政性」や，憲法学における「行政権」の解釈との関連性について，議論することが必要である。

　これらの論点については，行政権及び公共性の分有について検討することを通して，女性行政の必要性に関する一定の判断基準及び枠組みが提供できると思われる。

第1項　自治体固有の行政責任と公共性

　従来の行政権の議論では，国と自治体の関係は，憲法制定当時の「上命下服」の関係であるとの理解が，地方自治を重視する立場から疑問にされながらも，一般的であった。そこに，新風を吹き込んだのが，1990年代に盛んになった憲法65条の概念そのものを見直す議論である。

　大日本帝国憲法下での日本の統治機構は，国の機関のみであって，自治体という概念はなく，道府県・市町村は，国の下級におかれた地方制度であったに過ぎなかった。しかし，日本国憲法の下では，憲法92条，94条により地方自治が保障され，地方機関は「地方公共団体」として自治事務を執行するようになった。

　地方自治に関しては，自治権の由来に関して，国家承認説と自治固有権説との争いがあり，それに対して制度的保障説が提起されて，同説が通説的立場となり，一応の収束をみた。ここでは，自治権の由来に関してはとくに言

で含めた完全なかたちで刊行した。こうした自治体の動きを参考にしたのであろうか，国も附帯決議を紹介するようになった。

第 4 節　女性行政における責任と公共性

及しない。

憲法制定直後の地方自治に関する議論では，「地方自治の本旨からいへば，地方の行政は，できるだけ，地方自治団体自らの機関により，自らの責任において，処理するやうにしなければならない。この見地からいへば，第一に，国政事務と自治事務との根本的調整が必要であ」(109)るとされた。このような議論にもかかわらず，機関委任事務制度が導入され，「三割自治」といわれるように財政的にも国のコントロールが厳しく，自治体の事務は「国の機関として行う事務」がその大半を占め，その結果国と自治体の間に上下関係が構築された。女性行政は，社会の発展にともなって政府の施策の範囲の拡大が求められたことによって誕生した行政であるが，むしろ自治体の方が，市民に近いことから実効的な施策を展開し，国は問題解決能力の不足を露呈する結果となった。国自らが，「自治体との協力」及び「NGO との連携」の必要性を認めているのであって，国の優越性は認められない。

また，女性行政には，これまで検討してきたように，それは本来市民社会の自律や家族内の事項であるのに，公権力が不当に，あるいは，過剰に介入しているのではないかという批判(110)や自制がある。

こうした現象は，他方で，行政権の肥大化として批判的に唱えられている。行政権の肥大化は，現代の国家構造における一つの特色である。19 世紀には，国家の役割は消極的なものとされ，夜警国家と称されるように国家の任務を主として治安維持と国防に限定すべきであるという思想が有力であった(111)。とくに資本主義国家では，議会は国政において必要な法律を制定して行政権を抑制することができ，行政部は可能な限り明確性をもつ法律に従って行政を行う法治主義が理想とされ，また現実においても行われることが可能であった。しかし，20 世紀に入ると，自由国家から社会国家，福祉国家体制への転化が求められ，その結果，行政の任務は飛躍的に増大し，消極的な国民の自由や権利の保護にとどまらず，国民生活のあらゆる分野において国家が

---

(109)　田中二郎「地方行政」国家学会編『新憲法の研究』(有斐閣，1947 年) 327 頁。
(110)　辻村みよ子「近代憲法理論の再編と憲法学の課題」公法研究 65 号 (2003 年) 36-45 頁。
(111)　伊藤正己『憲法〔第 3 版〕』(弘文堂，1995 年) 547 頁。

第2章 女性に関する人権保障・政治及び行政の責任と公共性

積極的な関与をはかることとなり，それを政府が担当することになった[112]。

このような行政権の肥大化の現象は，建前としては近代憲法における政府の統制の基本原則である立法府の優越と法治主義を崩さないとしても，実際上その原則を重要な点で退化させ，動揺させているといえよう。それは制度的にみるといろいろな面で現われている。たとえば，法律の立案の大部分は政府によって行われ，議会の立法能力が疑問視されていることや，法律で政府の裁量を広く認めて，立法府が自ら行政に対するコントロールの権限を弱めていること等である[113]。憲法が法治主義を建前として維持しているにしても，現実の政府はますます強化されている。このような法治主義の退化ないし空洞化に対し，法的・制度的にどう対処するかが，憲法に与えられた一つの現代的課題であることは，広く指摘されている[114]。女性行政ももちろんその例外ではない。

すなわち，政府による女性行政の過剰さを避けつつ，それが不足して女性に関する人権が侵害されることを避ける方法が見出せていないという意味で，従来の憲法学説による政府の統制には，限界がある。

こうした議論の隘路を打開する一つが，本章の冒頭に述べた，政府の責任と権限からの新たな考察ではないだろうか。

従来の「責任」の議論は，「ある責任を負うのはどのような条件の下であるのか，どのような条件が存在する場合にどのような責任が発生するのか，という問題の解明に腐心してきた。しかし，責任の『意味』についてはそれが問題として意識されることすらなかった」[115]という状況であった。

行政の責任に関しては，国家賠償に関する責任論についてはこれまでも，行政救済法，憲法，国際法のそれぞれの領域で議論されてきた。最近では，行政学の分野から，行政の透明性を確保する上での「説明責任」論が提起された。しかし，それぞれの責任を規定した法の「責任実践」や「責任保障」に関する議論は十分ではない。憲法においても，憲法14条，24条，44条等

---

(112) 伊藤・同上，548頁。
(113) 伊藤・同上，549頁。
(114) 伊藤・同上，549頁。
(115) 瀧川・前掲注(6)，3頁。

第 4 節　女性行政における責任と公共性

に抵触するような差別や人権侵害がある場合に，それを解消させて問題を解決する「責任実践」や「責任保障」については議論されてこなかった。いいかえれば，行政が課題に取組む積極的な責任については，議論されてこなかったということである[116]。そこで，瀧川教授は，「法的責任実践は法実践の主要な部分を占め」[117]，「問責とそれに対する理由応答を中心とする責任実践の存立を保障する機能を果たすものとして法を捉える視点」としての「責任保障としての法」[118]という視点を提示した。

　一方で，たとえ一般的に，政府には施策に取組む責任があるといっても，実際には取組むべき担当セクションを法律上明確にしてその所掌する事務の範囲を定め，その組織の権限を明示した上で，必要な人員と予算をつけて，はじめて施策を実施する責務を自覚するのである。すなわち，「国の行政権」は内閣に属し，「一体として」取組まれていると考えられている（国家行政組織法2条2項）が，実際には，「国の行政権」というだけでは機能せず，「省庁」，「局」の行政権となっている[119]。これは，日本の政府が省庁割拠制になっていることと，行政内部での合意形成のあり方，とくに閣議や事務次官会議のあり方に原因がある。たとえば，省庁設置法上いずれかの行政組織の所掌事務として規定された範囲の中で新しい課題が生じでも，他省庁は介入できないというのが霞ヶ関の「お作法」[120]といわれている。しかし，従来の憲法学からはこれについての分析がほとんどない。女性行政では，すでに見たように，新しく参入した総理府（当時）と従来これを所掌事務としていた労働省（当時）の権限争いが報道された[121]が，憲法学はこれに全く関心を示してこなかった。これらの弊害を克服しようと，先に述べたように，

---

(116)　「政治の答責性の回復」の必要性という観点から，行政権を考察するものとして，今関源成『「行政」概念の再検討』公法研究67号（2005年）160-171頁。
(117)　瀧川・前掲注(6)，167頁。
(118)　瀧川・前掲注(6)，170頁。
(119)　菅直人『大臣』（岩波書店，1998年）34-35頁。
(120)　江橋崇「男女共同参画社会基本法と男女平等推進条例」法学セミナー529号（1999年）8頁。
(121)　朝日新聞・前掲注(85)。

国では，行政制度の抜本的な改革が検討された。

　ただし，女性行政を「行政」とした時には，国の果たすべき役割と自治体の果たすべき役割とを明確にさせなければならない。自治体の行う女性行政には，現状では財源及び人材の不足という弱点があるものの，メリットとして，自治体の現場性，首長制によるリーダーシップ，総合行政体制，条例制定権の保有等がある。これらを活用することで自治体固有の女性行政に存在理由を見いだすことができる。自治体の「個性」に立脚した行政を展開することが可能であり，またそれが国全体の女性行政の実効性を高めることにつながるだろう。

　ところで，1995年に地方分権推進法が制定され，地方分権推進委員会は，2001年までに地方分権推進計画作成のための具体的指針である「勧告」を5回にわたり内閣総理大臣に提出した。こうした取組みは，自治体と国との間で，「上命下服」ではなく，「対等・協力」の関係の構築をめざしたものである。

　従来の憲法学では，憲法が定める行政には国と自治体と二つの行政がある，という指摘はされてこなかった。むしろ，社会を構成するアクター（自治体，独立行政委員会，ボランティア・市民グループ等）を，憲法65条での行政権を与えられた内閣及び政府の下にある実施機関，すなわち行政の担い手（手足）として取り込み，それを国の行政権の下部に位置づけることで，国の優越性を説明する傾向にある[122]。しかし，1996年12月6日の衆議院予算委員会で，内閣法制局長官が，憲法65条の行政権について，「地方公共団体に属する地方行政執行権を除いた意味における行政の主体は…内閣である」と述べた[123]。これは，憲法上，自治体と国とが対等な「行政主体」であり，

---

(122)　江橋崇「国民国家の基本理念」江橋崇ほか編『現代の法1巻　現代国家と法』（岩波書店，1997年）27頁。

(123)　大森政輔政府委員（内閣法制局長官：当時）は，「憲法65条の『行政権は，内閣に属する。』というその意味は，行政権は原則として内閣に属するんだ。逆に言いますと，地方公共団体に属する地方行政執行権を除いた意味における行政の主体は，最高行政機関としては内閣である，それが三権分立の一翼を担うんだという意味に解されております」と述べた。第139回国会衆議院予算委員会会議録第1号

第 4 節　女性行政における責任と公共性

憲法 65 条はそのなかの国の行政権のあり方に限って規定しているとの解釈を示したものであった。

また，国には解決モデルがなくて対処できず，現場で自治体が行わざるを得なくなった多くの課題に関して，その「公共性」を承認する認識が生じ[124]，国に一元化されない自治体独自の行政権についても指摘されるようになった[125]。

行政権には，いわゆる狭義の行政権と国家の存続に関わる重大事項（たとえば，軍事，外交等）の執行権の両方が含まれている。憲法 65 条論としてここで問題にされている行政は，この「狭義の行政」であり，先述の内閣法制局長官の発言は，狭義の行政は自治体が担い，そしてその残りの部分を国家が担うということを意味する地方自治の本質論を補完したものである。すなわち，行政の担い手として，国家主権を持たない「自治体」というアクターが承認された。主権を持たなくても行政ができ，いいかえれば，行政の事務を遂行するのには主権概念は直接的には必要ないことが確認されたことになる。これは，従来の憲法理論の構造的な変革を求めるものである。地方分権推進委員会は，男女協働の民主主義を基礎[126]に，「男女共同参画の実現なしに，分権型社会の創造は完成しない」[127]と指摘した。女性行政は，すでにこれまでに詳細に見てきたように，自治体によって，自治と人権を柱として自律的に展開されていたのであって，ここで検討された行政のあり方の地殻変動を実証する，一つの先行領域であり，一つのモデルであった。

行政権に関する憲法理論を，国家法人説にかえて「住民自治」から組み立てる立場として，政治学者松下圭一教授による「機構信託説」がある[128]。

　　　（平成 8 年 12 月 6 日）。
　(124)　手島孝・中川剛『憲法と行政権』〔中川剛〕（法律文化社，1992 年）201-202 頁。
　(125)　江橋・前掲注(122)，26 頁。
　(126)　地方分権推進委員会『中間報告』(1997 年)。
　(127)　地方分権推進委員会『最終報告』(2001 年)。
　(128)　松下教授の憲法学について，松下圭一『市民自治の憲法理論』（岩波書店，1975 年）。同『政策型思考と政治』（東大出版会，1991 年）。同『市民立憲への憲法思考』（生活社，2004 年）。

第2章　女性に関する人権保障・政治及び行政の責任と公共性

　松下教授は，1974年に，今日憲法学の真の争点は，市民運動がきりひらいた都市社会における自治をめぐって展開しているとみて，市民・自治体・国をめぐる憲法構造に関する理論構成の必要性を主張した(129)。行政の目的を「シビル・ミニマム」，「ナショナル・ミニマム」，「インターナショナル・ミニマム」の実現とする松下教授の議論では，国の作用から行政権を規定し，その残った部分を地方に分け与えるという従来の概念規定の方法ではなく，まず自治体を市民の信託を受けた行政権の主体として設定し，その残りの行政作用を国が担うとする概念を構築した。したがって，憲法は，法体系を国家によって独占された公共的領域を規律する公法と市民社会の法である私法とに分ける公私二分論を前提とした「国家統治の基本法」ではなく，「市民自治の基本法」となる(130)。

　このような松下教授の理論は，住民の要請に対応し，発展してきた女性行政を行政権の中に的確に内包できること，女性に関する人権保障と差別の撤廃をめざして努力してきた国際社会，国，自治体，市民運動の関係が明確になること，憲法を「市民自治の憲法」とすることで市民への適用を可能にする等の点で，女性行政の説明原理として優れている。松下教授の理論によれば，市民の要請に応える形で誕生した女性行政は，憲法14条を実現するための行政として，国のレベルでは憲法65条の行政権の範囲内に含まれるとともに，自治体のレベルでも固有の事務として展開されると理解されることになり，きわめて注目される。

　ただし，松下理論の弱点であるが，女性行政が，行政の課題として明確に位置づけられている自治体と，不十分な自治体があったり，自治体の課題として認識されていても，都道府県，市町村によって事業内容にばらつきがあったりしたときに，遅れた自治体を改革することが困難になる。こういう

---

(129)　松下圭一「戦後憲法学の理論構成」東京大学社会科学研究所戦後改革研究会編『戦後改革3　政治過程』（東京大学出版会，1974年）48頁。

(130)　このような松下教授の理論は，従来の憲法学では受け入れがたい説であったためか，ほとんど黙殺されている。実際，これまで機構信託説に反応した憲法学者は少なく，ようやく石川教授からの積極的な評価があった。石川健治「執政・市民・自治」法律時報69巻6号（1997年）23-25頁。

第4節　女性行政における責任と公共性

遅れが生じるには，女性行政に対する財源の保障がないことや縦割り行政の弊害等が理由に挙げられる[131]。

この点については，各地域における市民自治の高まりを待つ以外に解決策はない。自治体には，女性行政への取組みにおのずと差異がある。これを上から平準化する手法を否定する以上，期待されるのは，市民自らの意思の表明であり，行動である[132]。別の視角からいえば，松下理論は，全国的な市民自治の自覚の高まりとその大きなうねりを前提にして，それのさらなる発展を期待して構築された理論なのである。これまでに見てきた全国各地での女性運動の高まりとそれに応じた先進的な方向性の女性行政は，こうした松下理論の期待が実現性を持っていたことを説明しているように見える[133]。

こうした女性行政の姿を，本章の冒頭で取り上げた瀧川教授の議論を参考に整理してみると，次のようになるだろう。

第一に，国にも自治体にも，女性に関する人権を保護し，差別を撤廃する積極的な責務（duty）があり，そこからはまず，立法府の立法責任が生じる。市民の代表であり，社会問題に精通している国会議員ないし地方議会議員が，その責務を担っていることになる。

第二に，行政府にも，立法府が法律や条例の制定によって示した課題に対応して，施策を展開する責務が生じる。市民の要求が直接に行政の担当者に届くこともあるが，いずれにせよ，政府はできる限りそれを施策化することが必要である。

そして，政府の中で，具体的にどの部局が責務を実行するのは，法律の定めるところであり，具体的には立法化及び施策化に際しての調整の課題でもある。

また，自治体行政内部に女性行政を根づかせるためには，自治体の全部局をまきこんで，共通の理念に基づいて政策を推進させていくことのできる調整機能を，いかに強力なものにするかにかかっている[134]といわれている。

---

(131)　グループみこし・前掲注(18)，33－37頁。
(132)　後進自治体においては，市民自治ではなく，むしろ，上から平準化する手法が必要であるという立場として，寺田・前掲注（2），529，531頁の注11。
(133)　松下・前掲注(128)『政策型思考と政治』，34頁。

第3節で検討したように、これは自治体固有の責任の実行であり、市民自治の課題であるといえよう。

第2項　市民社会との公共性の分有

自治体では、先に述べたように、制度上は強力な男女共同参画の推進体制を持ちながらも、依然として縦割り行政の弊害が存在することが多い。このような弊害を克服し、「男女共同参画社会の実現」からもう一歩すすんだ男女平等社会の実現をめざすためには、これもやはり、効率的かつ効果的に施策を実施する(135)責任と権限という観点から、位置づけ直すことが求められているといえるだろう。

かつて、行政権は、先に述べたように、国の規制権限による市民の自由や権利に対する侵害行為を中心に、行政権の肥大化を危惧する立場から論じられる傾向にあった。しかし、女性行政は、性差別や人権侵害の現場に一番近い政府である自治体が中心となり、市民・NGOとパートナーシップを組みながら施策を推進するという手法を獲得した。また、女性行政に見てとれる「行政」とは、市民自治や女性運動の高まりから生じた非権力的手法を用いた地域社会における職務の遂行であり、国、自治体、市民社会における分節的な「公共性」の実現である。国際的には「国際公益」の実現であるといえるだろう。

「公共性」に関する議論は、20世紀末から急激に活発になった(136)。その議論の幅は広く、「公共性」という概念そのものも、論者によって意味する

---

(134)　グループみこし・前掲注(18)、39頁。

(135)　北京会議行動綱領第IV章H女性の地位向上のための制度的な仕組み、パラグラフ 196-207 等。

(136)　山口定教授が行った国立情報学研究所が提供するデータベース「雑誌記事索引」の分析によると、データベースが発足した1975年から2002年10月末日までの27年間に、「公共性」を表題並びに書誌記事中に含む日本の人文・社会系の論文は、年平均約40件公表され、とくに1999年には115件、2000年には141件、2001年には155件と激増した。山口定「新しい公共性を求めて―状況・理念・規準」山口定ほか編『新しい公共性』（有斐閣、2003年）1-2頁。

第 4 節　女性行政における責任と公共性

ところが異なる。その議論の系譜を，次のように 4 つに分類するものがある(137)。第一に，「市民社会」論もしくは「新しい市民社会」論との密接な関連をもった「市民的公共性」の概念を押し出す立場である。第二に，グローバリゼーションの積極面を背景として唱えられる「世界市民社会」論的な論調によって「公共性」概念をクローズアップさせようとする立場である。第三に，脱物質主義的な「ポスト・モーダン時代」の到来という認識を基軸に据えた「公共性」概念である。第四に，ネオ・ナショナリズムの立場に依拠して「国家」の復権を唱え，「失われた国家的公共性の回復」を声高に主張する立場である。

　ここで扱うのは，国家によって「独占されてきた」公共性を市民及び市民社会が分有する，というテーマであるので，第一の分類に近いように思われる。このような，国家権力と公共性についての議論は，1970 年代から本格的に始まった。この時期の議論として，松下教授の理論の中心である「公共性の分有」論が注目される。公共性の分有とは，「公共性」を国家主権の名のもとで国家が独占するのではなく，市民（市民活動・NGO），団体・企業，自治体，国，国際社会が分有するという理論である。

　憲法学での「公共性」の議論はこのような行政法学者の議論(138)に比べ，立ち遅れていた(139)。最近注目されるのは，石川健治教授，宮下紘教授，松本和彦教授，江橋崇教授等による問題提起である。石川教授は，主権国家が公共性を独占していた時には，反面として，あらゆる個人やあらゆる団体は，個別利害にのみ執着する利己主義的な存在として，固有の公共性を剥奪され，私益は国家の公共性の回路をくぐることなしには公益にはなれない理屈になっていた(140)ととらえた。他方，現在は，国際社会で「公共体」が「多元

---

(137)　山口ほか・同上，ⅱ-ⅲ頁。

(138)　代表的なものとして，室井力ほか編『現代国家の公共性分析』（日本評論社，1990 年），神長勲ほか編『公共性の法構造　室井力先生古稀論文集』（勁草書房，2004 年）。

(139)　森教授はこの点に関して「戦後憲法論が『守りの憲法学』であったこと」が一つの原因ではないかと指摘した。森英樹「憲法学と公共性論」室井ほか編・同上，317 頁。

(140)　石川健治「承認と自己拘束」江橋ほか編・前掲注(122)，42 頁。

的重層的」に存在することと同様に，国家が唯一の公共体ではなく，市民的な公共圏が多元的重層的に形成されている社会として，国内社会を描くことができると分析し，その際に，まずクローズアップされてくるのは自治体であって，国家行政の下部組織ではない自治体として，その領域的・事項的なオートノミーの強化と自治体固有の法学的構成が追求されてきたことを指摘した[141]。

石川教授はまた，国家の解体は同時に，それまで国家が引き受けてきたすべての負荷の解放を意味することから，「自ずと国家以外の主体，すなわち，個人，コミュニティー，自治体，企業，大学その他の国内の各種組織，さらには国際組織が，自律した公共圏として日常的に負わなければならなくなる」[142]と，公共性の分有と自己責任の必然性を指摘した。

宮下教授は，公教育，医療，福祉，司法といった公共サービスの外部委託，民営化にともなう「公と私のパートナーシップ」は，「複雑な『公』と『民』の関係を描き出し，『公』は『官』を指し，『私』は『民』を指す，という単純な区分はもはや通用しなくなってしまった」[143]と述べた。

松本教授は，公共性を，公共の福祉論との間に一定の関連性がみられるとし，さらには公共性論から公共圏論へ移行して，議論を深める必要性を指摘した[144]。

江橋教授は，第二次大戦後の憲法をめぐる論議は，「保守対革新」，「中央政府対自治体」，「官僚対市民」の3つの綱引きの中に終始したが，1970年代以降30年間かけて公共性は分有され，市民が主役になる国民主権が実現しつつあるとした[145]。

このような国家観の変化は，従来の憲法学説の転換を示唆するものである。人権に関する行政需要への対応を，法治主義の枠組みにとらわれ，「権利を侵害しなければよい」という対応では解決にならず，「行政の手が加わらな

---

(141) 石川・同上，54頁。
(142) 石川・同上，55頁。
(143) 宮下紘「民営化時代における憲法の射程」一橋法学3巻3号（2004年）507頁。
(144) 松本和彦「公共の福祉の概念」公法研究67号（2005年）142-145頁。
(145) 江橋崇『市民主権からの憲法理論』（生活社，2005年）8-40頁。

第4節　女性行政における責任と公共性

ければ，権利は単なるプログラムに終わる」と主張している説もある[146]。石川教授は，これを，「言い換えれば，憲法（人権条項を中心とする）の射程距離の変化でもある。本来国家による（秩序維持のための）限定的な作為を関心事としてきた人権論も，もっと大幅な（しかし容認され，かつ要請される）国家介入に対処すべく，その構えを改めなくてはならなくなる。また，積極国家のもとで，一般的・抽象的レヴェルにおいてではあっても作為義務が発生するとすれば，例えば私人間の相互作用が事実上大幅に不均衡な関係において行われている場合には，これに対する国家の不作為も，憲法論（とくに自由権論）の関心対象である国家行為に等しいということになる可能性がある」[147]と説明した。そして，「積極国家には，その公法＝公共的法＝公共政策による実現が少なくとも抽象的には義務付けられている，と言えるだろう」[148]と指摘した。こうした石川教授の議論は，従来の控除説，積極説に基づく国家観及び行政権概念を脱却し，新しい国家の義務（責任）についての考察といえよう。

さて，このような「公共性の分有」の議論の視座について，女性行政について立ち戻って検討してみる。現代では，女性行政や環境行政に代表されるように，行政は幅広い分野で市民，NGOと協働している。行政と市民の両者が併存・共存する，あるいは協力するということはどのような意味を持つのか。NGOには権力がないため，このような現象は，以前「国民の権利義務に関する行政には権力が必要」としてきた公法学における行政の原則とは対立するものである。また，国家が行政を推進するにあたり，自治体やNGOと情報提供を受けながらすすめていくということは，専門性・技術性における「行政の優位」の立場も脅かされているということでもある。

これまでの考察の中で，学説が共通して主張してきたことは，今日では公共性は分有されている，ということである。また，従来の行政権の範囲と考えられていなかった領域でも，行政が対応義務（責務）を負っている場合も

---

(146)　手島孝・中川剛『憲法と行政権』〔手島孝〕（法律文化社，1992年）121頁。
(147)　石川健治「自分のことは自分で決める―国家・社会・個人―」樋口陽一編『ホーンブック憲法』（北樹出版，1993年）163-164頁。
(148)　石川・同上，163頁。

第2章 女性に関する人権保障・政治及び行政の責任と公共性

注目されている。こういった分野では，権力を持たない NGO も，国家も，自治体も，市民向けの「サービス」を提供している(149)。

具体的には，男女共同参画社会基本法によって，国や自治体とともに，事業主（企業や団体）は，男女共同参画社会形成に寄与することが求められている（10条）。さらに，雇用機会均等法では，事業主に対し，女性労働者が性別によって差別されることなく，かつ，母性が尊重されつつ（2条1項），女性労働者の職業生活の充実を図るよう（同条2項）努めることを求めている。そして，募集，採用，配置，昇進，教育訓練，福利厚生，定年，退職，解雇について男女で差別的な取扱いを禁止し，セクシュアル・ハラスメントに対して雇用管理上の配慮を義務づけている。したがって，法律上も公共性が分有されることが予定されているといえるだろう。

男女共同参画社会基本法案が議論された際には，行政（国）が人権侵害や性差別事例に対応する機関を設置することの是非が議論となり，政府の見解としては，私人間で発生する事例に行政が介入しないという従来の主張によって，こうした機関の設置は消極的に解された。しかし，これまでの自治体女性行政が自らの責務として実行してきた調整やあっせん等の非権力的手法によって，私人間の紛争にある程度対応し，解決に導くことは可能であり，実際に女性運動からはこうした機関の設置が積極的に求められた。調整やあっせんの手法による問題解決の成功例は，労働行政でも見ることができる。つまり，行政の本質は「権力性」のみにあるのではなく，それに代わる説得と合意による「非権力的な行政」も公共性を実現するものとして，あり得るのである。

一方，このような非権力的手法を用いることについては，いうまでもなく，行使の方法が過度にならぬよう十分注意が必要である。しかし，ここでは，非権力的手法の行使を当然に否定するのではなく，行政の積極的な施策実施の責務という観点から捉え直し，活用する方法を模索することが必要なのである。ただし，女性行政の内容として考えられていることは，そのすべてを

---

(149) 市民社会における NGO の役割の重要性に注目した憲法学の構築が必要であると主張するものとして，君島東彦「NGO の憲法学―予備的考察」浦田賢治編『立憲主義・民主主義・平和主義』（三省堂，2001年）241-258頁。

第4節　女性行政における責任と公共性

行政だけで実行すればよいということではない。人権概念はもともと国家からの自由を希求したことを鑑みれば，行政がすべてを担うことは本末転倒である。性差別解消や女性の人権確保の実現も同様である。したがって，市民が自ら，その自己決定権を希求しながら，当事者主体で解決に向けて問題に取組むこと，また，市民社会が自らできるものはする，行政が扱うべき分野を行政が行うというように，区別して考えることが適切であろう。さらに，行政の扱うべき事項のなかでも，国が担う部分，自治体が担う部分，国際社会が担う部分があり，それらを峻別する必要がある。女性行政の領域でも，このような方向は，国や自治体の女性行政の方針に，ほぼ「NGOとの連携」が明記されていることからも明らかである。

このようにNGOとGO（政府機関等）の協力，つまり両者の対等なパートナーシップの誕生には，行政だけでは問題の根本的な解決が不可能であるとする認識が背景にある。これには，行政自らも気がついており，したがって行政計画のなかには女性行政創始期から必ずこのような趣旨の文言が入っていた。このような行政機関とNGOとの協働作業についても「行政」として位置づけるならば，「自治」，「公共性の分有」に加えて，「責務」という新しい考え方からのアプローチが必要になるのである。

ところで，女性行政には，行政事務上，国と自治体の分担の区別となる指標が十分ではない。その理由は次の２つを挙げることができるだろう。一つは，国は，自治体が国より先行する施策を展開することを好まない傾向である。人権に関する行政は，今日では，以前のような機関委任事務とは考えられていない[150]にもかかわらず，国からの反発を避けるため，自治体は国の意向に「配慮」する結果，女性行政に地域性が反映されず，国と同様の内容を実施しているのである。

もう一つは，女性行政推進役である審議会委員が，国と自治体において人的に重複していることである。そのような委員には，国と自治体の権限配分についての考えが不十分な場合もあり，各審議会における主張も重なり，それが行政の施策に反映されるため，結局類似した内容になってしまうのであ

---

(150)　江橋崇「人権行政と日本の人権状況」法学セミナー523号（1998年）42-47頁。

る。

　人権問題は第一義的に問題が発生した地域のなかで解決されなければならないので，まず市民に一番身近な市町村の責任を明確にし，都道府県，国，市民社会の各々の責任を明確にしなければならない。それによって，自治体行政としての位置づけも明確になるだろう。いずれにせよ，女性行政においては，地域の女性たちを信頼して，地域の個性ある施策の立案，実施に期待すべきなのである。

小　　括

　日本国憲法では，「生命，自由及び幸福追求に対する国民の権利については，…立法その他の国政の上で，最大の尊重を必要とする」(13条) とされていながら，憲法学上は先に述べたように，法治主義を厳格に解すると，法律によって実施が求められなければ，施策は実施されない（されなくてもよい）ことになる。

　この論理によれば，国の場合は，政府に行政の課題を解決する積極的な義務がないものとされ，課題を実現する責務の存在が否定される結果となる。自治体の場合は，国の場合と異なり，「地方自治の本旨」や首長制によって首長の提案による条例制定が容易であるにもかかわらず，法律による義務づけがなければ条例制定も，「事務」の執行も求められていないとされてきた。

　その結果，これまで憲法学の問題として議論されたのは，概ね，法律や条例の解釈を扱ったものであり，行政施策の検討や提案に及ぶものは少なかった。従来の憲法学では，司法で救済が困難な人権の課題については，第1章で述べたように，取組むのも取組まないのも立法府や行政府の判断にまかされる，という自由裁量として議論し，政治・行政の課題として積極的に施策を実施する責務にはあまり触れられてこなかった。

　そこで本章では，第1章で扱った女性に関する人権保障の議論が，国の国会，政府，自治体の議会，政府における政治・行政責任とどのように結びついて，「立法その他の国政の上で」の「最大の尊重」が実現してきたのかについて，詳細に検討した。従来の憲法学では，人権論に関して，政府の実施

小　括

義務（責務）にふれて検討する例は多くはなかったが，第１章でも述べたように，最近はドイツの憲法理論を参考に，これを肯定する有力な学説が主張されるようになっている。

　戸波江二教授は，ドイツの基本権保護義務論は，次の４つの理由によって優れた理論であると説明した。すなわち，第一に，基本権保護という積極的な任務を国家に課すことによって基本権保障を強化していること，第二に，国家の基本権尊重義務を具体的に展開していること，第三に，裁判所や立法府に基本権保護のための積極的措置を要求していること，第四に，現代の人権問題を適切に分析・解明する理論たりうることである[151]。さらに戸波教授は，日本へ導入する際には，ドイツよりも広く，「社会のさまざまの分野で人権侵害を受け，人権の欠如に苦しみ，その救済を求めている人たちに対して，国家が積極的に保護のための措置をとる義務」[152]と構成することが妥当である，と主張した。

　西原博史教授は，ドイツ基本法に「国家は，男女の同権が事実の上でも貫徹することを支援し，現存する不利益の除去に向けて働く」（３条２項２文）との規定が1994年に置かれたことによって，男女の間における事実上の機会の平等に向けた国家の支援措置が，憲法任務であることが表現されたと指摘した[153]。また，同じくドイツの基本権保護義務論を提唱する小山剛教授は，基本権保護義務は，国家の保護的活動についてその目標ないし結果を与えるのみであり[154]，基本権と法律との親和性を強調して，基本権をどう実現するかは法律による具体化に委ねられており，基本権はその際の指針として作用するとした[155]。つまり，基本権を達成する手段は国家機関に委ねられ，立法者により具体化されるということである。辻村みよ子教授は，私的領域で起きた問題の解決に国家が介入することに消極的な立場をとるが，私

---

(151)　戸波江二「人権論の現代的課題と保護義務論」樋口ほか編・前掲注（２），722頁。
(152)　戸波・同上，723頁。
(153)　西原博史『平等取扱の権利』（成文堂，2003年）277-278頁。
(154)　小山剛『基本権の内容形成』（尚学社，2004年）123-124頁。
(155)　小山剛「基本権の内容形成」樋口ほか編集代表・前掲注（２），153-154頁。

第2章　女性に関する人権保障・政治及び行政の責任と公共性

人によって身体の自由や人格権を侵害された場合の法的救済をどのように国家や司法に委ねるかという問題は，一般的な人権論の課題として，ドイツの基本権保護義務論等も参考にしつつ検討するべきであるとの見解を示した[156]。本章のアプローチは，憲法学のこの新しい分析の視角に組みするものである。

この観点からまず注目されるのは，国会による立法責任の行使であるので，女性差別撤廃に関する立法の変遷について検討した。こうした立法は主として内閣からの提案がもとになっているが，最近は，議員立法の手法も成果として結実しているので，それも検討した。

また，従来の憲法学では，先に述べたように，もともと政府による人権の実現についてほとんど論じてこなかった。また，（国ではなく）自治体が人権について独自の施策を展開することは，視野の外に置かれてきた。たしかに，人権に関する行政は，国で言えば主として法務省人権擁護局の所掌事務であり，旧自治省（現総務省）が主管する地方自治においては，人権に関する事務はほとんど含まれていなかった。地方自治法にも，人権に関する事務はほとんど扱われていない。しかし，女性行政の歴史的な検討にあっては，先に述べたように，自治体の果たした先進的な役割が不可欠であるので，ここで検討を加えた。

加えて，従来の行政権に関する概念について，女性行政のアプローチから再検討することで，国，自治体，市民社会で公共性が分有されていることを明らかにした。

以上の分析，検討によって，日本国憲法の女性差別撤廃の理念がどのように，国，自治体を通じて憲法構造化されているのかが明確になった。さらに，国並びに自治体において展開されてきた女性行政を「人権」と「自治」を基軸に考察することで，憲法学で保障されるべきとされた人権が，行政の「責務責任」として実行されてきたことを明らかにした。

---

(156)　辻村みよ子「ジェンダーと人権」法学69巻5号（2005年）213-214頁。他方では，「基本権保護義務論が，憲法学者の政治的発言力を増す理論枠組みであることは疑いがな」く，国家による人権保護を論じることが「憲法学の学としての清廉さに関する後ろめたさ」であるとの批判もある。西原・前掲注(3)，84頁。

第3章　女性に関する人権侵害の救済

　第2章では，国と自治体を通じた女性行政の実態を調査・分析すること，憲法14条が政府に課している制度改革や施策実行の責務の意味を明らかにしてきた。そこでは，日本社会に残る性差別的な制度，慣習，思想に対し，全体的にどう働きかけて改善するのかが問題となった。しかし，女性と憲法の構造を問題にするときには，もう一つ別の問題群がある。なんらかの事情があって，ある個人が人権侵害や差別によって苦しんでいるときに，その女性が抱える深刻な問題に対して，政治は，あるいは社会はどのように対応するのであろうか。仮にこれを人権救済と呼ぶとすると，国や自治体は，これにどのように取組むのであろうか。憲法は国や自治体に対して，何をもとめているのであろうか。

　女性に関する人権侵害の事例は，人権侵害が生じた場所，すなわち職域，学校，家庭，地域に沈潜してしまいがちである。それを明らかにして，解決を図り，そこから見えてくる構造的な欠陥を指摘し，その是正を行うということを具体的に実現するには，多くの困難がある。従来の憲法学では，こうした問題点を十分に考えてこなかった。

　実際には，結婚退職制等一部の例外はあるものの，裁判所は人権救済に消極的であったので，その裏返しとして，首都圏や関西の自治体を中心に，さまざまな alternative dispute resolution（ADR）が試行錯誤を繰り返しながら発展してきた。女性運動等からは，裁判よりも，行政による取組みが強く求められるようになった。しかし，第2章で述べたように，事態はそれほど簡単ではない。そこで，突然に非司法的救済機関であるオンブズパーソン制度等への過剰な評価がなされることがある。

　本章では，したがって，個別の人権救済がどのように考えられているのかについて，検討することが必要であろう。そこで，まずは，司法の役割を抜本的に改めようとした佐藤幸治教授の司法権論を中心に検討する。ついで，

第3章　女性に関する人権侵害の救済

日本における ADR である人権救済機関，とくに自治体男女平等オンブズパーソン制度の実態を詳細に解明して，実際の憲法構造を明らかにすること，並びにそれが当事者の救済，とくに，本人の自己決定権を尊重した相談，苦情処理による救済になりうるための問題点を検討したい。

第1節　日本における女性に関する人権救済

第1項　司法的救済

トラブルが発生すれば，法（普遍的なルール）によって，解決が図られる。これは，近代法の特質である「法の支配」である。法の適用場面は，裁判である。したがって，アメリカやイギリス等の判例法主義の国では，権利が侵害された場合は，裁判を通じての権利回復をめざし，判例によって確定された権利が判例法となり，さらに成文化も進み，普遍的な「人権」として確立されていった。一方，フランスでは，人々は革命によってさまざまな差異や属性を捨象した「市民」として統合され，国民主権により定めた市民憲法を制定して，その中で一挙に「人権」が確立すると考えられていた。

1　憲法学における司法権の解釈

大日本帝国憲法以来の日本においては，ドイツ法やフランス法の影響が強く，裁判の主な機能は権利義務の法的な確認・確定であって，確認された権利をどう救済し，実現するかは，別のことと考えられがちであった。そこで，まずは，伝統的な司法権や裁判についての解釈についてみておきたい。

最高裁判所事務総局によって，「裁判」と「法律上の争訟」については，定義づけが加えられている[1]。裁判所法3条の解釈として示されているものであり，「裁判」とは，権利主体のあいだで具体的な法律効果の存否に関する争がある場合において，法規の定める法律要件を構成する法律事実に該

（1）　最高裁判所事務総局総務局編『裁判所法逐条解説(上)』（法曹会，1967年）21-23頁。

第 1 節　日本における女性に関する人権救済

当する具体的事実に、法規を適用し、その法規の定めている法律効果の具体的存否を判断、確定することにより、争を解決する作用」となる。「法律上の争訟」とは、「当事者間の具体的な権利義務または法律関係の存否（刑罰権の存否をふくむ）に関する紛争であって、法律の適用により終局的に解決しうべきものをいう」とされた。

　また、伝統的な憲法学説では、司法権は次のように定義されている。定義であるので、標準的な憲法解釈書による解釈を整理すると、次の4つのようになる。

　(1)「司法権は、一般に、具体的な争訟について、法を適用し、宣言することによって、これを裁定し、解決する国家の作用」[2]である。(2)「司法権は、法律上の争訟を裁判する国家作用をいう」[3]。(3)司法権は、「適法な提訴を待って、法律の解釈・適用に関する争いを、適正な手続の下に、終局的に裁定する作用」[4]である。(4)「司法とは、具体的な紛争に法を適用してこれを公権的に裁定する国家の作用である。社会生活上生起する個別具体的な紛争を公権的に裁定し、もって社会秩序の維持を図ることを目的とする国家作用は、一般的に裁判と呼ばれるが、この裁判を、あらかじめ定立された客観的基準＝法に基づいて行なうべきものとするところに、司法という観念が成立する。」[5]。

　日本国憲法は、「司法」と「裁判」を同一の概念、または互換的に使用することも多いとされる[6]が、司法は、裁判よりも包括的、普遍的な概念であるように思われる[7]。こうした公権解釈や憲法学の標準的な解釈によると、司法権とは、裁判によって争いごとに法を適用し、それを裁定する国家

（2）　清宮四郎『憲法Ⅰ〔第3版〕』（有斐閣、1979年）335頁。
（3）　宮沢俊義・芦部信喜補訂『全訂日本国憲法』（日本評論社、1978年）592頁。
（4）　高橋和之『立憲主義と日本国憲法』（有斐閣、2005年）339頁。同「司法制度の憲法的枠組み」公法研究63号（2001年）10頁も参照。
（5）　樋口陽一ほか『注釈日本国憲法〔下巻〕』〔浦部法穂〕（青林書院、1988年）1117頁。同『憲法Ⅳ』〔浦部法穂〕（青林書院、2004年）3頁。
（6）　佐藤幸治『現代国家と司法権』（有斐閣、1988年）31頁。
（7）　佐藤幸治「現代における司法権の観念と機能について」公法研究46号（1983年）25頁。佐藤（幸）・同上、31頁。

第3章 女性に関する人権侵害の救済

の作用，ということになる。ここで「司法」と「裁判」の関係について詳論する余裕はないが，いずれにせよ，被害者の救済や問題の解決といった視点は見当たらず，「人権救済」という考え方が不十分であるように感じられる[8]。

これに対し，アメリカでは，実体法，手続法とならんで「救済法」という独自の法領域がある。司法的救済は，権利をもつ者に対して，具体的事案に応じてどのような救済手段を与えるのが適切かという裁判所の判断作用にかかわるものであり，通常，損害賠償的救済，原状回復的救済，強制的救済，宣告的救済の4つのいずれかに属するとされる[9]。裁判とは，権利の救済・具体的実現をはかることにおかれ，似たような裁判が積み重ねられて判定法となり，権利の生成発展にも独自の役割を果たす[10]。

このことに注目して，従来の憲法理論の欠陥を正して，憲法上の司法権の解釈に救済の視点がないという批判を展開している憲法学者は，佐藤幸治教授，井上典之教授[11]，遠藤比呂通教授[12]などである[13]。このうち佐藤教授の主張を整理すると，次のようになる[14]。

第一に，日本の司法権は英米流のものとされながら，戦前からの大陸法的な発想の影響が存在する。第二に，「救済」の問題は，英米法と大陸法の二大潮流の間にあって取り残されてきた領域である。第三に，憲法は，裁判所に対し，憲法の保障する基本的人権の保障，実現に格別の責務を負わせてい

---

(8) 行政訴訟との関連において，司法権についての解釈が十分に存在しなかったと指摘するものとして，南野森「司法権の概念」安西文雄ほか『憲法学の現代的論点』(有斐閣，2006年) 193-197頁。
(9) 佐藤(幸)・前掲注(6)，141頁。
(10) 佐藤幸治『憲法〔第3版〕』(青林書院，1995年) 299頁。
(11) 井上典之『司法的人権救済論』(信山社，1992年)。
(12) 遠藤比呂通「憲法的救済法への試み(1)〜(4)」国家学会雑誌101巻11・12号 (1988年) 1-45頁，同102巻7・8号 (1989年) 35-113頁，同103巻5・6号 (1990年) 1-30頁，同105巻1・2号 (1992年) 62-89頁。
(13) その他，阪本昌成・村上武則編『人権の司法的救済』(有信堂，1990年)。青井未帆「憲法上の権利の司法的救済」本郷法政紀要7号 (1998年) 33-65頁。
(14) 佐藤(幸)・前掲注(6)，119, 128, 263, 277-278頁。

るのではないか。第四に、裁判では実体的権利義務の存否を確定することが重要だが、それを前提にして、しかるべき救済手段を用いて争訟の適正な解決をはかる作用も当然に、裁判所に与えられている「裁判権」、つまり「司法権」の内容に含まれると理解しなければならない。

佐藤教授は、さらに、司法権について、日本の上記のような通説的理解では不十分で、「権利」とは、裁判所に対して、その保護・救済を求め、法的強制措置の発動を請求しうる具体的権利であり[15]、司法権には権利の救済のために何をなしうるか、あるいは何をなすべきかについてより積極的に取り組むべき課題を内包していると考えるべきであると主張した[16]。このように佐藤教授は、司法の役割は、単に当事者間の紛争に法を適用するだけではなく、権利を侵害された者を救済するところまで役割を拡げるべきであることを強調した[17]。

この考え方は、とくに、現代型の訴訟において重要となる。そこで、佐藤教授は、シェイズ教授の議論から、訴訟の形態を分析した[18]。シェイズ教授は、裁判は私的当事者間の私的な権利をめぐる争いについて法的な解決を与える手段である、と理解する伝統的訴訟観[19]は今日もはや妥当性を失っており、それに代わって、一部で有力に提唱されている「公共的訴訟モデル」によるべきと主張した[20]。公共的訴訟モデルは、次の8つの特徴をも

---

(15) 佐藤(幸)・前掲注(10)、394 頁。
(16) 佐藤(幸)・前掲注(6)、128-129 頁。
(17) 佐藤(幸)・前掲注(10)、299 頁。
(18) 佐藤幸治『憲法訴訟と司法権』(日本評論社、1984年) 239-241 頁。
(19) この「伝統的私的訴訟モデル」と呼ばれる訴訟観によれば、訴訟の特徴は、次のとおりである。第一に、訴訟は二極的であり、勝者がすべてとるという前提で判決される。第二に、訴訟は過去志向的であり、ある出来事が生じたのかどうか、生じたのだとすれば当事者の法的関係にどのような結果が生ずるか、が問題とされる。第三に、権利 (right) と救済 (remedy) とは相互依存的であり、救済は被告の実体的侵害行為より論理的に導き出される。第四に、訴訟は一つの自己完結的なエピソードであって、判決のインパクトは当事者に限定される。第五に、訴訟過程は当事者主導的であり、当事者支配的であって、裁判官は相互的なやりとりについての中立的審判者である、というものである。佐藤(幸)・同上。
(20) シェイズ、エイブラム(柿島美子訳)「公共的訴訟における裁判官の役割」ア

つ。第一に，訴訟の範囲は外因的に定まるものではなく，主として裁判所と当事者によって形成されるもので，そのことはフォーマルな訴答の自由化に示されている。第二に，当事者構造は厳格に左右相称的ではなく，不規則に拡大し無定型的であり，そのことは当事者の併合ルールの緩和に示されている。第三に，事実審理は歴史的・裁判的ではなく，将来志向的・立法的である。第四に，救済は，実体上の責任から論理的に引き出された形での，過去の権利侵害に対する補償とはみなされず，そのインパクトにおいて直接の当事者には限定されない。救済は，将来志向的であり，柔軟な方針にそってアド・ホックに形成され，訴訟に加わっていない多くの人々にもしばしば重要な結果をもたらす。第五に，救済は一方的に申し渡されるというよりも，協議によって取り決められる。第六に，判決によって司法的関与は終結することなく，その実施のため引き続き裁判所の関与が要請される。第七に，裁判官は中立的な審判者としての受動的な存在ではなく，救済の協議に積極的に参加する。第八に，訴訟の対象は私的個人間の紛争ではなく，公共政策のあり方に関する苦情である。

　佐藤教授は，こうした「公共的訴訟モデル」による裁判所の役割を評価した。加えて，伝統的な訴訟モデルでは司法的救済を得るのが困難であった客観訴訟について，消極国家観を背景とする近代立憲主義から，積極国家観にたつ現代立憲主義への移行によって行政が拡大し，「法律による行政の原則」からさまざまな法律が生み出され，それらの法律が造りだす，またはそれら法律を根拠に構成されるさまざまな権利や利益をもとに，裁判所に訴えて争う道が開かれた点も見落としてはならないとした[21]。

　日本の裁判所では，こうした「公共的訴訟」が認められる余地が少ない。この点について，佐藤教授は，本来の司法権の意義からすれば，「その事件の当事者の権利の救済を課題とするものであるから，当事者に有利な新しい考え方を裁判所がもった場合，その考え方をその事件にあてはめて当事者の権利の救済を図るのが筋かと思われる」[22]と，原告適格や事件・争訟性を広

　　メリカ法1978-1号（1978年）1-5，28-29頁。
(21)　佐藤幸治「司法権の観念と現代国家」法学教室37号（1983年）14-15頁。
(22)　佐藤（幸）・前掲注(7)，54頁。

第 1 節　日本における女性に関する人権救済

くとらえ，救済の手法として将来効判決が用いられてしかるべきであるとの考えを示した。

　佐藤教授はまた，「人権」について，「背景的権利」，「法的権利」，「具体的権利」に大別して，「救済」と「人権」の関連性を説明した。すなわち，背景的権利としての人権は，それぞれの時代の人間存在にかかわる要請に応じて種々主張されるもので，法的権利としての人権を生み出す母体として機能し，実際，それが明確で特定化しうる内実をもつまでに成熟し，かつ，とりわけ憲法の基本権体系と調和する形での特定の条項に定礎せしめることができるとき法的権利に取り込まれ，さらに法的権利は，裁判所に対してその保護・救済を求め，法的強制措置の発動を請求しうるような形で存在するとき具体的権利となる[23]。しかし，その逆方向，権利としてであれ利益としてであれ，具体的な事件・争訟の解決を迫られる裁判所がともかくその件に関して法的に保護しなければならないと判断し，そこで与えられた保護・救済を契機に具体的権利が形成され，さらには法的権利の形成を促し，そしてさらには広汎にして理念的な背景的権利の主張を触発するという方向もある[24]。これは，それまで裁判所で争うことが困難だという場合に，憲法を根拠にしてさまざまな権利が主張され，また，そういう権利を根拠にしてまた裁判所で争うということも見られるようになった[25]，という公共的訴訟モデルの考え方と一致するだろう。こうした権利と救済の関係が双方向性をもって機能すれば，司法的救済は適切に実行されるであろう。

　しかし，裁判による救済や解決を求めた場合，実際には，訴訟に係る手続が難しく，弁護士を依頼するため等の費用が高く，時間もかかって，裁判を提起するのをあきらめてしまったり，裁判に訴えても被害者が求める真の救済が得られなかったりすることがあった[26]。法社会学者の神長百合子教授は，六本佳平教授の主張[27]を次のように整理して，近代法の弱点や危険性

---

(23)　佐藤（幸）・前掲注（6），267 頁。
(24)　佐藤（幸）・前掲注（6），267-268 頁。
(25)　佐藤（幸）・前掲注(21)，15 頁。
(26)　渡部保夫ほか『テキストブック現代司法〔第 4 版〕』〔渡部保夫〕（日本評論社，2000 年）15-35 頁。

167

第3章　女性に関する人権侵害の救済

を指摘した[28]。すなわち、(1)一般的な規範の形で明示的に表現されにくい利益や外的な強制になじまない利益に関わる問題の処理に適しない、(2)法規範または法律専門技術が社会変化の速度に追いつけないというラグの問題がある、(3)高度に専門技術による手続であるため、一般人の理解・親近感・効果的参加・法機構の利用が妨げられやすい、(4)費用・時間がかさむ、(5)法機構の利用に不平等を生じやすい、(6)法的紛争が裁判官等裁定者の一方的宣言によって終結するため、当事者の自発的な遵守が得られにくい、(7)法手続の公開によってプライバシーが失われる、ということである。

2　裁判による救済が困難な理由

以上を整理して、裁判による救済が困難な要因を挙げると、次のようなことがいえるだろう。

憲法学では、裁判の役割は、正邪や善悪の「裁定」「裁判」にとどまる、ということになる。憲法に関する教科書や司法権に関する著書、論文をみたところ、先に挙げた研究以外には、救済についての深い議論を十分に見いだすことができなかった。これには2つの理由があると考えられる。

第一の理由は、憲法学の関心は、これまで、司法権を国家の作用のなかでどのように位置づけるか、司法権の範囲や限界をどのように考えるか[29]、とくに行政権との関連についてどのように整理するかという点に重きが置かれていたということである[30]。行政権については、「憲法は変わっても、行政法は変わらない」といわれているほど、第二次大戦後も戦前の行政法の考え方が残った。しかし、実は、司法権についても似たような事情であり、大日本帝国憲法のもとでの大陸法型の司法権論が根強く残り、日本国憲法で導入されたはずの英米型司法権のエッセンスである「個別事案の救済をおこなって人権の回復を最後まで見届ける」という視点が忘れられがちであった。

---

(27)　六本佳平『法社会学』（有斐閣、1986年）135頁。
(28)　神長百合子「近代法とフェミニズム―ジェンダーの法社会学序論」専修法学論集88号（2003年）8頁。
(29)　野坂泰司「憲法と司法権」法学教室246号（2001年）42頁。
(30)　山元一・高橋和之「行政権と司法権」法学セミナー573号（2002年）34-42頁。

第1節　日本における女性に関する人権救済

その結果，司法権の役割は，戦前のように「法の適用」「紛争の裁定」にとどまった。つまり，「憲法は変わっても，司法権は変わらない」であったと思われる。

第二の理由は，憲法学では，司法については，正邪や善悪の「裁定」「裁判」を受ける国民の権利をどのように保障していくか，という論点を中心に論じられてきたということである。たとえば，憲法31条の「適正手続の保障」，76条3項の「裁判官の良心の保障」，82条の「裁判の公開の保障」といった論点がよく取り上げられている。

つまり，これまでの憲法学では，主に「裁定」「裁判」における手続的な保障についての議論が蓄積されてきたという印象を受ける。

また，裁判所に権限の積極的な活用を期待する立場を「司法積極主義」といい，この立場を支持する議論も多数ある。しかし，この趣旨は，人権保障や救済のために，通常の裁判で司法権を積極的に活用しようというのではなく，憲法81条に定められた違憲審査権を積極的に活用することの重要性を指摘するものであった。これとは別に，条約の国内的効力が認められないか，という議論もある。

こうした論点に関する議論も，たいへん重要である。しかし，ここには普通の裁判で，困っている市民を救済するために裁判所が果たすべき役割にかんする根本的な議論が欠けているのである。

井上教授は，日本における司法的救済の可能性を探求する際には，「違憲判断の後始末」が不十分であるという角度から司法権にかんする通説的見解を批判し，日本の「司法権・違憲審査権がアメリカ流のものであるとしても，司法的救済の方法についての問題に関しては両者に大きな隔たりがあるのではないか」として，アメリカには「救済法」の法領域があることが無視できない，と指摘した[31]。

遠藤教授は，人権が侵害されたと思料される場合，いかなる訴訟によってそれを争うことができるかという訴訟の入口の問題，さらに，訴訟が成立したとして，違憲判断が下された場合，どのような判決が下り，判決はどのよ

---

(31)　井上・前掲注(11)，333，338-339頁。

第3章　女性に関する人権侵害の救済

うに執行されるのかという、訴訟の出口の問題には憲法学的検討が及んでいないことから、憲法訴訟論を中心に、司法権における「救済」の議論の必要性を指摘した[32]。

ただし、最近になって、わずかに、長谷部恭男教授によって、裁判所の役割は紛争の解決にあたるのかそれとも憲法価値の実現にあるのかという問いが提起されたり[33]、只野雅人教授により、裁判所による「救済の創出」について憲法上の裏づけの必要性が指摘されたり[34]している。しかし、ここでも、この「憲法価値」とは、人権保障や問題の解決・救済ではなく、「裁定」「裁判」過程の手続的保障の方に置かれているように思われる。

他方で、裁判所において救済をどのように実現していくかという考察は、憲法学よりもむしろ、民事訴訟法学や法社会学の分野で活発である。とくに最近では、裁判所にかわる紛争解決機関について、具体的な検討が数多くある。憲法学の司法権論に関する議論の流れは、この2つの学界の議論とくらべると、だいぶ異なるというか、遅れているように思われる。憲法学では、笹田栄司教授が、訴訟上の和解（司法型ADR）について、憲法学と関係のないものではなく、司法の現状をふまえた憲法的検討が必要であるとした[35]。さらに、実効的な権利保障においてはADRを活性化して、「実効的な非裁判的救済を受ける権利」を憲法13条や16条、24条を根拠として提示することができるとの主張もある[36]。

このように裁判において救済が困難であることから、裁判に対する市民の期待値が低く[37]、性質上裁判所で扱ってもよい法的問題・紛争の多くが国

---

(32) 遠藤・前掲注(12)「救済法(1)」、4頁。

(33) 長谷部恭男「司法権の概念と裁判のあり方」ジュリスト1222号（2002年）140-143頁。同『司法権をめぐる論点』（国立国会図書館調査及び立法考査局、2004年）7-8頁。

(34) 只野雅人『憲法の基本原理から考える』（日本評論社、2006年）277-286頁。

(35) 笹田栄司「裁判外紛争処理」公法研究63号（2001年）192頁。笹田栄司ほか『司法制度の現在と未来』（信山社、2000年）。

(36) 井上典之「実効的な権利保障」小山剛・駒村圭吾編『論点探求憲法』（弘文堂、2005年）243-247頁。竹中勲「実効的人権救済権論」佐藤幸治ほか『憲法五十年の展望II』（有斐閣、1998年）358, 363頁。

や自治体あるいは民間の相談・苦情処理窓口に持ち込まれている。しかし，これで解決できない場合に，裁判所が利用されることは極端に少ない[38]。これはとても重要な指摘である。

　佐藤教授は，こうした「二割司法」と呼ばれる状況を問題視し[39]，国民主権と個人の人権保障という考え方から，司法制度改革の必要性を主張した[40]。佐藤教授が会長をつとめた政府の「司法制度改革審議会」は，2001年に『意見書』[41]を公表し，司法本来の役割の実現を図るとともに，こうした弊害を克服した，裁判に代わる救済制度（ADR）の拡充，活性化を求めた。これを受けて，2004年に「裁判外紛争解決手続の利用の促進に関する法律」（平成16年法律151号）が成立・施行された。

第2項　ADR（非司法的救済機関）

　前項で述べたように，裁判よりも，安く，簡単で，早い解決が得られる制度の設置が求められていた。その制度が「alternative dispute resolution (ADR)」である。

　ADRは，日本語で「非司法的救済機関」または「裁判外紛争処理制度」といい，他人と紛争が生じている人からの相談に応じ，相手方との調停やあっせんを行い，話し合いによって紛争の解決を図る制度で，手続が簡単で，処理が速く，しかも経費がかからないと言われている。解決する紛争の分野は公害，消費者，人権等多岐にわたる。国や自治体が設置するものとNGO等民間の団体のものがある。労働問題については，都道府県の労働センター，都道府県や市区町村の女性センターと性差別事案の救済を行うオンブズパーソン等がある。また，国の機関としては，都道府県労働局の雇用均等室，個

---

(37)　田中成明「現代司法の位置と課題」田中成明ほか編『現代の法5巻　現代社会と司法システム』（岩波書店，1997年）9頁。
(38)　田中・同上，25頁。
(39)　佐藤幸治ほか『司法制度改革』（有斐閣，2002年）24頁。
(40)　佐藤（幸）ほか・同上，28頁。
(41)　司法制度改革審議会『意見書』（2001年）。

第3章　女性に関する人権侵害の救済

別紛争あっせん委員会，労働基準監督署等がある。弁護士会やNGOにも相談できる。こうした窓口には，相談をきくだけではなく，当事者間にふみ込んで解決を支援するADRの機能がある。ADRによるあっせん等によって当事者が納得（妥協）する解決が図られている。

1　国の制度

女性に関する人権救済制度の設立は，前章で述べたように，女性行政の中心的な課題であり，内閣府男女共同参画局が対応すべきものであるが，同局には相談に直接に対応する権限はない。女性の人権侵害，差別に対応する国の相談，救済制度は次のようなものがあるが，概ね実効性が低いといえる。

(1)　人権擁護委員

人権擁護委員は，人権相談を受け付け，人権侵犯事件の調査及び処理等を通じて関係者に人権思想を啓発し，人権の擁護を図る制度であり，法務大臣から委嘱され，自主的な奉仕活動として職務を行う（人権擁護委員法1，2，6，8，11条）。全国で約14,000人（女性38.1％）が配置され，職業別には無職，農林漁業，宗教関係が多く，高齢の委員が多い。

相談内容が人権侵犯事件であれば，地方法務局に移管され，内容に応じて，調査，啓発，指導，勧告，排除措置等が行われる。2004年度の処理実績をみると，相談（年間337,665件）のうち，人権侵犯事件は22,877件にとどまり，具体的に排除措置（人権侵犯状態を排除し，被害者を救済する措置）がとられたものはわずかに383件であった。また，2000年7月から開始された「女性の人権ホットライン」へは，2004年度は26,908件の相談があった。その内訳は，暴力虐待が5,564件，セクシュアル・ハラスメントが694件，ストーカーが425件，その他が圧倒的に多く，20,225件であった[42]。

この制度は最も包括的な人権に関する苦情申立て制度である。その特徴は，調査権があること，市町村を管轄として配置されていること，自治体が委員を推薦すること等であるが，一方，委員委嘱の基準が明確でない，調査権の

---

(42)　法務省人権擁護局「平成16年の人権擁護事務の概況」法曹時報57巻7号（2005年）145‒167頁。法務省大臣官房司法法政部司法法制課『第118民事訟務人権統計年報Ⅰ平成16年』（2005年）。

行使に限界がある等の問題点がある[43]。

なお，2004年3月に，20年ぶりに法務省訓令の「人権侵犯事件調査処理規程」が改定され，新たに「要請」，「調整」，「啓発」を行うことができるようになった。

(2) 行政相談委員

行政相談委員は，主に国の行政全般についての苦情を受け付け，公正・中立の立場から必要なあっせんを行う。それらを行政の制度及び運営の改善に反映させることも目的である。総務大臣（旧総務庁長官）から委嘱され，自主的な奉仕活動として職務を行うが，原則として全国の市町村に最低一人ずつ，合計で約5,000人配置されている（行政相談委員法1，2，8条）。総務省はこの制度を日本におけるオンブズパーソン制度として位置づけている[44]。1998年度の処理実績をみると，行政相談事案（約135,000件）のうち，「行政苦情事実」（相談者が不利益の救済又は行政の制度・運営の改善を求めた事実）は約44,000件であり，そのうち解決した事案は約25,000件である[45]。2003年度は相談事案（184,698件）のうち，苦情・要望事案は約14,235件である[46]。制度の特徴は，国の複数の行政機関にまたがる問題について調整が可能であること，苦情を背景とした行政監察の実施により同種の苦情の再発防止が図られる点等である。他方で，行政内部の機関である，高齢の委員が多く強力な調査等，積極的に活動することが期待できない[47]といった弱点がある。なお，2003年9月に「男女共同参画担当行政相談委員」制度を設置して，123人の委員を任命した[48]。2005年8月には，182人に増えた。

---

(43) 平清太郎「子どもの人権専門委員の可能性と課題」日本教育法学会子どもの権利条約権利特別委員会『提言［子どもの権利］基本法と条例』（三省堂，1998年）211-220頁。

(44) 総務省行政監察局監修『行政上の諸問題（平成16年度版）』（財団法人行政管理研究センター，2005年）311-312頁。

(45) 総務庁『行政管理・総合調整白書－総務庁年次報告書平成九年版－』（1997年）132-150頁。

(46) 総務省「総務省広報誌平成16年5月号」（2004年）2頁。

(47) 大橋洋一「市町村オンブズマンの制度設計とその運用(下)」ジュリスト1075号（1995年）87頁。

第3章　女性に関する人権侵害の救済

ただし，行政相談への相談内容は，土木建築，道路関係が多く，男女平等オンブズパーソンの機能を果たすためには制度の抜本的な見直しが必要となるだろう。

(3) 厚生労働省都道府県労働局雇用均等室

労働関係における性差別的処遇や虐待，セクシュアル・ハラスメントは，労働基準法，男女雇用機会均等法等で禁止されている。これを受けて，中央労働委員会，地方労働委員会，都道府県労働局等が対応している。

都道府県労働局雇用均等室は，雇用の機会均等並びに待遇に関する紛争について，男女雇用機会均等法に基づく援助（13条）や制度是正指導（25条）等を行う[49]。

2005年度は全国で年間19,724件の相談があり，解決援助は141件，調停申立ては4件，助言は5,042件であった（調停や指導について，【表1】【表2】を参照）。また，東京都の労働相談情報センター（2004年度に労政事務所を改組）は，2004年度に44,737件の労働相談があり，あっせんに進んだのは969件で，その解決率は約7割と高い[50]。

なお，諸外国ではすでに，アメリカのEEOCやイギリスのEOCのように裁判に代わってADR制度が定着している。両機関とも，NGOと連携して申立てに対応する等，当事者に寄りそった救済を行っている。その結果，個別事案の解決はもちろん，社会における差別撤廃に大きな成果を挙げている。

一方，日本の均等室は，均等法違反事案に対応する制度だが，権限は行政指導にとどまり極めて弱く，それすら積極的に活用していない。啓発パンフレットの送付等にとどまるというように具体性に欠け極めて不十分であるという問題点がある。均等室の限られた職員が事案に対応し，可能な救済方法も限られているため，両者に比べてADRとしては不十分といえるだろう。

---

(48)　総務省「総務省広報誌平成15年11月号」（2003年）17頁。
(49)　女性少年室（現雇用均等室）の運用実態について，総務庁行政監察局『女性労働に関する行政監察結果報告書』（1996年）。大脇雅子ほか『働く女たちの裁判』（学陽書房，1996年）311-324頁。総理府『女性行政情報10-2』（1998年）62-63頁。
(50)　東京都産業労働局『東京都の労働相談の状況』（2004年）3,19頁。

第1節　日本における女性に関する人権救済

【表1】　機会均等調停会議による調停（均等法14条に基づく調停）[51]

年度	法6条関係（配置・昇進・教育訓練）							法8条関係（定年・退職・解雇）							計(件)
	申請件数	開始	受託	拒否	打切	不開始	取下げ	申請件数	開始	受託	拒否	打切	不開始	取下げ	
99-00	31	27	1	25	1[52]	0	4[53]	3	2	2	0	0	0	1[54]	34
01	4	1	1	0	0	0	3[55]	1	1	0	1[56]	0	0	0	5
02	9	9[57]	7	0	0	0	0	2	2[58]	1	0	0	0	0	11
03	1	1	1	0	0	0	0	1	1	0	0	0	0	0	2
04	1	1	1	0	0	0	0	2	2	1	0	1	0	1	3
05	3	3	3	0	0	0	0	1	1	0	0	0	0	0	4
計	51	42	14	25	1	0	7	10	9	6	1	1	0	1	59

【表2】　雇用均等室における制度是正指導（均等法25条に基づく助言等）[59]

(件)

事項＼年度	99	00	01	02	03	04	05
法5条関係（募集・採用）	950	470	381	259	253	321	294
法6条関係（配置・昇進・教育訓練）	356	168	155	125	108	103	88
法7条関係（福利厚生）	192	78	68	64	41	57	57
法8条関係（定年・退職・解雇）	31	18	14	18	16	10	12
法21条関係（セクシュアル・ハラスメント防止対策）	5,626	5,239	5,798	4,975	5,190	4,628	4,587
法22, 23条関係（母性健康管理）	21	57	13	7	16	3	4
計	7,176	6,030	6,429	5,448	5,624	5,122	5,042

---

(51) 厚生労働省「平成12年度～平成16年度男女雇用機会均等法の施行状況」（2001年～2005年）より作成。
(52) 調停を開始し、関係当事者から事情聴取、意見聴取をした結果、事業主の措置は女性に対する差別とは認められず、調停の打切りを決定。
(53) うち2件は、調停開始前に、本人の都合により申請者が申請を取下げた。うち2件は、調停開始前に、事業主が申請事項の解決を図ったことにより、申請者が申請を取下げた。
(54) 調停開始決定前に、申請者が裁判所に提訴し、申請を取下げた。
(55) 調停開始前に、本人の都合により申請者が申請を取下げた。
(56) 拒否は2002年度に行われた。

第3章　女性に関する人権侵害の救済

2　自治体の制度

　差別行為等や虐待は、発生した現場、地域で解決をすることが必要であるので、女性の人権侵害、差別への自治体の対応が期待されてきた。首長制をとる自治体には、被害者が抱えている問題別に対応省庁が異なる国と違って、問題を総合的に対応する期待があり、実際にそうした効果があがっている先進自治体もある。以下では、先進的な制度を紹介する。

(1)　オンブズパーソン、苦情処理委員会

　自治体行政一般に対するオンブズパーソン（オンブズマン）、福祉オンブズパーソン（オンブズマン）は、2003年度末までに30自治体で設置され[60]、事業に関する苦情の申立てを受け付け、調査し、勧告・提言を行っている。女性のオンブズパーソンは30％弱である。また、女性市民からの苦情申立てには保育や介護の分野が多い傾向がある。特徴は、各自治体ともまだ市民による活用度は低いものの、不服申立て制度と比べて苦情申立ての趣旨に沿った解決がなされる率が高く[61]、申立ての処理に伴い行政サービスが具体的に改善される等の効果が上がっている。ただし、多くの自治体で、制度上は苦情処理と政策提言機能が予定されているが、実際には前者が中心で、自治体の事業を政策的に、とくにジェンダーの視点で見直して提言することは活発でない。

　一方、男女平等・男女共同参画推進の条例を整備し、性差別事例の相談に応じ、解決することを目的とした男女平等オンブズパーソンや苦情処理委員会を設置した自治体は、2002年4月現在では11ヶ所であったが、2004年1月では46ヶ所[62]に増加した。男女平等オンブズパーソンについては、第2

(57)　次年度への繰越が2件。
(58)　次年度への繰越が1件。
(59)　厚生労働省・前掲注(51)より作成。
(60)　総務省行政評価局監修『行政上の諸問題（平成15年度版）』（財団法人行政管理研究センター、2004年）312頁。東京都『自治体におけるオンブズマン制度基礎調査』（1998年）。
(61)　大橋洋一「福祉オンブズマンの制度設計」法政研究63巻3・4号（1997年）846頁。大西祥世「女性行政におけるオンブズパーソン制度」法学セミナー529号（1999年）19頁の注15。

節で扱う。

　また，自治体には監査制度，外部監査制度があり，その他子どもや高齢者・障害者に対する家庭内や施設内での人権侵害に対応する権利擁護機関[63]もある。子どもについては，埼玉県，川崎市，兵庫県川西市で子どものためのオンブズパーソンが設置されている[64]。高齢者女性への虐待については，発生する場所によって救済機関が異なる。介護サービス提供者から介護保険利用者に加えられる虐待には，自治体が設置する介護保険法上の苦情処理委員会が対応する。介護保険を利用していないが，施設や介護サービスを利用している場合には，自治体のオンブズマンや施設オンブズマンがある。しかし，いずれも，女性の人権侵害や差別への対応を主たる任務とする制度ではないので，実効性には不安が残る。また，家族による高齢者の虐待には対応する機関がなく，家族関係なので被害者の申立てが困難であり，家庭内に潜在化している。

(2)　自治体法律相談

　自治体が主催する法律相談の実施状況について最新の統計は不明だが，1993年では市町村の約70％で，住民のための法律相談を実施していた[65]。自治体による法律相談は，独自の広報主体による幅広い周知が可能であり，自宅や勤務先から近い場所で行われることがメリットである。また，行政

---

(62)　大西祥世「自治体における男女平等オンブズパーソン制度」都市問題95巻2号（2004年）33頁。

(63)　子どもに関しては，東京都，神奈川県等で，高齢者・障害者に関しては，東京都，神奈川県，大阪府，横浜市等の地域の社会福祉協議会が設置している。ただし，東京都では2001年度に廃止された。

(64)　子どもオンブズパーソンについて，喜多明人ほか『子どもオンブズパーソン』（日本評論社，2001年）。川西市子どもの人権オンブズパーソン事務局編『ハンドブック子どもの人権オンブズパーソン』（明石書店，2001年）。

(65)　東京弁護士会法友全期会が1993年に実施したアンケート調査によると，全国3,386市町村（当時）のうち，有効回答のあった2,215市町村の約70％の自治体において，なんらかのかたちで法律相談を実施しているとのことである。ただし，弁護士以外の者が相談員であるケースに注意を要すべきとされている。安藤建治「自治体法律相談の役割と問題点」法律のひろば56巻8号（2003年）38頁。

サービスの一環として実施されることから，相談は無料とされるところがほとんどであり，市民にとってはもっとも身近で利用しやすい相談窓口である。

ただし，一般的には，次のような問題点があるといわれている[66]。第一に，市民生活をめぐる法律問題は複雑・多岐にわたるため，専門化する弁護士と市民のニーズは十分に適応しないことである。第二に，相談に対応した弁護士が，その相談者からの委任を禁じされるという，いわゆる「直受禁止」の問題である。弁護士側は，どこまでふみこんで相談に応じるか悩むようである。その結果，回答が中途半端になり，相談者としても解決の道筋がつかないまま相談が終了してしまうような印象をうけがちである。第三に，自治体の予算上の制約から相談回数が少なく，相談枠が限定的である。第四に，地域に身近な存在であることはメリットでもあるが，それとは逆にプライバシーが守られるかどうかの不安があり，相談しにくいという状況もある。

こうした問題点は，女性に関する人権侵害や差別への対応についても当てはまる。法律相談の担当者が，新しい法律や制度の知識が不足していたり，担当者そのものにジェンダー・バイアスがあったりして，二次被害が生じることもある。

(3) 自治体女性センター

自治体は，女性行政を推進するために女性センターを設置している。全国で約300ヶ所ある。自治体の女性センターが行う相談事業は，相談者が自ら（またはセンターを活用しながら）問題を解決する力を身につけるための援助を目的とし，さまざまな相談（法律相談，健康相談，こころの相談等）を実施している。ここが女性の人権侵害や差別に対応するのは当然である。その特徴は，基本的に女性の立場で解決を模索する，シェルター等地域の諸施設との連携が容易である，把握した相談ニーズをセンター事業や自治体の女性行政に反映できる等である。他方，個別事件にはほとんど介入できないという限界がある。

神奈川県の「神奈川県立かながわ女性センター」は，1982年より相談事業を行っている。セクシュアル・ハラスメントやDVについて，相談者の意

---

(66) 安藤・同上，38-39頁。

思を尊重して問題解決に向けた具体的な支援を行い,必要があれば相手方との調整も行っている。

横浜市では,「横浜女性フォーラム」において相談事業に取り組まれた。2004年度は,「心とからだと生き方の総合相談」において,電話相談が4,520件,面接相談が1,175件であった。2001年に男女共同参画推進条例が制定されると,新たに「性別による差別等の相談事業」が開始された[67]。

(4) 労働センター,労政事務所

都道府県の労働センターは労働相談を扱っている。労働相談の事例のうち労使から調整要請を受けたものについて,第三者としての立場で労使間の自主的な解決に向けて手助けを行う。相談には特別の法的権限が認められていないので,相手方と話し合いの中で具体的解決を模索するが,あっせんによる解決率は意外に高く,たとえば東京都労働相談情報センターでの解決率は2004年度で約7割である[68]。同事務所が実施している「セクシュアル・ハラスメント労働相談」,「男女差別労働相談」とともに有効に機能しているといえる。

(5) 都道府県警察

都道府県警察は,女性に対する人権侵害や差別による一般刑事犯罪,とくに女性に対する暴力に対応すべきであるが,従来は,民事不介入原則をかざして消極的であった。また,被害者である女性の落ち度が強調され,取り調べの際での警察官による二次被害も多く発生していた。しかし,最近は,徐々にではあるが,性暴力,ストーカー,家庭内の虐待(身体的暴力)等の被害は深刻であり,真剣な対応が必要であることへの理解が進んできた。民事不介入原則の弊害を克服するものとして,行政型ADRを積極的に評価する見解も主張されている[69]。

---

(67) 財団法人横浜市男女共同参画推進協会(旧:財団法人横浜市女性協会)『2001〜2004年度財団法人横浜市女性協会事業報告書』(2002〜2005年)。
(68) 東京都・前掲注(50)。なお,「あっせん」は労働関係調整法に基づき労働委員会が行う「斡旋」とは異なる。
(69) 大橋洋一「『民事不介入』の観念と行政型ADR」自治体学研究91号(2005年)20-25頁。

第3章　女性に関する人権侵害の救済

　各都道府県警察では，性犯罪被害女性の精神的負担軽減を目的に相談事業を行っている。性犯罪被害110番等の相談電話が開設されているが，相談件数の全国統計がないため，1996年4月よりこの事業を先進的に実施してきた神奈川県を例にすると，1998年前半で約1,400件の相談電話（うち事件化した事案は70件）があった[70]。法律上も，2000年11月に「ストーカー防止法」，同年12月に「児童虐待防止法」，2001年10月に「DV法」が施行され，女性に対する暴力への警察の積極的な対応が義務づけられたので，改善されつつある。なお，2003年に全国の警察で扱った夫から妻への殺人，傷害，暴行事件は，1,574件であった。

(6)　配偶者暴力相談支援センター

　婦人相談は，売春防止法のいう売春のおそれのある女子（＝要保護女子）の保護更生を目的とする。全国に各都道府県に1ヶ所の婦人相談所と52の婦人保護施設が設置されている（同法34, 35, 36条）。しかし現在では，同法関連の相談よりも，夫やパートナーからの暴力（DV）についての相談が増加している。婦人相談所もこの種の事実を「転落未然防止」の対象とみなして積極的に対応し，婦人保護事業がDVからの緊急一時避難所として援用されている実態があった[71]。本制度では，身体の安全は確保できるが，入所期間が原則2週間程度なので一時的な対応にとどまり，施設の所在地の公表による弊害も生じていた。

　一方，夫やパートナーからの暴力については，2001年10月に施行された「配偶者からの暴力の防止及び被害者の保護に関する法律」により，加害者から身を守る保護命令制度が導入された。2002年4月1日からは，都道府

---

[70]　1999年以降，他法が整備されたからか，相談件数は減少の傾向にある。神奈川県警察『相談電話処理状況』(2006年)。

[71]　東京都女性相談センター『平成13年版事業概要』(2001年) 19-20頁。なお，DV法施行前の2000年度における同センターの来所相談（約2,000件）のうち，売春防止法5条該当の内容は21件 (1.0%)，夫の暴力は478件 (23.9%) である。一般電話相談（約15,000万件）のうち，同法5条該当の内容は0件，夫の暴力の相談は1,216件 (7.8%) である。一時保護所利用者では，614件のうち227件 (37.0%) が夫等の暴力による利用である。

県が「配偶者暴力相談支援センター」(以下,「DVセンター」という)を設置し,DV被害者への相談,一時保護が実施されている[72]。

(7) 児童相談所

子どもへの虐待,とくに父親等同居の男性から女児に加えられる虐待については,これまでも児童福祉法上の対応が実施されてきた。一方,保護者から親権,監護権を主張されると,家庭内への介入が困難であったが,被害は深刻であり,女性の人権侵害としても対応の強化が求められていた。2000年に,親権よりも子どもの保護を優先できるようにする「児童虐待防止法」が制定され,都道府県の児童相談所による積極的な保護が実施できるしくみが整えられた。しかし,その後も虐待事件は多数発生しており,児童相談所の数やスタッフ,保護に必要な物的,財政的資源の不足等も加わって,対応はなお十分とはいえない。なお,2003年度に全国の児童相談所で受け付けた児童虐待の相談は,26,569件であった[73]。2004年に同法は改正され(平成16年法律130号),同居する親の間に起こるDVが児童虐待にあたるとされた(2条4号)。

3 その他の制度

法律上の制度が女性の人権侵害,差別を生じている場合には,制度改善のためのシステムの課題となる。

民法上の夫婦同氏原則や女性のみにある離婚後の再婚禁止期間については,法務省法制審議会の議論が終結し,民法改正法案が国会に提出される段階であるが,国会では廃案や継続審議の状態が続き,政治課題となっている。税法上の専業主婦の処遇も問題となっているが,税制改革,社会保障制度改革の中で現在議論が行なわれている段階である。

制度改善を必要とする女性の人権侵害,差別には,自治体が対応すべきも

---

[72] 各件数は,内閣府男女共同参画会議女性に対する暴力に関する専門調査会『配偶者暴力防止法の施行状況等について』(2003年)。最高裁判所事務総局『司法統計年報民事編平成13〜16年版』(2002〜2005年)。

[73] 内閣府男女共同参画局『男女共同参画基本計画推進状況調査女性に対するあらゆる暴力の根絶』(2004年)20頁。

のも多い。たとえば、公立学校における男女別学制度等は、既存の人権救済制度での改善はなじまない。そこで、現在では、制度改善勧告機能をもったシステム、たとえば「首長への手紙」や「苦情処理委員会」、「オンブズマン（オンブズパーソン）」といった制度が対応している。

　性差別を助長するようなメディアによる表現は、女性に関する人権侵害、差別への対応の一環として規制が望まれているが、表現の自由との関連で慎重にすべきであるとの見解も有力である。児童ポルノに関しては、日本が世界的に見ても劣悪な状態にある。日本で生産されたものが外国に持ち出されて国際的な批判を浴びたこともあり、1999年の児童買春・ポルノ禁止法によってようやく規制されるようになった。その他の性表現については、メディア業界、企業の自主規制に任せられている。

　なお、20世紀末に、人権擁護法（案）というかたちで、人権救済制度が検討されたことがあった。同法案では、不当な差別的取扱い、不当な差別的言動、優越的な立場においてその者に対してする虐待、差別助長行為及び表現、の4点が禁止された。さらに、これらの性差別や人権侵害の被害者を実効的に救済するために、国は、政府から独立した機関として、「人権委員会」を設置することが予定された。法案が成立すれば、本格的なオンブズパーソンが導入されることになり、実効的な人権救済が進むのではないかと、大いに期待された。同法案は、2004年5月までに3回にわたり国会に提出されたが、結局廃案となった。

第3項　救済の不十分さ

　今日、当事者の救済を考える際には、司法制度改革による、当事者参画型の司法手続の一連の発展は注目できる。女性に関する人権にかかわるものでは、第一に、裁判の場での被害者の立場や意見の反映、あるいは被害者の二次被害の防止という観点による改革がある。これは、性犯罪被害者の保護に重点が置かれ、刑事訴訟法が改正された。たとえば、刑事裁判における証言の際の遮蔽やビデオリンク方式の導入（刑事訴訟法153条の3, 154条の4）、強姦罪の厳罰化（刑法177条, 178条の2）がある。さらには、離婚調停の際

に当事者どうしが会わないように配慮されるようになった。

　第二に，再犯防止への取組みである。これは，加害者更正プログラムのないまま出所して，性犯罪やDVをくりかえす点が問題となっている。出所情報の開示が議論になっているが，これは日本では警察の責任とされている。

　第三に，裁判の射程を，紛争の裁決だけではなく，救済にまで拡大することである。司法型ADRの活用や修復的司法の導入が提言されているが，導入には至っていない。

　従来の人権保障に関する考え方では，紛争において当事者双方に平等に制度が開かれていれば，原告にも被告にも機会が平等に与えられていると理解されていた。司法制度改革の取組みはこうした考え方に疑問を投げかけた。つまり，性差別や人権侵害の事案では，被害者救済の視点が重視されたしくみを整えないと，被害者は裁判所になかなか来ないので，実際には，被害者の問題は解決されない，ということである。

　このように，司法的にも非司法的にも，女性の人権に関する救済は，まだまだ不十分であるといえるだろう。

　とはいえ，それでもなお，国より自治体の制度の方が苦情処理の機能性・実効性が高いと思われる。第一に，たとえば労働の分野では，労働基準監督署や雇用均等室の権限強化に伴い各々の今後の活動が期待されるが，地域に密着する自治体の行う調整（あっせん）も機能する。また，今日急増している不安定な雇用・就労形態の場合等は簡単に対象外とされてしまうため，これらに対応する制度が必要である。第二に，地域，学校，家庭での性差別や人権侵害事案については，地域・自治体として解決に取組む必要がある[74]。第三に，女性行政はあらゆる領域の施策を性差別撤廃・男女平等推進という観点で見直すことが必要であるが，自治体の場合はADRからの提言を得て，首長制を活かし施策全般に反映させることが期待できる。第四に，新機関を

---

(74)　地方法務局等，法務省の機関が扱った私人による人権侵犯は年間20,807件（法務省・前掲注(42)「事務の概況」，151頁）であり，民・民ケースへの対応が求められている。また，オンブズパーソンの活動範囲を行政上の苦情に限定しないものとして，椎橋邦雄「特別オンブズマンの誕生」小島武司・外間寛編『オンブズマン制度の比較研究』（中央大学出版部，1979年）359-360頁。

第3章　女性に関する人権侵害の救済

設置することによって地域社会に潜在している草の根の性差別が顕在化する契機となる。第五に，ADR のなかには，行政の縦割りを超えて，各機関が相互に連携しあい，また，裁判所，NGO などとネットワークを組むかたちで協力して事案にあたるものがある。このかたちは，DV への対応がよい例であるが，大きな効果があがっている。ネットワーク型解決の成功している事例では，その最大の要因は，ネットワークに NGO がかかわっていて，その活動から得られた経験と知恵を活用するキーパーソンに恵まれていることである。なお，NGO の活動は，次章で検討する。

さらに，その際，類似・関連制度の検討を通じて考えられる注意点を指摘しておきたい。第一に，ADR は申立人（弱者側）の立場に立って簡易迅速な解決をめざす制度である。事実認定は客観的に行い，紛争処理では相手側からの信頼を得ることがとくに重要であるが，これと，いわゆる中立性とは混同されてはならない。第二に，申立ての入口では申立人とともに問題を整理し，出口では合意された内容の実行を監視する等実効性の確保に努め，積極的に対応することが求められる[75]。第三に，類似制度でも人を得た場合には有効に機能していることから，ADR にジェンダーに敏感な視点を持った人材を得られるかどうかが結局は鍵となる。

したがって，国に ADR を設置することも有意義であるが，自治体にこの制度を設置し，定着させることの必要性もある。

諸外国の例からみると，実効的な救済に不可欠な点として，次の3つのポイントが指摘できるだろう。第一に，憲法で性差別を禁止するだけではなく，性差別禁止や男女平等を法律の名称として明確に示した法律が制定されていることである。これにより，裁判所，政府，行政，企業の果たすべき役割が明確になった。第二に，それらの法律によって，法の執行を監視する機関，すなわち，男女平等オンブズパーソンや国内人権機関が設置されていることである。これらの機関には，調査権や裁判に提訴する権利等の強い権限と，NGO 等の地域コミュニティと連携して取組む体制が与えられている。こう

---

(75) 相談と ADR の共通性について，中村芳彦「ADR 法立法論議と自律的紛争処理志向」早川吉尚ほか編『ADR の基本的視座』（不磨書房，2004年）271頁。

した具体的に問題を救済する機関を設置することによって，実効的に法律が機能し，性差別の解消につながる，ということである。第三に，社会に対して性差別の問題を広くアピールする活動が，重要視されていることである。法の内容についてのガイドラインやマニュアルが作成され，社会一般に，法律の目的や理念を効果的に周知することができる。

要するに，憲法の理念を実現するには，性差別を禁止する法律を制定し体制を整備するとともに，個別事例に対応する救済機関を設置することが鍵になることがわかる。

なお，問題解決のためのADR利用促進は，先に述べたように，司法制度改革の一環としても取組まれている。労働問題に関しては，2001年に個別労働関係紛争解決促進法（平成13年法律112号），2004年に労働審判法（平成16年法律45号）が制定され，労働審判制度は2006年4月から開始された。

また，ADR全般に関しては，2004年に，裁判外紛争解決手続利用促進法（平成16年法律151号）が制定された[76]。この法律では，国や自治体がADRの情報提供などをおこなう責務が課された。また，ADR機関の認証制度の導入について定められた。このように，ADRの拡充・活性化のための基盤が整備されようとしている。同法ではADRに求められる手法として，本報告の主張と同様に，両当事者の合意や関係機関のネットワークが重要視されている。

ただし，伝統的な憲法学では，政府が性差別や人権侵害の問題解決を支援することに対して，私人間の紛争やプライベートな領域に国家が過剰に介入することになるという懸念が有力に表明されている[77]。ADRは，こうした懸念も十分に考慮に入れて，被害当事者の訴えによって支援し，当事者が主体となって問題解決を進め，当事者はいつでもADRの利用をやめることができるような，つまり，国家による不当な介入，干渉にならないような制度

---

(76) ADRを国による認証制にすることの弊害を指摘して，同法を批判的に検討するものとして，中村芳彦「ADR法で民事紛争処理システムはどう変わるのか」法学セミナー607号（2005年）12-13頁。

(77) 樋口陽一『国法学』（有斐閣，2004年）54-57, 145-148頁。辻村みよ子『ジェンダーと法』（不磨書房，2005年）201-202頁。

として構築できると思う。

　また，ADRがよく機能するには，先に述べたように，ネットワーク型で事案にあたることが効果的であるので，関係機関どうしが協力体制をつくっておくことが重要となる。DV法でDV事案に関する保護命令制度が導入された際にも，こうした協力体制の必要性が強調された。

　そして，当事者の多種多様な訴えを聞き取り，それに対応する権限をもつ司法機関，行政機関をコーディネートして，問題の解決や救済をおこなうことについては，先ほど検討したように，NGOが優れている。ただし，NGOとの協力関係の構築については，民間型ADRをどのように法的に位置づけるのかという論点に触れることにもなるかもしれない。ここではそこにふみこむ余裕がないので，今後の課題としたい。

　さらに，当事者の救済が社会全体の状況の改善に役立つような制度の構築が望まれる。ADRは，申し出られた事案の当事者にとって望ましい具体的な解決をめざすものであるので，同じような事案でも，いつも同じ解決結果になるとは限らない。これが，先例の拘束力が強い裁判とは大きく異なる点である。ここで扱った行政型ADRでは，申出を解決することをつうじて発見された地域や自治体の構造的なゆがみや課題について，ADRからの意見表明をきっかけにして是正することも可能である。

　こういう政策提言機能をもつADR，たとえば，自治体の男女平等オンブズパーソンにあっても，制度の基本は，個別事例の具体的な解決の追求である。

第2節　自治体における男女平等オンブズパーソン制度

　日本で，人権救済機関としての男女平等オンブズパーソンが構想されたのは，国よりも自治体の方が先行した。第2章で述べたように，川崎市では，1995年に，男女平等推進協議会から，「（仮称）男女平等委員会の設置」が提言された。ここでは，「男女平等オンブズマン的な性格を持つ専門機関として……職場における男女差別の申立てに対する専門的な調整や，川崎市内で起きているあらゆる種類の男女差別に関する苦情を受け付け，相談に応じた

り，客観的に調査して，職場や地域での男女平等に向けた意見を述べることができる」[78]機関を想定していた。これを契機に，行動計画に「(仮称) 男女平等委員会の設置の検討」が盛り込まれ[79]，協議会[80]や庁内でさらに検討が加えられた。そして，1999 年に川崎市男女平等オンブド設置準備委員会から『男女平等オンブド設置について』が報告され，川崎市における男女平等の実現の立場から，性差別の被害者の側に立って，この人権を擁護し，本人による問題解決への行動を支援し，加害者や社会に向けた啓発を進める「男女平等オンブド」の設置が提言された[81]。（これによると，①男女平等オンブド制度の目的は，男女平等の理念に基づき，川崎市における性による差別に関連する事案の申立てについて，公平かつ迅速に阻害要因の除去等の解決を図るとともに社会構造的要因を解明し，意見を表明することにより，もって川崎市における男女共同参画社会の形成に資することである。②男女平等オンブドの職務として，(1)申立てを調査し，簡易迅速に処理すること，(2)自己の発意に基づき，調査すること，(3)性による差別を是正するための助言，調整をすること，(4)社会構造的要因を解明し，意見を表明すること，(5)助言，調整又は意見表明等の内容を公表すること，(6)市長に対し，性による差別を是正するための措置を講ずるよう要請をすることが考えられている。③男女平等オンブドの組織は定数を 3 人とし，2 人以上は女性とする。④男女平等オンブドの責務は，川崎市における男女平等の推進を市民自らが進められるよう市民の男女平等の推進及び権利利益を擁護し，援助し，及び啓発することとされている。）

　この報告を受けて，同市の「市民オンブズマン」制度やこどもオンブズパーソン，地域人権委員会等の構想との連携を含めて具体化し[82]，2002 年

---

(78)　川崎市新女性行動計画策定委員会『川崎市新女性行動計画「(仮称) かわさき男女平等推進プランについて」』(1994 年) 70 頁。
(79)　川崎市『川崎市新女性行動計画かわさき男女平等推進プラン』(1995 年) 61 頁。
(80)　川崎市男女平等推進協議会『「川崎市男女平等オンブドゥ」の設置に向けての提言』(1996 年) 16 - 19 頁。
(81)　川崎市男女平等オンブド設置準備委員会『川崎市男女平等オンブド設置について』(1999 年)。
(82)　同市では，こうした提言に先立ち，1999 年に「統合的市民オンブズマン研究会」を設置し，1990 年に設置された市の苦情を受け付ける機関である「市民オン

5月に「川崎市人権オンブズパーソン」を設置した。

　また，埼玉県では，2000年3月に成立した「埼玉県男女共同参画推進条例」の中で，「苦情の処理」について規定した（13条）。ここでの苦情処理委員とは，①県が実施する男女共同参画の推進に関する施策若しくは男女共同参画の推進に影響を及ぼすと認められる施策についての苦情又は男女共同参画の推進を阻害する要因によって人権が侵害された場合の事案について，県内に住所を有する者又は在勤若しくは在学する者からの申出を適切かつ迅速に処理するための機関であり，②苦情がある旨の申出があった場合において，必要に応じて，施策を行う機関に対し，説明を求め，その保有する関係書類その他の記録を閲覧し，又はその写しの提出を求め，必要があると認めるときには，当該機関に是正その他の措置をとるように勧告等を行い，③人権を侵害された旨の申出があった場合において，必要に応じて，関係者に対し，その協力を得た上で資料の提出及び説明を求め，必要があると認めるときには，当該関係者に助言，是正の要望等を行うもの，とされている。同条は，2000年10月1日から施行された。それに伴い，同施行規則が制定され，運用されている。なお，埼玉県をはじめ，ほとんどの自治体で男女平等オンブズパーソン制度の設置が構想されたのは，男女共同参画条例を検討する過程であった。他方，川崎市は，最初に男女平等オンブズパーソン制度の設置が検討され，それが全般的な男女平等条例の検討に拡大した。

　そこで，2000年10月以降，各地の自治体に設置されている男女平等オンブズパーソンや苦情処理機関（以下，あわせて「オンブズパーソン」という）について，設置の条例，施行規則及び要綱，年次報告書等を比較，検討して，

ブズマン」制度を再設計し，市民のニーズにより適合させることも含めて，新たな制度の設置にむけた検討を行い，2000年3月に『「統合的市民オンブズマン制度」の調査・研究〜市民主権の理念にもとづいた川崎市政のさらなる拡充をめざして〜』という報告書をまとめた。同年6月には「川崎市こどもの権利条例検討委員会」が「こどもオンブズパーソン」の設置を求めて提言した。そこで，市は同年7月に「統合的市民オンブズマン検討委員会」を設置し，男女平等，子ども，行政への苦情及び差別事例を受け付ける「統合的市民オンブズマン」制度を2001年度中に設置することを目途に検討が進められた。

第2節　自治体における男女平等オンブズパーソン制度

その意義と課題を明らかにしたい。

第1項　男女共同参画会議における苦情処理機関設置の意見

自治体男女平等オンブズパーソンを検討するにあたって，まず，国における考え方を確認しておきたい。

1　背　景

日本では，以前より，女性運動の活動家たちが北欧等のオンブズパーソンや欧米の国内人権機関の制度を視察し，こうした制度の有用性を紹介してきた。オンブズパーソンは，「護民官」や「代理人」と呼ばれ，施策に関する苦情を広く受け付け，事案の解決を行うとともに，そこで見えてきた行政課題について政府に提言するものである。これが，行政苦情だけではなく，ジェンダーや人種等に起因した差別による社会問題を解決する制度に発展し，さまざまな国で設置された。日本においては，むしろ後者の役割が強調されて，紹介された。これらの活動により，NGOを中心に，オンブズパーソンが，人権侵害事案の解決や男女平等の推進に効果的で，女性市民が利用しやすい，安価，簡易，迅速に問題を解決するADR（裁判外紛争処理制度）であることが広く認識されていた。こうした流れを受けて，国及び自治体が女性・男女共同参画に関する行動計画を策定する際に，市民の代表やNGO出身の有識者からは，制度の導入を検討するようにとの意見がたびたび表明されていた。

しかし，日本にはオンブズパーソンに類似する制度がなく，政府は，自らの施策に対する市民からの苦情や不満に対しては，それを所掌事務として分担して執行した官庁自らが行政不服申立ての制度で対応することを基本としていた。そこでトラブルが解決できなければ，行政訴訟として裁判所の判断を待つことになる。私人間におけるトラブルの事案は，民事訴訟として裁判所の判断を待つことになる。そのために，国は，オンブズパーソン制度の導入には長年消極的であった。法制度上，同制度を行政から独立した第三者機関として設置することが困難であるとする見解も強かった[83]。

第3章　女性に関する人権侵害の救済

　こうした市民意見と行政見解のギャップを埋めて，女性行政におけるオンブズパーソンを実際に設計する突破口になったのが，男女共同参画社会基本法の制定である。

　1996年12月に策定された国の「男女共同参画2000年プラン」には，「男女平等に係わる問題の解決に当たるオンブズパーソンについて，諸外国における活動実態，関連法制，我が国への導入可能性等に関する調査研究を行う」ことが盛り込まれていた。そして，1997年には，総理府委託調査「男女共同参画に関する諸外国の基本法制等に関する調査研究」が実施され，諸外国のオンブズパーソンや人権委員会についての調査も実施された[84]。

　一方，男女共同参画社会基本法の制定過程では，パブリック・コメントで募集した市民意見の中で，男女平等オンブズパーソンの設置を求める意見が多かった。結局，この世論が政府を動かし，同法17条として，「国は，政府が実施する男女共同参画社会の形成の促進に関する施策又は男女共同参画社会の形成に影響を及ぼすと認められる施策についての苦情の処理のために必要な措置及び性別による差別的取扱いその他の男女共同参画社会の形成を阻害する要因によって人権が侵害された場合における被害者の救済を図るために必要な措置を講じなければならない。」という規定がおかれた。すなわち，国は，施策に関する苦情は行政相談委員を中心にした行政相談制度で対応し，性別を起因とする人権侵害には人権擁護委員を中心とした人権擁護制度で対応することを予定した[85]。この法案を審議した参議院総務委員会では，内閣提出法案よりもオンブズパーソン的な構成，機能をさらに強化しようとして，附帯決議で，「苦情の処理及び人権が侵害された場合における被害者救

---

(83)　篠原一・林屋礼二編『公的オンブズマン』（信山社，1999年）16-17頁。

(84)　オーストラリア，カナダ，イギリス，ノルウェー，デンマーク，アメリカ，ドイツ，ベルギー，EUについて，男女共同参画に関する基本法制の把握・分析が試みられた。（財団法人財政経済協会『平成9年度総理府委託調査男女共同参画に関する諸外国の基本法制に関する調査研究〈公務部門〉』（1998年）。財団法人財政経済協会『平成9年度総理府委託調査男女共同参画に関する諸外国の基本法制に関する調査研究〈基本法部門〉』（1998年）。

(85)　第145回国会衆議院本会議会議録35号（1999年6月3日）。

済のための措置については，オンブズパーソン的機能を含めて検討し，苦情処理及び被害者救済の実効性を確保できる制度とすること」とした[86]。なお，自治体の施策に関する苦情については，同法17条に含まれていない[87]ので，各々の自治体が「区域の特性に応じた施策」（同法9条）として，苦情処理機関を設置し，対応することとされた。

　同法の成立を受けて2000年12月に閣議決定された「男女共同参画基本計画」では，以上のような経緯に沿って，「行政相談委員を含む行政相談制度，人権擁護委員を含む人権擁護機関等既存の制度の積極的な活用により，その機能の充実を図ること。また，諸外国における苦情の処理等の取組の現状を把握すること，更にはこうした取組をふまえつつ，必要に応じて我が国の実状に応じたオンブズパーソン的機能を果たす新しい体制について調査・研究を行うこと」が盛り込まれた。男女共同参画会議では，2001年4月に「苦情処理・監視専門調査会」を設置して，その調査検討にあたった。同専門調査会は，2002年4月に論点を整理して『男女共同参画に関する施策についての苦情の処理及び人権侵害における被害者の救済に関する論点整理』を公表し，市民から意見を公募し，同年10月に報告書『男女共同参画に関する施策についての苦情の処理及び人権侵害における被害者の救済に関するシステムの充実・強化について』を男女共同参画会議に報告した。これを受けて，男女共同参画会議は，同日直ちに，内閣総理大臣及び関係各大臣に対し，それを「意見」[88]として具申した[89]。

---

(86)　男女共同参画社会基本法案に対する附帯決議（平成11年5月21日参議院総務委員会）。

(87)　大沢真理「男女共同参画社会基本法の特徴と意義」大沢真理編『21世紀の女性政策と男女共同参画社会基本法〔改訂版〕』（ぎょうせい，2002年）85頁。

(88)　男女共同参画会議『男女共同参画に関する施策についての苦情の処理及び人権侵害における被害者の救済に関するシステムの充実・強化について』（2002年）。

(89)　「意見」についての詳細な検討として，大西祥世「自治体における男女平等オンブズパーソン制度の意義と課題」ジェンダー研究6号（2003年）60-63頁。

2　男女共同参画社会基本法17条の効果

内閣府男女共同参画局は2004年1月に，受け付ける苦情の内容，制度の運営方法，申出られた苦情の処理手順等について解説した『苦情処理ガイドブック』を発行した。

また，総務省は，2003年9月に「男女共同参画担当行政相談委員」制度を設置した[90]。担当委員は全国で182人であり，国民から寄せられる行政相談のうち，男女共同参画に関するものを直接受けるほか，他の行政相談委員への支援・助言等を行うものである。女性センター等で相談にあたったり，行政相談委員の研修会を企画したりする等，今後の活動が期待される。

一方，人権擁護委員については，法務省人権擁護局を中心に制度を見直して強化を図るため，2002年の第154国会に内閣は「人権擁護法（案）」を提出したが，成立せず，改正が立ち遅れている。

なお，苦情処理や人権侵害の相談機関と位置づけられた行政相談制度を周知するための行政相談週間における一日合同行政相談所長の人選について，女性の性を商品化し，性差別を助長すると考えられているミスコンテストの優勝者（ミス○○）を多く登用していたことが，基本法施行の直後に国会で問題とされた[91]。基本法施行前の1998年秋には，62人の一日所長のうち37人が「ミス」であったが，施行後の1999年秋には57人のうち21人となった。2000年秋にはなくなった。17条と関係の深い改善であり，基本法が効果を発揮したほぼ最初の例である。

3　男女共同参画会議「意見」の内容

この「意見」は，男女共同参画の苦情処理についての国の男女共同参画会議の役割，行政相談委員の活用，人権擁護委員及び現在国会等で審議されている「人権擁護法（案）」で設置が予定されていた人権委員会制度との関連を中心に検討している。それとともに，自治体の男女平等オンブズパーソン

---

(90)　総務省・前掲注(46)，17頁。
(91)　朝日新聞1999年7月9日。第145回国会参議院決算委員会会議録閉3号（1999年9月29日）。第146回国会参議院共生社会に関する調査会会議録3号（1999年12月3日）。

制度や女性センターを中心とした相談窓口の機能についても調査，分析している。

「意見」は，自治体の男女共同参画に関する苦情処理機関及び相談窓口について，①条例による男女共同参画に関する専門的な苦情処理機関を設置すべきこと，②全国のすべての市町村に，市民に身近な総合相談窓口を設置すること，その際には，女性センターが中核的な役割を果たすべきこと，③自治体の男女共同参画担当部局と女性センターを中心にして，地域内のさまざまな関係相談窓口との有機的な連携を強化すべきこと，④相談窓口対応者の能力向上のために，研修等に努力すべきこと，⑤地域おける男女共同参画及びジェンダー意識の向上に努めるべきこと，⑥男女共同参画会議が，国及び自治体の苦情処理機関をモニターし，実績にかかわる情報を集約，分析して施策に関する意見に役立たせること，等を主張した。

また，「意見」は，自治体の男女共同参画に関する施策に関する苦情処理にあたる制度については，①男女共同参画に関する苦情や性差別にかかわる個々の事例において，人権侵害と施策の苦情が混在するのを自覚すること，②相談窓口としての女性センターを苦情の受付窓口としても活用すること，③苦情の処理については，自治体の男女共同参画担当を中心とした連携や調整により円滑に行うこと，④こうした機関及びその権限等について条例等で明確にすることにより，実効性を担保できるような苦情処理のしくみを構築することを期待している。

さらに，「意見」は，苦情処理にあたる機関においては，ア）苦情を申し立てることのできる窓口について国民への周知を徹底すること，イ）受付に際して，文書，電話，インターネット等多様な手段を活用できるよう配慮する等，国民が利用しやすい方法を講じること，ウ）迅速な解決を図るよう努めること，エ）受け付けた苦情が処理の途中段階で滞らないように最終段階まで責任を持って対応し，処理結果について申立人に対する説明責任を果たすこと，オ）苦情の適正な処理と国民の信頼性の確保に資するため，処理方針・手続を明確にすること，カ）苦情の受付・処理状況に関する情報を収集・整理すること等により，苦情処理体制の充実を図ることが必要であると指摘している。これは，直接は国の苦情処理システムを扱う部分でなされた

指摘であるが，問題は国も自治体も共通しており，自治体の苦情処理機関もこうした原則にそって苦情処理の手続を進めることが期待されている。

　しかし，「意見」は，市民の要望が強かった男女平等オンブズパーソン制度の導入には消極的である。すなわち，「意見」によれば，苦情処理体制の充実に関しては，まずはこれまでの取組みの推進方策を着実に実施していくことが必要であり，その後，その効果を見極めつつ必要があると認めるときは，国の実情に適した，オンブズパーソン的機能を果たす新しい体制について調査・研究を行うことが課題となるとされている。これは，現行制度による取組みで是として，将来にその機能等を再検討するときに合わせて検討する際に現行制度では十分に機能していないと判断されるのであれば，日本の社会や政府機構に適合する形で，オンブズパーソン的な機能の新しいしくみの調査・研究が課題となる，というのである。すなわち，参議院の附帯決議で表明された新しいオンブズパーソン制度についての検討は先送りするという意味である。

　一方で，「意見」は，性別に起因する人権侵害への取組みについて 1997 年に，法務省人権擁護局が所掌する「人権擁護推進審議会」が設置され，諸外国におけるオンブズパーソン制度や国内人権機関について調査し，新しい人権擁護機関である「人権委員会」の設置を検討したが，その答申[92]をふまえて 2002 年に政府によって「人権擁護法（案）」[93]が 154 回通常国会に提出されたことを指摘して，その帰趨を見守る姿勢を明らかにした。

　「意見」としては，現在の人権擁護委員制度，将来に予定されている人権委員会制度が，男女共同参画の推進に向けて機能するように，委員の人選，研修等についていくつかの提言を行っているが，基本的には人権行政は法務省人権擁護局の所掌であり，内閣府に設置された男女共同参画局や男女共同参画会議は直接に事業を実施する権限を持たないこともあって，全体として消極的な指摘である。これを反映して，「意見」による自治体の人権保護シ

---

[92]　法務省人権擁護推進審議会『人権救済制度の在り方について』(2001 年)。同『人権擁護委員制度の改革について（諮問第 2 号に対する追加答申）』(2001 年)。

[93]　法務省ホームページ (http://www.moj.go.jp/HOUAN/JINKENYOUGO/refer02.pdf)。

第2節　自治体における男女平等オンブズパーソン制度

ステムの評価も具体的でなく，基本的には，都道府県単位で，自治体，国，関係機関等が連携を強化することを主張するにとどまっている。

　自治体はこれまでも，第2章でも述べたように，地域の人権保護について，「自治」と「人権」をキーワードに，自治体固有の事務として独自の取組みを進めてきた。国の人権行政もこうした取組みを否定するのではなく，むしろ法務省人権擁護局サイドは，自治体の人権システムについて好意的で，先進的な制度を持つ自治体は，地方法務局等と十分に連絡を取りつつ地域特性に合わせた事業を展開するよう期待していると思われる。「意見」でも，基本的には同じスタンスであるが，連絡について都道府県単位で男女共同参画担当部局が中心になるべきであると述べている。

4　「意見」によって加速される自治体の動き

　最近は，全国の自治体で，男女共同参画及び男女平等参画，男女平等に関する条例（以下，「男女共同参画条例」という）を制定することが一種の流行のように広がっている。どの自治体でも，市民からは，オンブズパーソンを，行政から独立して運用される第三者機関として設置すべきであるという要望が強く寄せられている。

　こうしたオンブズパーソンでは，いずれも，ジェンダーを起因とする差別や人権侵害の個別事案を解決することをめざしている。さらに，オンブズパーソンの意見表明権の制度等が活用されれば，職域，学校，家庭，地域における制度や慣行の改革が進んで男女共同参画が推進され，ジェンダーにとらわれない地域社会を実現することができる。これまで，自治体においても，国の苦情処理制度を模倣して，施策を実施した部局が苦情に対応して，副次的な効果として改革に役立たせるという「縦割り行政の苦情処理」の傾向が強かった。これに対して，オンブズパーソン制度の立ち上げは，いわば「横串の」苦情処理制度を導入すると言うことである。

　国の場合は，省庁制の壁が厚く，これがなかなか実現しそうにないが，自治体では，地域の規模が小さいので社会の実情が良く見えるし，問題を解決しようとする努力の成果や限界も良く見えるので，自治体に，安価，迅速，簡易，公正な苦情処理システムをつくるべきであるという市民サイドの主張

も理解されやすい。また，自治体は首長制であるから，首長や県政，市政の中枢部分が市民の意見に理解を示して制度化を指示すると比較的容易に実現する可能性もある。これから検討する自治体の事例でも，北海道の堀知事（当時），埼玉県の土屋知事（当時）と坂東副知事（当時）及び斎賀副知事（当時），鳥取県の片山知事，川崎市の高橋市長（当時），横浜市の高秀市長（当時）等の働きも大きかった。

これまで述べたように，国の男女共同参画会議においても，住民に身近な行政を担う自治体のこうした自主的で積極的な動きに対して，大きな期待を寄せている。そして，これまで，各地の自治体で制度化されてきたオンブズパーソンは，地域特性に応じて，その地域や市民が関連する事案に対応するため，解決に向けたきめ細かな相談，調整，支援を行うことができる。こうした先行自治体の制度は，いわば国の望むモデル事業のようなものといえるだろう。

第2項　自治体の男女平等に関する苦情処理，人権保護制度の現状

1　男女平等オンブズパーソン制度の類型

全国で男女平等・男女共同参画条例を制定している自治体は，2005年4月1日現在で，46都道府県，すべての政令市（14市），258市区町村の，あわせて318自治体である[94]。そのうち，同条例によって，男女平等・男女共同参画に関する市民からの苦情や相談[95]についてなんらかのかたちで対応する自治体は258自治体[96]である。なお，以下では，女性・男女共同参

---

[94] 内閣府男女共同参画局『地方公共団体における男女共同参画社会の形成又は女性に関する施策の推進状況』（2006年）。

[95] 各条例における「苦情の申出」，「救済の申出」，「意見の申出」，「相談の申出」，「苦情」，「申出」，「相談」の用語の意味するところは各々異なる。条例ごとに関連資料で確認しないと，誤解する危険がある。

[96] 内閣府男女共同参画局・前掲注(94)によると，2005年4月1日現在で，男女共同参画関係施策についての苦情の処理を行う体制を設置している自治体は，44都道府県，14政令市，258市町村のあわせて355自治体である。ただし，市区町村の場合は，条例を根拠に設置されているかどうかに関わらず，当該自治体が独自に

画行政施策(男女平等・男女共同参画に影響を及ぼす施策を含む)に関する苦情を「施策に関する苦情」,性別に起因する人権侵害事案に関する苦情や救済を「人権侵害事案に関する救済」という。

こうした苦情処理や人権救済を行う制度は設置形態や対応方法別に,①オンブズパーソン型,②委員(会)型,③審議会型,④首長対応型[97],の4つのタイプに分けることができる[98]。このうち,①オンブズパーソン型及び②委員(会)型の制度をあわせて,以下では「オンブズパーソン制度」と呼ぶこととする[99]。

① オンブズパーソン型

オンブズパーソン型は,自治体が,首長から独立した機関として,オンブズパーソンを設置している場合である。市民からの申出先はオンブズパーソンである。受付窓口は,女性センターや担当課内に設置された事務局であるが,他の部局や相談窓口からの紹介,移送もある。申出には,オンブズパーソン自身,またはオンブズパーソンの指示のもとで専門委員が対応する。申出の受理後に調査を行い,その結果は,その事案の解決に向けたオンブズパーソンの助言,意見,勧告等として,公表される。施策に関する苦情の場合は首長を経由して,人権侵害事案に関する救済の場合は申出者や関係者に対して,実施を求めることになる。条例上,自治体は調査に協力し,首長はオンブズパーソンが出した結果を尊重しなければならないので,オンブズ

判断して回答したため,自治体間で状況が異なる。そこで,本稿では,内閣府の調査に「苦情の処理を行う体制がある」と回答した自治体について,各自治体の男女平等・男女共同参画条例を筆者が調査し,集計した。

(97) 以前は⑤相談申出型を加えて5つに分類した(大西・前掲注(62),33頁)。しかし,多くの条例が制定されて④と⑤の異同があいまいになったので④に統合して整理した。

(98) オンブズパーソン型は33自治体(8道県,3政令市,22市),委員(会)型は32自治体(5府県,6政令市,21市町),審議会型は87自治体(24県,3政令市,53市区,7町),首長対応型は16自治体(9県,3政令市,74市区,30町村)である。

(99) 詳細は,大西祥世「自治体男女平等オンブズパーソンの活動と意義」今川晃編『行政苦情救済論』(全国行政相談委員連合会,2005年)279-286頁並びに自治総研336号(2006年)掲載予定の論文を参照のこと。

パーソンの助言，意見，勧告等は最終判断といえる。さらに，個別事案を解決するだけではなく，そのプロセスで発見した改善すべき行政施策の構造的な課題についても，首長に助言や勧告することができる。オンブズパーソンは，行政からの独立性が高く，第三者機関としての位置づけが与えられている。申出を解決するために与えられた権限も大きい。オンブズパーソン型の機関は，効果的な苦情処理及び人権救済制度といえるだろう。

② 委員（会）型

委員（会）型は，申出られた事案について，首長が設置した委員または委員会が市長から送付されたものに対応し，調査し，首長に答申する場合である。申出に関する最終的な決定権者が首長であることが，オンブズパーソン型と異なる。市民からの申出先は首長である。条例では，申出への対応権限や結果に対する首長の尊重義務が，上記のオンブズパーソン型と同様に定められ，第三者機関としての性格が与えられているものもある。しかし，結局は首長が結論を下すことになるため，とくにその自治体施策に関する苦情については，身内に有利な対応となることが懸念される。したがって，第三者機関としての独立性には疑問が生じ，厳密な意味でのオンブズパーソンとはいえないだろう。

③ 審議会型

審議会型は，首長に申出られた事案への対応について，必要に応じて首長が審議会の意見をきくことができるという場合である。このタイプが最も多い。申出先は首長である。この場合，審議会は首長の諮問に応じて単に意見を述べるだけなので，オンブズパーソンとはいえないだろう。

④ 首長対応型

首長対応型は，首長に相談，意見，苦情等を申出ることができる場合である。適切に対応する，または関係機関と協力して助言や指導を行うと定められている場合である。原則として，申出者の話をきくだけで，加害者や関係者に対する調査ができない。相談先としては，女性・男女共同参画担当課既存の女性センターの相談窓口，市民相談，人権擁護委員等が想定されている。市民が困っている場合にその相談に対応するという，自治体としてはいわば当たり前のことを，条例上規定したに過ぎないともいえる。すなわち，通常

の行政苦情の処理と変わらず，これではオンブズパーソン制度とはいえない。

　さらに，オンブズパーソン制度（上記の①，②の類型の 55 自治体）について，検討していきたい。
(1)　条例上の設置規定の有無
　条例でオンブズパーソン制度の設置が規定されているものがほとんどであり，50 自治体である。その他は，条例で苦情を受け付ける必要な体制を整えるとされているもの（京都市，会津若松市，市川市），条例では苦情等に対応するとのみ規定され，要綱や規則によって機関の設置が規定されているもの（大阪府，横浜市）である。
　自治体がつくる制度が，とくに市民間で生じた問題にかかわるときには，強制権限を用いてハードに対応するよりは，むしろ連携と協力のなかで，当事者間の合意やジェンダー問題への理解を形成しながらソフトに解決することが望ましい。その際には，地域の実情にあった理念や原則の説得力が重要なのであって，それが条例にきちんと含まれていれば，説得のツールとして強力なものになる。また，苦情への対応に際しても，条例という法的根拠のある方が，相手方との交渉や関係者の協力を求める際に好都合である。
(2)　受け付ける事案
　施策に関する事案と人権侵害事案についての申出を同一の機関で受け付け，対応するものがほとんどであり，47 自治体である。ただし，施策に関する苦情に限って審議会が対応するものもある（秋田県，市川市）。
　その他は，施策に関する苦情の申出のみ受け付けるもの（福島県，大阪府，鳥取県，大阪市，八潮市，前橋市，足立区），人権侵害事案のみ受け付けるもの（八女市）である。なお，行政一般の苦情に対応するオンブズパーソン（オンブズマン）制度が先行して設置されているもの（北海道，川崎市，八女市）がある。
(3)　申出者
　申出ができる者を当該自治体に在住，在勤，在学する県民，市民及び事業者に限定するところが圧倒的に多い。なお，「何人も」（川崎市），申出者が人権侵害事案に限り，「何人も」（久留米市，那珂川市），「すべての人」（八女

市）として，幅広く申出を受け付けるのが特色である。また，横浜市では，中学生以下は申出できない。特段の事情がない限り，原則として書面を郵送，FAXで送るか，事務局に持参して，申出る。Eメールでの申出を認めるところもある（愛媛県）が，その数は少ない。

(4) 名　称

なお，オンブズパーソン制度の名称は，「苦情処理委員（会）」がもっとも多い（30自治体）。ただし，「苦情処理」という名称では，どのような制度なのかがわかりにくい。そこで，「推進（委）員」（福島県，鳥取県，愛媛県，久留米市），「調整（委）員」（岩手県，高知県，前橋市，葛飾区，江東区），「専門（委）員」（中野区，相模原市，横須賀市，菊池市，八代市，薩摩川内市）としたところもある。また，既存の行政オンブズマン制度との整合性をとるため，あるいは，これまでにない新制度であることを強調するためか，「オンブズパーソン」（川崎市），「オンブーズ」（目黒区），「オンブッド」（武生市）としたところもある。川崎市は市行政への苦情を処理する「市民オンブズマン」が1990年から先行して設置されているので，オンブズパーソンとオンブズマンの両方を併用している。制度を検討した「川崎市統合的市民オンブズマン検討委員会」での議論では，同委員会の会長である篠原一東京大学名誉教授により，「機能はオンブズマン，名称はオンブズパーソン」と整理された。

2　申出受付から問題解決までの処理の流れ

国も言うように，申出受付から問題解決までの流れは制度設計の上で重要である。男女共同参画会議の意見では，受付窓口を周知徹底，多様な申出手段の活用，迅速な解決，処理結果に関する説明責任の実行，処理方針・手続の明確化，苦情処理体制の充実等の必要性が指摘されている。こうした苦情処理の手続のあり方に関する男女共同参画会議の意見は，直接は国の苦情処理に関するものだが，こういう問題は国も自治体も共通している。

すなわち，オンブズパーソン制度は，安価で，簡易に，迅速な解決が得られることと，解決には申出者，相手方，関係者にとって公正な手続が確保されていることが最も重要である。こうした観点から，ここでは，先行して制度が設置された北海道，埼玉県，鳥取県，横浜市，川崎市について，主とし

第2節　自治体における男女平等オンブズパーソン制度

て申出から解決までの流れと対応原則によって類型化して分析した。

　北海道では，苦情処理委員の事務局は道庁内に設置されている。申出は本庁の男女平等参画推進室及び北海道内に14ヶ所ある各支庁への持参，郵送，FAXで受け付ける。申出事項に当たるかどうかは，事前に男女平等参画推進室に相談があれば事務局が相談に応じる。事前に相談がなくただちに申出書が提出された場合は，そのまま受け付け，苦情処理委員が申出事項に当たるかどうかを判断する。申出があると，事案を担当する委員が電話等で申出者から事情をきき，助言を行う。

　埼玉県では，苦情処理委員の事務局は県庁内に設置されている。申出は持参，郵送，FAXで受け付ける。申出事項に当たるかどうかは，事前に男女共同参画課に相談があれば事務局が相談に応じる。事前に相談がなくただちに申出書が提出された場合は，そのまま受け付け，苦情処理委員が申出事項に当たるかどうかを判断する。申出があると，事案を担当する委員1人と専門員1人が調査を実施し，判断するが，重要事項は委員の合議で決定する。

　鳥取県では，推進員の事務局は同県男女共同参画センター内に設置されている。申出は持参，郵送，FAX，電子メールで受け付ける。申出事項にあたるかどうかは，北海道，埼玉県と同様に，事前に相談があれば事務局が相談にのるが，基本的には推進員が判断する。推進員は，申出があると「男女共同参画推進員会議」を開催する。推進員は独任制であるが，当分の間は合議によって申出を審査し，判断する。

　川崎市では，人権オンブズパーソンの事務局は同市男女共同参画センター内に設置されている。事務局は，人権オンブズパーソンの管理運営のみを担当し，事案の判断にはかかわらない。申立ては持参，郵送，FAXで受け付ける。ただし，申立前に電話や面接による相談を広く受け付ける。人権オンブズパーソンか専門調査員が相談者との面接相談に臨み，この段階で終了することもある。さらに，相手方にも接触して対応する場合は，人権オンブズパーソンへの申立てが必要である。申立ては人権オンブズパーソンが単独で判断するが，重要事項は合議で決定する。

　横浜市は，「男女の人権相談室『性別による差別等の相談』」の運営を，財団法人横浜市男女共同参画推進協会に委託し，事務局は「男女共同参画セン

ター横浜（同市男女共同参画拠点施設）」内に設置した。申出は，郵送，FAXで受け付ける。申出事項に当たるかどうかは，北海道，埼玉県，鳥取県と同様に，事前に相談があれば事務局が相談にのる。申出は，専門相談員が検討し，その結果を所見にまとめて市長に提出し，調査するかどうかについては横浜市長が最終的に判断することになる。調査の実施が決定されると担当の専門相談員が調査を行い，それをもとに専門相談員全員の所見をまとめて市長に提出する。申出に対する結果は，市長が決定する。つまり，横浜市は市長が申出を処理するため，市から独立した第三者機関とはいえない。

　オンブズパーソン制度は，申出者にとって，安価で簡易に迅速な解決を得られる点が特徴である。以上のように各制度を検討すると，安価であるかどうかは，どの自治体でも無料で申出ることができるため，自治体間の差異はない。ただし，都道府県単位の制度では，オンブズパーソンとの面接のために事務局まで出向く交通費の負担が大きいように思われる。鳥取県では，申出者の交通費の負担を軽減するため，推進員が申出者との面接のために近くまで出向いて調査を行っており，こうした工夫は注目できる。簡易であるかどうかは，自治体間の差異はほとんどない。迅速かどうかは，川崎市の制度が優れている。同市では，オンブズパーソン，専門調査員の活動日が多く確保されており，よりきめ細かく相談や調査を行うことができるためである。川崎市の制度が最も複雑なように見えるが，実際には最も迅速な対応が取られている。

　公正な手続の確保という観点では，施策に関する苦情に対しては，事務局を役所の外においている川崎市，横浜市がわかりやすい。ただし，横浜市は申出先が市長であり，事案の処理を行う権限は市長にあるため，実質的な公正さが確保されているかどうかは疑問がある。私人間の事案では，相手方に接触しない北海道と鳥取県は比較できない。埼玉県，川崎市，横浜市では，相手方に調査協力を依頼し，申出者，相手方の双方から事情をきいて，対応しているため，公正さは確保されているといえるだろう。

第3項　地域特性に応じた自治体男女平等オンブズパーソン制度の意義

1　条例で設置する効果

　これまで各地で取組まれてきた女性行政の目的は，女性の人権の確保や男女平等推進であった。その立ち上げの当初から，この目的を「絵に描いた餅」にするのではなく，いかにして実効性を確保するかが大きな課題である。また，地域の女性市民の要求と希望に沿うことが，制度立ち上げの大前提である。

　そこで，自治体は，ジェンダーの問題に対応する専管組織の設置，女性行動計画の策定，予算の配分，女性センターの設置，条例の制定等を行ってきた。とくに，女性センターの設置にともない，女性の問題に特化して対応する相談窓口を開設したことは，地域で問題を抱えている女性たちの相談に直接対応するとともに，その解決を支援するようになった。実際に，各地の窓口には多くの女性が相談に訪れ，この制度が女性の要求に応えるものであったことが立証された。

　また，相談に応じることから発展して，職域，学校，地域，家庭に潜在化していた問題が明らかになったり，その中から行政の課題を発見することにもつながったりもした。そうした市民のニーズに対応して，雇用差別，セクシュアル・ハラスメント，DV，ストーカー等への対策も施策化された。

　こうした過程の中で条例を制定することは，まずなによりも，市民，議会も巻き込んだ地域全体としての男女共同参画の定義や女性行政の推進に関する基本理念を示すことになる。性別による差別や権利侵害とは何かを明らかにし，女性行政推進の指標とすることにもなる。自治体がつくる制度がとくに市民間の問題にかかわるときには，地域の実情にあった理念や原則が条例にきちんと含まれていることが重要である。

　そもそも，オンブズパーソン制度においても，それを条例で設置したところは，行政として法的根拠を確保して行うため，市民にとってもわかりやすい制度になっている。比較した自治体では，制度発足以前には相談する場所がなく行き場所のなかった問題が，オンブズパーソンに寄せられるように

なっている。また，苦情への対応に際しても，条例という法的根拠のある方が，相手方との交渉や関係者の協力を求める際に好都合である。

ただし，ここで比較した自治体のうち，横浜市について特記しておかなければならない。横浜市の条例では「市長に申出ることができる」となっている。通常，このような条文の場合には，既存の相談や苦情処理手続に載せるという意味になり，専門の制度を設置するところは少ない。しかし，横浜市では，条例制定過程における市民意見等をふまえて，新しい機関を設置することになった。現在は，市は，苦情処理にかかわる事務を財団法人横浜市男女共同参画推進協会に委託しており，同財団と，相談事案に対応する「専門相談員」の熱心な活動によって，他の条例設置のオンブズパーソンと同じように，またはそれ以上に活用されるようになっている。条例設置ではないので，将来には，基盤も権限も他自治体に比較して弱いことからの悪い影響も危惧されるが，今のところは深刻な問題は生じていない。

2　市民に親しまれる制度
(1)　事務局の設置場所と機構上の位置づけ

オンブズパーソン事務局は，市民がこの制度の独立性や公正さを判断する最も重要なポイントである。自治体のオンブズパーソンは，地方自治法上，自治体から完全に独立した第三者機関とすることはできない。そこで，通常は地方自治法138条の4第3項で附属機関として設置され，場合によっては，同174条の専門委員とされることもある。その場合，事務は同法202条の3第3項で自治体が扱うことになる。こういう地方自治法が包含する内在的制約のなかで，各自治体とも，自治体の機関であっても，実質的に首長からの独立性を確保することが申出者の信頼を獲得するためにも必要であるとして，そのための工夫をしている。たとえば，事務局の設置場所である。

各自治体とも，条例上は事務局の場所について触れておらず，運用に任されている。事務局を，行政の役所内に設置しているところと，女性センター等の役所の外に設置しているところがある。場所も機構上の位置づけも，運用上役所の外に設置している川崎市，横浜市では，他に比べて圧倒的に相談や申出件数が多く，これが，制度が市民に受け入れられるポイントであるこ

とがわかる。

　このように，その場所や機構上の位置づけは，市民にも敏感に察知される。申出を受け付ける事務局を役所の外に出すことの必要性は，先ほど述べたように，公正さを確保するとともに，直接行政に相談にいくのは敷居が高いという市民意識が強固に存在するからである。また，役所の外に事務局を置く場合，女性センターにおくことがふさわしいとされた理由は，制度を多く利用する女性にとって安心してアクセスしやすく，地域の女性にとっては身近なものであることが考えられる。さらに事務局職員が他の行政事務との兼務ではなく，オンブズパーソンに特化した事務局であるため，申出者にとっても，役所とは別機関との認識をもつことができ，結果として敷居が低くなること等が考えられる。

(2)　専門調査員の設置

　オンブズパーソン制度が機能的に運用されるためには，申出に関する相談や調査を行う専門調査員の設置が重要である。申出者は，男女共同参画会議の意見でも分析されているように，自分の主張が正当性をもつものなのか，果たしてこのような訴えをしてもよいのかどうか疑問を感じていることもあり，または訴えそのものが申出者自身で整理されていない場合もある。申出者はこうした不安を感じていることが多い。その場合，訴えの内容を，申出者の立場にたって聞き取り，どのように解決するのが最善なのかをともに考えることが重要である。その役割をもつのが専門調査員である。

　一方，オンブズパーソンはその高い専門性と権威のため，申出者にとっては近寄りがたい存在になっている可能性もある。オンブズパーソンのほかに，申出の聞き取りや調査をする専門調査員を設置しているのは，埼玉県，川崎市である。埼玉県では，弁護士や女性問題の専門家が任命されている。川崎市では，カウンセラーや看護師が任命されている。専門調査員は，それぞれの専門的な立場から，申出者に寄りそった対応をとることができる。こうした対応の違いが，申出件数の多寡のちがいを生じる理由の一つになっていると思われる。

　専門調査員については，条例上で基本事項を定めておくことが望ましいが，多くの自治体では，条例上の位置づけはなく，運用に任されている。専門調

査員を,地方自治法174条3項の専門委員としているところと,地方自治法上の機関ではないところがある。川崎市では,専門調査員は同条の専門委員であり,その権限に属する事務に関し必要な事項を調査する。埼玉県では,地方自治法上の機関ではなく,苦情処理委員の職務を補助している(埼玉県男女共同参画推進条例施行規則3条1項)。両者の位置づけによる役割のちがいは今のところはほとんどないが,運用上オンブズパーソンとともにより高い独立性を確保するのであれば,地方自治法上の機関であることが望ましいだろう。

(3) 個人情報の保護

オンブズパーソン制度が市民に広く受け入れられ,信頼されるには,プライバシーの絶対的な保護という点もポイントである。苦情を申出たり,人権侵害の救済を第三者に相談したりすると,申出た際の二次被害や,相手方に情報が漏れたことによる嫌がらせ等,不利益を受ける可能性が高い。人権侵害の被害者が地域に沈潜するのは,こうして苦情の申出等で身元を明らかにすることによるさらなる被害を恐れるからである。そこで,各自治体とも,苦情申出者のプライバシーの保護には最大限の配慮を行っている。

具体的には,鳥取県で「職務上知り得た情報をみだりに他人に知らせ,又は不当な目的に使用してはならない」とされている(鳥取県条例26条2項)。川崎市では,「人権オンブズパーソンは,相談又は救済の申立てを行った者に不利益が生じないように,当該相談又は救済の申立てに係る事案の特性をふまえ,その職務を遂行しなければならない」(川崎市人権オンブズパーソン条例4条3項),さらに「職務上知ることができた秘密を漏らしてはならない」(同9条)と定められている。なお,条例上の定めがない自治体でも,規則や要綱レベルにおいてオンブズパーソンの守秘義務について定めている。

こうした対応は,今後も,自治体の条例で明示しておくことが望ましいといえる。

第4項 男女平等オンブズパーソン制度の運用の成果と課題

これまで,オンブズパーソン制度の類型,手続の流れ,制度上の特色を概

観してきた。そこで，以下では，これまで比較したオンブズパーソンの実際の活動及び申出の内容と対応について，年次報告書と聞き取り調査をもとにまとめたい。そこから，オンブズパーソン制度の成果，すなわち，自治体オンブズパーソン制度の比較優位性が明らかになっていることと，オンブズパーソンによる非権力的な解決の手法が今後の制度設計，運用の参考になる価値が高いことを確認し，また，いくつかの未解決の課題を整理，検討することになる。

1　申出の内容と対応

各オンブズパーソン制度への申出の内容とその対応は，次のとおりである。

第一に，教育委員会が所管する事項に関するものが，地域を問わず多い。小・中学校や高等学校の女子生徒の制服にスカートだけではなくズボンを選択できるようにして欲しいというもの[100]，女子の体育着をブルマーからクオーターパンツに変更して欲しいというもの[101]，混合名簿を導入して欲しいというもの[102]，教職員の管理職への女性登用促進を求めるもの[103]等がある。

たとえば，県立高校の出席簿を男女混合にすることに積極的な姿勢を示さない教育局への苦情で，積極的に学校現場への指導を望む申出[104]は，合議

---

(100)　埼玉県男女共同参画苦情処理委員『平成14年度埼玉県男女共同参画苦情処理年次報告書』（2003年）。東京都足立区『平成15年度男女共同参画に関する苦情申出の状況』（2004年）。同中野区『平成15年度男女平等に関する苦情等の申出状況』（2004年）。福岡県久留米市『平成15年度の運用状況』（2004年）。福岡県飯塚市男女共同参画オンブズパーソン「苦情等申出に係る通知」（2006年）等。

(101)　東京都中野区『平成14年度男女平等に係る苦情等の申出状況等について』（2003年）。

(102)　埼玉県男女共同参画苦情処理委員『平成13年度埼玉県男女共同参画苦情処理年次報告書』（2002年）。名古屋市『男女平等参画苦情処理制度平成14年度年次報告書』（2003年）。久留米市・前掲注(100)。

(103)　岩手県男女共同参画調整委員『男女共同参画に関する苦情及び相談の申出事案の状況』（2004年）。大阪府『男女共同参画施策苦情処理制度の受付・処理状況平成14年度』（2003年）。兵庫県男女共同参画申出処理委員『平成14年兵庫県男女共同参画申出処理制度年次報告書』（2003年）。

により教育局指導部指導課長へ意見表明をし，教育局から混合名簿の導入について措置報告された。公立小中学校の女性管理職登用に関して[105]は，公立小中学校の女性管理職の割合を20％の目標が早急に達成できるように努め，市町村教育委員会へのさらなる働きかけにより，女性教員のとくに教頭選考の受験者を増やす取組みを行うこととされた。

第二に，自治体が発行するパンフレットやちらし等に，性別役割分担を固定化する表現があるので是正して欲しいというものである[106]。たとえば，県とNGOとの共催事業のちらしが，性別役割分担意識を与えることを危惧するという申出[107]については，合議により知事へ，今後のちらし作成では条例の趣旨を徹底すること，県が行う広報に男女共同参画の趣旨が適切に表現されているか検討・確認すること等を助言した。これを受けて，県は，行政広報物ガイドラインを作成した。

第三に，女性の登用促進を求めるものである。自治体の職員で管理職への女性の登用促進を求めるもの[108]や，審議会委員で女性委員の数が極端に少なかったり，ゼロであったりした場合の改善を求めるもの[109]である。

第四に，DV施策の充実や対応の改善を求めるもの[110]である。

---

(104) 埼玉県・前掲注（102）。

(105) 大阪府・前掲注（103）。

(106) 埼玉県・前掲注（100）。鳥取県男女共同参画推進員『平成13年度処理状況』（2002年），同『平成15年度』（2004年）。名古屋市・前掲注(102)。福井県武生市（現越前市）オンブッド『武生市男女平等オンブッド活動報告2』（2004年）。久留米市・前掲注(100)。

(107) 鳥取県男女共同参画推進員・同上（2002年）。

(108) 名古屋市・前掲注(102)。東京都目黒区男女平等・共同参画オンブーズ『平成15年度男女平等・共同参画オンブーズ年次報告書』（2004年）。福岡県行橋市男女共同参画苦情処理委員『平成16年度行橋市男女共同参画苦情処理年次報告書』（2005年）。

(109) 東京都中野区・前掲注(100)。大阪府豊中市男女共同参画苦情処理委員会『豊中市男女共同参画苦情処理委員会年次報告書平成15年度』（2004年）。行橋市・同上。

(110) 鳥取県・前掲注(106)(2002年)。愛媛県男女共同参画推進委員『推進委員だより2』（2003年）。財団法人横浜市女性協会『財団法人横浜市女性協会事業報告

第 2 節　自治体における男女平等オンブズパーソン制度

　その他，女性に参加を限定した講座を，男女がともに参加できるように求めるもの[111]，公的書類における性別欄の削除を求めるもの[112]等があった。
　これらの申出は，申出の要望のとおりに改善された。
　その一方で，要望のとおりに改善されなかったものには，県立高校の男女別学制の廃止と共学化の導入を求めるもの[113]，市営地下鉄の女性専用車両の廃止を求めるもの[114]がある。県立高校の別学廃止と共学化の導入については，申出の趣旨のとおり委員が県教育委員会委員長へ勧告を行ったが，県教委は勧告を検討した結果，当面は現状を維持し，早期の共学化は導入しないとの報告があった。女性専用車両は，委員による調査の結果，男性差別には当たらないとされた。

　以上のように，施策に関しては，女性センター，自治体の広報物，学校，クラス編成，制服，教員登用に関するものが多かった。DV に関するもの，広報物に関するもの，制服に関するもの等については，申出のとおりに改善された事案が多かった。しかし，男女別学制度の撤廃等，条例の改正が必要な事案については，申出のとおりにオンブズパーソンから自治体に対して助言や勧告が行われたものの，結果としては改善されない事案もあった。
　他方，人権侵害事案に関する申出については，セクシュアル・ハラスメント，DV に関するものが多かった。また，女性の参画促進に関する申出は，施策への苦情，人権侵害への救済にかかわらず，多かった。ただし，プライバシーを保護する立場から，人権侵害に関する申出の結果が公表されていない自治体が多い。しかし，各報告書からも，セクシュアル・ハラスメントでは，調査を行ったことで相手方の理解が得られたり，雇用均等室を紹介する等，改善の方向がよみとれる。DV についても，配偶者暴力相談支援セン

　　書平成 14 年度』，同『15 年度』（2003 年，2004 年）。久留米市・前掲注(100)。
(111)　神戸市『神戸市男女共同参画申出処理制度平成 16 年度年次報告書』（2005 年）。
(112)　堺市『苦情相談処理制度の報告（平成 16 年度）』（2005 年）。
(113)　埼玉県・前掲注(100)。
(114)　名古屋市・前掲注(102)。神戸市『神戸市男女共同参画申出処理制度平成 15 年度年次報告書』（2004 年）。

ターや家庭裁判所を紹介する等，これも申出者にとっては解決の方向性が示されているようである。一方，国の行政機関や警察にすでに相談しているということを理由に，制度の対象外，管轄外とされるケースもあった。その他，性別による差別にはあたらないとされたのは，映画館のレディースデー等がある。

このように，いずれも既存の相談機関では把握していなかった事例が，オンブズパーソン制度に申出られ，対応されていることがわかった。

2　発意調査

申出られた事案に対応する過程で発見した問題点について，新たな申出を待たず，自己の発意によって調査を行うことができ，その結果意見を表明する権限が付与されているのは，川崎市，越前市，久留米市である。これを「発意調査」という。

川崎市では，学校や市児童相談所における対応等，子どもの人権に関する発意調査が行われているが，男女平等に関するものはまだない。越前市は，オンブッドによる発意調査の結果を受けて，市営住宅の入居資格緩和，男女共同参画センターへの専門相談員の配置，セクシュアル・ハラスメント防止のための市職員服務規程の改正と周知徹底，審議会等委員の女性割合の改善等に取り組んだ。久留米市では，2003年度に，男女平等政策室の職員配置に関する発意調査が行われた。市は，これを受けて，室員が男性のみであったのを改善し，女性職員を配置した。このように，越前市のオンブズパーソンの発意調査への取り組みは活発である[115]。

3　自治体の比較優位性

これまでの自治体の制度やその運用実績を見ていると，裁判所や国の同種の制度には期待できないようなメリットが感じられる。いわば，自治体オンブズパーソンの比較優位性といえる。

---

(115)　これらの発意調査の状況については，川崎市人権オンブズパーソン『平成16年度報告書』(2005年)，武生市・前掲注(106)，久留米市・前掲注(100)。

第 2 節　自治体における男女平等オンブズパーソン制度

(1)　総合的な対応への能力

　自治体のオンブズパーソン制度は，厳密にいえば行政から独立した第三者機関ではなく，知事や市町村長等，首長部局の一つである。これは，オンブズパーソン制度の弱点であるが，別の点では有利な条件でもある。

　これまでくりかえし指摘してきたように，自治体は首長制であり，トップの指揮監督が自治体の隅々にまで及びやすい。こうした組織の横断性をうまくいかせば，事案の総合的な解決の機会が多いことにもなる。たとえば，知事や市町村長への手紙等の既存の広報広聴機能，市民相談窓口，福祉や外国人施策における相談窓口等，当事者の声を聞き取る入口が多く確保されていることも注目されている。今日の自治体では，市民が何らかの相談を持ちかける自治体の窓口は，1つの自治体で数10ヵ所から，時には100ヵ所を超えることもある。こうした窓口が相互に連携すれば，地域における人権侵害や差別は，相当程度まで浮上させることができるし，オンブズパーソンから見れば貴重な連携の相手先となる。

　また，女性はその国籍，障害の有無，出身地，年齢，結婚，子どもの有無等を理由に，複合的なより重い差別を受けることもある。すなわち，外国籍女性，障害者女性，被差別部落出身女性，高齢者女性，非婚や離婚した女性，シングルマザー等に対する複合差別である。こうした差別は，住宅，労働等さまざまな生活分野で生じているため，自治体が実施している福祉行政，労働行政，人権行政等を横断的に活用すれば，申出者がかかえる問題をトータルに解決することにつながると思われる[116]。自治体は，これまで女性センターの相談事業の成果を生かすことができる。すなわち，相談のことがらを行政の所掌ごとに分類せず，相談者の問題にトータルに向き合うことができるという優位性である。

　このように，生活の場での問題をきちんと把握して対応するのは，国よりも自治体のほうがはるかに有用である。自治体のオンブズパーソンには，こ

---

(116)　自治体は，これまで女性センターの相談事業の成果を生かすことができる。すなわち，相談のことがらを行政の所掌ごとに分類せず，相談者の問題にトータルに向き合うことができるという優位性である。須藤八千代ほか『相談の理論化と実践』（新水社，2005年）56頁。

うした制度上の比較優位がある。また，出口にあたる自立支援等の施策の複合的な展開は，複数の部局間の連携，協力によって，事案の総合的な解決が可能になる。この点は，国の省庁制の厚い壁で区別されないで済むという，自治体制度の比較優位のポイントである。

　また，これまで国や自治体で設置されていた苦情処理制度においては，先に述べたように申出に関する施策を担当した部局が苦情に対応することが目的であり，副次的な効果として行政改革に役立たせる「縦割り行政の苦情処理」の傾向が強かった。ここでは，行政の苦情を申出た者の問題解決は本来の目的ではなく，いわば反射的利益であった。オンブズパーソンの目的は，申出られた事案の解決である。その解決を通して，行政の課題を発見することがある。発見した課題は，勧告や意見表明等により表明される。いずれの自治体でも，とくに施策に関する苦情については，オンブズパーソンからこうした意見が提出されたときには，それが後に改善の実施状況について報告しなければならない「勧告」ではなく，単なるオンブズパーソンの意見である「助言」であっても，その意見を真摯に受けとめ，早期の施策の運用改善につながった例が多かった。オンブズパーソンを設置した成果には，先にも述べたが，市民が抱えている個別の問題の解決を試みる中で見えてきた地域や自治体の構造的なゆがみの是正がある。こうしたオンブズパーソンのもつ政策提言機能は，期待通りに働いているように見える。

　(2)　利用促進によって地域課題を発見する能力

　オンブズパーソンの設置は，それの広報努力とも結びついて，比較的に短期に，地域の住民に周知，理解される。それが，正確な内容の理解に達しているかどうかは別として，市民，とくに女性市民が，自分たちの味方ができたという程度の漠然とした認識をもっただけでも，当事者本人はもちろん市民一般のジェンダーの問題に関する認識を高め，問題の発掘を促進することになり，効果が発揮されたと考えてよいだろう。そのためにも，自治体による制度の広報は重要である。

　先に述べた国の男女共同参画会議の意見のように，男女共同参画に関する問題は，長年にわたる固定的な性別役割分担意識の浸透等により，苦情として顕在化されにくい。国が将来，性による人権侵害を救済する新しい制度を

立ち上げて広く人々に理解してもらうには，相当の努力が必要である。さらに，制度の開設時の広報だけでは，制度を知る人の割合は増加するが，それを信頼して活用する市民の増加には結びつきにくい。その点では，自治体のオンブズパーソンであれば，顔と顔の見える距離にある信頼感を生む制度となりうる。市民の理解や啓発は，国の場合と比べてはるかに有利に促進されるだろう。実際，オンブズパーソンの関係者からは，これまでどこにも相談したことがない女性が初めて外部に相談する契機になったという事例も見受けられた。

また，オンブズパーソン制度は，施策に関する苦情でも私人間の事案でも，その行為の違法性や合法性といった裁判のように厳格な要件を求める観点からではなく，当事者の置かれている弱い立場や地域の男女平等推進という観点から調査され，判断される。そのため，これまで他に申出先がなかった苦情や誰にも相談できなかった悩みを受けとめ，解決につなげることができる。したがって，これまで見過ごされてきた問題の顕在化と改善につながっていると思われる。

また，各地のオンブズパーソン制度を比較すると，申出や相談件数の多寡がわかる。それに決定的に影響しているのが，いつでも相談できる窓口の有無である。この点は，川崎市，横浜市，豊中市の制度が優れている。対応できる日程を確保できるかどうかは，予算との関係であるが，夜間や週末にも受け付けることで，相談や申出が多く寄せられている。

(3) 施策への苦情と人権侵害を連携させて対応する能力

市民からの相談では，申出書の様式に近いように整理されたものは少なく，その人の抱える生活や仕事の上での諸問題が一斉に吹き出したような相談が多い。そこで，相談の入口から，オンブズパーソンが当事者とともに問題を整理していくことが必要となる。すなわち，単に相談を受け付けるだけではなく，そこから問題を発見して制度に引き寄せる役割をもつ「インテーク」の機能をもつ相談窓口となることが重要である。オンブズパーソン制度の枠組みの中に，新たにインテークの機能をもった受付窓口を設置した川崎市，横浜市では，相談も申出も件数が多く，制度がよりよく活用されている。一方，こうした視点は，既存の相談窓口には十分ではない。既存の女性セン

ターや市民相談といった相談窓口で対応している自治体の場合には，相談員が申出制度を十分に熟知していないからか，担当部局が異なるからか，オンブズパーソン制度の利用にはつながりにくいものが少なくないようである。

また，現実の相談窓口では個々の人権侵害における被害者の救済という側面と施策についての苦情という側面が渾然とした形で出てくることも多い。さらに，施策に対する苦情では，それが国の施策なのか，都道府県の施策なのか，市町村の施策なのか，区別をすることは難しい。そこで，どのような苦情でも受けとめられる体制，すなわち両事例を同一機関で扱うことのメリットが考えられる。実際，川崎市では，私人間の事案として申立てのあった事項について，地域の行政資源も活用して事案の解決にあたった。

オンブズパーソンに相談及び申出られた事案は，これまでの法務省人権擁護局，地方法務局，人権擁護委員を中心とした人権救済制度や総務省の行政相談委員制度では，相談が寄せられず，把握できなかったものである。男女共同参画会議の「意見」でも，既存の救済機関や相談対応者が男女共同参画の視点を持つことの必要性が述べられているが，それはまだ十分には実現されていない。その点では，地域にオンブズパーソンがいると，広く申出を受け付けるだけでなく，ジェンダーに敏感な視点で申出に対応することになり，既存の行政窓口でも，以前は見過ごしていた問題についても取組むようになる変化が期待される。

さらに，具体的に問題を解決する過程では，地域における性別に起因する差別や申出に関係する行政施策の縦割構造に否応なく直面する。その結果見えてくる，行政で取組むべき課題を首長に助言や勧告という手段で伝えることで，地域における総合的な男女平等の推進にも貢献している。

(4) 当事者性を確保する能力

申出事案の解決にあたっては，申出者からだけではなく，公正さを確保する意味からも，関係者（加害者を含む。以下同じ）からも話をきき，対応することが求められる。オンブズパーソン制度では，自治体の施策や施設，教職員にかかわる苦情に関する申出の場合は，関係者とは当該自治体であるため，当然，調査に応じる義務がある。他方，私人間の事案に関しても，申出者以外の関係者へ，資料の提出及び説明を求めたり（埼玉県男女共同参画推

進条例13条4項），必要があると認めるときは，調査を行ったり（横浜市男女共同参画推進条例10条3項）することができる。関係者の調査協力義務が条例上定められている自治体もある（川崎市，横浜市）。実際には，相手方から協力が得られない場合も若干あるが，おおむね協力は得られているということである。

　調査の方法は，各制度の運用によって異なる。「関係者に対し質問し，事情を聴取し，又は実地調査をすること」と考えられている自治体もある（川崎市人権オンブズパーソン条例21条1項）。実際には，関係者を何度も訪問して聞き取り調査を実施する場合もあれば，事務局が準備した書類を調査するのみの場合もある。相手方への調査というと，やや権力的な意味と理解されることもある。しかし，この権限が条例上，オンブズパーソン制度に与えられていないと，結局は自己規制をしてしまうのか，申出者への調査と助言のみをもって対応を終了してしまいがちで，申出者の求める解決に結びつかないことが多い。相手方と話し合い，理解と説得によって問題を解決することができることが，オンブズパーソン制度の大きなメリットである。

4　非権力的な解決の成果

　各自治体のオンブズパーソン制度は，普通は，その自治体の苦情に関する申出についての調査応諾義務を定めている。一方，私人間の紛争について，強制的な調査権限をもたず，申立ての相手方や関係者に調査協力を求め，申出者と相手方との間に入って「あっせん」や「調整」を行い，双方の理解と合意のもとで事案を解決する手法をとる。こうした柔軟で，「強制権限がない」という特色は，実効性の確保という観点からは，一見すると弱点のように見える。この点について，制度をこれから設計しようという自治体には，相手方から協力がない場合にオンブズパーソンが機能しないのではないかという迷いがあるようである。

　強制権限を持つ方が効果的と考えられることもあるが，自治体は市民を取り締まったり，罰を科したりすることには極めて消極的であるので，結局は利用されない権限となる。実際には，説得力を活かした解決方法の方が事案の解決に効果的である。こうした非権力的な解決方法は，地域でジェンダー

問題に取組んでいるNGOや女性センター，労働問題に取組んでいる労働センター等でも行っており，地域で生じた人権侵害事例等の解決や救済に実質的に結びついてきたという実績がある。こういう事情もあるので，比較した自治体でも条例上，私人間の事例に関するオンブズパーソンの強制的な調査権限は認められていない。その背景には，事務局や専門調査員が，調査前に相手方に制度を十分に説明し，制度の目的が理解されるように努力しているからであろう。これは，地域における性差別をなくし，男女平等のまちづくりを推進することに大きく貢献していると思われる。

他方，人権オンブズパーソンが協力要請を行ったにもかかわらず，相手方である当該事業者が正当な理由がなく要請に応じない場合は，市長に対しその旨を公表することを求めることができるようにしている例もある（川崎市人権オンブズパーソン条例22条2項）。市長は，公表を求められた場合は，あらかじめ当該公表に係る事業者に意見を述べる機会を与え，その内容を公表することができる。この場合において，市長は，人権オンブズパーソンの意思を尊重しなければならない（同22条3項，4項）。このように，川崎市では条例においてオンブズパーソン制度の実効性の確保に努めているが，現在のところ同条を適用した例はない。申立てに対応する中で相手方にオンブズパーソン制度を詳しく説明することで，積極的に協力が得られているからである。

なお，このような説得中心の非権力的な手法では解決できない悪質な事案や管轄外の事案は，警察やDVセンター，都道府県労働局等の他機関へ紹介することになる。したがって，オンブズパーソン制度と他機関との密接な連携が問題解決の鍵となる。連携がなければ，結局は相談の「たらいまわし」となり，相談者が抱えている問題は再び潜在化することになる。実際，条例の施行からオンブズパーソンの発足までの1ヶ月間に，市の機関はもちろん，地域のNGO，国や県の機関に出向き，制度の説明をして，他機関との実質的な連携の確保に努めた川崎市の例も注目される。こうした他機関との連携の構築が，オンブズパーソン制度の理解と普及に役立ち，相談者から信頼されることにつながっていると思われる。

5 今後の課題

先に述べたように,自治体で地域や家庭に沈潜していた問題が,オンブズパーソン制度によって顕在化し,それぞれの相談者が抱えていた問題の解決に貢献していることがわかった。しかし,制度を運用していく上で,いくつか課題も見えてきた。その主なものは,次の三点であると思われる。

第一に,各地のオンブズパーソンでも,実際の申出件数が少ない。各自治体とも,予想よりもかなり少ないといえるだろう[117]。

申出件数が少ないのは,地域に問題がないのではなく,単に問題を掘り起こして顕在化するに至っていないということである。それにはいくつか理由があると思われる。オンブズパーソン制度の事情に明るい自治体職員からは,その理由としてたとえば,制度のPR不足による認知度の低さ,「苦情処理」という言葉のなじみのなさ,市民が「お上意識」のように行政に対して苦情を言うことに対する抵抗感や苦情を申出ると何らかの不利益を蒙るのではないか,または秘密が守られないというおそれをもっていること等が考えられていた。

どのようにすれば,地域に沈潜している問題を掘り起こすことができるだろうか。その方法はいくつか考えられるが,NGOの経験に学ぶことがあるだろう。セクシュアル・ハラスメントやDVといった性差別や人権侵害の被害で悩んでいる女性たちの問題解決を実際に支援してきたのは,地域のNGOやユニオンであった[118]。こうしたNGOは,無料または低料金で女性たちの相談に応じている。これまでそうした女性たちは,自分に原因があり,自分が悪いので被害にあっているのではないかという思い込みが強かった。そこで,NGOでは,相談者を信頼することから相談が始まり,相談者とともに対応を考え,その意思を尊重した支援を提供している。これは,実際の

---

[117] この問題点を指摘するものとして,鹿嶋敬「3『ない』1『ためらい』―地方自治体の苦情処理事情」共同参画21 11号(2004年)16-17頁。

[118] 地域で女性問題の解決に取組んでいるNGOの情報は,女たちの便利帳5編集室編『女たちの便利帳5』(教育史料出版会,2004年)に詳しい。また,民間シェルターの活動につき,かながわ・女のスペース"みずら"編『シェルター・女たちの危機』(明石書店,2002年)。

相談の解決はもちろん，相談者本人が自己の尊厳を回復し，エンパワーメントすることにもなる。その結果，NGOには多くの相談が寄せられている。

オンブズパーソンでも，同じような手法が求められている。すなわち，制度を周知徹底すること及び行政と市民，NGOとの対等なパートナーシップを築くこと，さらに行政における個人情報保護を徹底することがあるだろう。実際に，オンブズパーソンを立ち上げたときに，幼稚園，保育園，小学校，中学校，高等学校も在籍・在学する子どもや生徒の一人ひとりに相談電話番号を記した名刺大のカードを配布したところもある。また，パンフレットを市内の企業に配布し，自治会の回覧版で各戸に回覧した結果，多くの相談が寄せられている。今後の各自治体のさらにふみ込んだ取組みが期待される。

第二に，男女共同参画計画とオンブズパーソンの連携の必要性である。男女共同参画会議の「意見」にもあるように，被害者救済の取組みの過程で，施策の改善に反映させていくことが適当であるケースが発見されることもある。今後，オンブズパーソン制度がより一層利用され，活用されるためには，自治体女性行政と密接に連携していく必要があるだろう。行動計画に男女平等オンブズパーソンを位置づけることが重要である。制度が先行して設立された北海道，埼玉県，鳥取県，横浜市，川崎市の5自治体をみると，いずれも，男女共同参画条例に基づいた男女共同参画計画が策定された[119]。このうち，横浜市では，男女共同参画センターが計画の柱になり，女性行政の幅広い施策においてオンブズパーソン制度を活用していく姿勢が見られる。他方，埼玉県，鳥取県では，オンブズパーソン制度が女性行政の推進体制の一つとして，寄せられた苦情に対処する機関にとどまり，事例を解決する中で見えてきた課題を行政施策に反映させるしくみが不十分で，女性行政の推進，充実のための機関にはなりえていないように思われる。

女性行政では，これまでの制度では対応できずに地域草の根，あるいは家庭に沈潜していたものが，オンブズパーソン制度に申出られることによって

---

(119) 北海道『北海道男女平等参画基本計画』。埼玉県『埼玉県男女共同参画推進プラン2020』。鳥取県『鳥取県男女共同参画計画――一人ひとりが自分らしく輝ける社会をつくりましょう』。横浜市『いきいきみらい計画―横浜市男女共同参画行動計画』川崎市『川崎市男女平等推進行動計画かわさき☆かがやきプラン』。

顕在化し，解決に結びつくことが求められている。それにもかかわらず，申出を取り扱う過程で明らかになった制度の不足や課題を行政施策に反映できるしくみがなければ，顕在化した課題がオンブズパーソン制度でとどまってしまい，女性行政の推進に役立てることが困難になる。これは，オンブズパーソン制度が設置されたことで満足してしまい，その着眼点が忘れられ，むしろ制度のもつ機能が活用しきれないことにもなるだろう。一方で，プライバシー保護の観点から，申出られた事例をどこまで一般化し，施策に反映してよいのかについての現場でのとまどいもある。そこで，男女共同参画計画において，オンブズパーソン制度のもつ意義と役割を明確にすることが必要である。

第三に，個人情報保護との関係の整備である。先に述べたように，各地でも，プライバシーを保護して制度が運用されている。オンブズパーソンが，申出に内在する問題をトータルに解決するためには，行政機関やNGOと有機的に連携して取組むことが不可欠である。また，他の行政窓口やNGOが第一次的な相談窓口になって，そこから申出につながることもある。それは同時に，行政機関の各窓口やNGOからの情報の漏洩の懸念も生じる。また，事案の調査等で接した職場，家庭，学校，地域社会への漏洩の危険性もある。そこで，オンブズパーソンそのものだけではなく，他機関における個人情報を保護するための整備をする必要がある。比較した自治体はもちろん，多くの自治体では，個人情報保護条例をすでに制定している。公務員であれば，公務員一般にもつ守秘義務がある。その他，医師，弁護士，民生委員等，プライバシーに接する職業に従事する者は，法的に守秘義務を負っている。そのうえで，職務上必要な場合に限って，個別法で限定的に守秘義務が解除される。こうした法的に守秘義務を負う者がプライバシーを守るのは当然であるが，その他の関係者へも十分な配慮を求めなければならないだろう。

第四に，オンブズパーソンの独立性と地方議会との関連である。男女平等オンブズパーソンは，鳥取県や川崎市等いくつかの自治体で，その独立性・第三者性を高く保障するため，条例によって身分を保障し，強い権限を与えるとともに，任命について議会の承認を得るようにしている。

埼玉県議会では，県の男女平等オンブズパーソンである「男女共同参画苦

情処理委員」が県立高校の共学化に関する勧告を行ったことをきっかけに，2003年2月の県議会において，設置や委員構成の見直しを行うべきであるとの質疑があった[120]。同年6月の県議会では，勧告の趣旨とは異なる結論を出した県教育委員会を評価する発言があった[121]。

また，鳥取県は，先に述べたように，県立の複合施設「鳥取県立倉吉未来中心」における女性関連施設の拡充の申出について，県の男女平等オンブズパーソンである「男女共同参画推進員」からの勧告を尊重し，勧告を実現しようとした。そのためには設置条例の改正が必要であったので，知事は県議会に対して，2003年9月に条例案を提案したが，継続審議とされた。同年12月には否決されたので，勧告が出されたものの，制度はまだ改善されていない。

さらに，鳥取県議会では，同月に，22人の議員により，鳥取県男女共同参画推進条例の改正案が提案された。同案は，推進員の助言，勧告等について，県に異議があった場合にはそれを議会に報告することを新たに加えるものである。こちらは原案どおりに可決・成立し，施行された。

このように，男女平等オンブズパーソンと県の機関の意見が異なる場合に，それを議会に報告して，オープンに議論してその是非を問うことは，行政運営の透明性を高めることにもなり，評価できる面もある。しかし，条例改正に賛成する立場からは，推進員の勧告を尊重して制度の改善を図った県の機関や，勧告に対する県の機関の尊重義務を問題視する発言もあった[122]。いずれにせよ，オンブズパーソン制度の独立性・第三者性を損なうような重大な改正であるため，今後の運用が注目される。

この改正の背景には，男女平等オンブズパーソン制度に求められているジェンダーに敏感な立場と，議員が「常識」と表現する立場との衝突がある。一般的には，人権の問題については，当事者でなくてはわからないこと，当事者だからこそわかることがあり，逆に，「客観性」や「中立性」という名

---

(120) 埼玉県議会平成15年2月定例会会議録（2003年2月27日加藤裕康議員）。
(121) 埼玉県議会平成15年6月定例会会議録（2003年7月3日鈴木聖二議員）。
(122) 鳥取県議会平成15年12月定例会会議録（2003年12月12日鉄永幸紀議員）。
鳥取県議会平成15年12月定例会会議録（2003年12月17日前田八壽彦議員）。

のもとでは，現在ある支配的な秩序を維持することに貢献することになり，人権の問題は十分には解決されないといわれている[123]。オンブズパーソンは，その語源の「護民官」や「代理人」のとおり，支配的な多数派の方を向くのではなく，「何かがおかしい」と思って相談や申出に来る，今日では少数派かもしれない当事者の方を向いて事案にあたるのが適切である。そのための制度的な保障は条例できちんと位置づけられることが重要である。すなわち，男女平等オンブズパーソンには，一歩進んでよりジェンダーに敏感な立場から申出に対応し，結論を導きだすことが期待されているといえるだろう。

小　括

　女性に関する人権の個別的な救済といっても，多くの事例は人権侵害が生じた場所，すなわち職域，学校，家庭，地域に沈潜してしまう。それを明らかにして，解決を図り，そこから見えてくる構造的な欠陥を指摘し，その是正を行うということを実際に実現するには，多くの困難があった。

　こうした問題に対して，裁判による救済が十分であるという印象をもつことはほとんどないだろう。司法権について従来のように，単に紛争に法を適用し，裁定して当事者間の権利義務を確定するという役割だけではなく，事案の解決までを含んだ司法権論を考える必要があると思う。

　裁判への期待値が上がらない原因のひとつに，裁判所が事案に取り組むようになったときの対応，姿勢に問題があることもわかった。この点は，すでに，女性の法曹によって「司法におけるジェンダー・バイアス」として，明らかにされていることでもある[124]。

---

(123)　中西正司・上野千鶴子『当事者主権』（岩波書店，2003年）16-17頁。
(124)　角田由紀子『性の法律学』（有斐閣，1991年）。同『性差別と暴力』（有斐閣，2001年）。同「法律実務とジェンダー法学」ジェンダー法学1号（2004年）15-28頁。福島瑞穂『裁判の女性学』（有斐閣，1997年）。大脇ほか・前掲注(49)。日弁連両性の平等に関する委員会『司法における性差別』（明石書店，2002年）。第二東京弁護士会司法におけるジェンダー問題諮問会議編『事例で学ぶ司法における

第3章　女性に関する人権侵害の救済

　たとえば，セクシュアル・ハラスメントや DV のような，性差別や人権侵害事案の救済を裁判所に求めると，裁判官から，問題視した女性側に非があるといわれたり，差別や人権侵害の事案に当たらない，または司法の解決にはなじまないといわれたりして，結局のところ，実際の救済には至らなかった。それがようやく，女性の法曹による現場からの取組みがあり，法律学内部にも女性差別と性支配による偏りが含まれているとして問題視したジェンダー法学の広がりもあって，泣き寝入りの状態は改善され，被害者が勝訴する事案が数多く見受けられるようになった。裁判所が，事案解決の責任までを司法の範囲と考えるような司法権論が求められているといえるだろう。

　ADR の実態を検討して明らかになったのは，性差別や人権侵害が多発し，多くの市民が解決・救済の支援を ADR に求めてきているということである。さらにふみこんでいえば，こうした救済が得られず，泣き寝入りの状態となっていたのは，圧倒的に女性が多い，ということである。

　本章では，したがって，とくに自治体男女平等オンブズパーソン制度の実態を詳細に解明して，当事者の救済，とくに本人の自己決定権の尊重による自己実現（エンパワーメント）に結びついた救済になりうるための課題を検討した。そして，女性に関する差別の撤廃及び人権保障のために，国と自治体で，どのように個別の人権侵害，差別事例が扱われてきたという点から，憲法構造を明らかにした[125]。

　結局のところ，何か紛争に巻き込まれたとき，性差別や人権侵害の被害にあったとき，その問題を解決するのは，本人である。自分だけでは問題解決が困難なときに，裁判所や ADR という手段を使うことになる。

　残念なことに，いったん裁判所や ADR に事案が持ち込まれると，そこから，当事者が忘れ去られ，事案が裁判所のもの，ADR の担当者のもの，法

　　ジェンダー・バイアス』（明石書店，2003 年）。
（125）　裁判上の救済となる権利とオンブズパーソンのような行政上の救済の対象となる権利の関係を整序する必要性を説くものとして，斎藤誠「私人間紛争に対する行政の権力的関与」西谷剛ほか編『政策実現と行政法　成田頼明先生古稀記念』（有斐閣，1998 年）159‐181 頁。同「人権保護における行政と司法―ドイツとの比較から―」樋口陽一ほか編集代表『日独憲法学の創造力〔上巻〕―栗城壽夫先生古稀記念―』（信山社，2003 年）243 頁。

律家のもの，あるいは研究者のものになってしまうことがある。先に批判した，専門家主義の弊害である。

ただし，こういう場合でも，当事者は主体意識をしっかりと持っていれば，たとえ一時的に動揺してそれを見失ったとしても，ADRにおける適切な支援のもとで，そうした意識は容易に復活するといわれている[126]。

これは，裁判でもADRでも，当事者が主体となるアプローチが，問題解決のためには重要である[127]，という指摘である。問題解決を通じた自己実現，エンパワーメント，といいかえることもできる[128]。憲法学の言葉では，問題解決や救済が，自己実現と結びつく人権保障論が待望されている，といいかえることができるであろう[129]。

---

(126) 和田仁孝「現代における紛争処理ニーズの特質とADRの機能理念」早川ほか編・前掲注(75)，179-186頁。なお，和田教授は，ADRの機能を「紛争処理」ではなく，「自律的紛争交渉援助」と呼んだ（同179頁）。
(127) 川嶋四郎「より利用しやすい司法制度」ジュリスト1198号（2001年）126頁。守屋明「裁判外紛争解決手続」田中ほか編・前掲注(38)，315頁。
(128) 小島武司『裁判外紛争処理と法の支配』(有斐閣，2000年) 21-22頁。レビン，小林久子『調停者ハンドブック』(信山社，1998年) 12頁。
(129) 辻村教授は，人権概念の成立過程で女性が排除されてきたことを問題視し，男性と女性が人権を同じように享受できるよう，主権のジェンダー化による人権保障を追求するべきであり，男女共同参画社会基本法の成立を是とした。本書の「当事者主体の人権保障」の必要性と同趣旨ではないかと思われる。辻村みよ子「ジェンダーと国家権力」日本法哲学会編『ジェンダー，セクシュアリティと法』(有斐閣，2004年) 93頁。

第4章　当事者による権利の回復

　第2章で述べたように，NGO は，政治学，行政学，公共政策学等では，それが公共の機能を担い，政府等と対等に機能することが認められているが，憲法学においてはまだそれにほど遠い。実際の憲法構造の中では，運動団体，NGO が当事者の救済を通じた公益実現のために大きな機能を果たしていて，人権の促進には不可欠の意義深い要素と考えられている。しかし，憲法構造における NGO の機能や意義については検討が不十分である。

　そこで，本章では，憲法の定める人権の保護，促進について，当事者と NGO の果たす役割がきわめて大きいことに着目して，その点の分析を行うこととしたい。そして，その際には，権利の回復とはそもそもどういうものなのであるかについて，検討する必要がある。権利の回復には，社会一般における人権の促進の場合以上に，人権侵害の問題を女性当事者が主体的に解決し，その後の自立を確信することがポイントとなる。そのためには，当事者が自らの権利回復のために力をつけること，すなわち，エンパワーメント・アプローチの手法が必要である[1]。実際これまでの女性運動をみてみると，性差別の被害を受けた女性当事者及びその当事者に身近な立場で草の根で問題解決に取組む NGO[2]による権利の回復の運動と女性に関する人権

（1）　東京都女性問題協議会『都政における男女平等施策の新たな展開に向けて─エンパワーメント・アプローチ』（1995年）。

（2）　ある民間団体のまとめによると，性暴力68団体，ドメスティック・バイオレンス68団体，セクシュアル・ハラスメント19団体，ストーカー6団体，子どもの頃の虐待12団体，アルコール依存・薬物依存・摂食障害13団体，医療過誤・薬害5団体，医療情報25団体，優生保護法・堕胎罪5団体，戸籍（法）・民法12団体，働く23団体，同業者のネットワーク23，労働組合・ユニオン8団体，セクシュアリティ35団体，性差別・ジェンダー108団体，障害をもつ人ももたない人も51団体，在日・外国人・先住民族27団体，反戦・平和20団体，反原発12団体，循環型社会12団体，ちいき環境・まちづくり30団体，政治参画54団体，子どもの虐待・

が保障される地域づくりの運動が際立っている。本章では，これらの点についても考察したい。

第1節　当事者とNGOによる権利の救済

第1項　裁判を利用した権利の回復

1960年代から70年代に，日本の多くの企業が当然のように実施してきた，女性の結婚退職制，男女別定年制について，当事者の女性たちがそれらを憲法違反として訴訟を提起し，裁判による権利の回復を求めた。裁判所は，個別法には禁止する規定がない憲法14条の男女平等の基本原理から，賃金以外の男女差別について，民法90条の公序良俗規定に反しており，違憲だと判断した（結婚退職制について，住友セメント事件[3]，山一証券事件[4]。若年定年制について，東急機関工業事件[5]，名古屋放送事件[6]。差別定年制について，

　　権利19団体，保育・託児48団体，老いと暮らし23，介護支援20団体等があり，多くの女性運動が活発に行われていることがわかる（ただし，公的機関が設立母体であるものは除く。複数領域にまたがるNGOもあるので，合計数は実数ではない。女たちの便利帳5編集委員会編『女たちの便利帳5』（教育資料出版会，2004年）6‐20頁）。また，内閣府男女共同参画局のホームページに掲載されている「男女共同参画民間団体データベース」に登録されているNGOを集計すると，2004年4月現在，全国組織は33団体であり，都道府県単位で活動するNGOは1,090団体である（http://www.gender.go.jp/chihou_minkan/index.html）。ただし，全国組織の支部を加えているところと加えていないところがある等，都道府県ごとに集計基準が異なることに注意が必要である。

（3）　結婚退職制が民法90条の公序良俗に反するとされた。東京地判昭和41年12月20日判時467号26頁。原告の手記につき，鈴木節子「結婚退職反対のたたかい」全国セメント労働組合連合会・住友セメント労働組合『結婚退職反対のたたかい』（1969年）〔丸岡秀子編『日本婦人問題資料集成〔第9巻〕思想(下)』（ドメス出版，1981年）648‐660頁に抜粋所収〕。

（4）　結婚退職制が憲法14条，13条，24条の精神に反するので，民法90条に違反し無効とされた。名古屋地判昭和45年8月26日民集21巻4号1205頁。

（5）　女性30歳，男性55歳の定年制は，著しく不合理なもので，公序良俗に反して無効であるとされた。東京地判昭和44年7月1日労判20巻4号715頁。

第4章　当事者による権利の回復

日産自動車事件[7]）。

　結婚退職制や若年定年制等の労働の場における明らかに性を理由とした制度的な差別は，裁判を通じて社会的に許容されなくなったので，表面上はなくなったかに見えた。しかし，制度として就業規則等に明記されなくなったかわりに，慣行として，差別が残った（賃金差別について，秋田相互銀行賃金差別事件[8]。職場における旧姓使用について，国立大学旧姓使用事件[9]）。そこで，労働の場における包括的な平等を求めて，雇用平等法の制定に向けて，女性たちは活動を行った。労働者団体だけではなく，1975年の国際婦人年以降に設立された「国際婦人年をきっかけとして行動を起こす女たちの会」，「私達の男女平等法をつくる会」等，多くの草の根の女性たちが，差別を実効的に解消するための法律の制定に向けて，活動した。こうしたグループは，法律に違反した企業に対する罰則を設けた雇用平等法の実現を要求し，女性保護の撤廃には反対する立場であった。しかし，実際に立法作業が始まると，使用者団体は，性差別に対する罰則規定を設けることと，女性保護規定を残したまま雇用の男女平等を定める法律を制定することに対して，強硬に反対した。ゆえに，1985年に制定された雇用機会均等法においては，募集における性差別は禁止されたが，採用・配置・昇進の差別は「努力規定」とされた[10]。ただし，女性保護規定は残された。

（6）　女性30歳，男性55歳の定年制が民法90条により無効とされた。名古屋高判昭和48年9月30日労判25巻6号461頁。

（7）　女性55歳，男性60歳の定年制が民法90条により無効とされた。最判昭和56年3月24日民集3巻2号300頁。原告の手記につき，中本ミヨ「差別定年制裁判の一〇年をふりかえって」労働法律旬報974号（1979年）25-28頁。

（8）　男女別賃金表に基づいて女性に男性より低い賃金を支払う旨の労働契約は労働基準法4条に反しその部分に限り無効となり，労働基準法13条の趣旨の援用により，女性は男性に支払われた金額との差額を請求することができるとされた。秋田地判昭和50年4月10日判時778号27頁。

（9）　結婚後も旧姓を通称として使用して研究教育活動を続けていた国立大学女性教員が，戸籍名使用に対する損害賠償と旧姓使用を求めたが，いずれも棄却された。東京地判平成5年11月19日判時1486号21頁。

（10）　雇用機会均等法の制定過程について，花見忠「両性の平等」芦部信喜ほか編『基本法学1　人』（岩波書店，1983年）340-343頁。赤松良子『志は高く』（有斐

当時の均等法については，女性団体は概ね「骨抜き」との厳しい評価を下すとともに，自分たちの運動が敗北した，と感じていた。均等法施行以降，賃金差別についての多くの訴訟が提起され（岩手銀行事件[11]，日ソ図書事件[12]，三陽物産事件[13]，住友電工事件[14]，商工中金事件[15]，芝信用金庫事件[16]，京ガス事件[17]，野村證券事件[18]，石崎本店事件[19]，丸子警報器事件[20]

閣，1990年）113-125，234-235頁。同『均等法をつくる』（勁草書房，2003年）34-169頁。

(11) 共働き女性に対する家族手当等の支給を制限する給与規程部分が差別的取扱いとして無効とされ，被控訴人（銀行）に家族手当等の支払いを命じた。仙台高判平成4年1月10日判時1410号36頁。

(12) 同一価値労働同一賃金原則を認め，原告と男性との賃金格差について専ら女性であることを理由とする違法な賃金差別であるとし，被告（会社）に差額相当損害金の支払いを命じた。東京地判平成4年8月27日判時1433号3頁。

(13) 間接差別を初めて認めたケース。「世帯主・非世帯主」，「勤務地域限定・無限定」の賃金支給基準を定めた給与規程が労働基準法4条に違反し無効とされた。東京地判平成6年6月16日判時1502号32頁。

(14) 第1審は，同じ高卒で入社した社員でありながら採用後に男女間で異なる処遇がなされた結果生じた賃金格差は，幹部候補要員か定型的補助的業務従事要員かという採用区分によるものであり，このように男女で採用区分を別異にすることは憲法14条の趣旨に反するが，昭和40年代ころの社会意識等を前提とすると公序良俗違反とすることはできないとして請求棄却とされた。大阪地判平成12年7月31日判夕1080号126頁。第2審は，被告会社が，原告を昇格させ，原告に解決金を支払うことで和解が成立した。大阪高裁平成15年12月1日労旬1575号22頁。

(15) 総合職の性差別に関する初めての判決。昇格できなかったことは男女差別であるとはいえないが，総合職の女性労働者に対する人事考課と窓口補助への配転が男女差別で裁量権の濫用であるとして，被告（会社）に慰謝料200万円，弁護士費用20万円の支払いを命じた。大阪地判平成12年11月20日労判797号15頁。

(16) 職能資格の昇格について女性職員に対する差別的取扱いがあったと認定し，労働基準法13条ないし93条の類推適用により，女性職員らが差別がなかったならば合格していた資格に昇格したことの地位確認請求を認め，会社側に差額賃金，差額退職金のほか，不法行為に基づく慰謝料，弁護士費用等の損害賠償の支払いを命じた。東京高判平成12年12月22日判時1766号82頁。

(17) 原告の担当業務と同年齢同期入社の男性社員の担当業務につき，その職務の遂行の困難さ等を比較検討すると各職務の価値に格別の差はないとして，賃金格差を原告が女性であることを理由とするものであると認めた。京都地判平成13年9月

等），原告女性側の主張が裁判所に徐々に認められるようになったが，一般的には差別は十分に解消されていない。また，女性運動は，女性によるコミュニティ・ユニオン（労働組合）や，地域における女性のためのスペースを設置したところもあったが，全体的には徐々に弱まった。

　また，セクシュアル・ハラスメントについても，裁判で損害賠償を請求するようになった（沼津ホテル事件[21]，福岡セクシュアル・ハラスメント事件[22]，金沢セクシュアル・ハラスメント事件[23]，横浜セクシュアル・ハラスメント事件[24]，京都大学事件[25]，秋田県立短期大学事件[26]，東北大学事件[27]等）。これ

20日労判813号87頁。

(18) 男女のコース別採用・処遇につき，会社の取り扱いが公序に反するとまではいえないが，改正均等法施行後の1999年4月以降については違法な男女差別として，会社に慰謝料と弁護士費用のみの支払いを命じた。東京地判平成14年2月20日判時1781号34頁。

(19) 中途採用男女の初任給格差が男女差別であるとして差額賃金等を請求した事件で，男女賃金格差が認められる場合には使用者側でそれが合理的理由に基づくものであることについて立証責任を負うとされた。広島地判平成8年8月7日労判701号22頁。

(20) 女性正社員と女性臨時社員との賃金格差につき，後者が前者の8割を下回る部分を違法として，会社に差額損害金の支払いを命じた。長野地裁上田支判平成8年3月15日判夕905号276頁。

(21) 加害者に対し民法709条により慰謝料100万円，弁護士費用10万円の支払いを命じた。静岡地裁沼津支判平成2年12月20日判夕745号238頁。

(22) 初めてセクシュアル・ハラスメントについて使用者責任を認めた判決。加害者に対し民法709条により，使用者会社に対し民法715条により，慰謝料150万円，弁護士費用15万円の支払いを命じた。福岡地判平成4年4月16日判時1426号49頁。

(23) 第1審では判決で初めて「セクシュアル・ハラスメント」の用語を使用した。第2審は，高裁レベルで初めてセクシュアル・ハラスメントの違法性を認め，加害者に対し民法709条により，使用者会社に対し民法44条1項により，慰謝料120万円，弁護士費用18万円の支払いを命じた。第1審は金沢地裁輪島支判平成6年5月26日労判650号8頁。第2審は名古屋高裁金沢支判平成8年10月30日労判707号37頁。

(24) 第1審で被害者の供述の信用性が認められず棄却となったが，第2審ではそれが認められ，加害者及び使用者会社に対し民法709条により慰謝料275万円の支払いを命じた。第1審は横浜地判平成7年3月24日労判670号20頁。第2審は東京

第1節　当事者とNGOによる権利の救済

らの裁判についても，被害者を支援するグループやネットワークが結成され，裁判傍聴の運動や集会を開催して，原告を支援した[28]。

さらに，家族関係では，依然として残された民法等の性差別的な規定について，以前から運動がこれを批判して，国会議員等への働きかけが進められてきたが，その一部が改正されたのは，日本国憲法が施行されて民法の改正がされてから，約30年経過した後であった。1976年に，離婚時に，結婚によって変更された婚氏を継続するか，結婚前の氏に戻す復氏かを選択できるようになった。また，1980年には，民法900条が改正され，妻（または夫）が子どもとともに配偶者の財産を相続する場合に，その相続分が3分の1から2分の1に増加された。その後，女性の再婚禁止期間を違憲と主張する裁判[29]や職場における旧姓使用を求める裁判が提起された[30]。さらに，1996年に法務省法制審議会から，夫婦別姓制度を導入する民法改正試案が提出され，閣法として国会に上程され，性差別的な規定がなくなることが期待され

高判平成9年11月20日労判728号12頁。
(25) 加害者による名誉毀損請求を認めなかった。京都地判平成9年3月27日判時1634号110頁。
(26) 第1審で被害者の供述の信用性が認められず棄却となったが，第2審ではそれが認められ，加害者に対し民法709条により慰謝料150万円，弁護士費用30万円の支払いを命じた。第1審は秋田地判平成9年1月28日判時1629号121頁。第2審は仙台高裁秋田支判平成10年12月10日判時1681号112頁。
(27) 加害者に対し民法709条により，第1審では慰謝料750万円の支払いを，第2審では慰謝料750万円のほかに弁護士費用150万円の支払いを命じた。第1審は仙台地判平成11年5月24日判時1705号135頁。第2審は平成12年7月7日判例集未登載。
(28) こうした運動の経緯や成果は記録され，報告書として出版されているものもある。たとえば，秋田セクシュアルハラスメント裁判Aさんを支える会編『セクハラ神話はもういらない秋田セクシュアルハラスメント裁判女たちのチャレンジ』（教育資料出版会，2000年），横浜セクシュアルハラスメント裁判を支える会『横浜セクシュアルハラスメント裁判報告書 From A to A』（1998年）等がある。
(29) 再婚禁止期間について男女間で差異を設ける民法733条は，合理的根拠に基づくもので，憲法14条1項に違反しないとされた。最小三判平成7年12月5日判時1563号81頁。
(30) 東京地判平成5年11月19日判時1486号21頁。

第 4 章　当事者による権利の回復

た。しかし，国会では，継続審議となり，その後廃案となった。

　1988 年に，住民基本台帳法の住民票の続柄の欄で，法律上の夫婦の間の子どもは「長男，長女」という記載が，事実婚の夫婦間の子どもでは「男，女」とされている，いわゆる，婚外子住民票続柄差別記載の撤廃を求めて提訴した「住民票続柄裁判」では，原告と支援者が「住民票続柄裁判交流会」を結成した。裁判は，原告適格がないとして東京地方裁判所で棄却された[31]。裁判は，1991 年に東京高裁に控訴したが敗訴し[32]，1995 年に上告したが 1999 年に敗訴が確定した[33]。しかし，1995 年 3 月には，自治省（当時）の通達により，住民票における子どもの表記が「子」に統一された。

　それに引き続き，戸籍法上の戸籍の続柄の「長男，長女」という記載が，婚外子では「男，女」とされることについて，婚外子への差別であるとして，住民票裁判と同じ原告が 1999 年 11 月に東京地裁へ訴えた。その際に，原告とその支援者は，先の「住民票続柄裁判交流会」を改め，「なくそう戸籍と婚外子差別・交流会」を結成した。裁判は，2004 年 3 月に続柄の長男，長女の記載はプライバシー権の侵害と認めたが，国家賠償請求は棄却され，敗訴した[34]。

　その一方で，2006 年 3 月に最高裁において，地域の慣習が憲法 14 条違反とされた画期的な判決があった[35]。これも，当事者が声を上げて仲間が集まり，裁判を提起して「ウナイの会」が結成されて，それを支援する弁護士等の活動と結びついた。

　このように，性差別に関する裁判では，原告を支援する NGO が結成されることが多かった。NGO は社会的なアピール，裁判の傍聴，経過の報告，

---

(31)　東京地判平成 3 年 5 月 23 日判時 1382 号 3 頁。
(32)　東京高判平成 7 年 3 月 22 日判時 1529 号 29 頁。
(33)　最小一判平成 11 年 1 月 21 日判時 1675 号 48 頁。
(34)　東京地判平成 16 年 3 月 2 日判例集未登載。
(35)　沖縄県金武町入会権事件（最小判平成 18 年 3 月 17 日判時 1931 号 29 頁）。共有地である杣山の入会権者で構成される「金武部落民会」において，慣習を理由に，原則として正会員資格を男子孫に限定する部落民会の会則が憲法 14 条に反するとして，原告 2 人について破棄し，福岡高裁に差し戻した。

訴訟費用のカンパ集め等を行い，被害者の物心を支える大きな力となった。

第2項　行政への働きかけを通じた権利の回復

　こうしたいわゆる裁判闘争ではなく，行政への働きかけを通じて権利を回復しようとする運動もある。その方法には，窓口職員への直接交渉，知事や市長への「手紙」等の行政が設置した広聴制度，審議会への意見表明，首長や担当部局への申入れ等がある。また，当事者が，行政が設置している相談窓口へ相談することも，間接的な働きかけになる。

　審議会へ意見を提出したり，首長や担当部局へ申入れたりする手法は，意見が直接に政策決定過程に反映されると考えられたのか，多くのNGOにより活用された。たとえば，1975年にNGOによって開催された「国際婦人年日本大会」の決議は，三木武夫内閣総理大臣（当時）のほか，労働大臣，外務大臣，文部大臣，厚生省大臣官房，東京都知事等に面会して，実行が申入れられた。その主な内容は，①婦人問題企画推進本部は国際婦人年世界会議で採択された世界行動計画に沿った日本行動計画を作成すること，②行動計画には民間の意見を十分に反映させること，③政府及び自治体の政策決定に女性を参加させること，④国連及び国連関係の国際会議の政府代表に女性を任命すること，⑤学習指導要領，教科書を見直し，教育内容を男女同一にすること，⑥賃金の平等だけではなく，労働条件を男女平等とするよう，労働基準法を改正すること，⑦母性の保障は国の責任とし，そのための施策を充実すること，⑧女性の社会参加を可能にすると同時に子どもの福祉を確保するため，保育所の増設等を充実すること，⑨母子家庭，中高年独身女性，高齢女性に対して，政府は実態を把握し，施策の樹立・拡充に努めること，⑩遺族年金受給額を増額すること，⑪売春防止法を再検討し，トルコ風呂をすみやかに追放すること，等である[36]。国内行動計画策定後は，同計画が女性の期待とかけ離れており，女性の意見を具体的施策として取り入れるよう

---

(36)　国際婦人年日本大会の決議を実現するための連絡会編『連帯と行動　国際婦人年連絡会の記録』（財団法人市川房枝記念会出版部，1989年）49-51頁。

第4章　当事者による権利の回復

求め，1977 年 3 月 5 日に「政府決定の国内行動計画に不満を表明する婦人集会」を開催して，決議を採択した[37]。

1980 年には，7 月に開催された国連婦人の 10 年中間年世界会議の前後，4 月に「国連婦人の十年中間年四月会議」，11 月に「国連婦人の十年中間年日本大会」を開催した。4 月の会議の決議は，1975 年の決議と同趣旨であるが，新たに，女性差別撤廃条約のすみやかな批准や世界会議への政府代表団へ民間女性を加えること，労働基準法の改悪反対，自民党が提唱した「家庭の日」制定への反対等が取りあげられた[38]。11 月の大会の決議は，鈴木善幸内閣総理大臣（当時）のほか，労働大臣，文部事務次官，法務事務次官等に面会して，実行が申入れられた。その主な内容は，①女性差別撤廃条約の批准と国内法を整備すること，②政府はあらゆる分野の政策決定，企画推進の場に女性を参加させるための具体的目標を年次ごとに作成して公表すること，③女性に関する行政を担当する専門機関を強化すること，④男女共学の完全実施と，教科内容を男女同一にすること，⑤女性の働く権利を保障するために，パートタイマーの差別待遇の解消や，農林漁業等家業に従事する女性の母性と健康を保護する施策を確立すること，⑥国籍法を改正し父系優先血統主義を父母平等血統主義に改めること，⑦夫婦同姓，別姓を選択できるようにすること，⑧夫婦の財産関係の実質的平等確保のための改善を図ること，⑨女性の固有の年金加入権・受給権を確立すること等である[39]。さらに，「平和についての特別決議」を採択した。

1985 年の「国連婦人の十年日本大会」の決議である「平等・発展・平和―二〇〇〇年に向けての行動国連婦人の十年日本会議決議」は，労働大臣，労働省婦人局長，法務事務次官，厚生事務次官，文部省大臣官房政策課長等に面会して，実行が申し入れられた。その主な内容は，①女性差別撤廃条約の趣旨に沿って，国内法を整備すること，②ナイロビ将来戦略や ILO の雇用における男女の均等な機会及び待遇に関する決議にそって，政府の国内行

---

(37) 婦人展望編集部「政府決定の国内行動計画に不満を表明する婦人集会」婦人展望 262 号（1977 年）12 - 13 頁。
(38) 国際婦人年連絡会編・前掲注(36)，82 - 85 頁。
(39) 国際婦人年連絡会編・前掲注(36)，123 - 127 頁。

動計画をすみやかに策定すること、③国連世界女性会議の開催を日本に誘致すること、④意思決定や政策決定に携わる職への女性の任用・昇進を推進するための特別措置を実施すること、⑤男女雇用機会均等法は、すべての差別的取扱いをなくす内容とすること、⑥少女買春をした者を処罰するよう売春防止法、児童福祉法を改正し、婦人保護の充実を図ること、⑦国際平和年の計画、実行への女性の参加を促進すること、⑧開発途上国への協力は、女性の状況の改善をもたらすものを重視すること、⑨平和憲法の擁護と世界の軍縮、核兵器廃絶を進めること、等である。このように、法制度がある程度整備されたにもかかわらず、依然として社会に残る女性差別の実質的な是正を求めるとともに、新たな社会問題にも言及された[40]。さらに、「二〇〇〇年に向けての平和と全面参加についての宣言」を表明した。

その他、国際婦人年連絡会では、次のような要望を内閣総理大臣や関係省庁に対して行った。当時における女性問題の課題がわかるので、それらを簡単に紹介しておきたい。

内閣総理大臣・婦人問題企画推進本部長へ要望したことは、第一に、女性の地位向上を求める一般的なもの[41]、第二に、国内行動計画に関するもの[42]、第三に、ESCAP地域会議、国連婦人の十年世界会議に向けてのもの[43]であった。

---

(40) 国際婦人年連絡会編・前掲注(36)、165-170頁。

(41) 婦人問題企画推進会議（1975年10月9日）、男女平等の実現（1977年1月17日）、婦人の地位を高め、男女平等を実現する（1979年1月26日）、婦人関係施策の推進（1981年11月12日）、婦人差別撤廃条約の早期批准と国内行動計画の推進（1983年3月26日）、女性有権者に対する首相発言の真意（1986年9月29日）、婦人の地位向上、男女平等な社会づくり（1987年12月3日）、民間行動計画の施策の取り入れおよび閣僚、大・公使に女性の登用（1988年12月13日）。国際婦人年連絡会編・前掲注(36)、177-189頁。

(42) 国内行動計画策定（1976年9月28日）、『国内行動計画』に対する声明（1977年2月1日）、国内行動計画前期重点目標（1977年12月12日）、国連婦人の十年後半期国内行動プログラム策定（1981年3月11日）、『国内行動計画』後期重点目標（1981年8月4日）。国際婦人年連絡会編・前掲注(36)、189-219頁。

(43) エスカップ地域会議等（1979年7月10日）、中間年世界会議の日本政府代表団に民間婦人団体代表の参加（1980年5月20日）、一九八五年国連婦人の十年世界会

第 4 章　当事者による権利の回復

　さらに，政府及び審議会等への申し入れには，次のようなものがある。第一に，女性差別撤廃条約批准を要望するもの[44]，第二に，家庭科の男女共修を要請するもの[45]，第三に，行政改革に対するもの[46]である。これは，行政改革の声が挙がると真っ先に女性に関連する部局が廃止や縮小の対象になることをあらわしているだろう。第四に，男女雇用平等法の法制化に関するもの[47]，第五に，年金，保険等に関するもの[48]，第六に，優生保護法改

　　　議開催（1982年5月28日），一九八四年エスカップ地域政府間会議の日本政府代表団および婦人問題企画推進本部機構強化（1983年6月14日），婦人問題企画推進本部に対する要望（1985年3月27日）。国際婦人年連絡会編・前掲注(36)，220-225頁。

(44)　婦人差別撤廃条約の署名式参加（1980年5月10日），婦人に対するあらゆる形態の差別撤廃条約の署名式に日本政府の参加（1980年6月16日），婦人差別撤廃条約批准のため請願紹介議員（1981年2月20日），衆参両院における婦人問題集中審議開催（1982年4月20日），『婦人差別撤廃条約批准促進に関する決議』（1984年3月15日）。国際婦人年連絡会編・前掲注(36)，226-235頁。

(45)　家庭科（1976年10月5日），中央教育審議会へ（1982年1月28日），中学・高校家庭科の見直し（1984年6月15日），中学・高校家庭科の男女共修（1984年12月13日），教育課程改訂（1986年9月3日），臨時教育審議会（1986年12月25日）。国際婦人年連絡会編・前掲注(36)，235-242頁。

(46)　行政改革における総理府婦人問題担当室および労働省婦人少年局廃止に反対（1982年9月25日），婦人関係施策に関する国庫補助廃止に反対（1982年11月24日）。国際婦人年連絡会編・前掲注(36)，243-245頁。

(47)　女子労働に関する労働基準法研究会報告（1979年6月5日），労働基準法研究会報告の広報活動への抗議（1979年6月5日），雇用における男女平等の法制化（1983年10月6日，同年10月6日，1984年2月3日，同年4月13日），婦人少年問題審議会婦人労働部会における審議結果（1984年3月26日），雇用の分野における男女の均等な機会および待遇の確保を促進するための関係法律案要綱（1984年5月8日），実効性ある男女雇用平等法の制定（1984年7月2日），男女雇用機会均等法案の衆議院（社会労働委員会）可決（1984年7月24日），労働基準法研究会中間報告（1985年1月17日），男女雇用機会均等法案の参議院審議（1985年4月4日），男女雇用機会均等法案の参議院社会労働委員会可決（1985年4月25日），均等法・改正労基法にかかわる省令・指針案（1985年12月19日），労働基準法改正について（1986年10月22日，1987年1月28日，同年7月21日）。国際婦人年連絡会編・前掲注(36)，246-262頁。

正に関するもの[49]，第七に，2000年に向けての行動計画策定に際しての要望[50]であった。

さらに，1987年12月に，世界人権宣言40周年を記念して，同会によって「性差別をなくす女性たちの人権集会」が開催された。そして，政府の行動計画をただ受けるのではなく，女性たちが，「『共同参加』ではなく『平等参加』を目標に，何を求め，何をなすべきか，自分たち自身の考えをまとめ」[51]，「二〇〇〇年に向けての民間行動計画」を作成し，発表した[52]。

また，別の団体として，1975年3月に設立された「国際婦人年をきっかけとして行動を起こす女たちの会」[53]の活動から，当時の課題を検討したい。

同会は，1975年5月10日に東京都民生局婦人部長に，10月17日に美濃部亮吉東京都知事（当時）に対して，女性を保護するための都営のシェルター設置に関する要望書を提出した。その結果，1977年4月に，「東京都婦人相談センター」が設置された[54]。

---

(48) 健康保険法改正に関する母性保護（1979年5月8日），年金制度見直しにおける婦人の地位改善（1979年8月，同年11月9日，1980年1月23日），年金制度改正案策定における婦人の地位改善（1983年7月6日），年金制度における婦人の年金保障および婦人の地位改善（1984年1月7日），『児童扶養手当法』の改正（1985年4月17日），老人保健法改正に関する要望（1986年1月17日）。国際婦人年連絡会編・前掲注(36)，262-270頁，同273-275頁。

(49) 優生保護法改正反対（1983年1月13日，同年3月9日），優生保護法改正案の国会提案に反対（1983年3月9日）。国際婦人年連絡会編・前掲注(36)，270-272頁。

(50) 平等・発展・平和―二〇〇〇年に向けての行動計画策定（1987年1月21日），具体的な施策について（1987年2月23日）。国際婦人年連絡会編・前掲注(36)，276-285頁。

(51) 国際婦人年連絡会編・前掲注(36)，476頁。

(52) 国際婦人年連絡会編・前掲注(36)，475-495頁。

(53) 同会は，1975年に，食品メーカーの「私作る人，僕食べる人」というCMについての抗議行動を行った。それに関する報道について，出版元の講談社と編集長を相手に，名誉毀損に対する謝罪広告と慰謝料を求めて提訴した「ヤングレディ裁判」では，和解となり，性別役割分業を当然視したメディア表現に一石を投じた。行動する会記録集編集委員会編『行動する女たちが拓いた道』（未来社，1999年）48頁。

第4章　当事者による権利の回復

　また，1976年4月に発表された国の「国内行動計画」の概要について，「国内の性差別の現実を単に『社会の新しい変化に社会環境が即応出来ない状態』というだけで，その是正への政府の責任には触れていない」[55]等，「この計画の生ぬるさに歯がみする思い」[56]であったので，1976年6月に，当時の総理府婦人問題担当室長等を招いて，婦選会館で同概要を検討する公開討論会を開催した。しかし，計画案は改善されなかったため，1977年2月1日に「国内行動計画への抗議声明」[57]を発表した。同声明では，「婦人問題の要である女性の労働権の保障という基本原則と，平等を実現させようとする積極的姿勢が欠落して」おり，「平等の具体策としては，婦人の保護の軽減のみをうたい，平等を保障するための実効ある方策を何一つ打出さず」，「差別を許さないという基本姿勢なしには，慈善的恩恵に過ぎない」として，日本政府に対して抗議を行った。

　1978年9月に「私たちの雇用平等法をつくる会（仮称）」準備会が開催され，1979年1月20日に「私たちの男女雇用平等法をつくる会」が設立された。あいついで勉強会，討論集会，決起集会，ハンスト，国会議員への要請，労働省等への抗議行動，国会周辺での抗議行動，マスコミへの働きかけ，運動ネットワークづくり等を行い[58]，均等法が成立し，省令・指針が出されるまでの7年間にわたって，運動が続けられた。教科書，カリキュラム等教育における男女平等の取組みも各地で行われた[59]。なお，この「行動する会」は，1996年9月に解散が決定され，1997年3月に解散した。

　この他，1980年代には，財団法人日本女子社会教育会や社団法人大学婦人協会といった全国規模の女性団体も，国際婦人年後の10年間の女性行政を評価するセミナーを開催した。ここでは，雇用，教育，家族，老後，地域

---

(54)　こうした経緯について，行動する会記録集編集委員会編・同上，156，166-167頁。
(55)　行動する会記録集編集委員会編・同上，200頁。
(56)　行動する会記録集編集委員会編・同上，201頁。
(57)　行動する会記録集編集委員会編・同上，203頁。
(58)　行動する会記録集編集委員会編・同上，130頁。活動の詳細は，同131-134頁。
(59)　行動する会記録集編集委員会編・同上，63-98頁。

第1節　当事者と NGO による権利の救済

活動への参画等をテーマに討議を行い，その成果を報告書にまとめて発行した[60]。

　また，1990年代に入ると，新しい NGO 運動が生まれた。自治体の女性行政審議会関係者が集まった「首都圏男女平等条例市民ネットワーク」は，男女共同参画条例の大きな推進力となった。また，要望や政策提言を行うだけではなく，被害当事者の救済を行うための働きかけや連携を行う NGO が設立された。とくに，DV 問題で活動が活発である。これらの NGO の活動内容は，相談またはカウンセリング，ケースワーク活動，シェルター活動が中心である[61]。

　行政との連携も，こうした活動の延長線上にある。たとえば，市役所または女性センターが実施している女性相談事業を受託し，相談員を派遣している団体もある。これらは，団体がもつカウンセリングやケースワークの専門性を期待されていることが多い。さらに，女性センターを拠点に相談活動を独自に行う団体もある。外国籍女性からの相談は，こうした相談窓口よりも，外国人相談に実績のある NGO や母子生活支援施設に多く寄せられている。

　被害者を緊急に一時的に保護するシェルターは，たとえば，神奈川県にある「かながわ・女のスペース"みずら"」では，シェルター運営のための継続的な財政的な支援を求めて市長や担当部局へ申し入れを行い，「苦節八年を経て」[62]，1998年度から横浜市が横浜市社会福祉協議会を通じて，年間200万円が支援されることになった。その後，川崎市，横須賀市等からも財政的な支援を得るようになった。全国各地にある他のシェルターも，それぞれの地域の行政への働きかけを行って，被害者救済に取組んでいる。また，DV 法の施行によって，配偶者暴力相談支援センターから一時保護を委託さ

---

(60)　財団法人日本女子社会教育会編『「国連婦人の十年」の歩みと課題』（1986年）。社団法人大学婦人協会『「国連婦人の十年」の評価と展望』（1986年）。

(61)　内閣府の調べによると，2003年度末現在，全国に77の民間シェルターがある。内閣府男女共同参画局『男女共同参画基本計画推進状況調査女性に対するあらゆる暴力の根絶』（2004年）18頁。

(62)　かながわ・女のスペース"みずら"編『シェルター・女たちの危機』（明石書店，2002年）174頁。

れるところもある。

第3項　当事者のエンパワーメントとNGOによるサポート

　性差別撤廃のための運動は，部落差別，在日韓国・朝鮮人差別，障害者差別との運動とも共通するが，さまざまな方法がとられた。個別にデータを特定することはできないが，たとえば，労働組合では，被害当事者が個人加入の地域ユニオンに駆け込んで，支援を得た事例もある。また，NGOへの相談をきっかけに，NGOとともに行動することもある。こうしたNGOは，第3章で検討したADRの民間版ともいえる働きをして，被害当事者から要望があれば，当事者と加害相手方，関係者との間の調整，あっせんを行うこともある。このようなあっせんや調整は，とくに，都道府県労働局等の公的なADRが権限の不足によって対応できない，学校や地域におけるセクシュアル・ハラスメント問題の解決に大きく貢献している。

　さらに，当事者を支援する労働組合やNGOが，差別をした加害者や会社に対する直接交渉や糾弾だけではなく，デモ行進，ビラまき，新聞への投書，シンポジウム等のイベントの開催等によって社会に広く訴えかけることもあった。近年では，インターネットを利用した運動も活発である。

　NGOの支援の特性は，次のように整理できるだろう。第一に，NGO活動が社会的に見て比較優位にあるのは，国及び自治体に欠けている総合性，当事者性なのであるから，その真髄は社会に沈潜しがちな個々の人権被害や差別への対応であろう。NGOはその行動力によって被害者が望むフットワークの軽い支援ができるので，これまでみた裁判所や行政機関等公的機関による解決のための支援よりも有効な点が多い。

　第二に，相談の受け方であるが，行政では相談がくるとその内容が自分の職権に適合しているかどうかをまず判断するが，NGOでは，まずは相談を受けとめている。相談者の話を相談者のペースでじっくり聞き，その内容に応じて，必要があれば専門の窓口を紹介している。また，相談者はさまざまな困難を抱えており，それが本人の中で必ずしも整理されていないため，相談内容も多岐にわたる。そこで，NGOでは幅広い相談に対応するため，心

理面や法律面等さまざまな分野の研修を行っている。このように，被害者の側に寄り添えるのが，自由な立場のNGOの強みであろう。

　第三に，NGOには活動の中心になってきた，その課題に関する情報や地域の事情に明るいベテランのメンバーがいて，解決のための方策や支援のプログラムの決定や円滑な実行への大きな力となっている。また，行政のようにセクションによる権限の壁がないので，相談者の求める総合的な解決のために，被害者の側に立って，自由な支援のプログラムを組むことができる。公的機関ではどうしても，他の事例との公平，平等な取り扱いという原則を気にしたり，外部の評判を気にしたりして，対応が積極的にならないことが多い。また，行政では，必ず数年で人事異動があり，経験知の蓄積がしにくい。この点でも行政はNGOに一歩を譲っている。

　第四に，公的な機関の多くは，自分の希望をはっきりいえなかったり，決定したことがすぐに変わってしまったりする，いわゆる「ゆれる」被害者につきあうことが困難であるため，被害者に対して解決のための環境が提供されないことが多い。被害者支援には，被害者の立場や気持ちに寄り添うことが必要である。被害者に寄り添うことができれば，被害者は支援機関に相談にくる。その際には，被害者の自己決定を尊重することが不可欠である。そこで，人権侵害の受けた被害者の支援には，当事者が事案の解決のための自己決定ができること，自己決定ができる環境を整えることが最大のポイントである。この点でも，NGOの方が優れている。

　その半面，NGOには次のような課題がある。NGOの中にはすでに実績が豊富でさまざまな地域資源を把握し，利用している団体と，まずは立ち上げてから本格的に活動していこうという団体がある。前者では，行政とのパイプが強いので，財政的に行政に依存する傾向もあり，独立性という観点でみると，やや疑問がある。後者では，活動を始めてから日が浅いので，スペシャリストというよりもケースに対応する中で，相談者とともに勉強している段階というところもある。

　NGOのこうした支援活動には，被害当事者からの費用負担が望めないことが多く[63]，財政的にはきわめて大きな負担となる。この活動を財政的に支えるための努力は，NGOだけではなく，行政によっても行われてきた。

第4章　当事者による権利の回復

たとえば，地域レベルでは，女性センターを活用して，NGO 活動を行うための場所や印刷機材等を提供している。また，NGO が実施するイベントに対する財政的支援がある。一方，NGO の運営費等は支援の対象になりにくいが，たとえば DV 被害者のためのシェルターを運営する NGO に対しては，委託金や補助金として，実質的に運営のための支援が実施されている事例もある[64]。

もともと，こうした NGO 等の民間団体に対する行政による財政的支援については，憲法89条との関連もあり，慎重に考えられることが多かった。したがって，NGO や行政の時々の姿勢によって，こうした支援に政治的な影響が及び，削られることがある。たとえば，行政サイドから提起されたものには，「ジェンダーフリー」の考え方を否定する石原慎太郎都知事による，財団法人東京女性財団の廃止を挙げることができる。同財団は，1995年の設立当初から，都内で活動する民間団体が実施するイベントだけではなく，民間団体及び個人が実施する研究に対しても，事業分野を広く募集し，積極的に支援をして，大きな成果が挙げられていた。しかし，財団廃止後は，特定の分野に関する支援は東京都によって引き継がれたが，それ以外は廃止された。また，千代田区では，区立施設を利用して NGO が実施しようとしたイベントで会場の貸出許可が取り消されることがあった。

一方，NGO から提起されたものには，従軍慰安婦に対する償い事業を挙げることができる。財団法人女性のためのアジア平和国民基金（アジア女性基金）は民間団体ではあるが，国主導によって設立されたことから，NGO は，本来政府が実施すべき事業を同財団の事業にすることによって，政府の責任をあいまいにしたと批判した。同財団は，「女性の尊厳事業」の一つの柱として，「女性の人権に関する今日的課題に取り組む NGO／NPO 活動支援」事業を実施しており，とくに女性に対する暴力の被害者を支援する NGO に対する財政的支援に重点が置かれた。この事業は，NGO の抗議に

---

(63)　NGO に支援を求める被害当事者は，経済的に困難である場合が多い。みずら・同上，18頁。

(64)　2003年度は，9都道県43市で，38団体（のべ88団体）に対して，合計7,400万円の支援が行われた。内閣府・前掲注(61)，18頁。

よって規模を縮小することとなり，またその財政的支援を受けた NGO に対する公然あるいは非公然の非難も見受けられたが，そうした混乱が一段落すると，徐々に全国各地の NGO からの申込みが増えた。

　　　第 4 項　国際社会への働きかけを通じた権利の回復

　国際人権法における女性に関する人権保障の試みは，戦後直後にはじまった。そこで，こうした取組みを概観して，日本の NGO 活動とこれらにはどのようなかかわりがあるのか，検討したい。

1　国連を中心とした取組み
(1)　国連諸条約の形成とＮＧＯ活動
　1945 年 6 月に採択された国際連合憲章は，前文において，国連が「基本的人権と人間の尊厳及び価値と男女…の同権とに関する信念をあらためて確認し」て設立されたことを明らかにする（前文）とともに，「性…による差別のないすべての者のための人権及び基本的自由の普遍的な尊重及び遵守」（55 条 c，1 条 3 項）の促進が機構の目的の一つであるとした。
　同年に，パリで世界婦人会議が開催され，「国際民主婦人連盟」が結成された。翌 1946 年にロンドンで開催された第 1 回国連総会では，アメリカ国連代表であるエレノア・ルーズベルト氏が，国内及び国際問題への女性の参加の奨励等を呼びかけた。
　また，国連憲章に基づき，経済社会理事会に設立された「人権委員会」は，1946 年 2 月，その下に「女性の地位小委員会」を設立することを決議した。同小委員会は，同年 6 月には人権委員会と同等の立場に格上げとなり，「女性の地位委員会（CSW）」となった。1947 年 2 月に，CSW の第 1 回会合が開催された。
　国連総会は，1948 年 12 月 10 日に，「すべての人民とすべての国とが達成すべき共通の基準として」世界人権宣言を採択し，2 条で「すべての者は…性…によるいかなる差別をも受けることなく，この宣言に掲げる権利と自由とを享有することができる」ことを確認し，その後も，1952 年には「婦人

の参政権に関する条約」，1957年には「既婚婦人の国籍に関する条約」を採択し，性差別撤廃をめざして，法的な整備をすすめた。また，1966年に国連総会で採択された「経済的，社会的及び文化的権利に関する国際規約」（社会権規約）と「市民的及び政治的権利に関する国際規約」（自由権規約）でも，性差別は禁止されている。社会権規約では，「この規約の締約国は，この規約に規定する権利が…性…によるいかなる差別もなしに行使されることを保障」し，「この規約の締約国は，この規約に定めるすべての経済的，社会的及び文化的権利の享有について男女に同等の権利を確保することを約束する」とされている（社会権規約2条2，3条）。自由権規約では，「この規約の各締約国は…すべての個人に対し，…性…によるいかなる差別もなしにこの規約において認められる権利を尊重し及び確保」し，「この規約の締約国は，この規約に定めるすべての市民的及び政治的権利の享有について男女に同等の権利を確保することを約束する」（自由権規約2条1，3条），「すべての者は，法律の前に平等であり，いかなる差別もなしに法律による平等の保護を受ける権利を有する。このため，法律は，あらゆる差別を禁止…及び…性…等のいかなる理由による差別に対しても平等のかつ効果的な保護をすべての者に保障する」（同26条）とされている。このほかにも数多く，女性の権利や男女平等を促進する決議，宣言，勧告が採択された。

　1967年11月に第22回国連総会において「女性に対する差別撤廃宣言」が採択された。また，世界人権宣言採択20周年を記念して，1968年を国際人権年とし，国連の人権活動を拡大した。

　さらに1972年12月に，国連総会において，1975年を国際婦人年とし，男女平等の推進，経済・社会・文化への婦人の参加，国際平和と協力への婦人の貢献を目標に世界的な活動を行うことが決定された。ILOにおいても国際婦人年世界会議に呼応して，1975年の第60回総会で「婦人労働者の機会及び待遇の均等に関する宣言」，「婦人労働者の機会及び待遇の均等を促進するための行動計画」，「雇用及び職業における婦人及び男子の地位及び機会の均等に関する決議」が採択された。

　こうした条約の形成に際して，当時の日本の女性NGOは国内の活動を中心としていたため，ほとんど役割を果たすことはなかった。

(2) 国際機関とNGO活動

さらに、国連機関では、国連総会の第三委員会、経済社会理事会の下に女性の地位委員会が置かれ、国連の事業を実施する機関である国連開発計画（UNDP）、国連女性開発基金（UNIFEM）、国連女性調査訓練研修所（INSTRAW）、国連児童基金（UNICEF）、国連教育科学文化機関（UNESCO）等、労働、教育、保健衛生の分野で、女性に関する人権の取組みが実施されていた。たとえば、UNESCO においては、1960年の総会で「教育における差別待遇の防止に関する条約」及び「勧告」が採択された。国連機関の外の、国際労働機関（ILO）は、「同一価値の労働についての男女労働者に対する同一報酬に関する条約」（1951年、第100号）、「雇用及び職業についての差別待遇に関する条約」（1958年、第111号）、「家庭責任をもつ婦人の雇用に関する勧告（1965年、第123号）」、「家族的責任を有する男女労働者の機会及び待遇の均等に関する条約」（1981年、第156号条約）等を採択した。国際移住機関（IOM）は、トラフィキング被害者等の国際的な移住労働者問題への取組みを通じて、女性に関する人権保障にも積極的である。日本の「移住労働者と連帯する全国ネットワーク」、財団法人アジア女性基金等のNGOがその活動において IOM と密接なかかわりをもっている。

こうした取組みにも関わらず、女性に対する差別は、世界各地で依然として十分に解消されていない。

日本では、国連加盟後、1957年8月に、市川房枝氏、藤田たき氏が提唱し、「国連NGO国内婦人委員会」を結成した。これは、国連経済社会理事会に諮問資格のあるNGOのうち、女性関係の団体である「大学婦人協会」、「日本汎太平洋東南アジア婦人協会」、「日本婦人法律家協会」、「婦人国際平和自由連盟日本支部」、「日本婦人有権者同盟」、「日本キリスト教婦人矯風会」、「日本キリスト教女子青年会」、「日本看護協会」、「日本BPW連合会」、「日本女医会」の10団体及び個人会員19人である。民間の力で国連に協力し、必要に応じて政府に意見を表明し、国連の動きを広く一般に知らせることを目的とした。同委員会は、毎年国連総会の日本政府代表の一人として民間の女性を推薦しており、NGOの意見を国際的に反映させることに力を注いでいる。

(3) 世界女性会議の開催と NGO 活動

　構造的に深く入り組んだ女性に対する差別を撤廃するには，形式的あるいは法律上の平等を求めるだけでは不十分であり，社会における男女の不均衡な力関係の実態や構造を射程に入れて，平等や差別撤廃の理念をあらためて構築し直す必要があった。女性差別に焦点化した取組みの必要性から，1967年には「女性差別撤廃宣言」が国連総会で採択された。さらに，当時アメリカで盛んだったウーマン・リブ運動の影響を受けて，1972年に，1975年を国際婦人年とすることが決議された。国際婦人年には，メキシコで「国際婦人年世界会議」が開催され(65)，「女性のための世界行動計画」と「メキシコ宣言」が成立した。そして，各国が国内で女性の地位向上のための計画を策定することが合意された。メキシコ会議では，NGO が集まる「国際婦人年トリビューン」も政府間会議と同時に開催された。1980年にはデンマークで「国連婦人の 10 年中間年世界会議」(66)，1985 年にはナイロビで「国連婦人の 10 年世界会議」(67)が開催された。1995 年には北京で「第 4 回世界女性

---

(65) 1975 年 6 月から 7 月に，メキシコ共和国メキシコシティで国連が開催した国際婦人年世界会議では，国際婦人年の目標達成のためにその後 10 年にわたり国内，国際両面における行動への指針を与える『世界行動計画』が採択された。同年秋の第 30 回国連総会では，この会議で決まった行動計画を承認するとともに，1976 年から 1985 年までを国連婦人の 10 年とすることを宣言し，その目標を平等・発展・平和と定めた。また，1980 年に行動計画の実施状況について再検討する世界会議を開くことを決定した。

(66) 1980 年 7 月に，デンマーク王国コペンハーゲンにおいて，「『国際婦人の 10 年』中間年世界会議」が開催され，「国連婦人の 10 年後半期行動プログラム」が採択された。同プログラムは，「世界行動計画」の前半期における実施状況の検討及び評価を踏まえ，この会議のサブ・テーマである「雇用，健康，教育」を中心に，とくに留意すべき優先分野を指摘しつつ，国内的，国際的，地域的レベルにおいて，各国政府がとるべき行動を掲げ，勧告した。また，同会議の会期中に女性差別撤廃条約の署名式が行われた。翌年 4 月には条約の規定に基づき，女性差別撤廃委員会が設置された。

(67) 「国連婦人の 10 年」の最終年にあたる 1985 年 7 月に，ケニア共和国ナイロビにおいて，「『国連婦人の 10 年』ナイロビ世界会議」が開催され，157 か国 37 機関が参加した。同会議では，10 年間の成果の検討と評価を行い，さらに西暦 2000 年に

第 1 節　当事者と NGO による権利の救済

会議」が開催され(68)，北京近郊の懐柔県で「NGO フォーラム」が開催された。北京会議では，政府代表者として約 1 万 7 千人，NGO フォーラムには約 3 万 1 千人が世界中から参加した。世界中で NGO 活動が活発であることを示しているだろう。2000 年に「国連特別総会女性 2000 年会議」が開催されたが，NGO フォーラムは併催されなかった。ただし，アジア太平洋地域では，北京会議で採択された行動綱領の地域内での実施状況を検討するため，国連アジア太平洋経済社会委員会（ESCAP）(69)において，1999 年 10 月に「ESCAP 政府間ハイレベル会議」(70)が開催された。この会議には，目黒依子国連女性の地位委員会日本代表，政府関係者，国会議員のほか，NGO から約 15 人が出席した。

日本の NGO 活動は，これらの世界女性会議の開催や女性差別撤廃委員会

　　向けて各国等が実状に応じて効果的措置をとる上でのガイドラインとなる『婦人の地位向上のためのナイロビ将来戦略』（ナイロビ将来戦略）を採択した。同戦略は第 40 回国連総会でも支持され，1987 年の国連経済社会理事会では，ナイロビ将来戦略の実施の見直し評価をするため，1990 年代及び 2000 年に国連が世界女性会議を開催することを勧告した。同勧告は，「政府，政党，労働組合，職業団体，その他の代表的団体は，それぞれ西暦 2000 年までに男女の平等参加を達成するため，指導的地位に就く女性の割合を，1995 年までに少なくとも 30％にまで増やすという目標を目指し，それらの地位に女性を就けるための募集および訓練プログラムを定めるべきである」との数値目標を設定した。

(68) 第 4 回世界女性会議は，1995 年 9 月に北京で開催され，「北京宣言」及び「行動綱領」が採択された。この行動綱領により各国政府は，1996 年末までに自国の行動計画を策定することが求められた。

(69) 国連アジア太平洋経済社会委員会（ESCAP）は，1947 年に国連経済社会理事会の下部機構の 5 つの地域委員会の一つとして設立された国連アジア極東経済委員会（ECAFE）を前身とする。1974 年に改称され，経済，社会開発のための協力機関として，さまざまな分野で地域協力プログラムを実施している。現在，加盟国は 51 カ国（域内は日本等 47 カ国，域外はアメリカ，イギリス，フランス，オランダの 4 カ国），準加盟国は香港等 9 カ国である。

(70) 同会議における議論は，女性 2000 年会議日本国内委員会有識者部会編「女性 2000 年会議 NEWALETTER」創刊号，第 2 号（1999 年）。同会議では，「北京行動綱領の更なる実施に向けての勧告」が採択された（ESCAP ハイレベル政府間会議（1999 年 10 月 29 日）「北京行動綱領の更なる実施に向けての勧告（仮訳）」）。

第 4 章　当事者による権利の回復

における日本政府レポートの審査の際に，NGO のネットワークが形成され，発展してきた。そこで，こうしたネットワークの活動について具体的に検討してみたい。

　1975 年 6 月に国際婦人年世界会議が開催されたが，先に述べたように，それに先立つ 1 月に，「国際婦人年をきっかけとして行動を起こす女たちの会」[71]が結成された。メキシコ会議後は，「国連 NGO 国内婦人委員会」代表の市川房枝氏の呼びかけ[72]で，それまで個別の分野でばらばらに活動していた国内女性団体の 41 団体が幅広く連帯して実行委員会[73]を組織し，同年 11 月に「国際婦人年日本大会」を開催した。大会終了後，実行委員会は解散し，同年 12 月に「国際婦人年日本会議の決議を実現するための連絡会」を設立した。1980 年の国連婦人の 10 年中間年世界会議において，女性差別

---

[71]　日本の民間女性団体 34 団体が結集した。女性差別撤廃条約批准を機に名称を「行動する女たちの会」と改め，1996 年に活動を終了した。

[72]　国際婦人年連絡会編・前掲注(36)，393 頁。

[73]　「国際婦人年日本大会実行委員会」のメンバーは，次の 41 団体である。国連 NGO 国内婦人委員会，㈶日本キリスト教婦人矯風会，新日本婦人の会，㈳大学婦人協会，㈳日本看護協会，㈳日本女医会，主婦連合会，全国地域婦人団体連絡協議会，全国友の会，全日本労働総同盟青婦対策部，日本キリスト教女子青年会，日本主婦同盟，日本退職女教師連合会，日本婦人会議，日本婦人法律家協会，日本婦人有権者同盟，日本民主婦人の会，日本有職婦人クラブ全国連合会，日本労働組合総評議会組織局婦人対策部，汎太平洋東南アジア婦人協会，婦人国際平和自由連盟日本支部，草の実会，㈶日本女子社会教育会，㈳家庭生活研究会，㈳全日本仏教婦人連盟，㈳日本家庭生活問題研究協会，生涯教育センター，消費科学連合会，日本婦人団体連合会，総評主婦の会全国協議会，退職婦人教職員全国連絡協議会，独身婦人同盟，日本カトリック婦人団体連盟，日本キリスト教協議会婦人委員会，日本女性同盟，日本母親大会連絡会，日本婦人科学者の会，日本婦人団体連合会，婦人民主クラブ，婦人民主クラブ再建連絡会，婦人問題懇話会。11 月に発足した「連絡会」には，このうち，㈳全日本仏教婦人連盟及び生涯教育センターは参加しなかったので，39 団体となった。1985 年の「国際婦人の 10 年中間年日本大会」終了後，実行委員会は解散し，連絡会は個人参加から団体加盟になった。1989 年 5 月には 51 団体となった。同会の歩みと現在の構成について，国際婦人年連絡会編・前掲注(36)，394 - 395，398 - 401 頁。内閣府男女共同参画局「国際婦人年連絡会加盟団体一覧」(http://www.gender.go.jp/address2.html)。

第1節　当事者と NGO による権利の救済

撤廃条約を日本が批准するかどうかについては，署名を見送ることに決定されたとの新聞報道があり[74]，この「連絡会」を中心とした女性団体が，国会議員だけではなく，総理府，外務省，労働省に対して，条約の署名を求めて積極的にロビー活動を行ったことは，先に述べたとおりである。女性差別撤廃条約を日本が批准するかどうかが議論されていた 1985 年には，「連絡会」は 48 団体で構成されていた。

1985 年にケニアで開催された国連婦人の 10 年世界会議には，700 人の女性が NGO フォーラムに参加した。

1995 年に北京で開催された第 4 回世界女性会議には，日本政府代表のメンバーに 4 人の NGO 代表が顧問として参加した。また，日本からは約 5,000 人の女性が NGO フォーラムに参加した。北京会議終了後，北京会議で採択された「北京行動綱領」を日本で実現するため，個人を会員とする「北京 JAC」が設立された。さまざまな分野で活動している NGO メンバーが個人として横断的に集まって設立された NGO は，北京 JAC が日本で最初であろう。さらに，関西圏では，「世界女性会議ネットワーク関西」が設立された。両 NGO は引き続き活発に活動している[75]。

2000 年に開催された「国連特別総会女性 2000 年会議」では，「日本 NGO レポートを作る会」が設立された。「女性 2000 年会議」は「第 5 回世界女性会議」ではなく，国連特別総会という位置づけなので，これまで 4 回の世界女性会議で政府間会合に平行して開催された NGO フォーラムは開催されなかった。NGO フォーラムに代わり，CONGO（国連経済社会理事会の協議的資格のある NGO の連合）では，NGO の意見を 2000 年会議に反映するため，NGO によるオルタナティブ・レポートを 2000 年 3 月の第 44 回女性の地位委員会（CSW）までに作成することを，第 43 回 CSW の際に発表した。グロー

---

(74)　朝日新聞 1980 年 6 月 7 日。
(75)　2005 年の国連の会議「北京＋10」に向けて，2004 年に北京会議からの 10 年間の状況を総括するシンポジウムを開催した。世界女性会議ネットワーク関西全国シンポジウム報告書編集委員会編『北京＋10 に向けて―進捗と課題』（北京 JAC 第 9 回全国シンポジウム実行委員会・世界女性会議ネットワーク関西全国シンポジウム実行委員会，2005 年）。

バルな NGO オルタナティブ・レポートは，世界の5地域の地域レポートに基づいて「実行委員会」が作成した。

アジア太平洋地域では，第43回 CSW に参加した NGO が中心になって，1999年8月31日から9月4日までに開催されるアジア地域会議で小地域の NGO オルタナティブ・レポートをもとに地域 NGO オルタナティブ・レポートを作成した。小地域レポートはさらに，小地域内の国々の NGO オルタナティブ・レポートをベースにまとめられた。こうした国際社会の動きに連動して，日本では，第43回 CSW に参加した NGO 等の呼びかけに応じて，1999年4月に，北京 JAC を中心とした12団体21名が参加して「NGO レポートをつくる会」設立され，日本の NGO のオルタナティブ・レポートを作成することに合意した。同年8月に，同会は『女性2000年会議「日本 NGO レポート」』を公表した。

(4) 女性差別撤廃条約と NGO 活動

1967年の女性差別撤廃宣言は法的には拘束力がないため，各国を法的に拘束する条約を制定する必要性が強調された。条約の条文は「女性の地位委員会」で作成され，条約案は1977年に第32回国連総会に提出された。それ以降，国連第三委員会及びワーキンググループで討議され，1979年12月，第34回国連総会において「女性に対するあらゆる形態の差別の撤廃に関する条約」（女性差別撤廃条約）が採択された[76]。1981年9月に発効し，1982

---

(76) この条約の作成の作業は，女性の地位委員会における条約草案作成の段階と国連総会における審議及び採択の段階に大別することができる。

1967年の「女性に対する差別の撤廃に関する宣言」の採択後，この宣言に規定する原則の各国の実施状況について，女性の地位委員会が調査，検討していく過程で，依然として存在している女性に対する差別の撤廃のためには，より有効な措置をとるべきであるとの認識が強まるに至った。そして，第24回女性の地位委員会において，1972年に，女性に対する差別の撤廃のために法的拘束力を有する新たな包括的な国際文書の起草作業を開始することが決議された。

それ以降，まずは，1974年から1976年にかけて，女性の地位委員会における草案の作成の作業が行われた。女性の地位委員会は，1974年1月に，第25回会期に先だって，作業部会を設置して条約案の検討を開始した。1976年12月の第26回会期で，この条約の草案の作成を完了した。

第1節　当事者とNGOによる権利の救済

年に女性差別撤廃条約委員会（CEDAW）が発足した。2005年8月現在で180ヶ国が批准している。日本は，1980年に署名し，1985年に批准した。なお，女性差別撤廃条約選択議定書は，1999年10月の国連第54回総会で採択され，2000年12月22日に効力が発生した[77]。

女性差別撤廃条約は，これまでの国連等が採択した決議等種々の文書にもかかわらず，女性差別が依然として広範に存在していること（前文第6段）を認め，「出産における女子の役割が差別の根拠となるべきではなく，子の養育には男女及び社会全体が共に責任を負うことが必要であることを認識し，社会及び家庭における男子の伝統的役割を女子の役割とともに変更することが男女の完全な平等の達成に必要であることを認識し，…女子に対するあらゆる形態の差別を撤廃するための必要な措置をとることを決意し」（前文第13，14，15段）て条約が作成された。さらに，国家が積極的に差別を撤廃するため，あらゆる政策を実施するよう求めた（2条）。すなわち，一見中立的な法であっても，なお広範に再生産される性差別を撤廃するには，規範の背後にある構造，または差別意識の変革が不可欠であるとし，「女子に対する差別となる既存の法律，規則，慣習及び慣行を修正し又は廃止するためのすべての適当な措置（立法を含む。）をとること」（2条(f)），さらに，「両性いずれかの劣等性若しくは優越性の観念又は男女の定型化された役割に基づく偏見及び慣習その他あらゆる慣行の撤廃を実現するため，男女の社会的及び文化的な行動様式を修正すること」（5条(a)）を締約国に求めている。さらに，男女の事実上の平等を達成する目的でとられる暫定的な特別措置（ポジティブ・アクション）は「差別と解してはならない」とされている（4条）。これは，女性が被る不利益を安易に個人の資質の問題に還元してはならないという要請でもある。締約国は，固定的な役割分担に基づく偏見の撤廃（5

次いで，1977年から1979年にかけて，国連総会における審議及び採択の作業が行われた。条約の草案は，国連総会の第三委員会の下に設置された作業部会を中心として，第32回総会から第34回総会にかけて毎年審議された。そして，1979年12月18日に第34回総会において，賛成130ヶ国，反対なし，棄権11ヶ国で採択された。女性差別撤廃条約は，1981年9月3日に効力を生じた。

(77)　日本は2006年4月現在，同議定書に署名はしていない。

条），人身売買・売春からの搾取の禁止（6条），政治的及び公的活動，国際的活動への参加，国籍の平等（7条，8条，9条），教育，雇用，保健，経済的・社会的活動，婚姻・家族関係における差別の撤廃（10条，11条，12条，13条，16条），農村女性に対する差別の撤廃（14条），法の前の男女平等（15条）のための措置をとることが求められている。

阿部浩己教授は，女性差別撤廃条約について，政治参加，国籍の取得・変更，教育・雇用・社会的参加，法的能力，婚姻・家族関係等における男女の形式的あるいは法律上の平等を求めるだけでなく，差別を生み出す構造あるいは内面化された意識の中にまで，条約の考え方が浸透する必要性を確認したとの解釈を示した[78]。

また，同条約の締約国は，条約で定められた義務の実施が求められる。条約には「報告制度」が規定され，締約国は，義務を果たしているかどうかを監視するために設置された「女性差別撤廃委員会（CEDAW）」に対して，条約の国内的効力が発生したときから1年以内，その後4年ごとに条約についての報告書を作成し，提出しなければならない（18条1項）。同委員会は，個人の資格で職務を行う23名の専門家から構成され，各国から提出された報告書を，政府代表やNGOと質疑・対話を行いながら審査し，見解を「最終コメント」として公表するものである。

日本では，女性差別撤廃条約の批准を契機に，条約の普及・啓発を目的としたNGOの「国際女性の地位協会」が1988年に設立された。

さらに2003年は，女性差別撤廃委員会で，日本政府レポートの第4次・第5次政府レポートが審議されるため「日本女性差別撤廃条約NGOネットワーク（JNNC）」が2002年12月に結成された[79]。国内の46のNGOが女性差別撤廃条約の日本レポート審議に対して，1つにまとまって行動したのははじめての試みである。JNNCは，2003年に女性差別撤廃委員会から出された日本政府に対する質問事項への回答，国内14のNGOのレポート，19のNGOのサマリー・レポートを取りまとめた。さらに，同年7月の日本レ

---

(78) 阿部浩己『国際人権の地平』（現代人文社，2003年）108頁。

(79) 審査終了後もJNNCは活動を継続しており，「最終コメント」の内容について各地で普及等を行っている。

ポートの審議の際には，16団体57人がニューヨークへ行き，委員へのロビー活動を積極的に行った。その結果，同年8月に委員会から発表された「最終コメント」に，NGOの意見が反映された。

ただし，日本政府は，報告審査の際に，「我が国政府は，今後とも，本条約の締約国として女性に対するあらゆる差別を取り除き，男女共同参画社会の実現に向けて努力する決意である」[80]と述べているが，実際には締約国の差別撤廃義務（2条）について，漸進的に達成すればよいと解釈している。2003年8月に実施された女性差別撤廃委員会での審査の際に，委員からこの点について説明を求められた日本政府首席代表の坂東眞理子男女共同参画局長（当時）は，「日本は日本である」，「日本の社会はコンセンサスを得ながら少しずつ変えていくしかない」と回答した[81]。NGOは，こうした政府の消極的な姿勢に反発して，「最終コメント」に表明された勧告の速やかな実行を求めて，引き続き活動を行っている。

2　アジアの女性に関する人権侵害への取組み
(1)　従軍慰安婦

従軍慰安婦とは，旧日本軍の慰安所等で，一定期間，将兵に性的な奉仕を強いられた女性たちである。1991年に，韓国の金学順（キム・ハクスン）氏が初めて慰安婦であったことを名乗りでた。判明した被害者は，韓国ではその後198人，北朝鮮では218人，台湾では70人，中国では22人，フィリピンでは261人，インドネシアでは約1,000人と言われている[82]。

日本では，政府は1990年に国会審議において，軍と国家の関与を否定し

---

[80]　総理府『女子差別撤廃条約実施状況第4回報告書』（1998年）はじめに。内閣府『女子差別撤廃条約実施状況第5回報告書』（2002年）2頁。

[81]　日本女性差別撤廃条約NGOネットワーク編『女性差別撤廃条約とNGO』（明石書店，2003年）117頁。IMADR-JCマイノリティ女性に対する複合差別プロジェクトチーム編『マイノリティ女性の視点を政策に！　社会に！』（解放出版社，2003年）50頁。

[82]　VAWW-NET JAPAN編「資料各国の『慰安婦』被害・年表・裁判」世界682号（2000年）116‐127頁。

た答弁を行った。しかし，韓国人女性が慰安婦だったことを名乗りでて，社会問題化した。

その後，軍の関与を証明する資料が明らかになり，政府は1991年から本格的な調査を行った。1993年には，河野洋平内閣官房長官（当時）が「談話」を発表し，「本件は，当時の軍の関与の下に，多数の女性の名誉と尊厳を深く傷つけた問題である。政府はこの機会に，改めてその出身地のいかんを問わず，いわゆる従軍慰安婦として数多の苦痛を経験され，心身にわたり癒しがたい傷を負われたすべての方々に対し心からお詫びと反省の気持ちを申し上げる」と述べた。

従軍慰安婦については，政府は，1991年12月より，関係資料の調査を進め，元軍人等関係者から幅広く聞き取り調査を行った。調査の対象は，警察庁，防衛庁，法務省，外務省，文部省，厚生省，労働省，国立公文書館，国立国会図書館，アメリカ国立公文書館であった。また，元従軍慰安婦，元軍人，元朝鮮総督府関係者，元慰安所経営者，慰安所付近の居住者，歴史研究家等から聞き取り調査も実施した。ただし，自治体に関しては，政府は調査を行っていない。また，自治体独自で，独自に従軍慰安婦について調査した例もないようである。

また，1994年8月に，村山富市内閣総理大臣（当時）は，戦後50年に向けた談話のなかで，従軍慰安婦問題について「心からの反省とお詫びの気持ち」を表明し，この気持ちを国民に分かち合ってもらうために「幅広い国民参加の道」を探求することを明らかにして，財団法人女性のためのアジア平和国民基金（アジア女性基金）が設置された。アジア女性基金は，慰安婦に対する償い事業を行った。国民から募金を集め，橋本龍太郎内閣総理大臣（当時）の手紙を添えて，名乗り出た被害者個人に対して，償い金を支給した。その他，1996年10月に同基金の中に「『慰安婦』関係資料委員会」を設置し，調査を進め，1999年2月に『「慰安婦」問題調査報告・1999』を刊行した。

近年では，元慰安婦から国家賠償を求める裁判が提起されている。1991年12月，韓国人の金学順氏ら3人が東京地裁に提訴した。1992年12月に韓国人の朴頭理氏ら10人が山口地裁下関支部に提訴した（関釜裁判）。1993年

4月に，フィリピン人のヘンソン氏や在日韓国人の宋神道氏が東京地裁に提訴した。1994年1月，オランダ人元慰安婦が東京地裁に提訴した。

　従軍慰安婦については，その取組みの当初から，NGOによる運動と被害者支援活動が行なわれていた。元慰安婦の裁判を支援するためのNGOとして，「関釜裁判を支援する会」，「在日の慰安婦裁判を支える会」「中国人『慰安婦』裁判を支援する会」，「台湾の元『慰安婦』裁判を支援する会」，「フィリピン人元『従軍慰安婦』を支援する会」等がある。また，より広い社会活動を中心とするものとして，「韓国挺身隊問題対策協議会」，「『戦争と女性への暴力』日本ネットワーク（VAWW-NET JAPAN）」がある。VAWW-NET JAPANは，2000年に民間法廷「日本軍性奴隷制を裁く女性国際戦犯法廷」を東京で開催した。また，国連における女性に対する暴力に関する報告書の翻訳・出版活動[83]等を行っている。

(2)　トラフィキング

　トラフィキングは，国際的に行われる，強制的な人身売買のことである。主に発展途上国の女性が，だまされて先進国に強制的に連れてこられる。アジアでは，タイ，ベトナム，ミャンマー，中国等の少数民族の女性が多く被害にあっている。日本は，トラフィキング被害者の世界最大の受入国の一つである[84]。

　日本の場合，被害者女性は，複数の国を経由して観光ビザで入国することが多い。入国後は，パスポートを取りあげられ，知らない間に莫大な金額の借金を負わされて，売春を強制される。日本人男性と結婚して，DVの被害に苦しみ，ビザ更新や経済的な理由で，逃げ出せない女性もいる。1980年代末には，タイやフィリピンの女性が多く被害にあった。近年では，コロン

---

(83)　VAWW-NET JAPAN編訳『戦時・性暴力をどう裁くか国連マクドゥーガル報告全訳』（凱風社，1998年）。ラディカ・クマラスワミ（VAWW-NET JAPAN翻訳チーム訳）『女性に対する暴力をめぐる10年国連人権委員会特別報告者クマラスワミ報告書』（明石書店，2003年）等。

(84)　日本における人身売買被害の最近の実態は，JNATIP編『人身売買をなくすために』（明石書店，2004年），移住連「女性への暴力」プロジェクト編『ドメスティック・バイオレンスと人身売買』（現代人文社，2004年）に詳しい。

ビアやインドネシアの女性の被害が多く報告されている。

なお，日本政府は，トラフィキングを「人身取引」等と呼び，トラフィキングの防止のため，売春防止法等関係法令による取締りを行っている。また，被害女性の保護等の総合的な対策を関係省庁・関係団体と連携して推進するため，「児童売買，児童買春及び児童ポルノに関する児童の権利に関する条約選択議定書」及び「国際的な組織犯罪の防止に関する国際連合条約を補足する人，特に女性及び児童の取引を防止し，抑止し及び処罰するための議定書」について，それぞれ2002年5月，同年12月に署名した。前者は2005年2月に効力が発生し，後者は同年6月に国会で承認された。また，「国際的な組織犯罪の防止に関する国際連合条約」の締結のための法整備については，2003年5月に国会が承認した。

しかし，被害者女性はトラフィキングによってオーバーステイになってしまったにもかかわらず，警察はトラフィキングの人権侵害よりもオーバーステイや売春防止法違反といった目の前にある犯罪を取り締まり，逆に，トラフィキングや売春のブローカー等は取締りを免れている，という本末転倒の事態が発生している。被害者がオーバーステイであったり，暴力団等から追われていたりするという事柄の性質上，被害の実態はよくわからない。

トラフィキングの被害者女性への支援は，行政よりもNGOの方が先行し，豊かな内容となっている。NGOは，被害者だけではなく，被害者から相談を受けたけれども適切な対応がわからない行政窓口からの相談に対応したり，各国の駐日大使館と協力したりして，被害者の病気治療や帰国のための支援を実施している。外国人女性のためのシェルター活動を行っている東京都にある「女性の家HELP」や神奈川県にある「女性の家サーラー」が，トラフィキング問題が社会問題化した当初から，この問題に先進的に取組んでいる。さらに，東京都の「カパティラン」[85]，神奈川県の「カラカサン〜移住女性のためのエンパワメントセンター」は，主にフィリピン人女性のための相談・支援活動を行っている。京都府の「京都YWCA Asian People Together

---

(85) カパティランの活動について，http://www.nskk.org/tokyo/kapatiran/ja/intro.html。

第 1 節　当事者と NGO による権利の救済

(APT)」，大阪府の「多文化共生センター・おおさか」，福岡県の「アジア女性センター」は，外国人女性のための相談事業や人身売買に関する啓発活動を実施している。さらに，こうした NGO どうしのネットワークとして，「移住労働者と連帯するネットワーク（移住連）」[86]があり，積極的な活動が行われている。

　こうした NGO の運動が政府を動かした。2004 年 12 月 7 日に政府は「人身取引対策行動計画」を策定し，ブローカーの取締りを強化するとともに，人身売買被害者を婦人相談所や民間シェルターへの保護や在留資格の弾力化，帰国支援等を盛り込んで，その対策に本格的に取り組み始めた。また，2005 年に，刑法を改正し（平成 17 年法律 66 号），人身売買罪を創設した（刑法 226 条の 2，226 条の 3，227 条）。

(3)　児 童 買 春

　児童買春もアジアではたいへん深刻な問題である。「子どもの商業的性的搾取に反対する世界会議」第 1 回大会は 1996 年にスウェーデンで開催され，「子どもの商業的性的搾取に反対するストックホルム宣言及び行動計画」が採択された[87]。第 2 回は 2001 年 12 月に日本で開催され，「横浜グローバル・コミットメント 2001」が採択された。

　トラフィッキング同様，この問題でも，日本は悪名が高い。日本国内では，売春防止法，風俗営業等の規制及び業務の適正化等に関する法律，児童買春・児童ポルノ禁止法[88]，児童福祉法，刑法及び自治体の青少年保護育成条例等を運用して，取り締まっている。しかし，対応は不十分であり，表面化している事例は氷山の一角である。

---

(86)　移住連の活動について，http://www.jca.apc.org/migrant-net/Japanese/Japanese.html。

(87)　行動アジェンダの実行の監視するため，国際エクパットは毎年報告書を発行している。世界の地域ごとに現況をまとめたものとして，エクパット『ストックホルムから横浜へ，そして，子どもたちの未来へ』（2000 年）。

(88)　児童買春・児童ポルノ法について，池田泰昭「児童買春・児童ポルノに係る行為等の処罰及び児童の保護等に関する法律の制定について」警察学論集 52 巻 9 号（1999 年）122-141 頁。

第4章 当事者による権利の回復

　一方で，日本人による海外での児童買春等の問題については，CSEC (Commercial Sexual Exploitation of Children) 東南アジアセミナーの開催や外国捜査機関との情報交換の緊密化等により連携を強化し，児童買春・児童ポルノ法の国外犯処罰規定を適用して，児童買春・児童ポルノ事犯をそれぞれ検挙している。また，警察による取締り，内閣府による「出会い系サイト」に係る児童買春等の犯罪から年少者を守るための広報啓発活動等の推進，事業者等に対する協力要請，取締りの強化等，法規制の検討を盛り込んだ「『出会い系サイト』に係る児童買春等の被害から年少者を守るために当面講ずべき措置」（青少年育成推進会議申合せ）を2002年10月に策定し，関係省庁と連携しながら取組みを推進している。また，厚生労働省では，児童買春の被害者となった児童に対して，相談，一時保護，児童養護施設等への入所を行い，必要に応じて心理的治療を行っている。

　日本のNGOでは，「ECPAT／ストップ子ども買春の会」，「エクパットジャパン関西」[89]等が，子ども買春，子どもポルノ，性目的の人身売買の根絶を目的に，国会や各省庁へのロビー活動，子どもポルノの実態調査，講演会，学習会，本や資料の翻訳，出版，学生を対象としたユースフォーラムの開催，ニュースレターの発行等の活動を行っている。

(4) 女性のエンパワーメント

　自立支援，母子保健等，女性をエンパワーメントして行う，いわばポジティブな指向での差別撤廃や人権確保のための活動も，積極的に実施されている。とくに，国際協力における女性の視点（WID, GAD）に関する支援活動が活発である。たとえば，神奈川県の各市区町村を拠点とするリサイクルショップを運営し，その収益金でアジア女性の人権保障事業を実施し，国際協力NGOに支援している「特定非営利活動法人WE21ジャパン」[90]，カンボジアで育児支援や保育者研修事業や，女性が経済的に自立するための収入を得るための織物事業を実施している東京都北区にある「特定非営利活動法人幼い難民を考える会」[91]，タイ，カンボジア，東チモールで保健・医療活

---

(89) エクパットジャパン関西編『約束を果たすために日本での取り組みと第2回世界会議に向けて』(2000年)。

(90) WE21ジャパンの活動について，http://www.we21japan.org/。

動，HIV ／ AIDS 予防活動，母子保健活動を実施している「特定非営利活動法人シェア＝国際保健協力市民の会」[92]がある。これらの NGO では，日本国内においても，募金活動や国際理解のための啓発活動を行っている。

また，日本国内で，女性の起業家育成や資金融資のためのサポート事業を実施している「WWB ジャパン（世界女性銀行日本支部）」[93]がある。

こうした NGO の運動を概観することによって，NGO の活動の成果を次の3点にまとめることができるだろう。

第一に，日本では，第2章で概観したように，日本国憲法施行後，男女平等実現のためにさまざまな立法が行われたが，NGO は，それらの法律が，現場の問題解決にはまだまだ不十分で，憲法の保障した人権を実現するには，より実効的な法律や政策を展開する必要があることを明らかにした。

第二に，NGO は，日本の社会に存在する性差別や人権侵害を感知して，新たに問題化し，それに対応していくシステムとしては日本の官治型の官僚システムはきわめて不活発であることを明らかにした。官僚システムは，これもまた第2章で検討したように，そこに十分な組織，権限，人員，予算が与えられれば，きわめて効果的に機能するが，そのいずれかが欠けるときには，責任を回避して，門前払い，たらいまわしになりがちであった。これに対し，NGO は，被害当事者の立場から，社会的アピール，裁判，そして行政に対する直接の要求を通じて，社会に残る性差別の所在を明らかにし，政府に対して，責任の自覚と実施を求めたのである。政府と NGO の関係は，しばしばギクシャクしたものになったが，お互いに，自分に欠けているものを補い合うという意味では，必要としあう関係がつくられたのである。

第三に，NGO の運動は，国際社会における動きと連動していたことがわかる。日本国憲法下での日本外交は，日米関係を軸にして，バイラテラルな関係としても成立してきた。しかし，国際社会は，国連や各種の国際機関を通じて，マルチラテラルな協力関係をつくりだしていた。日本がこのギャッ

---

(91) 幼い難民を考える会の活動について，http://www5a.biglobe.ne.jp/~CYR/。
(92) シェアの活動について，http://share.or.jp/index.html。
(93) ＷＷＢジャパンの活動について，http://www.p-alt.co.jp/wwb/index.html。

プに気づいたのでは，1970年代であるが，女性NGOは国際社会に接触し，その動向を日本国内に紹介し，国際的な行動に参加し，いわば遅れていた日本と国際社会の問題の改善に大きな役割を果たしたのである。こうした手法の一つは，NGOのメンバーが政府代表団に加わるようになったことである。すでに国際社会は国際会議の代表に女性NGOの参加を求めており，そうした国際水準に達するために必要なことをNGOは実現している。

日本の政府にあっては，かつて外交権限が外務省に独占されていたこと，その具体的なあらわれとして，条約の締結が外務省によって担当されてきた。このために，日本国内にある問題について，政府が国際社会の注目を喚起することは少なかった。1970年代の人権NGOはまず，この部分で情報の発信のみでなく，多数の関係者を招聘して日本の実情をつぶさに見せることを通じて，日本社会の実情をアピールし，国際的公共性を担っていたのであり，具体的には従軍慰安婦問題，トラフィッキング問題等で大きな成果を得ている。また，政府による条約の受け入れ，受け入れ後の内容の実現，実現過程における国際社会との連携はいずれも不十分であったが，NGOはこの面でも大きな貢献をし，成果があがっている。

このように，NGOのもっていた現場性，当事者性，国際性，地域性という視点が，NGOと政府の関係におけるNGOの優位性をもたらし，また，その公共性の根拠となったのである。

第2節　当事者による人権保障と地域づくりの接合

男女平等・男女共同参画条例は，自治体によって，「基本条例」，「推進条例」，「まちづくり条例」として制定されている。性別に起因する固定的な役割分担や差別をなくし，男女が個性と能力を活かすことができる地域社会を「つくる」という目的を強調した，「まちづくり条例」「社会づくり条例」という名称をもつ条例が，2005年4月1日現在で全国の33自治体（4県，1政令市，16市，1区，16町，1村）で制定されている[94]。実際の適用に際して

---

(94) 内閣府男女共同参画局『地方公共団体における男女共同参画社会の形成又は女

は，いわゆる「男女共同参画推進条例」と大きな差異はないが，男女がともに「地域（まち）をつくる」，という視点を強調していることが特徴である。現状では，職域，学校，地域，家庭のそれぞれの領域で男女の参画の度合いの格差があるという認識から，それを是正する積極的な視点をもつことが注目される。

第1項　地域福祉計画及び地域福祉支援計画への関わり

1　DV被害者の福祉サービスの活用

　社会福祉の分野では現在，社会福祉基礎構造改革が進み，改正された社会福祉法が，2003年度から全面施行された。社会福祉の基礎構造改革は，個人の自立を基本としその選択を尊重した制度の確立，質の高い福祉サービスの拡充，地域での生活を総合的に支援するための地域福祉の充実という，3つの大きな柱を理念として，取組まれる。市町村に対しては，このように利用者の立場に立った福祉制度の構築をめざして，2003年度までに自らの地域における「地域福祉計画」を策定することを求めた。

　地域福祉計画は，①地域の個別性，②利用者主体，③ネットワーク化，④公民協働，⑤住民参加の5つの原則に基づくものである。すなわち，当事者とNGOの参画が重要視されている。また，地域福祉計画の策定には，「ソーシャル・インクルージョン」，「つながりづくり」，「新たな公」という3つの新しいコンセプトが求められている。この「ソーシャル・インクルージョン」は，すべての人びとを社会の構成員として包み支えると直訳されるが，「排除のない福祉」と意訳する提案もある[95]。地域社会のあらゆる人によって地域をつくりだすために，必要な視点である[96]。

　　　性に関する施策の推進状況』(2006年)。
(95)　冨田一幸「地域福祉計画と人権のまちづくり―社会福祉の基礎構造改革を」社団法人部落解放・人権研究所編『地域に根ざす人権条例人をつなげるまちづくり』(解放出版社，2003年) 171-172頁。
(96)　炭谷茂「イギリスの経験を踏まえた人権のまちづくり―ソーシャル・インクルージョンの視点を」社団法人部落解放・人権研究所編・同上，58-60頁。イギリ

第4章 当事者による権利の回復

　他方，地域では，地域福祉計画をどのように策定するかまだ構想の途中にある。とくにDV被害者について，より積極的に福祉的な対応をするには，地域福祉に女性の人権の視点を尊重することも必要である。しかし，上で述べた地域福祉計画の5原則に女性の人権の視点が明示されていないため，地域福祉計画で予定されている原則に加えて，女性の人権の視点をもった福祉サービスの運用がDV被害者の抱える問題の解決には必要であると意識している担当者は多いが，一部の関係者にしかこの点が意識されていないのが現状である。

2　地域における女性の人権の確保と男女共同参画の促進

　地域コミュニティは，市民が性別役割分業意識に基づく旧来の考え方や行動にとどまっていれば，性差別や人権侵害の起きる場にもなりうるし，女性の人権や男女共同参画への理解が増せば，性差別や人権侵害を克服する場にもなりうる。

　政府は，2000年12月に策定した「男女共同参画基本計画」において，自治会，町内会，ＰＴＡ等の地域団体の会長になる女性の割合を増加させることを目標とした。また，民生・児童委員，人権擁護委員，行政相談委員等，地域で相談にあたる役割への女性の積極的登用も必要と考えている。さらに，女性がリーダーシップをとっている地域福祉団体の増加も必要とされている。

　女性中心の地域福祉活動の典型には，市民が福祉を事業として取組む集団である「ワーカーズ・コレクティブ」がある[97]。ワーカーズ・コレクティブは，東京都と神奈川県内でとくに活動が盛んである[98]。これは，生協の

　　スのCAN（コミュニティ・アクション・ネットワーク）の実践例も紹介されている。

　(97)　ワーカーズ・コレクティブについて，ワーカーズ・コレクティブネットワークジャパン編『どんな時代にも輝く主体的な働き方ワーカーズ・コレクティブ法の実現を』（同時代社，2001年）。

　(98)　日本には，9地域（北海道ワーカーズ・コレクティブ連合会，埼玉ワーカーズ・コレクティブ連合会，特定非営利活動法人ワーカーズ・コレクティブ千葉県連合会，東京ワーカーズ・コレクティブ協同組合，NPOアクティビティクラブたすけあい〔東京都内〕，神奈川ワーカーズ・コレクティブ連合会，ワーカーズ・コレ

第2節　当事者による人権保障と地域づくりの接合

活動を基礎に，共同購入運動の延長から誕生した。ワーカーズ・コレクティブとは，集う人たちが参加と責任を応分に担う働き方のことであるが，女性たちが担ってきたアンペイド・ワークの社会的価値や役割を高めることも目的としている。家事介護，食事サービス，デイサービスへの送迎サービス等の在宅福祉が活動の中心である。神奈川県では，「参加型福祉」をキーワードにワーカーズ・コレクティブが中心になって，1989年に日本で初めて福祉専門生協となる「福祉クラブ生協」を発足させた。さらに，同年には「神奈川ワーカーズ・コレクティブ連合会」[99]が設立され，2004年4月現在では212団体，5,092人の会員をもつ大きな組織に発展し，同年5月には特定非営利活動法人となった。東京都では，1993年に「ワーカーズ・コレクティブ連合会」を前身とする「東京ワーカーズ・コレクティブ協同組合」[100]が設立された。2002年11月現在，会員は52団体，570人である。仕出し弁当，食事サービス，パン販売事業等を展開している。

　一方，福祉に関する相談・支援窓口では，地域や機関を問わず，さまざまなところで，性差別や人権侵害の被害者を「相談窓口に来る女性は『力』のある女性」と「外に相談できない女性は『力』のない女性」と区分していることがあった。しかし，当事者が性差別の被害者であると認識せずに，弁護士，福祉担当者，民生委員，子どもの学校の教員，保育士，改良普及員等といった第三者や別の窓口から被害が発見される場合がある。被害者が，自分が悪いと思い込んでいたり，DVでは被害者が夫に精神的にも支配されていたり，実家等に避難しても夫に連れ戻される経験をしたりするケースがあり，被害者自身で自分がこれからどうしたいかの意思を支援者に伝えない場合もある。それでも心身が落ち着いて回復してくると，自分の持っているさまざ

クティブ近畿連絡会〔大阪府内〕，ふくおかワーカーズ・コレクティブ連絡会，ワーカーズ・コレクティブくまもと連絡協議会）で，ワーカーズ・コレクティブ活動が実施されている。ワーカーズ・コレクティブネットワークジャパンのホームページ http://www.wnj.gr.jp/。

(99)　神奈川ワーカーズ・コレクティブ連合会の活動について，http://www.wco-kanagawa.gr.jp/index.html。

(100)　東京ワーカーズ・コレクティブ協同組合の活動について，http://member.nifty.ne.jp/workers/。

第4章　当事者による権利の回復

まな味方や支援体制を思い出し，自己決定ができるようになる例もある。こうした事例では，被害者が相談機関や団体と偶然にかかわりをもち，信頼できた場合に，相談しているだけであって，被害者の「力」の差ではないようにも思われる。したがって，単に力の有無という視点ではなく，さまざまな個性をもつ被害者をどうやってサポートしていくかという視点が重要であろう。

　一方で，被害者女性と相談窓口の相性の良しあしもある。実際，被害者の抱えている背景，すなわち生育歴，学歴，家庭環境，生活困窮程度等で被害者を判断した結果か，それともその他の理由があってか，支援者と被害者に信頼関係が築けず，被害者の回復につながらなかったケースもある。被害者はさまざまな困難を抱えている。その結果，被害者が望むことも多岐にわたる。仕事の継続，身体の回復，こころの回復，離婚，離婚後の生活，子どもの将来への不安等，被害者が何を望んでいるか，これからどうしたいのか，聞き出す必要がある。そうした悩みや展望を被害者が少しでも話しやすい環境を整えるため，多くの相談窓口では，女性の相談員を意識的に配置するよう努めている。女性の相談員が増えれば，さまざまなタイプの被害者にあった対応がよりできるようになると考えられている。

　このように地域における当事者女性のエンパワーメントの推進が重視されるのは，人権政策論の領域では，問題に取組む視点として，総合性，当事者性，地域性の3点がポイントになる[101]といわれているからである。この「人権政策の三原則」の中では，当事者の主体性が確保されることが最も重要な視点である。以下，DVをめぐる問題を例に検討したい。

　第一に，総合的に問題を解決するという視点について考えてみる。DVからの救済を求めた被害者の悩みが解決され，健康で，安心して，快適な生活を回復するためには，すなわち，加害者のもとから離れ，子どもとともに自立して生活するためには，自治体の各部局が直接，間接に関係してくる。DV被害者にとって必要な問題解決は，これらの問題がばらばらにではなく，総合的に解決されることである。

（101）　江橋崇・山崎公士編著『人権政策学のすすめ』（学陽書房，2003年）20頁。

第2節　当事者による人権保障と地域づくりの接合

　自治体の対応も，部局ごとに異なるのではなく，全体的に解決されることが必要である。DVに先進的に取組んでいるアメリカでも，かつては各機関の対応がばらばらで，相矛盾するときもあり，被害者が困ったので，「ワンストップショッピング」という考え方にたどりついた。被害者が抱えている問題の解決にあたって，対応する役所や組織を個別に訪問して手続を行うのではなく，1ヶ所にいけば必要な支援が受けられる，というしくみである。こういう考え方が，自治体にどう活かされているかが，総合的という視点である。先に述べたように，かつて中央省庁改革の議論の際に，国の女性行政について議論されたように，縦割りではなく，横ぐしの行政としての連携がどう確保されているのかが，ポイントである。

　第二に，当事者性の確保という視点について考えてみる。女性の人権侵害や性差別の事件では，多くの場合，被害にあった当事者は混乱していたり，非は自分の側にあると悩んだり，逆に自分の悩みはたいしたことがないと思い込んだりしていて，何が問題なのか，その解決方法は何かについて十分に把握していない。そして，外部に相談することもあるし，自分ひとりで悩むこともある。先ほどの例でいえば，女性はひとりで悩んだり，両親や女性センターの電話相談等あちこちに相談したり，ためらったりして，救済を求めてきていると想像できる。そこで，外部には，被害者本人が問題点を整理し，自分で解決しようとするようになる方向での支援が求められる。ゆえに，自治体における取組みでも，NGOにおける取組みでも，問題解決には当事者中心で，という視点が必要である。

　こうした外部からの支援として，家族や友人，NGO，自治体等が設置した公的な相談機関やADR等がある。外部の役割には，大きく分けて2つある。①当事者の話を聞きとり，何が問題なのかを当事者とともに整理する「インテーク」と，②安い費用で，簡単に早く問題を解決することができる「システム・コーディネート」である。こういうシステムとしては，NGOによるもの，行政によるもの，裁判所によるものがある。これについては，前章までに，詳細に紹介した。

　また，行政がこの種の問題に取組む場合，しばしば「措置」として展開される。措置の場合は，まず措置対象の定義から入る。すなわち，当事者の問

第4章　当事者による権利の回復

題が，どの法律，どの規則，どの要綱の要件に合致しているかをさがして，何らかの型にあえばよいのだが，どの型にもあてはまらなければ，行政は助けてくれない。その「型」は，客観的や第三者基準とも言われている。当事者の抱えている問題は多様であり，自分にあった型がないと苦情を言うと，主観的[102]でくだらない，と否定されることが多い。その結果，当事者は，行政の制度の利用をあきらめ，去っていくことになる。問題は，地域に沈潜することになる。

　一方，当事者の必要とする支援は，当事者の自己決定の支援である。本人が決めなければ，外部に熱意があっても，結局はうまくいかない。その実現に向けて，利用できる支援制度を考えることが，当事者性の確保である。こうした考え方は，福祉制度においても採用され，地域福祉計画の考え方の基本ともされている[103]。

　第三に，問題は，生じた地域で解決するという視点について考えてみる。人権侵害や差別の事例は，その地域で解決することが，人権の保護と促進には効果的である場合が多い。自治体は，地域で市民に一番近い政府だからこそ，当事者の立場にたった総合的な問題解決ができるが，これはこれまでの自治体女性行政において，地域のNGOや各種の団体との連携を中心に，当然のこととして確認されている。

3　加害者への対応と当事者の秘密保持

　ここでもDVを例に取り上げる。相談にきて，秘密が守られるか，加害者がさがしに来たときにきちんと対応できるかが，被害者がその制度を信頼するかどうかを判断する一つの大きな視点である。

　被害者は，性に基づく差別や人権侵害を自分が悪いために起こることととらえて，なかなか第三者に相談することができない。さらに，被害を第三者

---

(102)　同旨として，中西正司・上野千鶴子『当事者主権』（岩波書店，2003年）16-17頁。

(103)　厚生労働省社会保障審議会福祉部会『市町村地域福祉計画及び都道府県地域福祉支援計画策定指針の在り方について（一人ひとりの地域住民への訴え）』（2002年1月28日）。

に訴えることで，さらなる社会的暴力を受けることを心配していることがある。すなわち，対応者による二次被害と近所等からの非難である。被害者の味方が減り，心理的負担が大きく，被害者は被害を外部へ訴えることができなくなってしまう。これを防ぐには，相談に対応している担当者や支援者からは，被害者が相談した内容はもちろん，相談したことそのものの秘密が絶対に守られる安心感が必要である。

　いうまでもなく，加害者への対応も重要である。DV事例ではとくに重要である。加害者からのアプローチとして，電話の通話記録を調べて役所に相談した事実がわかる，被害者が緊急一時避難をしたときにさがしまわって市役所や町役場に電話または直接問い合わせをする，子どもも一緒に逃げたときに子どもの学校をさがすというものがある。また，インターネットやTV番組で「優しい夫」を演じて，妻に関する情報を広く公開してさがそうとするというものもある。

　このようなことで，担当者にはまったくその気が無くても，結果的に秘密が漏れてしまうことがある。たとえば，地域に密着した相談窓口では，加害者からの追跡の対象になりやすい。加害者が被害者をさがしだして，妻に戻ってきて欲しいと切々と訴えることもある。また，加害者からの被害者に関する問い合わせもある。その場合，「お答えできません」という対応をしているところがほとんどで，それ以上危険な場合は，警察を呼ぶところもある。ただ，それだけしか対応するスキルを持っていないため，不安がある。加害者男性が逃げた被害者の行き先を追及して押しかけて来たので建物を閉鎖して警察の到着を待った，支援者を役所の出口で待ち伏せしてストーカー行為をすると脅迫されたので毎日帰り道を変えた，加害者が押しかけてきて居着いてしまうので，仕方なく話を聞いてあげた，というケースもある。

　こうした場合の対応について，NGOや市町村の機関では，根本的に対応することの必要性を感じている。加害者への対応が適切に行われなければ，被害者はますます外へ訴えることを躊躇するようになる。

　また，セクシュアル・ハラスメント等の人権侵害事件の解決の過程では，相談があると，企業や行政の責任者がただちに加害者を処罰して，それをもって決着とする傾向が見受けられる。これは，組織を守るという視点が強

調されていて，被害者の権利の回復の視点が忘れられ，結果的には被害者に心の傷が残ってしまう。これでは真の問題解決にはならないだろう。

第2項　参加型手法による当事者のエンパワーメント

そこで，当事者が主体となる人権救済の手法，いいかえれば，当事者が求める自己実現を保障する手法が求められた。その一つが，参加型手法によるエンパワーメントである。

第2章で述べたような，行政が一方的に実施する啓発の他に，近年では，当事者やNGOが参加する教育・啓発も行われるようになった。この分野は，日本では，部落差別への取組みが先行している。これは，差別事件が繰り返し発生することを予防するだけではなく，差別を受けている当事者に対するエンパワーメントにもなるといわれている。

国連でも，人権教育を実施する必要性を重視し，1994年12月の国連総会において，1995年から2004年までの10年間を「人権教育のための国連10年」とすることが決議され，「人権教育のための国連10年行動計画」が採択された。これを受けて，日本政府は「人権教育のための国連10年」にかかわる施策について，1995年12月，閣議決定により，内閣に「人権教育のための国連10年推進本部」を設置した。さらに，1997年には「人権教育のための国内行動計画」を策定し，人権にかかわりの深い特定の職業に従事する者に対する取組みを強化するとともに，女性等重要な課題に関する人権教育を重点的に実施するよう，政府に求めている。

国連の「人権教育のための国連10年行動計画」では，一般的指導原則の一つとして，「その効果を高めるために，『10年』のための人権教育についての取組みは，学習する者の日常生活に関連づけた方法で行われる。また抽象的規範の表現としてではなく，自らの社会的，経済的，文化的及び政治的な状況という現実の問題として捉えるための方法及び手段についての対話に，学習する者を参加させることを目指すものとする」[104]とされ，参加型の人

---

(104)　「人権教育のための国連10年行動計画」パラグラフ6。

権教育の実施を求めている。

　日本では，女性に関する参加型手法によるエンパワーメントは，部落差別に対する試みからは遅れたものの，以前より，全国の自治体にある女性センターにおいて，一方的に講師の話を聞く講演会ではなく，参加者が作業を行ったり，参加者同士で議論を行ったりするワークショップ型の講座が開催されている。こうした参加型手法による教育・啓発は，実効性が高いといわれている[105]。

　たとえば，独立行政法人国立女性教育会館は，毎年1回，「女性学・ジェンダー研究フォーラム」を開催している。これは，ワークショップで報告するNGOを全国から公募し，参加NGOのメンバーには旅費や交通費を支援するとともに，参加者同士のエンパワーメントを目的とするものである。性暴力，ドメスティック・バイオレンス，セクシュアル・ハラスメント等女性に対する暴力に関する取組みについて，アメリカでのワークショップ型手法による教育，啓発を紹介するものもあり，活用されている[106]。

第3項　女性に関する人権保障における企業の役割

　市，市民，事業者の三者が協働して，地域の男女平等を推進させていくことが，国の男女共同参画社会基本法や自治体の男女平等・男女共同参画条例の趣旨である。しかし，民間企業を含む事業者では，経済性が優先されるとして，これまでの雇用慣行を変えようとする試みは消極的であった。国が均等法を改正し，自治体が男女共同参画条例を制定して，ポジティブ・アクションの導入促進を規定しても，それを実践する企業は少なかった。

　そこで，男女共同参画を積極的に推進している企業を優遇して，男女平等の企業を増やせないだろうか，という意見が審議会等を中心に多くあった。

---

(105)　朴木佳緒留「家庭・地域・学校を通じたジェンダーフリー教育」大沢真理ほか編『ユニバーサル・サービスのデザイン　福祉と共生の公共空間』(有斐閣，2004年) 51-75頁。

(106)　森田ゆり『多様性トレーニングガイド：人権啓発参加型学習の理論と実践』(解放出版社，2000年)。

具体的には，男女平等が進んでいる企業の取組みを紹介したり，企業に対する表彰が実施されてきた。それ以上に企業に与える影響が大きく，男女平等を実行に移す際のインパクトを与えるような施策として，男女共同参画を推進する企業に入札資格を与えるように，との提言が考え出された。

しかし，これは，以前からほかの行政領域でも問題になっている論点，つまり，自治体は一定の政策目的で契約の相手方や入札の資格を制限することができるか，という問題点に触れることになる。現在では，政策目的からするこうした入札資格の限定は違法とされている。これは，地方自治法施行令や会計法の原則の問題である。契約制度は，会計制度の一環として予算の執行についての手続を定めるものであるから，契約の実行を通じて一定の行政目的を達しようとするような内容を含むことは契約制度の本旨にもとるものといわなければならない[107]，とされている。つまり，自治体の首長は，一般競争入札に参加するものに必要な資格として，あらかじめ，契約の種類及び金額に応じ，工事，製造又は販売等の実績，従業員の数，資本の額その他の経営の規模及び状況を要件とする資格を定めることができる（地方自治法施行令167条の5）が，これ以外の内容を契約の要件とすることは，たとえ行政目的を達するための内容であっても，「契約制度上，公正性の原則を失い，経済性の原則も確保することができなくなる」[108]ということである。

この疑問点について，政府の男女共同参画会議の決定や男女共同参画会議基本問題専門調査会によりとりまとめられた報告書では，次のように述べている。やや長いが，重要な論点であるので引用したい。

「事業者等における男女共同参画推進の取組を促すという観点から，入札や補助金交付の際に，当該事業者の男女共同参画推進状況について報告を求めたり，交付決定の判断の一要素とすること等が効果的な新たな方策として考えられる。『公契約』については，我が国の会計法の契約制度の原則である『公正性，経済性』を踏まえると，現行法上では，男女共同参画の推進状況を入札の参加登録の審査

---

(107) 岡田康彦「会計法について」岡田康彦編『新訂会計法精解』（大蔵財務協会，1988年）388頁。なお，岡田氏は，大蔵省主計局法規課長（当時）であった。

(108) 岡田・同上，388頁。同旨として，細溝清史編『最新会計法精解〔増補版〕』（大蔵財務協会，2002年）386頁。

第 2 節　当事者による人権保障と地域づくりの接合

項目とすることについては，慎重な対応が必要と解釈されている。また，入札や補助金交付において必要となる男女共同参画の推進状況の評価の手法が確立されておらず，公正な競争の確保のため，実施が困難な状況でもある。しかし，地方公共団体では既に独自の取組を行ったり，又は，検討している例もある。」[109]

「地方公共団体において，男女共同参画の推進状況を入札の参加登録の審査項目とするには，客観的かつ透明性の高い評価手法の確立と，入札参加登録における事業者による申請・報告の虚偽等の防止のための措置が必要であり，かつ，契約制度の原則である『公正性，経済性』にも留意する必要がある。一部の地方公共団体においては，建設工事の入札参加登録にかかる審査項目の主観的事項として，ISO シリーズの認証取得状況や障害者雇用比率を加点し，格付けを行っている事例もあり，これらと同様に，ポジティブ・アクション計画の策定の有無，均等推進企業表彰実績，ファミリー・フレンドリー企業表彰実績，育児・介護休業法の基準を上回る制度の導入の有無，男女雇用機会均等法の違反に係る企業名公表の有無等を，新しい審査項目として加えることが考えられる。また，補助金交付については，補助金の内容に応じ，補助金の交付の対象となる団体を決定する際に，男女共同参画社会に貢献するような内容を判断の一要素とすることが考えられる。ただし，補助金の使途の目的を踏まえ，補助金の交付の要件の中で過大な負担とならないよう配慮が必要である。」[110]

このように，自治体の入札制度や補助金交付において，優遇策を導入することの効果は認めつつも，慎重な態度を表明している。

他方で，同報告書では，自治体の好事例として，東京都千代田区の建設工事等競争入札参加資格審査，広島県広島市男女共同参画推進条例 17 条（市補助金交付団体への行政指導）が紹介されている。千代田区は，2003 年度からの建設工事等競争入札参加資格の審査の際に，主観的事項として，「ISO 認証取得」，「男女共同参画社会の実現への貢献」等に関する状況を提出することとなっている。報告事項としては，「育児休業・介護休業等育児又は家族介護を行う労働者の福祉に関する法律」に規定する育児・介護制度の基準

---

(109)　内閣府男女共同参画会議『女性のチャレンジ支援策の推進に向けた意見』（2003 年）16-17 頁。内閣府男女共同参画会議基本問題専門調査会『女性のチャレンジ支援策について』（2003 年）25 頁。

(110)　内閣府男女共同参画会議・同上，17 頁。内閣府男女共同参画会議基本問題専門調査会・同上，25-26 頁。

を上回る制度を独自に制度化している場合である。報告書を提出すると，総合数値に加算される。

広島市は，男女共同参画推進条例17条に「補助金交付における男女共同参画の推進に関する措置」を規定した。これは市が補助金を交付している団体に対し男女共同参画の推進に関する措置について行政指導を行う根拠となる。具体的な行政指導の内容と方法については，団体の性格等に応じた内容にしていきたいと考えており，基準作りに向けた作業を行っているところである。本規定制定にあたっては，地域活動等を行っている団体のうち，市から補助金が交付されている団体に対しては女性が方針決定過程に参画できるよう，例えば女性の役員の割合を設定する等規定してはどうかという意見が，条例作りに取組んでいる市民グループや市民から，出されたことがきっかけとなった。

また，福岡県福津市（旧福間町）は，「福津市男女がともに歩むまちづくり基本条例」で「事業者等が町と工事請負等の契約を希望し業者登録をする場合には，男女共同参画の推進状況を届出なければならない。」（6条3項）と規定している。当時，町としては，当初は自慢の制度だったのだが，内閣府男女共同参画会議基本問題専門調査会第12回会議に呼ばれて説明したところ，総務省から内々に，この条例は法的に限りなく灰色だと伝えられたとのことであった。内閣府は，こうした総務省の見解に対立するわけにはいかないからか，ユニークな制度であるとするだけで，法律上の問題点については支持やお墨付きを避けているようである。

福津市は，いまでも，条例があるのだから執行するのは当然であり，また，この制度は，国の法律にも決まっている男女共同参画の推進を実行するのだから，もはや単なる行政目的の達成ではない，という見解をとっている。実際，関係業者からの報告書を求め，例外なく協力してもらっていて，わずかに2，3の質問があったけれども，趣旨を説明して納得してもらえたということである[111]。

---

(111) 内閣府男女共同参画会議基本問題専門調査会第12回議事録（2002年6月10日）。http://www.gender.go.jp/danjo-kaigi/kihon/gijiroku/ki12-g.html。

第2節　当事者による人権保障と地域づくりの接合

　かつて，宅地開発規制に関する要綱について，全国各地の自治体は，旧自治省から違法と指摘された要綱による規制を強行して，結局，その中で武蔵野市長が業者に訴えられて，最高裁判所まで争って敗訴したという例がある。一方で，男女平等推進を目的とした行政施策に関する契約については，その企業における男女共同参画推進度を契約の内容の一つについてもよい(112)という説も有力である。

　こうした企業支援について，国では，「女性のチャレンジ支援策」として位置づけられている。しかし，これは，ポジティブ・アクション等を実施する事業者への支援であり，女性個人への直接的な支援ではないため，このような位置づけは正確ではない。むしろ，自治体において，企業市民の役割として位置づけ，「女性に関する人権を保障するまちづくり」のための施策として，「女性の登用支援」とする方が適切であろう。

　企業では自主的に，積極的な取組みを行っているところもある。資生堂では，1998年10月から，女性のさらなる能力発揮を目指して，「女性のエンパワーメント2000」という社内横断プロジェクトを発足させ，同時に社内意識調査を行った。その結果，女性と男性の差を必要以上に強調したり，この仕事は男性でなければならないというような意識が働いていることがわかったことから，ジェンダーフリー推進活動をスタートさせた。そして，2000年6月に「ジェンダーフリー推進事務局」を設置し，5つのポジティブ・アクションの目標を設けた。

　その目標とは，第一に，ジェンダーフリーに対する正しい認識の定着を図ることである。研修の実施，ジェンダーフリーブックの作成，イントラネットのジェンダーフリーホームページ作成等を行っている。第二に，管理職の意識と行動の改革である。既存の管理職研修や，新人事制度導入に伴う評価

---

(112)　碓井光明「女性のチャレンジ支援策―公共契約を通じた支援をめぐって」ジュリスト1237号（2003年）68-76頁。碓井教授は，会計法の枠内における女性のチャレンジ支援策の余地について，入札参加者資格の設定や指名基準・指名停止基準，総合評価方式における落札者決定基準については，当該契約の目的により例外的に競争参加者資格に一定の縛りをかける必要性の生ずる場合もないとはいえないとしている（同71-73頁）。

者研修を通じて，意識を高めている。第三に，女性社員の自身の意識改革である。受講したいと望む女性を対象に「女性のためのステップアップフォーラム」を開催した。2002年は，管理者登用に向けた育成に重点を置く「パワーアップ研修」に変えて実施した。この研修の目的は，(1)マネージメントをするためのスキルアップ，(2)自分の強み・自分らしさを活かしたマネージメントについて考え・ビジョンを設定できる能力を与える，(3)社内外の先輩管理職や受講者相互の交流を通じて管理職に向けての意識付けを図る，(4)受講者間のネットワーク作りを促すことの4つである。対象者は，集合研修だけでなく，その前後に通信教育も受講し，さらに一人ひとりを直属の上司と人事部が継続的にフォローしていくことになる。

　こうした意識の改革に加えて，制度の改革も行った。すなわち，第四に，人事制度の改革である。2001年10月に，男女に中立な新人事処遇制度を導入した。従来は，総合職，事業所限定職等6つの職種に分けていたが，それを3つに統合した。そして，勤務コースを「全国」「地域」「事業所」の3つとし，どれを選択しても，人材育成において評価に差をつけないことにした。第五に，女性社員の管理職への公正で積極的な登用である。数値目標を設けて，無理に女性を登用するのではなく，「育ったら，ひとりでに数値が上がってくる。そのために育てていく。」というのが会長の考えであった。その結果，会社を子育て等によって退社する女性が減り，M字型カーブがかなり解消された。女性の平均勤続年数が目に見えて伸び，資生堂本体では16.7年，グループ全体では13年となった。その他，優秀な女子大生が応募してきたり，女性株主が増加するといった効果が生まれた。また，女性の管理職比率の増加，その予備軍である係長相当職の女性の増加がある。さらに，数を増やすだけでなく，その地位にある女性たちが「その地位にいて良かった」と思うこと，彼女らの周りにいる人たちが何の違和感も持たないこと，そして，一人ひとりが生き甲斐のある，自分らしさを発揮できる職場を作っていくことを目標として，事業を推進している[113]。

---

(113) 「男女平等参画のための経営者懇談会」における福原義春氏（株式会社資生堂名誉会長）の講演（2002年12月17日，於：東京ウィメンズプラザ・ホール）(http://www.seikatubunka.metro.tokyo.jp/index8files/kondan.htm)。

第 2 節　当事者による人権保障と地域づくりの接合

　また，日本 IBM 株式会社は，2003 年度の均等推進企業表彰で，厚生労働大臣最優秀賞を受賞した。同社では，本社人事部門の専任組織「ダイバーシティ・グループ」と社長の諮問機関である「ウィメンズ・カウンシル」を 1998 年に設置した。この 2 組織が連携して，2003 年までについて社員の女性比率及び管理職比率の目標値を掲げて，取組みを計画・実施している。すなわち，女性の採用比率を上げるため，事業所，女子大学，地方の大学で「女子学生フォーラム」を開催し，全ての採用面接に女性の採用面接官を配置する等の取組みを実施している。また，管理職登用を目的とした取組みも充実しており，係長職前の女性を対象とした「ネクスト・ステップ・セミナー」，全女性社員の半数以上をカバーする「女性フォーラム」，経営幹部への昇進意欲向上を目的とする「女性管理職者対象のセミナー」，海外の女性経営幹部と話し合う場を提供する「ラウンド・テーブル」の開催，また経営幹部候補者を対象とした，上司によるキャリア・アップのための相談事業「メンタリング・プログラム」の女性メンティー（相談対応者）の増加と強化を行っている。これらの取組みの結果，社員の女性比率は 1998 年の 13％から 2003 年には 15.7％まで上昇している。女性管理職は，1998 年から 2003 年までの間に係長クラスで 290 人，課長クラスで 67 人，部長クラスで 85 人，役員クラスで 3 名となった[114]。

　朝日新聞社系列の財団法人朝日新聞文化財団では，より良き企業市民としての企業のあり方を模索する試みとして，1990 年から，「企業の社会貢献度調査」を実施した[115]。同調査の「男女平等」の指標には，(1) 採用の男女平等（採用実績の男女平等，採用試験女性面接官の有無，女性受験者だけに尋ねる

---

[114] 日本 IBM の取組みについて，厚生労働省ホームページ（http://www.mhlw.go.jp/houdou/2003/05/h0528-1b.html），21 世紀職業財団ホームページ（http://www.jiwe.or.jp/gyomu/work/essor_vol100.html）。

[115] 第 1 回は，1990 年に朝日ジャーナル編集部と東京国際大学のグループによる共同調査として始まった。1992 年の同誌の休刊とともに，調査主体を財団法人朝日新聞文化財団「企業の社会貢献度調査」委員会に移し，2003 年度で終了した。財団法人朝日新聞文化財団「企業の社会貢献度調査」委員会編『有力企業の社会貢献度 2002』（PHP 研究所，2002 年）3 頁。

第4章　当事者による権利の回復

項目がないようにする指示の有無），(2)女性職員の定着への配慮（男女の平均勤続年数の比較，出産への配慮），(3)積極的な女性の登用促進（ジェンダーフリー教育の実施，差別的扱いの有無の調査，ポジティブ・アクションの実施の有無），(4)登用実績の平等（女性課長の割合，女性部長・役員の有無），(5)セクシュアル・ハラスメント防止策（セクシュアル・ハラスメント規定の有無，防止教育の実施，公式苦情対応機関の設置，対応メンバー中の女性・専門家の有無，訴えた社員が不利益を被らないシステム・事後措置規定の有無）を評価の基準としている。2002年の第12回「企業の社会貢献度調査」の「男女平等」賞[116]は，株式会社ジョンソン・エンド・ジョンソンが受賞した。

その他，均等法21条に規定された「ポジティブ・アクション」を，積極的に，かつ実効性をもつように導入する企業もある[117]。女性のキャリア・アップ促進のために，女性の相談にのるメンター制度を実施するところもある。また，育児休業制度及び育児のための勤務時間短縮制度の積極的活用を推進したり，企業内に社員が利用できるよう託児所を設置して，仕事と家庭の両立支援を行うところもある[118]。

経済団体でも，男女共同参画の推進に強い関心を持っている。社団法人日本経済団体連合会は，2003年7月に，『子育て環境整備に向けて〜仕事と家庭の両立支援・保育サービスの充実』[119]を意見書として公表した。同意見書では，「男女共同参画をより一層推進し，男女それぞれの個性と能力を十

---

[116] 第11回までは「女性が働きやすい」賞であり，同賞の受賞企業は，東京放送（第5回），朝日新聞社（第7回：受賞辞退），リクルート（第8回），日本放送協会（第9回），エイボン・プロダクツ（第11回）であった。第13回の受賞企業はなかった。朝日新聞文化財団『同2003』（朝日新聞社，2003年），15頁。

[117] 東京都の調査では，7割以上の企業が何らかのポジティブ・アクションを実施していると回答している。東京都産業労働局『平成13年版企業におけるセクシュアル・ハラスメント防止とポジティブ・アクションの取組』（2002年）48-49頁。

[118] 厚生労働省では，1999年から，仕事と家庭の両立支援に積極的に取組んでいる企業を「ファミリー・フレンドリー企業」として表彰している。

[119] 社団法人日本経済団体連合会ホームページ（http://www.keidanren.or.jp/japanese/policy/2003/073/index.html）。

分に発揮することができる社会を実現することが求められている」として，仕事と家庭の両立支援のための企業内インフラ整備の重要性を強調した。具体的には，意識改革及び制度改革を実践した資生堂の取組みや，ポジティブ・アクションを導入したニチレイの事例を取り上げて，企業内における両立支援のための諸制度を整備することを提案した。

しかし，一方では，「少子化による労働力人口の減少や，経済成長率の低下，社会保障等の国民負担率の上昇等の問題に対応するためには，子育て環境整備を通じて，女性の労働力を積極的に活用していく必要がある」とも述べている。2003年度の事業計画においても少子化対策としての男女共同参画の推進が謳われており[120]，男女が性別にかかわりなく個性を発揮できる社会の実現をめざすよりも，企業の労働力の確保という目的が強調されがちでもある。こうした企業側の論理を追求するのではなく，働く当事者の人権が尊重された男女共同参画の推進が求められるだろう。

小　　括

本章では，当事者による権利の回復に関連する諸問題を扱った。当事者を支援する女性運動が，憲法14条を根拠に，実質的平等の実現を求めてさまざまな運動を展開してきたことがわかった。そうした運動は，裁判，行政，国際活動と広い範囲にわたり活発に行われた。その成果は，女性に関する人権とは何か，差別の撤廃として何が求められてきたのかを具体的に，詳細に描き出した。これらは，第1章で検討したように，憲法学では，明らかにできなかったことである。

さらに，政府と密接に連携しているNGOの活動を検討し，NGOが果たしている公共的機能の考察を深めた。

---

(120) 社団法人日本経済団体連合会ホームページ（http://www.keidanren.or.jp/japanese/profile/soukai/200305/01-keikaku.html）。

第5章　女性に関する人権論の新たな展開

　以上みてきたように，戦後日本社会では，日本国憲法のもとで，女性に関する人権の実現をめざして，立法，行政，司法，NGO による豊かな実践が存在していた。こうした展開を目の前にして，憲法学においても人権の保障と促進に関する施策を念頭において，憲法理論を再構築する動きがいくつかあった。その一つが平等概念の組み替えである。

　日本国憲法制定により，女性に関して，参政権等，最低限の形式的な平等は達成されたが，実質的で，より根深い問題は放置されたままであることは，これまでの検討で明らかになったことである。人権概念の女性差別性については，一部の男性の憲法研究者からも，女性研究者と同様に，既存の概念規定についての批判として受けとめられており，また，その批判への対応を余儀なくされることによって，人権概念自身を充実させていった[1]。1980 年代半ばには，野中俊彦教授により，それまでの学説では憲法 14 条の保障の外に放置されてきた問題として，第一に，実質的平等の問題，第二に，私的自治の領域における問題が挙げられ，これらは理論的に残されている憲法学の問題点として指摘された[2]。

　他方，憲法学における男女平等の検討について，憲法学内部から反省し，平等概念を組み替える試みもあった。たとえば，許される男女の差別（区別）として，性に基づく取り扱いの差異が男女ともに納得できるようなものとするのは，長谷部恭男教授である[3]。長谷部教授は，その一例として，男女別のトイレを挙げた。一方，松井茂樹教授は，旧民法のような妻の無能力や女性のみの姦通罪規定は明らかに許されないとしつつ，判例や憲法学の

（1）　樋口陽一『人権』（三省堂，1996 年）48 頁。
（2）　阿部照哉・野中俊彦『平等の権利』〔野中俊彦〕（法律文化社，1984 年）316-319 頁。
（3）　長谷部恭男『憲法学のフロンティア』（岩波書店，1999 年）32 頁。

第5章　女性に関する人権論の新たな展開

通説を，男女の生理的な差異に基づく区別を合理的であるとして許してしまう傾向が強い[4]と批判した。そして，「男性と女性の違いは，女性だけが子どもを産むことができるという点に尽きるから，この1点を除いては，原則として性別による異なった取扱いはすべて疑わしい差別とみるべきであろう」[5]とした。こうした厳格審査による解釈は，第1章で述べたように，性別による差別の禁止が憲法14条1項に列挙されていることを大きな論拠とするものであった。

さらにふみこんで，赤坂正浩教授は，男は仕事，女は家事・育児といった性別役割分業を前提とするジェンダーにとらわれた社会システムの中で，真の意味の男女平等を実質化するためには，法律によるポジティブ・アクションの導入といった結果の平等を求めることも憲法上容認されると主張した[6]。

以上のような諸説により，固い憲法理論はわずかではあるが流動的になった。実質的平等を前進させようとするいくつかの動きもあり，さらに，実質的平等を確保するためには，形式的平等が確保されなくてもよいとする議論もあった。こうした問題提起は，第1章で述べたように，金城清子教授等によって行われたが，実質的な問題解決を求めようとする一つの試みであったといえるだろう。

そこで，従来の憲法14条論における男女平等の限界を超えようとして，新しい視点から試みられた考察について，検討したい。ここでは，憲法13条に関する議論の発展，国際人権論の援用，公私二元論の見直し，男女共同参画論，フェミニズム法学・ジェンダー法学の展開からの検討，の4つの視点からの検討をとりあげる。

（4）　松井茂記『日本国憲法〔第2版〕』（有斐閣，2002年）372頁。
（5）　松井・同上，373頁。
（6）　赤坂正浩「法の下の平等」渋谷秀樹・赤坂正浩『憲法1人権〔第2版〕』（有斐閣，2004年）308-309頁。

第5章　女性に関する人権論の新たな展開

第1節　人格権論の発展

第1項　憲法14条と関連させた憲法13条の解釈

　第2章から第4章までで検討したように，司法，行政，女性運動においては，性差別の撤廃，男女平等の実現は女性に関する人権保障と一体として考えられてきた。これは，いいかえれば，憲法14条と憲法13条を関連させて解釈していることになる。

　憲法13条に関する憲法議論は，比較的遅く発達した。それは，当初は，憲法13条は宣言的規定であり，人権保障の一般原則をうたったもので，そこに固有の法的意味がないと考えられていたからである。すなわち，第一に，憲法14条以下，ただし憲法14条が平等の原則をうたうだけで法規範性がないとする立場からは憲法15条以下，の具体的な条文で保障されているものだけが人権と考えられてきた。第二に，憲法13条前半の個人の尊厳が，十分に理解されていなかった。第三に，憲法13条では公共の福祉による人権の制限が広範に定められているために，この条文に裁判規範性を認めることは，公共の福祉による人権の制限に門戸を開くことになると警戒されたことがある。

　憲法13条に関する憲法学での議論が発展したのは1960年代以降である。社会の変化にともなって，環境権，プライバシー権等を憲法上保障される人権として説明しようとしたが，適切な条文が見つからないので，憲法13条の個人の尊厳，幸福追求権についての内容を充実させることで補うようになってきたのである[7]。既存の条文を使って社会変化に応じて新しい人権を認めていく手法は，アメリカで憲法上の人権規定が不十分なので，デュー・プロセス条項が活用されたのと似ているといえるだろう。

　社会の変革にともない，個人が人格的に生きるための基本的な権利は，憲法に直接示されていなくても新しい人権として保障されることが妥当とされ

（7）　伊藤正己教授は，こうした社会的要請に応じて憲法の内容を適合，発展させていくことは憲法秩序を豊かにするものとして注目し，「憲法変遷論」と説明した。伊藤正己『憲法〔第3版〕』（弘文堂，1995年）91頁。

ている。これを幸福追求権といい，芦部教授は，「『自律的な個人が人格的に生存するために不可欠と考えられる基本的な権利・自由』として保護するに値すると考えられる法的利益は，『新しい人権』として，憲法上保障される人権の一つだと解するのが妥当である。その根拠となる規定が，憲法一三条の『生命，自由及び幸福追求に対する国民の権利』（幸福追求権）である」[8]と説明した。幸福追求権は，はじめは憲法14条以下に列挙された個別の人権を総称したもので，そこから具体的な法的権利を引き出すことができないと一般的には解されていたが，1960年代以降に生じた社会問題に対して法的に対応する必要性が増大したため，その意義が見直されるようになった[9]。

　幸福追求権から導き出された人権には，先に述べたように，プライバシーの権利，環境権，日照権，嫌煙権，平和的生存権等がある。プライバシーの権利を自己情報のコントロール権としてとらえると，子どもを持つかどうかなど家族のあり方を決める自由（断種，避妊，妊娠中絶などの問題）等の個人の人格的生存にかかわる重要な私的事項を公権力の介入・干渉なしに各自が自律的に決定できる自由は，情報プライバシー権とは別個の憲法上の具体的権利だと解されることになる[10]。これを，女性に関する人権として理解すれば，第2章以降で検討したように，女性の働く権利の保障，DV被害者の権利救済と自立支援等が，幸福追求権の一つとされてきた。

　これらは，憲法学では，一般に自己決定権ないし人格的自律権と呼ばれている権利の一部である。この背景には，憲法14条論では「合理的区別」論や相対的平等，形式的平等の実現を求めていると解釈されている平等原則の性質が壁になり，実質的な人権保障に限界が生じたからといえるだろう。

　辻村みよ子教授は，先に述べた合理的差別について，憲法学説が合理性の基準論を検討することで，肉体的構造上の性差（妊娠・出産）に関わる区別的取扱以外の差別，すなわち，女性の特性や性別役割分担論による差別を禁止する基準が明らかにされたことも憲法学の成果である[11]と評価した。他

---

(8) 芦部信喜・高橋和之補訂『憲法〔第3版〕』（岩波書店，2002年）114頁。
(9) 芦部・同上，114 - 115頁。
(10) 芦部・同上，120頁。
(11) 辻村みよ子『女性と人権』（日本評論社，1997年）181頁。

方で，男女平等の実現を，憲法 14 条や憲法 24 条を根拠に求めることについては，「男性と同じ権利を要求するだけでは，女性の個人としての権利や尊厳は確保しえない」[12]として，むしろ批判する立場をとった。辻村教授はさらに，人間の権利としての普遍的人権の存在を肯定する立場を前提にし，かつ，個人の尊重や人格的自律をその中核に据える人権観からすれば，人権は性別にかかわらず両性に普遍的に妥当するものであるから，性別にかかわらず男女双方が有する人権及び憲法で保障された諸権利の構造論の存在を，まず前提的に確認することから始めなければならない[13]，とした。すなわち，憲法 11 条並びに憲法 97 条に掲げられた人類普遍の基本的人権尊重の大原則をふまえ，憲法 13 条の個人の尊重を中核としつつ，男女がともに，基本的な生存にかかる人権，自由権的権利，参政権，社会権等の憲法上のすべての権利を享有し，これらの諸権利の享有と行使に関して，憲法 14 条で平等原則と平等権の保障が加えられている構造である。この立場からすると，「従来のように，憲法一四条の性差別の合理性を問題にする視点だけでは足りず，憲法一三条の『個人の尊重』『幸福追求権』の具体的内包」[14]を説明し，理論づけることが課題とされた。

　また，男女平等についての議論に憲法 13 条論が導入された背景には，固定的な性別役割分業にとらわれない生き方を選択する際に，憲法 14 条に基づいて単なる不平等を論じるよりも，自己実現が阻害されているといった方が説明しやすいという事情もあった[15]。具体的には，夫婦同氏原則は個人（多くは女性）の人格権の侵害であるとした。子どもを産むか産まないか，妊娠中絶を行うかどうかについては，リプロダクティブ・ヘルス／ライツとして，憲法 13 条の課題として扱われた。

---

(12)　辻村・同上，181 頁。
(13)　辻村・同上，19 頁。
(14)　辻村・同上，20 頁。
(15)　他方，吉川智教授は，トランス・セクシュアル，トランス・ジェンダー，半陰陽等の人々の人権保障のあり方として，憲法 14 条よりも 13 条の問題として議論するべきと主張した。吉川智「平等理論への一試論」政教研紀要 26 号（2004 年）17-18 頁。

第 1 節　人格権論の発展

第 2 項　「国政上の最大限の尊重」の解釈の不十分さ

　したがって，憲法学では，憲法 13 条では「新しい人権」の説明が中心になった。同時に他方で，憲法 13 条後半については，「公共の福祉に反しない限り」の範囲をなるべく限定しようとする議論が中心であったので，「立法その他の国政の上で，最大の尊重を必要とする」については，基本的な憲法のテキストやコンメンタールにおいてさえほとんど議論がなく[16]，あたかも憲法 13 条の条文が「公共の福祉に反しない限り」という文言で終わってしまっているかのようであった。

　このような中で憲法 13 条に関する主張で，この文言についても検討を加えてとくに注目されるのは，伊藤正己教授，佐藤幸治教授，長谷部恭男教授，根森健教授，江橋崇教授，只野雅人教授である。以下，簡単に諸教授の議論を紹介したい。

---

[16]　憲法 13 条の解釈の中でこの文言に関する指摘がないものとして，内野正幸「自己決定権と平等」江橋崇ほか編『現代の法 14 巻　自己決定権と法』（岩波書店，1998 年）3-29 頁。浦田賢治・大須賀明編『新判例コンメンタール日本国憲法 I』〔戸松秀典〕（三省堂，1993 年）165-206 頁。浦部法穂「基本的人権の保障」野中俊彦・浦部法穂『憲法の解釈 I 総論』（三省堂，1989 年）172-193 頁。同「人権保障の限界」野中俊彦・浦部法穂『憲法の解釈 I 総論』（三省堂，1989 年）274-294 頁。小林孝輔・芹沢斉編『別冊法学セミナー基本法コンメンタール憲法〔第四版〕』〔樋口陽一〕（日本評論社，1997 年）58-63 頁。阪本昌成『憲法理論 II』（成文堂，1993 年）233-260 頁。土井真一「憲法解釈における憲法制定者意思の意義―幸福追求権解釈への予備的考察をかねて―㈠～㈣」法学論叢 131 巻 1 号（2000 年）1-27 頁，同 3 号（2000 年）1-36 頁，同 5 号（2000 年）1-24 頁，同 6 号（2000 年）1-33 頁。戸波江二「幸福追求権の構造」公法研究 58 号（1996 年）1-27 頁。竹中勲「自己決定権の意義」公法研究 58 号（1996 年）28-52 頁。野中俊彦ほか『憲法 I〔第 4 版〕』〔中村睦男・野中俊彦〕（有斐閣，2006 年）249-255，261-270 頁。樋口陽一ほか『注釈日本国憲法上巻』〔浦部法穂〕（青林書院新社，1984 年）254-314 頁。樋口陽一ほか『憲法 I』〔佐藤幸治〕（青林書院，1994 年）245-308 頁。森竹美「幸福追求権について―立法政策の核として―」西南学院大学大学院法学研究論集 18 号（2000 年）1-45 頁。

第5章 女性に関する人権論の新たな展開

　憲法13条の規定は，個人の人権を国家が最大限尊重する責務を一般原則として表明したところに意義があり[17]，憲法13条によって「人権の最大限の尊重が立法その他の国政の責任とされ」[18]，国家に対して積極的な人権保障政策の実施が求められているとした[19]のは，伊藤教授である。伊藤教授よりもやや消極的になるが，憲法13条が行政に対して人権を保障することを要請すると考える説として，たとえば，佐藤教授は，憲法13条は，国家機関に対して，人権の擁護を法的に義務づけたことを明らかにしたものであると指摘した[20]。長谷部教授は，憲法13条は，立法，行政等の国政機関に対して公共の福祉の実現に次いで人権を最大限保障することを要請していると考えられるとした[21]。根森教授は，憲法は13条の前段で個人の尊重と幸福追求権を，後段で国家権力による国政上最大尊重義務とを定式化した，と指摘した[22]。同教授はさらに，憲法の保障する女性の人権の保障を憲法24条2項，14条，13条を統合的に理解し，「男女は一人ひとり，個人の尊厳と両性の本質的平等に基づいて，性によって差別されることなく，個人として尊重され，生命，自由及び幸福を追求する権利を有し，国政の上でも最大尊重される」[23]と解した。

────────

(17) 伊藤教授は，「個人の尊厳の確立は，日本国憲法の本質的な部分である。人権保障の規定は，単に個人の権利の保護をこえた制度的な意味をもつこともあるが，個人の人間としての価値を認め，その人権を国家権力が最大限の尊重をすべきであるという国家側の責務を一般原則として宣明したところに，一三条の意義がある。その意味では，この条文も多分にマニフェスト的意味をもつ国政の指導原理の表明であるという性格をもつ」と主張した。伊藤・前掲注(7)，193頁。（同〔初版〕1982年，191頁）。
(18) 伊藤・前掲注(7)，193頁（同〔初版〕・同上，191頁）。
(19) 伊藤・前掲注(7)，220-221頁（同〔初版〕・同上，217頁）。
(20) 佐藤幸治『憲法〔第3版〕』（青林書院，1995年）393頁（同〔初版〕1981年，277頁）。
(21) 長谷部恭男「国家権力の限界と人権」樋口陽一編『講座憲法学3』（日本評論社，1994年）63頁。
(22) 根森健「憲法上の人格権―個人の尊厳保障に占める人権としての意義と機能について」公法研究58号（1996年）67頁。
(23) 根森健「男女共同参画社会基本法と男女平等（ジェンダー平等）の実現―法に

第1節　人格権論の発展

　また，江橋崇教授は，憲法13条の「個人の尊厳」の保障を検討し，そこで定められた基本的人権尊重の憲法原則は，つきつめていけば人間の尊厳という憲法思想に行きつき，個人価値の卓越性を認めることは，それを尊重して保護するのが国家権力の義務であるという国家観に結びつくはずであるが，それを認める自覚の程度が問題であると指摘した[24]。同教授がここで先行業績としてあげたのが恒藤恭教授，井上茂教授，ホセ・ヨンパルト教授であったのは，個人の尊厳について当時関心をもっていたのが法哲学者のみであったことを物語っている[25]。ただし，後になってのことだが，日本国憲法において，国の保護義務をどこまで認めるかについては，憲法13条の「生命，自由，幸福追求」を個別に検討し，「生命」は絶対的優先事項として国には積極的保護義務があり，「自由」は政策手段として用いることの禁則事項であり，「幸福追求」は政策目標である，というように，「最大の尊重」の意味をそれぞれ理解すればよいという説[26]もある。

　只野教授は，DVや虐待がある場合には「保護のための介入」が必要であり，「人権の『最大限の尊重』のためには，国家の不作為義務だけでなく，国家の一定の作為義務が含意されているのではないか」[27]として，憲法13条から，裁判所だけではなく，立法府や行政府にも，憲法上保障される利益を私人間においても保護するの一般的責務があることを指摘した[28]。

　このように，「立法その他の国政の上で，最大の尊重を必要とする」とは，

　　　よる変革の『推進』と『転轍』という観点からの若干の考察」浦田賢治編『立憲主義・民主主義・平和主義』(三省堂，2001年) 449頁。
[24]　江橋崇「立憲主義にとっての『個人』」ジュリスト884号 (1987年) 4頁。
[25]　ヨンパルト教授による憲法学の考察は，ヨンパルト，ホセ『日本国憲法哲学』(成文堂，1995年) にまとめられている。
[26]　棟居快行『憲法学再論』(信山社，2001年) 266頁。ただし，棟居教授は，政策目標として幸福追求権を捉える見解の問題点として，(1)「新しい人権」を裁判規範と捉えることができず政策過程に委ねるほかはなくなること，(2)「私事」の自己決定権までが政策による最大化の対象とされ，選択肢の固定化や偏見の増大を意味することを挙げている (同267頁)。
[27]　只野雅人『憲法の基本原理から考える』(日本評論社，2006年) 194頁。
[28]　只野・同上，194-197頁。

第5章　女性に関する人権論の新たな展開

立法機関，行政機関といった国家機関に対して，憲法13条を最大に尊重することを要請する法原理である。立法機関が人権を保障する法律を制定し，行政機関，司法機関が人権を保障した法律の趣旨を尊重して運用，適用するだけにとどまらない。人権を最大に尊重することは国家の責務である。したがって，立法機関，行政機関，司法機関が人権の尊重を自発的に，また積極的に推進することが求められている，ということになろう。

一方，憲法13条の「国政上の最大の尊重」に関する論述はないままで，直接適用の問題と解し，国の人権保護義務について否定的な見解をとるものもある[29]。しかし，人権の最大の尊重においては，伊藤教授の主張のように，19世紀的な自由国家観を超えて，国家による積極的な人権促進及び平等推進が要請されよう。たとえ「最大の尊重を必要とする」という文言からは，積極的な人権促進及び平等推進について，それが実施されないことが裁判によって作為義務違反に問われる国家の「義務」とまではいえず，あくまでも積極的な実現が期待されているという「責務」にとどまるものであるにしても，である[30]。具体的には，こうした人権促進及び平等推進の実現のために，立法機関には国家が積極的な働きを行うための人権立法を行う責務があり，行政機関には立法機関の定めた人権法を執行する責務及び自らも人権促進等の政策策定を行う責務があるということになるだろう。

そこで，これらの点は，次のように整理することができる。

第一に，立法機関は，たまたま立法課題として挙がった人権保障に関わる課題について法律を制定するだけではなく，常に，人権保障や差別を撤廃するための法律として何が必要であるかを審議し，必要なものを人権立法として立法化する責務を負っているであろう。

第二に，行政機関は，制定された法律に則って行政を執行するのは当然である。これに加えて，法律で委任され，行政の裁量とされたものについても，人権保障や差別撤廃を実現するように人権政策として行うことが求められる。また，法律が不備な場合であっても，憲法や日本が批准した国際条約が求め

---

(29) 芦部・前掲注(8)，109-111頁。
(30) 「責務」と「義務」の違いは，本書第2章を参照のこと。

る人権保障については，積極的に実現することが必要となる。

　第三に，司法機関では，裁判官は憲法及び法律のみに拘束されて職務を行うのであるから（憲法76条3項），憲法13条についても尊重するのは当然のことである。裁判で争いのある事実を直接対象にした人権保護の法律が不十分である場合であっても，公序良俗等の法原則に照らして判断する責務がある。その際には，憲法や国際条約の理念を実現させて，人権を保障するという観点から判断することが求められるであろう。

第2節　人権の国際化と女性

第1項　国際人権法秩序における国家の人権実現の責務

　日本国憲法13条の人権促進及び平等推進のための国家の責務は，先に述べたように，直接の「義務」が国家に課されるとまではいえない。このような人権実現のための国家の責務については，国際人権法秩序における国家の人権実現の責務に関する議論が参考になる。

　アメリカ・コロンビア大学のルイス・ヘンキン教授は，国際人権法の提唱者の一人であるが，同教授によると，国際人権とは，「国際法と国際政治の課題としての人権であり，国内社会で国内法制度により保障される個人権とは区別されるべきである」[31]とされた。ただし，国際人権は，「(1)国内法の権利体系を判断する共通の国際規準を樹立し，(2)諸国家が当該規準遵守の国際的な義務を引き受けるよう誘導し，(3)遵守状況を監視する国際機関に報告書を提出するよう諸国家を誘導する，ことで達成され」[32]，国内法の人権規定の不足分を充足，救済するように設計されている。

　ヘンキン教授はさらに，国際人権法による権利とは，個人を締約国間の権利義務関係の反射的利益を受ける者にとどめるものではなく，個人に国際法上の権利を与え（自由権規約等），締約国が個人に権利を与える義務を負うこ

---

(31)　ヘンキン，ルイス（小川水尾訳・江橋崇監修）『人権の時代』（有信堂，1996年）22頁。

(32)　ヘンキン・同上，22-23頁。

とにより個人に国家に向けての権利を与える（社会権規約等）と主張した[33]。

すなわち，批准された人権諸条約等の国際人権基準は，第一義的には，締約国により，国内的に実現されることが予定されて，第二義的には，国際人権法が各国で実現されているかどうかを国際的に監視し，実施されていない場合にその方向での努力を促す，国際的実施が予定されているということになる[34]。国家は，国際連合に加盟することにより，「人種，性，言語又は宗教による差別のないすべての者のための人権及び基本的自由の普遍的な尊重及び遵守を促進」（国際連合憲章55条ｃ）することを誓約する。ただし，締約国が国際人権基準を履行する国家義務（責務）の定義はまだなされてはいない[35]。

とはいえ，国家は，人権諸条約に加盟することによって，締約国としてのさまざまな義務（責務）を負うことになると一般的には理解されている。そこで，ここでは，人権諸条約上の国際人権の国内的実施について検討したい。

国際人権法では，法的権利が多層的に理解される。申惠丰教授は，人権規範の実現について，「執行（enforcement）」よりも「実施（implementation）」という用語が一般に用いられていることが注目されていることから，権利実現の要求が司法的救済だけではなく，立法・行政上の政策形成における指導理念として重要な規範的効力をもつ[36]と述べた。また，ヨーロッパ人権条約，米州人権条約，国際人権規約を条文ごとに詳細に検討し[37]，国家に要請される権利を保障ないし確保する義務（責務）は，立法にとどまらず，私人によるものも含め侵害から権利を保護し及び権利侵害に対してはこれを救済するという側面と権利の享受を可能にするため種々の人的・物的基盤整備

---

(33) ヘンキン・同上，44-48頁。ヘンキン教授は，さらに，各締約国における人権に国際法上の地位を与えたり，他の締約国や個人に権利を発生させたりすることもできると述べた。

(34) 阿部浩己ほか『テキストブック国際人権法〔第2版〕』（日本評論社，2002年）18-20頁。

(35) ヘンキン・前掲注(31)，72頁。

(36) 申惠丰『人権条約上の国家の義務』（日本評論社，1999年）23頁。

(37) 申・同上，63-270頁。

第 2 節　人権の国際化と女性

を行うという側面とがある(38)として，行政府にも人権を実現する責務があることを明らかにした。さらに，社会権規約では「立法その他のすべての適当な方法によりこの規約において認められる権利の完全な実現を漸進的に達成するため，自国における利用可能な手段を最大限に用いることにより，個々に…，行動をとることを約束する」(社会権規約2条1項)と定めていることから，権利を保障ないし確保するための措置をとる義務(責務)を国家に課していることを明らかにした(39)。申教授は，このように，自由権的権利と社会権的権利の二分法を超えて人権を理解した上で，人権保障のための国家の義務(責務)を次の4種類に整理した。国家が権利侵害をしないという「人権の尊重」，国家が第三者による侵害から権利を守るという「人権の保護」，国家が権利の内容を充足するという「人権の充足」，権利実現のための種々の条件整備を行うという「人権の促進」である(40)。

国際人権法の国内的実施の態様には，具体的には，第一に，人権条約の締約国となる際に条約上の義務(責務)を履行するために行われる立法整備，第二に，国内裁判の場における国内人権法の適用，第三に，政府による条約上の義務(責務)の積極的な実現，第四に，政府からの独立性と独自の権限が保障された国内人権機関(人権委員会やオンブズパーソン)の国際人権法に依拠した活動の実施，等がある(41)。すなわち，国際人権法においては，人権を実現し，差別を撤廃し，平等を推進することに対し，立法，行政，司法にわたって積極的な施策を実施することが必要とされ，それが「国家の責務」として理解されているということになるだろう。

さらに，憲法規定における国際人権基準の受容もある。滝澤美佐子教授は，世界人権宣言における国際人権基準は，憲法規定によって受容されることによって裁判規範として規範性を持ち得ることや，憲法の理念や目的の中に受容されることによって政府の政治行政部門による統治において，具体的政策の中に同宣言の規範が生かされる可能性も考えられると述べ(42)，国家の人

---

(38)　申・同上，271頁。
(39)　申・同上，295, 356-357頁。
(40)　申・同上，359-361頁。
(41)　阿部ほか・前掲注(34)，29頁。

287

権実現の責務を指摘した。

第2項　国内における国家の国際人権実現の責務

1980年代以降，日本では，国際人権基準を国内でどのように実施するかという問題も提起されるようになった。この問題について，憲法学及び国際法学では，憲法98条の裁判における国際人権条約の適用の問題として，憲法優位説及び条約優位説として説明することが多かった。

具体的な憲法の解釈に際しては，女性差別撤廃条約の批准が，憲法学における議論に影響を与えた。日本は，1955年に「女性の参政権に関する条約」，1958年に「人身売買及び他人の売春からの搾取の禁止に関する条約」，1979年に国際人権規約，すなわち「経済的，社会的及び文化的権利に関する国際規約」，「市民的及び政治的権利に関する国際規約」等の条約も批准し，こうした国際人権法秩序へ接近していった。しかし，このような国際人権法が，憲法14条論に影響を与えるのは，女性差別撤廃条約の批准まで待たなければならなかった。たとえば，女性差別撤廃条約批准を控えた1984年に，「従来の男女平等論や現行法上の性差別的な諸規定を再検討し，女性の権利と男女平等に関する憲法理論を前進させることが要請される」[43]として，全国憲法研究会が「女性と憲法」をテーマに，シンポジウムを開催した。同シンポジウムにおいて，野中教授は，憲法14条について，「憲法一四条には形式的平等のみならず実質的平等の要請も含まれると解すべきではないか。すなわち，…実質的平等の保障も憲法一四条に含まれるとした上でその保障を国会等に要請することは，司法審査のレベルは別として憲法論として成り立つのではないか」[44]との見解を述べた。また，先に述べたように，条約批准以降では，少なくとも，国籍法における父系優先主義，男女の雇用機会の不均等，中学校教育において女性だけが家庭科が必修となっていることが，憲法学に

---

(42)　滝澤美佐子『国際人権基準の法的性格』（国際書院，2004年）218-220頁。
(43)　江橋崇・辻村みよ子「全国憲法研究会シンポジウム―討論の概要と問題点―」ジュリスト819号（1984年）75頁。
(44)　教授の発言としてまとめられている江橋・辻村・同上〔野中俊彦〕，77頁。

おいても女性差別の例として紹介されるようになった。つまり，同条約の批准は，女性差別は法律上解消したのではなく依然として存在していることを憲法学に突きつけた，といえるだろう[45]。

　他方，立法，司法，行政の各国家機関の課題として国際人権基準の受容の問題に最初に取組んだのは，江橋崇教授である。江橋教授は，1983 年に，「国際人権規約は一九六六年に国連でつくられて，日本は七九年に加盟しましたが，それ以前の世界人権宣言に比べて，第三世界の意向なども取り入れてあり，内容的に多少の問題はあるかもしれませんけれども，これらに盛られている価値は全世界的に普遍的な価値であり，それを相互に共通のものとして認め合っていくというところから新しい国際関係がつくられる」[46]ので，こうした角度から積極的に外交等々を展開すべきであるとともに，「日本が平和と人権を共有するという形で対外的関係を取り結ぶのがむしろ憲法の考え方という場合には，国内に在留している非日本国籍の市民に対してどういう権利を保障しているかということが国際的に逆に検討，批判され」[47]ると主張し，国家機関が国際人権基準を実現する必要性を強調した。すなわち，かつて人権は，一国の国内で，政府と人民との間で処理されるべきことがらと考えられていたが，第二次大戦後に国際人権法規範が次々と創り出され，国際社会で広く承認されるようになったことから，「人権問題は国際化している」[48]のである。

　人権問題の国際化には，2 つの意味があるとされた。すなわち，一つの意

---

(45) その他，女性差別撤廃条約と憲法との関係について論じるものとして，野田愛子ほか「座談会女子差別撤廃条約以前・以後」判例タイムズ 583 号（1986 年）2 - 18 頁。神谷和孝「男女の平等原則に関する一考察―女子差別撤廃条約を中心として」東海女子大学紀要 11 号（1991 年）25 - 34 頁。中尾喬一「法の下の平等についての一考察―男女平等と女性差別撤廃条約―」鳥取大学教育学部研究報告人文・社会科学 44 巻 2 号（1993 年）141 - 153 頁。米田眞澄「女子差別撤廃条約の国内的実施に関する若干の考察」阪大法学 44 巻 1 号（1994 年）123 - 144 頁。横田耕一「憲法学はどう応えるのか」ジェンダーと法 1 号（2004 年）122 - 134 頁。
(46) 江橋崇「憲法 9 条と日本の国際化」世界 456 号（1983 年）47 頁。
(47) 江橋・同上，48 頁。
(48) 江橋崇「国内的人権から国際的人権へ」ジュリスト 937 号（1989 年）20 頁。

第5章 女性に関する人権論の新たな展開

味は，国内法で権利回復が実現できない問題，たとえば，女性，外国人，部落に関する差別等について，人権の国際水準を適用して解決を図ろうとする「人権の国際水準化」である。前章で概観したように，日本で人権問題に取組むNGOは，国内人権運動の実現のために条約に加盟することを政府に要望した。

もう一つの意味は，アパルトヘイトやジェノサイド等の国際人権問題を国際的な視野のもとで，地球規模で人権問題の解決を図ろうとする「人権の国際化」である[49]。1980年代では，国際社会ではすでに，人権問題は国際社会の正当な共通関心事とされ，各国の人権侵害が国際世論によって厳しく批判された。また，国際的に人権問題に取組むアムネスティ・インターナショナル等のNGOは，人権の国際化を各国政府に働きかけた。

ここでは，前者が問題となる。すなわち，人権の国際水準化は，人権条約の批准の際に国内法の法制度に大きな影響を与えるのである。人権条約の趣旨に反する国内法制度は，批准する際に改正が求められ，さらには条約の理念に照らして新たな立法が求められる。これを憲法構造からみれば，憲法13条の「立法その他の国政の上で，最大の尊重を必要とする」の「最大」の基準には，日本国内で社会通念として考慮されうるものにとどまらず，人権の促進や差別撤廃に関して，先進的な国際人権法で保障される範囲も含まれることになるのである。よって，人権条約に加盟することは，偶然に時流をみて，ということではなく，憲法上の責務の実行と考えられる。人権条約に加盟することによって生じるさまざまな国内的な作業は，人権促進，平等推進の憲法理念の実現という政府の責務を実施する行為であるといえるのである。こう考えた場合，国際人権と国内人権をつなげて構造化する責務はどの国家機関にあるのだろうか。

日本国憲法においては，外交関係の処理は政府の専権事項とされてきたので，行政機関には国際社会における人権保障の状況を把握し，国内に情報を提供する責務があるといえる。また，国際人権保障の制度化を，政策として展開する責務があることはいうまでもない。行政学者の城山英明教授は，こ

---

(49) 江橋崇「人権の国際化と国際水準(上)」法律時報59巻6号（1987年）76-80頁。

第 2 節　人権の国際化と女性

れを国際行政としてまとめており[50]，刑事司法においても国際的な司法共助の重要性が説かれ，実施されている。江橋教授は，外交は中央政府の専権事項ではなく，自治体，NGO 等が，人権を人類規模の視点から広く保障し，国際社会で形成されてきた人権諸条約を誠実に遵守し，そして対外関係の形成を分権化，多層化する活動ができる枠組みを憲法は準備できると主張した[51]。

だが，これにとどまらず，他の国家機関にも次のような課題がある。

第一に，立法機関は，行政機関を使って，あるいは独自に，国外との連携をとり，日本国内の人権保障が国際水準からみて非難される事態を避けなければならない。

第二に，司法機関は，日本国内における司法手続及び内容が，国際水準を逸脱しないような責務を負う。とくに，人の国際移動の激化と国内在住外国人の増加にともない，外国人が被疑者，被告人となる事件も増加しているが，彼らの身柄拘束における通訳や特別な処遇等の問題等，国際人権保障の水準を維持しなければならない。

なお，自治体は，人種差別撤廃条約が明示していることからも明らかなように，国と独立して人権保障の責務を負っており（2条1項），国とは別に，積極的な人権保障のための政策の展開が求められる。

このような国家の各機関の実施の責任に深く関係するのが，人権 NGO による活動である。女性に関する人権の実現に関しては，このことがとくに配慮されてきたことである。なお，NGO は，国際人権機関へ，国内における人権侵害を通報する，いわゆる 1503 手続を活用することになる[52]。また，条約機関に申立てを認める個人通報制度を定めた国際人権規約，女性差別撤廃条約の選択議定書に日本が加盟，批准をすれば，NGO はこの個人通報制度を活用することになる。なお，選択議定書に加盟していない現状でも，女性差別撤廃委員会における審議や政府報告書審査の際に，NGO が活動して，同委員会の委員に働きかけることによって，日本政府に対する勧告を引き出

---

(50)　城山英明『国際行政の構造』（東京大学出版会，1997 年）。
(51)　江橋崇「日本国憲法の効能」思想 755 号（1987 年）24‐27 頁。
(52)　阿部ほか・前掲注(34)，167‐171 頁。

第5章　女性に関する人権論の新たな展開

し，それをブーメラン効果で，政府へ影響力を与える[53]ものとして利用する，といった手法も行われている。

第3節　公私二元論の見直し

　人権概念の転換に大きな示唆を与えるものとして，公私二元論の再検討の議論がある。
　そもそも憲法や行政法という公法における人権論の中で，女性に関することや性差別が軽視されてきたのは，その多くが私的領域で生じることが原因の一つであるといえるだろう。フェミニズムは，有名なスローガン「個人的なことは政治的である（Personal is political.）」に示されるように，家族のような私的領域にこそ女性抑圧の原因があり，私的領域における不平等が公的領域における不平等の原因となっているとして，そうした私的領域には法が介入しないとする公私二元論を厳しく批判した。なお，市場や労働の領域について，憲法学においては私的領域に含まれるが，フェミニズムでは公的領域に含まれるとされていることに留意しなければならない。この認識の差が，長らく憲法学で女性の人権論が論じられてこなかった原因の最大のものの一つであることは，言うまでもない。
　憲法学では，辻村みよ子教授，植野妙実子教授，米沢広一教授，中山道子教授，君塚正臣教授，中里見博教授等が，ジェンダーを手がかりに，公私二元論や家族の領域に関するこれまでの研究について再検討を加えている。また，シティズンシップ論及び軍隊等の公的暴力と家庭内における私的暴力について，政治学，社会学の立場から，憲法学への批判がある。

第1項　家族に関する憲法学の新たな展開

　憲法学では第1章で述べたように，家族に関しては，憲法制定時において，

---

(53)　政府に与えた影響の成果として，男女共同参画会議苦情処理・監視専門調査会『国際規範・基準の国内への取り入れ・浸透について』（2004年）。

第3節　公私二元論の見直し

憲法24条や民法のいくつかの規定についての議論があった。それ以降，かなり後になって，米沢広一教授が，家族について憲法学的な考察を行った[54]。米沢教授は，国家は家族の自律を尊重して家族内部の問題に不当に介入してはならない[55]が，他方，「憲法は国家が立法によって家族を保護することを許容し」[56]，「憲法は家族の形成，維持に関する自由（結婚，離婚，出産，堕胎，子どもの養教育等の自由）を個人の権利として保障して」[57]いると指摘した。このように家族は憲法上保護されているので，さらにふみこんで，「憲法は家族を保護する積極的責務を国家に課している」[58]と主張し，公私二元論を超えて，家族に関して国家が積極的に人権を実現する責務があるとした。

中山道子教授は，サー・ロバート・フィルマー，ジョン・ロック，トマス・ホッブス及びコモン・ローの伝統を継受したアメリカ建国当時の「政治の領域（political sphere）」と家族観を再検討して，「政治対家族という公私二元論を論理的前提とする近代個人主義哲学がその時代的役割を終えたことを認める時期が来た」[59]ことを明らかにした。中山教授の論考は，ジェンダーの観点から，憲法学において公私二元論を見直す契機となったといえるだろう。

君塚正臣教授は，公私二元論による私的領域のうち，家族について，憲法学説は，当初，それまで私法の領域と信じてきた家族が憲法典に上ったことに戸惑いを示し，その結果，憲法24条には権利性がなく，分類不能であるという拒絶反応が生じた[60]と分析した。そして，高度経済成長において「当然」とされてきた家族が幸福であるのかという疑問を，専業主婦となることを拒否した女性たちがまず抱き出した[61]。家族の位置づけが多元化し，

---

(54) 米沢教授は，1991年に日本公法学会で初めて，憲法と家族について報告を行った。米沢広一「子ども・家族・憲法」公法研究54号（1992年）75-85頁。
(55) 米沢広一『子ども・家族・憲法』（有斐閣，1992年）274頁。
(56) 米沢・同上，275頁。
(57) 米沢・同上，277頁。
(58) 米沢・同上，278頁。
(59) 中山道子『近代個人主義と憲法学』（東京大学出版会，2000年）iii頁。
(60) 君塚正臣「日本国憲法二四条解釈の検証―或いは「『家族』の憲法学的研究」の一部として―」関西大学法学論集52巻1号（2002年）35頁。

第5章 女性に関する人権論の新たな展開

変化してきたことによって，家族と密接に関係していると思われる福祉，労働，教育，居住・移転の自由，住居不可侵等プライバシー等の憲法上の扱いも微妙に影響してくるであろうし，自己決定権に関する議論に影響を及ぼすことも必定[62]とした。そして，「長く真空のようであった，『家族』の憲法学的考察はようやく始まったばかりである」[63]と指摘した。

その後，2004年に，自民党から憲法改正案[64]が公表されると，急速に学界の議論が活発化した[65]。植野教授は，憲法24条の法的性格と具体的権利に関する諸説を検討した上で，憲法24条を，憲法13条と14条の家族生活への投影であると把握して[66]，家族の構成員への虐待防止の根拠となる[67]，と主張した。中里見教授は，憲法24条は，男性支配を否定し，さらには家族という私的関係における暴力を否定するもので，公的暴力を禁止した憲法9条との相互関連性を指摘した[68]。さらに，私的平等を規定した24条は，公的平等を規定した憲法14条と相互に依存しており，この2つを有機的に結びつけて解釈すれば，憲法が性別役割分業を否定していることがわかると主張した[69]。君島東彦教授は，日本国憲法は憲法9条と24条によって，近代国家において正当化され，許容されてきた軍隊の暴力と家父長制的暴力を

---

(61) 君塚・同上，47頁。
(62) 君塚・同上，48-49頁。
(63) 君塚・同上，49頁。
(64) 自民党憲法調査会憲法改正プロジェクトチーム『論点整理』(2004年)。
(65) 植野妙実子「家族のあり方」全国憲法研究会編『憲法改正問題』(日本評論社，2005年) 222-226頁。同『憲法24条—今，家族のあり方を考える』(明石書店，2005年)。憲法24条を活かす会編『個人・家族が国家にねらわれるとき』(岩波ブックレット，2005年)。中里見博『憲法24＋9条』(かもがわブックレット，2005年)。同「『男らしさ』と『女らしさ』」全国憲法研究会編『憲法改正問題』(日本評論社，2005年) 217-221頁。同『現代改憲論における家族条項改変問題』法律時報77巻9号 (2005年) 84-89頁。福島みずほ編『みんなの憲法24条』(明石書店，2005年)。君塚正臣「憲法とジェンダー」法律時報78巻1号 (2006年) 4-9頁。
(66) 植野・同上『憲法24条』，35-40頁。
(67) 植野・同上「家族のあり方」，224頁。
(68) 中里見・前掲注(65)「憲法24＋9条」，42-50頁。
(69) 中里見・前掲注(65)「憲法24＋9条」，50-54頁。

ともに克服しようとするものと見ることができるとした[70]。このように，憲法24条が家族内での暴力を禁止する規定であるとの解釈が新たに示されるようになったことは注目される。

　また，従来，家族に関して論じることに消極的であったのは，公私二元論が立ちはだかっていたからだと思われる。この点を論じる最近の学説では，中里見博教授によるものが注目される。中里見教授は，女性が家族内の私的労働に従事する者であることからくる性質が，かつて女性が私的家族領域に押しとどめられ，政治的権利や労働権から排除されたことを男女平等に反しないと説明する根拠とされたことは，「等しい者を等しく，異なる者は異なるように扱う」という相対的平等説の性支配への適用であると主張した[71]。さらに，憲法学説の自由権に関する議論を次のように批判した。すなわち，国家や男性による性的暴力により，女性の身体や人格が侵害されることは，「人身の自由」や人格的自由の侵害の中に含まれてこなかった[72]。古典的な自由権は，「国家からの自由」として消極的権利とされ，実現のために国家による積極的介入を求めている社会権とは反対の性質とされ，むしろ，「女性に対する虐待や暴力を娯楽として描く行為には『表現の自由』，それを商品として流通させる行為と『契約の自由』，それを個人的に嗜好するのは『プライバシーの権利』，女性の従属を実演する営業行為には『営業の自由』，その業者に使用されることや顧客となることは『性的自己決定権』，家族内暴力には『家族のプライバシー』がそれぞれ，国家による規制排除権として主張」[73]されてきた。

　中里見教授は，さらに，批判の対象を公私二元論に向けた。憲法学における人権論は，性支配的な公私二元論を前提にしてきたので，主体，内容，性質に至るまで，性支配によって大きな制約を受けており，それを再構成するためには，「家族と性に関する『公／私』区分論を放棄することが必要にな

---

(70) 君島東彦「『普通の近代国家』を超えるプロジェクトとしての日本国憲法」福島編・前掲注(65)，320-324頁。
(71) 中里見博「性支配と人権」法の科学29号（2000年）28-29頁。
(72) 中里見・同上，28頁。
(73) 中里見・同上，28頁。

第5章 女性に関する人権論の新たな展開

る」[74]とした。そのための試論として,「公／私」区分論から,国家介入が一般的に否定されるいかなる私的領域も排した「国家／市場／協同／親密圏」の四分類を提唱した[75]。これによって人権論を再構成すると,第一に,女性の再生産労働の収奪を克服するための人権論となり,第二に,女性の性的従属を克服するための性に関する人権論となる。後者は,性と生殖への国家の権力的介入を否定し,あらゆる社会領域に存在する男性による性暴力から自由になる権利及び市場原理を通した女性の性的売買からの自由を実現するための国家による自由を必要とする権利である。

なお,この性的人格権については,中里見教授は,いわゆるセックスワークを権利として容認するような,「性の自己決定権」論を軸にして展開すべきではない,とした。これに関する中里見教授の議論も注目されるので引用しておきたい。すなわち,「自己決定権は,当事者間に存在する社会的不平等にもかかわらず,当事者の『合意』をもって自己決定の行使と認め,行為を正当化し,責任を行為者に帰属せしめるものであり,今日市場を通した女性の性的売買の正当化のために特に用いられる。だが,そもそも近代契約原理にもとづく性支配は,常に女性の『合意』＝自己決定の調達を要請しているから,それは現実の社会的不平等を覆い隠す支配の概念であるといえる。それゆえ『性的自己決定権』は国家の権力的支配からの自由の場面には有効でも,とりわけ市場を通した社会的性支配には対抗できない。性暴力からの自由のためには,常に加害者が正当化を図るために持ち出す『合意』の背後にある強制の契機を暴き,性的人格権の侵害の態様を具体的に明らかにしていくことが課題である」[76]という主張である。このように,同教授は,私的領域における合意への懐疑の必要性を指摘したのである。

他方,公私二元論が見直されつつある今日では,DVやストーカー等,家族や親密な関係の中で起きる人権侵害の解決に対して,国家が積極的に対応することが求められ,第2章,第3章で考察したように,そのしくみが整備されてきた。只野雅人教授は,プライバシーの保護の要請が,弱い立場に置

---

(74) 中里見・同上,30頁。
(75) 中里見・同上,30頁。
(76) 中里見・同上,31-32頁。

かれていた人々の自己決定の回復を困難にし，生命身体への重大な危害，あるいは恒常的な暴力や支配の下に置かれた人々を保護するための介入は，「許容されるのみならず，要請されると見ることも可能といえ」(77)ると指摘した。こうした状況を，人権論の原則を「国家からの自由」に求めてきた従来の憲法学から，国家の介入による人権保障を認める傾向への転換を含むものとして，警戒する主張もある(78)。

第2項　シティズンシップ論からの批判

最近の政治学や社会学では，憲法学界における議論の遅れをカバーするかのように，公領域・私領域への男・女の振り分けにより構成された国民国家の不平等性や並びに，私的領域における暴力を見えなくする仕組みを明らかにする試みによって，権力関係と暴力の問題を臨界点につきつめて考え，国家や家族に関する一元的で包括的な仕組みを目に見えるようにし，そこからの脱出をはかる意志をあらわそうとする議論がある(79)。

政治学者の岡野八代教授は，シティズンシップ論から，法とフェミニズムについて考察した。「女性たちは，法によって法から排除される理由（＝非民主的な存在であること）をねつ造されたうえで，その理由のために法外におかれる，という結果（＝民主的手続きからの排除）を背負わされた」(80)として，法の外におかれた女性という存在を明らかにした。

また，岡野教授は，憲法学を次のように批判した。すなわち，「女性法学の立場から，三つの『なぜ』，—『なぜ，人権＝男性の権利となったのか』，『なぜ，こんなにも女性の権利の確立が遅れたのか』，『なぜ，人権は女性と男性の権利の統合でなくてはならないか』—に対する解答を女性の特性論と性役割分担論に見いだす議論が存在する」(81)と辻村教授，金城教授の議論を

---

(77)　只野・前掲注(27)，183‐184頁。
(78)　辻村みよ子「ジェンダーと国家権力」日本法哲学会編『ジェンダー，セクシュアリティと法』（有斐閣，2004年）88頁。
(79)　西川祐子ほか「特集ポスト家族ポスト国家」思想955号（2003年）10‐103頁。
(80)　岡野八代『法の政治学』（青土社，2002年）18頁。

第5章 女性に関する人権論の新たな展開

紹介[82]するとともに、「この三つの『なぜ』を生み出している原因を、『普遍的』であるべき法にとっては外的な要因—社会通念や慣習—の中に見いだしており、法に内在しているであろう論理、力に対して疑問を差し挟むものではないからだ」[83]と批判し、さらに、1997年に出版された『ジェンダーと法』[84]における議論も、「私的／公的、自然／文化、女性／男性、といったわたしたちの認識を深く規定している二分法と法がどのように関わっているのかについて、ほとんど触れられていない」[85]と包括的に批判した。この本に収録された横田耕一教授の論文についても「なかには、肉体的差異に基づく異なる取り扱いは合理的であり、文化的差異は歴史的差異だから不合理である、といったコンヴエンショナルな自然／文化の二分法の強化につながりかねない」とし、紙谷雅子教授の議論については、「現在のフェミニスト理論家たちの共通認識となりつつある、法によって構築されたジェンダーという観点が存在していない」として、批判した[86]。

すなわち、法の理念が抱え込む現実に対する限界として女性の排除を考えるのではなく、法そのものが持つ論理が、女性を排除してきたのではないかと疑って、「『あらゆるひと』の平等な自由を確保しようとして、伝統的な権威主義的・階層的社会紐帯を捨象し、個人の人格を抽出しようとしたリベラルな思想こそが、女性に対しては、〈そもそも女性は、男性とは本来的に異なる存在である〉として、差別的な取り扱いを維持するだけでなく、むしろ差別を強化するような結果を招いた」[87]ことを考えなければならないのに、憲法学では考えてこなかったとされた。

さらに岡野教授は、古代ギリシアのポリスにおけるシティズンシップの特

---

(81) 岡野・同上、29頁。
(82) ここでは、辻村みよ子・金城清子『女性の権利の歴史』（岩波書店、1992年）が批判の対象とされている。具体的にどの部分なのかの記述がないため、概書全体に対する批判であると思われる。
(83) 岡野・前掲注(80)、29頁。
(84) 髙橋和之ほか編『現代の法11巻 ジェンダーと法』（岩波書店、1997年）。
(85) 岡野・前掲注(80)、29頁。
(86) 岡野・前掲注(80)、29-30頁。
(87) 岡野八代『シティズンシップの政治学』（現代書館、2003年）175頁。

徴について，形式，目的，内容に着目した。すなわち，(1)シティズンシップは権利というよりも，むしろ特権的な資格であり，誰が市民であるのかは法により厳しく規制され，原則的に排他的にアテネ市民男性に与えられたのは，そもそも卓越性を得ることができないと考えられた人々を排除するためであったこと，(2)市民たちの最大の義務の一つが軍役であったことが，古代ギリシアにおいても，近代国民国家形成期にもシティズンシップから女性が排除された理由である，と述べた(88)。

そして，「わたしたちは生まれながらに平等な自由を手にしているわけではなく，むしろ，さまざまな法制度—その最もたるものがシティズンシップ—を確立することによって，平等な自由を行使しうる一個の人格であることを尊重しようと皆で・約・束・を・交・わ・す社会に生きる限り，誰に対しどのような資格においてその法制度が適用されるのか，という問いから決して自由になることはない。この問いは，法制度の確立によって不可避な排除の問題を見つめ直す契機であると同時に，どうしても新たな排除を生み出さざるを得ない問いでもあるのだ」(89)と述べ，これが「二一世紀のシティズンシップ論の手がかりをフェミニズム理論に求める一つの理由」(90)であるとしている。

上野千鶴子教授は，一見すると関係性が明確ではない，「市民権」と「暴力」が，密接につながっていることを，家父長制をキーワードにして，明らかにした(91)。上野教授は，公的な暴力における女性差別と，私的な暴力における女性差別との間に通底するものを指摘することで，これまでの公私二元論が女性差別の家父長制と深く結合していることを改めて強調した。すなわち，「公的領域と私的領域の要の位置に（男性）家長がおり，その家長の集合が市民社会を構成して」(92)おり，「市民は公的暴力の行使の義務と，私的暴力の行使の権利を与えられたメンバーである。したがって暴力という資源は，だれにでも分配されてよい性格のものではない」(93)ので，兵役は市民

(88)　岡野・同上，30‐31頁。
(89)　岡野・同上，179頁。
(90)　岡野・同上，179頁。
(91)　上野千鶴子『生き延びるための思想』（岩波書店，2006年）3‐45頁。
(92)　上野・同上，26頁。

第5章　女性に関する人権論の新たな展開

の「義務であると同時に, 国家が独占する暴力を行使する権利」[94]であるとした。つまり, 上野教授は, 市民権概念が成立するフランス近代革命からの歴史を検証し, 市民権を, 国家への帰属を示して, 双務契約を結ぶことで国家から与えられるもの,「分配資源」,「兵役という義務に対する報酬」と説明した[95]。

そして, 市民権については, メンバーシップとグレーゾーンによって特典を付与されている, と説明した。市民のウェルビーイングを保障する福祉国家では, 分配資源が限られているので, メンバーシップの排他性を強めるほかないからであり, グレーゾーンとは境界線のことで, 一級市民(男性), 二級市民(女性, 障害者)をわけるからとされている。また, 上野教授は, 国民国家への包摂を伴う義務は, 納税義務と兵役であることから, 市民権は兵役の報酬として与えられるもの, さらに, 兵役を担う能力のない, 身体障害者, 犯罪者, 臆病者, 卑怯者は市民権剥奪の対象となった[96]とした。それに対抗するには, 個人という概念の多元化と市民権概念の見直しが緊急に必要であると主張したが, これは, 憲法学に内在されるジェンダー・バイアスを明らかにするとともに, 示唆的にふれているように, 障害者や高齢者, ホモセクシュアルなど, 男性的な暴力の構造を共有しがたい「他者」への差別をも明らかにした[97]。さらに, 私的領域における暴力は, 市民社会の外部にあり免責されるプライバシー概念は, 家族の中の権力者である家長＝市民の利益を守っていた[98]として, 公私二元論を批判した。

しかし, この問題提起, すなわち, 公的暴力と私的暴力の連関性から性差別が浮かび上がるという問いかけに対して, 前項で述べたように, 日本の憲法学ではほとんど議論されてこなかったが, 最近になって9条と24条を相互的に理解しようとする立場が表明され, ようやく応答があった[99]。

---

(93) 上野・同上, 27頁。
(94) 上野・同上, 21頁。
(95) 上野・同上, 15-17頁。
(96) 上野・同上, 17頁。
(97) 上野・同上, 16-22頁。
(98) 上野・同上, 24頁。

第 3 節　公私二元論の見直し

　また，上野教授は，ジェンダー平等とは，人権／市民的諸権利の分配平等を求める思想のことだろうか[100]，との問いかけによって，男女平等の「ルール」に歴史的に刻み込まれてきた「公共性」や「市民権」そのものがもつ性差別性を問題視しない「男女共同参画論」では，結局は女性の男性化がもたらされるだけであって，真のジェンダー平等は実現しないことを指摘した。必要なのは，性差別的な憲法14条の解釈を根本から変えて，差異を組みこんだ個人や平等の概念へと組み替えることである。これは，これからの憲法学が議論すべき課題が，憲法，憲法学という文化（学界を含む），社会的な装置それ自体の脱男性化にあることを示した[101]。

　さらに上野教授は，人権論について，北京会議で確認された「女性の権利は人権である」("Women's rights are human rights, and human right's are women's rights.") というスローガンは，①人として最低限の侵すべからざる権利をせめて女性にも，という意味か，② Women's rights をアメリカ市民権なみに拡張する，という意味かという問いについて，②ではないだろう[102]とした。こうしたジェンダー平等を市民権という資源の「分配公正」だとすれば，いかなる資源か，誰の間での分配か，公正とは何か，さらには，市民とは誰か，の問いが生じ[103]，「女性にとっての市民権のジェンダー平等とは，必然的に市民権そのものの脱男性化を要求することになる」[104]とした。これをフランス革命で希求された人権にあてはめて考えると，公正とは，不平等を隠蔽するイデオロギーにすぎないのではないかとの疑念が生じ，フランス革命が構築した「個人」とは，「同じであることを表明した人々」であるので，女性が個人であることを求めるということは，ジェンダーによる差異を否定

----

(99)　植野・前掲注(65)，中里見・前掲注(65)，君島・前掲注(71)。
(100)　上野・前掲注(91)，28頁。
(101)　こうした辻村教授等憲法学における女性の人権論について，上野教授から批判が提起された。上野千鶴子「『雇用の危機』と『分配公正』」世界604号（1997年）22-23頁。
(102)　上野・前掲注(91)，29頁。
(103)　上野・前掲注(91)，31頁。
(104)　上野・前掲注(91)，34頁。

第5章　女性に関する人権論の新たな展開

し，男性市民と同じであることを求めることにつながる⁽¹⁰⁵⁾ものとなる。こうした背理から抜け出る道は，「個人」に差異を組み込んで多元化すること（違っていても差別されない権利を含む），個人に与えられた市民権の人為性と契約性を明示的にすること，市民権の部分性，限定性を前提とすることであるとして⁽¹⁰⁶⁾，人権は普遍的なものや理念ではなく，歴史として理解すべきであるとの主張に帰結した。

しかし，「権利」とは，それを実現する手段が伴うものである。上野教授は市民権を「社会権」の問題と考えているようであるが，「自由権」的な内容も含まれている。これをどのように理解するのか，疑問がある。

そうはいっても，上野教授の議論は，たいへん示唆に富む。上野教授は，人権概念について，「政治的な抑圧や極限的な状況のもとで，それを違法行為とするどのような国内法も存在しないような政治体制に対して，ひとびとが受けた虐待や侵犯を告発するために，統治の単位を超えて理念化され，利用されてきたという切実な歴史が背景にある」⁽¹⁰⁷⁾と指摘した。この歴史はフランス革命のことであるので，上野教授の人権概念はフランス的な考え方をとっていると思われる。

上野教授は，フランス的な人権概念の隘路を脱するために，個人概念の多元化及び市民権の人為性・契約性・部分性・限定性を明らかにすることを示唆した。たとえば，当事者主導の，裁判または地域での取組みを貫く考え方である。それは，第三者や専門家が平均や標準とされることをもとに，特定個人の利益やニーズを決めることではない，という意思の表明⁽¹⁰⁸⁾であり，それを実現するためには，最大多数の最大幸福を基準とするような公共性の理念を組み替えなければならないことになる⁽¹⁰⁹⁾。

この概念について，上野教授は「当事者主権」という言葉を使い，憲法学でいう「自己決定権」を軸とした「人権」について説明した⁽¹¹⁰⁾。当事者主

---

(105)　上野・前掲注(91)，39-40頁。
(106)　上野・前掲注(91)，35頁。
(107)　上野・前掲注(91)，8頁。
(108)　中西正司・上野千鶴子『当事者主権』（岩波書店，2003年）18-19頁。
(109)　中西・上野・同上，18頁。

権とは，何よりも人格の尊厳にもとづいている。主権とは自分の身体と精神に対する誰からも侵されない自己統治権，すなわち自己決定権をさし，誰にも譲ることができないし，誰からも侵されないとする立場であり[111]，「私以外のだれも―国家も，家族も，専門家も―私がだれであるか，私のニーズは何であるかを代わって決めることを許さない，という立場の表明である」[112]とした。

　一方，岡野教授は，「社会のどこで，どのような制度の中で，ニーズ解釈が行なわれているのか，また解釈をする者の間で，いかなる制度上の力関係が効力を発揮しているのか，と問いかける」[113]政治が，「リベラルのシティズンシップ概念が提示できなかったシティズンにとっての―とくにマイノリティにとっての―政治参加の道を大きく開いていることは明白である」[114]と述べた。また，「家族・市場（＝市民社会）・国家という，密接に関係はしているがそれまで別個に存在していると考えられてきた領域に生きる一人ひとりのわたしたちは，当然のようだが三つの領域を『同時に生きる』存在であり，あたかも仮面をつけたり外したりするように，それぞれの領域における『役割』を使いこなす，ということはできない」[115]とした。

　こうした上野教授や岡野教授の考え方は，憲法学における国家や家族に関する一元的な理解を脱するための突破口になるように思われる。佐々木雅寿教授は，人権の主体は，「強さのみならず弱さも抱えた，ありのままの個人」[116]と考え，人権の享有主体性を自律権等の特定の能力で判断する立場は，尊厳性及び人権の認められる個人とそれらが認められない個人という差別を内包し，女性等を差別することになる[117]と批判した。

---

(110)　ただし，上野教授が「人権」という言葉を用いていないことには，留意する必要がある。
(111)　中西・上野・前掲注(108)，3頁。
(112)　中西・上野・前掲注(108)，4頁。
(113)　岡野・前掲注(87)，213頁。
(114)　岡野・前掲注(87)，214頁。
(115)　岡野・前掲注(87)，181-182頁。
(116)　佐々木雅寿「人権の主体」公法研究67号（2005年）123頁。
(117)　佐々木・同上，123頁。

第5章　女性に関する人権論の新たな展開

　岡野教授の「同時に生きる」は，人権の問題解決における「総合性」の視点と共通するものであろう。くり返しになるが，以上のことを『当事者主権』の著者の言葉で説明すれば，「だれかを代弁することも，だれかに代弁されることも拒否し，私のことは私が決める，という立場が当事者主権だから，代表制の民主主義にはなじまない」[118]，「公共性は，少数者の犠牲のもとに成り立ってはならない。ラディカルな民主主義の立場は，少数者であっても多様性を容認し，他人と違っていていい権利，違うからといって差別されない権利を擁護してきた」[119]ということである。まさに，国家への参政権を基礎とする市民権への真っ向からの否定である。当事者が社会の「お客様」ではなく，「主人公」，「当事者」になることは，こうした「公共性」や「第三者基準」とした市民の代表が決めたものにしたがうこととは全く正反対なのである。

　こうした上野教授からの批判に対して，憲法学からは，樋口陽一教授と辻村教授からの再批判がある。樋口教授は，フェミニズムから提起された問題提起を受け止めつつ，上野教授のいう「分配」については，フランス革命が「『分配闘争』だったとすれば，『分配』されるべき価値そのものとしての人権理念を，否定するものではなかった」[120]とした。さらに上野教授が女性が「女性性」を捨てて，「個人主義の価値を内面化しなければならなかった」ことに批判を向けるとき，樋口教授は「"種"の多元性の価値をより上位におくことによって，人一般としての個人，という理念そのものを拒否すること」[121]となると，文化多元主義と「人」権理念の緊張をとりあげて，批判した。また，樋口教授は，近代国家の構成要素としての個人は家長であったため，近代個人主義は家長個人主義として出発し，その結果，家族の中に個人を抑圧する要因が残されたことが発見された今日では，憲法24条はどのように作用するのか，という問題を提起した。すなわち，シティズンシップの問題と関連させて，ドメスティック・バイオレンスや夫婦間強姦といった

---

(118)　中西・上野・前掲注(108)，18頁。
(119)　中西・上野・前掲注(108)，18頁。
(120)　樋口・前掲注(1)，49頁。
(121)　樋口・前掲注(1)，47-49頁。

第 3 節　公私二元論の見直し

家族内で起きた人権侵害について，家族を保護するための公権力の介入を積極的に認めるのか，または，それを「国親思想」の現代版として警戒の目で見るのか，という疑問を呈した[122]のだが，強い個人を指向する同教授の立場から考えると，こうした問いかけを示すことによって上野教授の立場を批判しているように思われる。

　辻村教授は，「近代国民国家を形成した近代市民革命は，自由で平等な市民を創出し普遍的人権を確立したとされるが，実際には白人・ブルジョワ・男性の権利を保障したにすぎ」[123]ず，女性は，「国籍保持者・主権者としての国民あるいは市民の資格から排除された」[124]として，シティズンシップからの女性の排除を指摘した。さらに「女性に人権は認めても市民権は認めないといういわば公民権差別によって，女性が公的領域から排除された点を強調」[125]している点についても，上野教授と同じ立場であると思われる。

　一方，両教授が対立する点は次の 3 点であろう。第一に，「人権」についての考え方である。上野教授は，人権は市民権と同様に歴史概念であり，市民権はフランス革命による資源の分配である，とした。辻村教授は，「人権」とは，フランス革命という近代市民革命から成立した自由権の考え方を基礎とした。さらに，フェミニストの人権論批判は，今日の憲法学などに容易には受け入れられないことが問題となり[126]，21 世紀の新たな人権論として，単に女性の視点からの「男性並み平等」や「女性の人権」確保をめざすものではない「ジェンダー人権論」の構築が求められている[127]と指摘した。第二に，女性の人権についての考え方である。辻村教授は，人権概念の成立過程で女性が排除されてきたことを問題視し，男性と女性が人権を同じように享受できるよう，主権のジェンダー化による人権保障を追求するべきであり，

---

(122)　樋口陽一『国法学』（有斐閣，2004 年）54 - 57, 145 - 148 頁。
(123)　辻村みよ子『市民主権の可能性 21 世紀の憲法・デモクラシー・ジェンダー』（有信堂，2002 年）13 頁。
(124)　辻村・同上，12 頁。
(125)　辻村・同上，208 頁。
(126)　辻村みよ子「ジェンダーと人権」法学 69 巻 5 号（2005 年）206 頁。
(127)　辻村・同上，206 - 208 頁。

男女共同参画社会基本法の成立を是とした(128)。上野教授は，男女共同参画社会基本法は，女性が男性並みになることを要求するキャッチアップモデルであり，「国策フェミニズム」と批判した。第三に，私的領域で起きる暴力であるDVについてである。辻村教授は，その解決のために国家が介入することに疑問を呈した(129)。上野教授は，私的領域で起きる暴力が国家権力によって放置されてきたことを問題視し，国家により作られた「私的領域」を解体し，市民社会のルール（法）が適用されるべきである，と主張した。2人の主張は，同じフェミニズムからの問題提起であるが，根底にあるリベラル・フェミニズムとラディカル・フェミニズムという考え方のちがいから生じる見解の相違であろう。

第4節　現場からの人権論の構築に向けて

第1項　男女共同参画社会の形成促進

　最近では，第2章で述べたように，行政を中心として，女性に関する人権論を論じる際に「男女共同参画」が多用される傾向にある。そこで，男女共同参画論がどのように憲法学に影響を及ぼしたのか，改めて検討しておきたい。

　男女共同参画論が登場したきっかけは，国の「婦人問題企画推進本部」が1991年5月に決定した「西暦2000年に向けての新国内行動計画（第一次改定）」の策定作業である。ここで，「参画」の用語が国で公式に使われた。すなわち，この第一次改定にあたり，同年4月に総理府婦人問題担当室（当時）は，各省庁の婦人問題企画推進本部担当課に向けた「西暦2000年に向けての新国内行動計画（第一次改定）（仮称）第二次案の送付について」という事務連絡の中で，次のように通知した。

---

(128)　辻村・前掲注(78)，93頁。

(129)　辻村みよ子「ジェンダーと憲法学」藤田宙靖・高橋和之編『憲法論集』（創文社，2004年）541 - 542頁。

第 4 節　現場からの人権論の構築に向けて

　ア　「参加」については平仄を合わせるためにも一部「参画」に改められたい。
　　「参画」とする場合　共同参画，政策・方針決定への参画
　（理由）　単に女性の参加の場を増やすだけでなく，その場において政策・
　　方針の決定，企画等に加わるなど，より主体的な参加姿勢を明確にする
　　ため

　このように，男女共同参画論が登場した際には，「参画」が「参加」に代わって用いられるべき概念として捉えられていたことがわかる。
　他方，1996 年 7 月に，男女共同参画審議会（当時）から答申された『男女共同参画ビジョン―21 世紀の新たな価値の創造―』では，「男女共同参画」の考え方が明示された。すなわち，「はじめに」において，「男女共同参画―それは，人権尊重の理念を社会に深く根づかせ，真の男女平等の達成を目指すものである」とされた。また，「男女共同参画の基本的な考え方」では，「女性と男性が，社会的・文化的に形成された性別（ジェンダー）に縛られず，各人の個性に基づいて共同参画する社会の実現を目指す」とされた。
　しかし，同年 12 月に閣議決定された『男女共同参画 2000 年プラン』では，単に「男女が，社会の対等な構成員として，自らの意思によって社会のあらゆる分野における活動に参画する機会が確保され，もって男女が均等に政治的，経済的，社会的及び文化的利益を享受することができ，かつ，共に責任を担うべき社会」とされた。この考え方は，男女共同参画審議会設置法（平成 9 年法律 7 号。1997 年 4 月施行，1999 年 6 月廃止）及び男女共同参画社会基本法（平成 11 年法律 78 号）にも引き継がれた。
　こうした政府の考え方について，男女共同参画審議会専門委員として『男女共同参画ビジョン』の作成に関わった大沢真理教授は，ビジョンは第一に，「ほぼすべての施策が『男女共同参画』を目標として男女を対象」とした（例外は，第二部の 3 の(2)「ポジティブ・アクション」と同 4 の(1)「女性に対する暴力の撤廃」）こと[130]，第二に「『性別による偏りのない社会システムの構築』という前例のない新しい施策群が置かれた」こと[131]，第三に「ジェン

---

(130)　大沢真理『男女共同参画社会をつくる』（NHK ブックス，2002 年）47 頁。
(131)　大沢・同上，47 頁。

第5章 女性に関する人権論の新たな展開

ダーの主流化へスタンスを一八〇度転回した」[132]ことによって高く評価するとともに、同ビジョンを具現化した「男女共同参画2000年プラン」についても積極的に評価した[133]。さらに、男女共同参画社会の実現が橋本六大改革の大きな鍵、大きな柱と位置づけられたことについても評価した[134]。

このように、女性に関する人権論は、1990年代に顕著な変化が見られた。1996年に公表された『男女共同参画ビジョン』で示されたように、それまでの男女共同参画社会の基礎にある理念は、「女性に対する差別や暴力が根絶され、女性が社会のあらゆる分野で自立し、自らの存在に誇りを持つことができると同時に、一人の人間として敬意が払われる社会の形成は、人権の確立なくしてはありえない」と、女性に関する差別撤廃と女性の人権の確立が男女共同参画社会の目標であることが明確に示されていた。

ところが、男女共同参画社会基本法の制定に向けた議論においては、前提であった「女性差別の撤廃を通じた人権の確立」という目的が消滅し、突如として最初から「男女共同参画社会の形成促進」が目標とされた。

こうした転換は、相異なる視点からの批判を招いた。一方は、女性運動からの、人権論の後退という疑問である[135]。第2章でも述べたことであるが、重要な点なので、再度指摘しておきたい。男女共同参画審議会基本問題部会『男女共同参画社会基本法（仮称）の論点整理』（1998年）の「盛り込むべき事項について」では、「性差別の撤廃」が欠落した。『論点整理』公表後の1ヵ月半の間に、パブリック・コメントが実施されたが、女性団体を中心に、従来の女性行政の中心的課題である性差別の禁止や撤廃を基本法に盛り込む必要性が強く主張された。これを重視した男女共同参画審議会の答申『男女共同参画社会基本法について』（同年11月）では、「基本理念」の中に「人権

---

(132) 大沢・同上、51-53頁。

(133) 大沢真理「女性政策をどうとらえるか」大沢真理編『21世紀の女性政策と男女共同参画社会基本法〔改訂版〕』（ぎょうせい、2002年）20頁。

(134) 大沢・前掲注(130)、54-55頁。

(135) 角田由紀子（インタビュー・構成大橋由香子）「法律に対して女性運動ができること」インパクション131号（2002年）8-37頁。笹沼朋子『女性解放の人権宣言』（創風社出版、2004年）14頁。

第4節　現場からの人権論の構築に向けて

の確立」とともに「性別による差別的取扱いがないようにされなければならない」と明記された。1999年2月に閣議決定され，国会に提出された基本法案ではさらにふみこんで，「男女が性別による差別的取扱いを受けないこと」とされた。こうした「欠落」に関する同様の懸念は，参議院内閣委員会における男女共同参画社会基本法案審議の際にも示された(136)。

1999年6月に男女共同参画社会基本法（平成11年法律78号）が制定，施行された。同法は，第一に，「男女が，社会の対等な構成員として，自らの意思によって社会のあらゆる分野における活動に参画する機会が確保され，もって男女が均等に政治的，経済的，社会的及び文化的利益を享受することができ，かつ共に責任を担うべき社会」（2条1項）である男女共同参画社会の形成に関する基本理念を定め，第二に，国，自治体，国民の責務を明らかにし（8条，9条，10条），第三に，男女共同参画社会の形成に向けた基本計画を定めることによって，総合的かつ計画的に推進することを目的とした（13条）。

また，同法は，国に「男女共同参画基本計画」（13条），都道府県に「都道府県男女共同参画計画」（14条1項，2項）の策定を義務づけ，市町村に対しては「市町村男女共同参画計画」の策定を求めた（14条3項）。さらに，苦情処理機関，すなわち，男女共同参画社会の形成の促進に関する施策又はそれに影響を及ぼすとされる施策について苦情を処理し，性別による差別的取扱いや人権侵害を受けた被害者の救済を図るために，必要な措置を講じなければならないとされた（17条）。これは，オンブズパーソンの考え方であり，参議院の附帯決議においても，実効性ある制度を設置に向けた検討が求められた(137)。

ただし，「日本国憲法に個人の尊重と法の下の平等がうたわれ，男女平等

---

(136)　男女共同参画社会の定義について，清水澄子議員（社民党）から「ビジョンはさらにこれよりももっと，これから2000年に向けて社会的・文化的に形成された性別に縛られないようにということがつけ加わったはずなんですが，なぜここでは外されているのか教えてください」との質問があった。第140回参議院内閣委員会会議録2号（1997年3月17日）。

(137)　男女共同参画社会基本法案に関する附帯決議（平成11年5月21日参議院総務

の実現に向けた様々な取組が，国際社会における取組とも連動しつつ，着実に進められてきたが，なお一層の努力が必要とされている」（前文）としながらも，法律が制定された理由として，少子高齢化の進展による将来の労働力の減少や国内経済活動の衰退へ対応することがやや強調された[138]ため，女性に関する差別の撤廃や人権保障といった視点は弱いといえるだろう。

このように，成立した男女共同参画社会基本法は，全体を通じて，「『男女』の人権」が基軸となっている。この影響もあってか，2001年に成立した「配偶者からの暴力の防止及び被害者の保護に関する法律」も，DVの被害者やNGOから求められていた「女性に対する暴力」に関する法ではなく，両性を等しく扱う「配偶者間における暴力」に関する法となった[139]。

もう一方の批判は，保守的な勢力からの男女共同参画への批判である。女性運動の側からは，「バッシング」または「バックラッシュ」とも呼ばれている。この批判が提起されたきっかけは，代表的な保守派の論客の一人である林道義教授の主張によると，男女共同参画社会基本法の制定によって，フェミニストが権力の側に立ち，保守派が反体制の側となった，いわば「本丸を占拠されただけでなく，錦の御旗を奪われた状態」[140]と危機感を強めたことにある。ここでの男女共同参画の定義は，男女の性別役割分業観並びに機能特性論の積極的な肯定と合理的差別論の容認のもとで，男女が社会生活及び家庭生活にともに参画することと理解され[141]，伝統や従来の慣習を

委員会）。

(138) 女性に関する差別の撤廃や人権保障に反対であったり，「平等」という言葉にアレルギーがある国会議員や財界人の法案反対を阻止するために，この点が強調されたといわれている。大沢真理・上野千鶴子「男女共同参画社会基本法のめざすもの」上野千鶴子編『ラディカルに語れば…』（平凡社，2001年）17-20頁。

(139) 神長百合子教授は，「法の象徴的機能」により，「『男女』の被害者を救済する一般的ルールをつくることが，被害が女性の側に偏在している事実から目を逸らさせる機能を果たすことを忘れてはなるまい」としている。神長百合子「近代法とフェミニズム―ジェンダーの法社会学序論」（専修法学論集88号，2003年）49頁の注21。

(140) 林道義「『男女平等』に隠された革命戦略」正論360号（2002年）248頁。

(141) たとえば，荒川区男女共同参画社会懇談会『検討結果報告書』（2003年）（会

第4節　現場からの人権論の構築に向けて

尊重する方向性が示された。さらに，男女共同参画における平等の意味するところは，「結果の平等」ではなく，性別の差異を前提とした「機会の平等」であると理解された[142]。加えて，男女共同参画はジェンダーからの解放であると説明した大沢真理教授による解釈[143]を，「ジェンダーフリーは生物学上の性差以外はすべて慣習に基づく偏見として排除しよう，男女の区別によって成立している文化や制度はすべて否定しようという非常に極端なイデオロギー」[144]であり，男女平等，男女共同参画とジェンダーフリーは混同してはならない[145]と強く批判した。これを憲法学の言葉でいえば，第1章で検討した，日本国憲法制定過程において保守派から主張された憲法24条の考え方と同様であり，また，これまで，少なくとも1990年代までは，憲法14条論の解釈論として有力に主張されたものと重なるといえるだろう。

長：林道義氏）では，「施策のあり方」の「乱用の防止と是正」という項目において，区，区民，事業者に対して男女共同参画を推進する際には以下の6つに留意することが求められた。(ｱ)男女の区別を差別と見誤って否定の対象としないように，特に広報活動の中で単なる区別を差別と誤認して批判することのないようにしなければならない。(ｲ)性差を否定する教育は行ってはならない。また，思春期の青少年の教育にあたっては，性別に配慮するものとする。(ｳ)いかなる性別役割分担の形式といえども，それが主体的選択に基づくものであるかぎり否定されてはならない。また特定の性別役割分担を強制してはならない。(ｴ)数値目標を立てて男女の比率を同じにする方式は，その方法が適切な場合か否かについて，また性急な目標を立てることによる弊害や混乱が起こらないように，慎重に判断しなければならない。(ｵ)性情報は精神的・道徳的及び発達段階に即した形で提供されるべきであり，心と体のバランスを欠いた性教育に偏ってはならない。(ｶ)以上の項目に反したことがなされている場合には，当該機関は速やかに是正措置を講じなければならない。荒川区の同条例案の解説として，林道義「フェミ・ファシズムの無法をあばく」正論387号（2004年）248-255頁。
(142)　高市早苗・木村貴志「男らしさ，女らしさは否定されるべきなのか」正論362号（2002年）227頁。
(143)　大沢真理「なぜ，男女共同参画社会基本法が必要なのか」大沢編・前掲注(133)，80頁。
(144)　林道義・高橋史朗「対談　良識の包囲網にボロを出し始めたジェンダーフリー論者たち」〔高橋史朗〕正論377号（2003年）248頁。
(145)　高橋・同上，258頁。

第5章　女性に関する人権論の新たな展開

　こうした保守派からの批判は，自治体で男女平等・男女共同参画条例の制定の是非が議論になった際に表面化することが多い。しかし，そうした契機がなくても，自治体の男女共同参画施策の方向性が，男女の違いをすべて一律に否定するものであるのかという問題関心から，「ジェンダーフリー」という言葉の解釈に関する自治体の見解を問いただしたり，その使用自粛を求めたり，学校における男女混合名簿や性教育を取り上げたりすることによって，保守的な研究者並びに民間団体だけではなく，複数の国会議員並びに地方議会議員を中心に，活発に展開されている(146)(147)(148)。

---

(146)　研究者及び民間団体，運動家による論考には，次のものがある。エドワーズ，博美「北京会議と男女共同参画―その正当性を衝く(上)(中)(下)」（日本時事評論，2003年11月28日号，同年12月5日号，同年12月12日号）。岡本明子「内閣府男女共同参画会議の恐るべき戦略」正論362号（2002年）314-323頁。同「社会崩壊を招く男女共同参画」（日本時事評論2002年6月14日号）。粕淵有紀子「団地妻ユキの闘い」正論360号（2002年）262-269頁。同「徹底抗戦!!　男女共同参画　行政と闘う方法教えます」湧泉創刊号（2002年）105-116頁。神野吉弘「呆れた自治体『男女共同参画』行政の暴走Ⅰアダルトグッズ店長を招いた品川区シンポの非常識『男女別トイレは暴力』!?」正論383号（2004年）290-295頁。小島新一「呆れた自治体『男女共同参画』行政の暴走Ⅱ拉致被害者家族の講演を『反動』呼ばわりする大阪・豊中市の参画センター」正論383号（2004年）296-299頁。桜井裕子「猪口さん，ジェンダーフリー推進の旗を降ろして」正論404号（2005年）336-348頁。佐貫五郎「男女共同参画はジェンダーフリーにあらず」世界思想324号（2002年）18-21頁。高市・木村・前掲注(142)，222-233頁。高橋史朗「非常事態に陥った日本　自治体と教育現場で進行する文化大革命」正論360号（2002年）250-261頁。同「ファロスと矯めて国立たず」諸君2002年6月号（2002年）156-166頁。同「相次ぐ過激な男女共同参画条例制定『家族解体』『伝統破壊』へと暴走する自治体」正論372号（2003年）274-283頁。男女共同参画とジェンダーフリーを考える会『あぶない！「男女共同参画条例」―あなたの町の子供と家庭を守ろう』（2003年）。長尾誠夫「恐るべしジェンダーフリー教育」正論360号（2002年）270-279頁。同「子供たちに家族解体を教え込む教科書の恐怖」正論371号（2003年）240-249頁。新田均「上野千鶴子女史が激賞したジェンダーフリー条例失効の顛末」正論392号（2005年）298-306頁。日本政策研究センター「『男女共同参画』に隠されたジェンダーフリーの企み　『体制内フェミニスト』大沢真理東大教授の『思想』と『戦略』」明日への選択206号（2003年）14-19頁。林・前掲注(140)，240-249頁。同「ソフト路線に転じたフェミニズムの新たな罠」正論396号（2005年）344-

353頁。林・高橋・前掲注(144)，246-258頁。八木秀次『反「人権」宣言』(筑摩書房，2001年)。山口敏昭「快挙！社会良識を守る男女共同参画条例制定―『男・女らしさ』『家族』尊重を望んだ宇部市民の勝利」正論362号(2002年)324-333頁。同「フェミニズム条例を一掃しよう！」正論384号(2004年)330-341頁。山谷えり子・八木秀次「反フェミニズム対談　国家・社会規範・家族の解体に税金を使うな！」正論366号(2003年)294-307頁。山谷えり子ほか「鼎談　国自ら国を滅ぼす子育て支援策の大愚」正論370号(2003年)296-307頁。山本章編『ここがおかしい「男女共同参画」』(世界日報社，2006年)。渡部昇一ほか『国を売る人々』(PHP研究所，2000年)。さらに，湧泉創刊号の男女共同参画に関する特集として，「男女共同参画条例の逸脱と是正の処方箋」，「男女共同参画社会基本法を正しく理解しよう!!」，「男女共同参画の表と裏①～⑫」(湧泉創刊号，2002年)　1-6頁，同7-26頁，同28-81頁が編集された(著者は明らかではない)。

(147)　地方議会における問題提起として，たとえば，山口県宇部市や千葉県における男女共同参画推進条例案の審議の際の議論がある(山口県宇部市議会平成14年第2回定例会会議録(2002年6月20日，26日)。千葉県議会平成15年第1回定例会会議録(2003年2月25日，26日))。なお，千葉県の同条例案作成の経緯については，鹿嶋敬『男女共同参画の時代』(岩波書店，2003年)が詳しい。徳島県議会では，「真の男女共同参画社会の実現を求める意見書」が可決され(徳島県議会平成17年9月定例会会議録(2005年10月17日))，香川県議会では，「真の男女共同参画の実現を求める決議」の請願が採択された(香川県議会平成17年11月定例会会議録(2005年12月16日)。

　また，「ジェンダーフリー」という用語を行政用語として使用しないよう求めたことにつき，石川県議会平成15年第4回定例会会議録第3号(2003年9月29日宮元睦議員)。ジェンダーフリー教育を実施しないよう求めたことにつき，鹿児島県議会平成15年第2回定例会会議録(2003年6月30日吉野正二郎議員)。県立高校の男女共学化への反対(男女別学制維持)につき，埼玉県議会平成14年第2回例会会議録(2002年6月21日)，同平成14年第4回定例会会議録(2002年12月13日)，同平成15年第1回定例会会議録(2003年2月27日)。この他には，男女混合名簿の廃止等が議論されている。

(148)　国の取組みについても多くの論考があるが，2005年12月に策定された，国の「第2次男女共同参画基本計画」に関するものとして，伊藤哲夫「『ジェンダー』強化と『間接差別』導入による共参勢力の肥大化を止めるのは誰か」正論406号(2006年)48-53頁。長谷川三千子(聞き手：岡本明子)「ジェンダーなんか怖くない！」正論408号(2006年)249-259頁。光原正「過激派操る『国連』に騙された日本の男女共同参画」正論396号(2005年)326-337頁。同「『男女共同参画』その欺瞞の系譜とレトリック」正論402号(2005年)250-260頁。山谷えり子・中條

第5章　女性に関する人権論の新たな展開

　このような運動が結実したものとして，保守派から高い評価を獲得しているのが，山口県宇部市男女共同参画推進条例である。そこで，憲法学の論点からは若干離れることになるが，同条例の男女共同参画の定義を確認しておきたい。

　同条例では，男女共同参画推進の基本理念として，次の4つの保守的な考え方が反映された。すなわち，(1)性別役割分業を否定しないこと，(2)男女には性別によって特性があること（機能特性論），(3)性別役割分業と機能特性論を基盤とする男女の人格的平等が尊重されることが求められた（3条1項）。さらに，そうした価値観を固定化させるため，(4)個人よりも家庭を尊重する精神（3条4項）並びに専業主婦の役割について，市が配慮することを求めた（3条5項）。

　こうした保守派による女性行政に関する主張をまとめれば，次の4点に整理することができる。第一に，行政が「ジェンダーフリー」思想に基づく施策を展開しないこと，さらには，「ジェンダーフリー」という用語を使用しないこと，第二に，学校において男女混合名簿を導入しないこと，第三に，詳細な性教育は性道徳の乱れを招くため実施しないこと，第四に，地域独自の，「真の」または「適切な」男女共同参画の考え方を構築すること[149]，である。このような考え方は，これまで女性に関する人権保障と差別撤廃をめざして実施されてきた自治体女性行政の理念とは相容れないものであ

　　高徳「男女共同参画の欺瞞と驚愕の性教育」正論402号（2005年）250-259頁。山谷えり子（聞き手：猪野すみれ）「目指すのは男女共同"家族・社会"です」正論408号（2006年）260-269頁。
　　2005年以降は，DV法は家族を解体するものとして批判し，改正や廃止を求める論考もいくつか公表されるようになった。たとえば，野牧雅子「犠牲者続々！DV防止法の恐怖が貴方を襲う」正論402号（2005年）302-311頁。同「世紀の邪法『DV防止法』は家族解体法である！」野村旗守編『男女平等バカ』（宝島社，2005年）90-98頁。
(149)　髙橋史朗教授は，2003年5月22日現在で男女共同参画推進条例が制定された125市町村の条例を比較・検討し，「ジェンダーフリー思想を排し，適切な男女共同参画社会の実現を目指そうという動きは，残念ながらまだ一部に過ぎない」と指摘した。髙橋・前掲注(146)「相次ぐ」，275-276頁。

第4節　現場からの人権論の構築に向けて

る⁽¹⁵⁰⁾。

---

(150) こうした保守派による見解については，多くのフェミニストや研究者から，批判的に考察されている。自治体との関連では次のような論考がある。浅井春夫ほか編著『ジェンダーフリー・性教育バッシングここが知りたい 50 の Q & A』（大月書店，2003 年）。浅井春夫「いま，男女共同参画は？―荒川区の動き―」婦人通信 550 号（2004 年）6‑8 頁。伊藤公雄「「相対化」と「私」中心社会のなかで　バックラッシュの構図」インパクション 117 号（2000 年）53‑61 頁。同「男女共同参画社会の見取り図―バックラッシュ（逆流）を超えて―」都市問題研究 54 巻 3 号（2002 年）17‑29 頁。同『「男女共同参画」が問いかけるもの』（インパクト出版会，2003 年）。上野千鶴子・辛淑玉『ジェンダー・フリーは止まらない！フェミバッシングを超えて』（松香堂書店，2002 年）。金井淑子・細井実「討論男女共同参画政策へのバックラッシュ―いま何が起こっているか」PEOPLE'S PLAN24 号（2003 年）66‑77 頁。笹沼朋子「わたしたちは黙ってはいない―愛媛県男女共同参画推進条例制定をめぐって」インパクション 131 号（2002 年）56‑60 頁。同「性差別再考　愛媛県男女共同参画推進条例をめぐる議論を参考として(1)〜(3)」愛媛法学会雑誌 29 巻 1 号（2002 年）31‑61 頁，同巻 4 号（2003 年）39‑66 頁，30 巻 1・2 号（2003 年）73‑99 頁。同・前掲注(135)。白井雅子「地方自治体の条例策定」日本婦人団体連合会編『女性白書 2003』（2003 年）64‑68 頁。新日本婦人の会中央本部「バックラッシュの主な事例」日本婦人連合会編・同左，170‑173 頁。世界人権週間によせて，男女平等社会を前進させる集会「バックラッシュ問題を考える」女性展望 545 号（2003 年）14‑16 頁。田代美江子「ジェンダーフリーがめざすもの」婦人通信 550 号（2004 年）10‑12 頁。張學鍊「荒川区条例問題にみるバッシングの実相」世界 738 号（2005 年）106‑109 頁。名取はにわほか「座談会『ジェンダー・フリー』バッシングをめぐって」女性展望 561 号（2004 年）6‑13 頁。日本女性学会ジェンダー研究会編『Q & A 男女共同参画／ジェンダーフリー・バッシング』（明石書店，2006 年）。橋本ヒロ子「マスメディアとバックラッシュ」婦人通信 550 号（2004 年）4‑6 頁。船橋邦子「男女共同参画とバックラッシュジェンダーの視点でみる女性の人権のいま」部落解放 511 号（2003 年）4‑13 頁。雑誌「くらしと教育をつなぐ We」では，3 回にわたって「バックラッシュを打ち負かせ！」という特集が組まれた。上野千鶴子（聞き手稲邑恭子）「インタビュージェンダーフリー・バッシングなんてこわくない！」くらしと教育をつなぐ We127 号（2004 年）2‑19 頁。三井マリ子「男女平等を嫌う反動勢力の実像」同 22‑28 頁。山口智美「『ジェンダー・フリー』をめぐる混乱の根源①②」くらしと教育をつなぐ We127 号（2004 年）20‑21 頁，同 129 号（2005 年）21‑25 頁。竹信三恵子「やっぱりこわい？ジェンダーフリー・バッシング」くらしと教育をつなぐ We129 号（2005 年）2‑10

なお，政府による英訳では，「男女共同参画」は gender equality,「男女共同参画社会」は gender-equal society と表記されている。NGO からは，英語表記と政府の主張する男女共同参画の考え方とは異なるのではないか，との疑問が広く提起されている。根森教授は，英文表記の方が「『平等』の強調になっている点等注目すべき違いがあることがわかる」と指摘した[151]。

憲法学においては，男女共同参画論についての議論は，あまり活発ではないように思われる。男女共同参画論については，先に述べたように，「男女共同参画」という言葉の出自は，国の省庁間の権限調整の結果である。この行政発の用語がだんだんと市民運動に普及していった。ジェンダーフリーという用語へ置き換えられることもあった。その過程で，男女共同参画は，当初は女性に関する人権保障を通じて達成されるべき目標値であったのに，基本法の制定において，男女共同参画の実現という手法そのものになった。文字通り「参画」を促進するためのポジティブ・アクションについては従来からの議論を引き継いで論じられているが，それ以外の論点についてはあまり議論が積極的ではない。

そうした中で，辻村みよ子教授による議論は注目される。同教授は，「現在の憲法学の通説・判例では，憲法14条が保障する平等とは，絶対的平等ではなく相対的平等であると解され，男女の性差に基づく合理的な別異取扱いは許容される。したがって東京都や宇部市の条例のように『男女が互いの違いを認め』等の文言によって『男性と女性は違う』ことを強調する議論は，性差を理由とする差別的取扱いを正当化することにつながるおそれがあるため警戒が必要となる」[152]と述べた。さらに，憲法学上の違憲審査基準論では，生物学的性差に基づく別異取扱いである場合は合憲性が推定されるとしても，文化的・社会的性差（ジェンダー）に基づく固定的な観念やステレオ

　　頁。船橋邦子ほか「ジェンダー・フリーこれほどまでに攻撃されるのはなぜ？」くらしと教育をつなぐ We130号（2005年）2-14頁。稲邑恭子「ジェンダーフリー・バッシングなんてこわくない《その後》」同 18-22頁。
(151)　根森・前掲注(23)，448頁。
(152)　辻村みよ子「男女共同参画社会基本法後の動向と課題」ジュリスト 1237号（2003年）6頁。

タイプ，あるいは固定的な性別役割分業観に基づく場合は，違憲の推定が働くことになり，合理性の立証ができない限り違憲となると考えられている(153)，とした。

他方，基本法が，これまで憲法学で主張されてきた「男女平等」や「性差別撤廃」ではなく，「男女共同参画」という用語を採用したことについては，消極的には，「男女平等法などに伴う『平等アレルギー』を避けて受容されやすい共同参画の用法を用いるという合目的的な配慮とあいまって，いっそう男女共同参画の概念をあいまいに」(154)したとしつつも，積極的には，「差別撤廃から女性の人権・参画へという国連等の理論動向をふまえて男女の共同参画を目指したことに21世紀的な意味を見出すことができる」(155)として，評価した(156)。こうした評価は，先に述べたように，政府の考え方と同様の立場である。

これを憲法学的にいえば，男女共同参画論では，憲法13条と憲法14条とを別個のものとして理解するようになったといえるだろう(157)。他方，女性運動からは，これまで述べたように，憲法14条と13条とを一体のものとして，もしくは密接に関連するものとして理解することが求められてきたのである。

第2項　ジェンダー法学の勃興とその成果

18世紀，19世紀での平等概念では，「男女」平等という概念が入っていな

---

(153)　辻村・同上，6頁。
(154)　辻村・同上，6頁。
(155)　辻村・同上，6頁。
(156)　西原博史教授は，こうした辻村教授の主張を「平等論からアプローチすることが，議論の射程を限定することになり，妥当ではないという指摘」と理解した上で，「平等論を諦める前に，平等論で行けるところを突き詰めておくことも必要であろう」と指摘した。西原博史『平等取扱の権利』（成文堂，2003年）9頁の注22。
(157)　浅倉むつ子教授は，こうした一見矛盾するような現象が起きる原因として，国の男女共同参画政策に人権尊重の発想が欠如していることを指摘した。浅倉むつ子「男女共同参画施策の法的課題」大原社会問題研究所雑誌546号（2004年）2頁。

第5章　女性に関する人権論の新たな展開

かった。また，一般的に「人権」といった場合，それに「女性の」人権が含まれていたかどうかは疑問である。すなわち，従前の理解では，人権（human rights）とは「男性の」人権であった。

　日本の憲法学におけるフェミニズム法学及びジェンダー法学的な考察は，外国と比較しても，国内の他の学問分野と比較しても遅れているといえるだろう(158)。その理由の一つは，いうまでもなく，憲法学における性差別性である。女性差別について，「容易に推察できることであるが，新憲法の誕生とともに，そこにうたわれた性における平等の観念が国家の機関のなかで，また，社会の人々の間でいっきょに憲法の理念どおりに浸透したとは思われない」(159)にもかかわらず，残念ながら伝統的な憲法学ではそのように思われていなかったことは第1章で検討したとおりである。それは，平等原則の一内容である男女平等原則が，それ自体，没価値ないし価値無内容の原則であるかのようにみえた(160)ことが，問題であったためであろう。しかし，日本国憲法制定時からの40年間において，男女の肉体的条件に基づき設ける異なった取扱いには憲法違反の問題が生じないと信じられてきたことが，1980年代後半には徐々に「そうした取扱いは憲法違反の疑いが強いとの転換がもたら」(161)された。社会の発展とともに，男女平等についての価値が形成され，具体化され，形成・具体化された価値が憲法の名のもとに唱えられ(162)，「男女平等の原則についても，性差別の歴史的体験を背景としつつ，

---

(158)　2003年のジェンダー法学会の設立以降，ジェンダーと法に関する著作が多く公刊された。代表的なものとして，浅倉むつ子監修『導入対話によるジェンダー法学』（不磨書房，2003年）。浅倉むつ子ほか『フェミニズム法学』（明石書店，2004年）。小島妙子・水谷英夫『ジェンダーと法Ⅰ』（信山社，2004年）。山下泰子・植野妙実子『フェミニズム国際法学の構築』（中央大学出版会，2004年）。辻村みよ子『ジェンダーと法』（不磨書房，2005年）。「特集女性差別撤廃条約20周年日本の法制度を考える」国際女性19号（2005年）54-126頁。若尾典子『ジェンダーの憲法学』（家族社，2005年）。「特集ジェンダーの視座から法と政策を問い直す」法律時報78巻1号（2006年）4-57頁。憲法学の領域はまだまだ少ない。
(159)　戸松秀典「性における平等」ジュリスト884号（1987年）172頁。
(160)　戸松・同上，175頁。
(161)　戸松・同上，175頁。

第4節　現場からの人権論の構築に向けて

今日の社会で受け入れられる価値内容を探究し，それによって得られたものを憲法の名のもとにその意味内容として語られている」[163]ようになり，伝統的な憲法理論が見直されるようになった。以上の戸松教授による指摘は，男性研究者から提起された人権概念の転換について示唆する最初のものであったといえるだろう。今日では，日本公法学会において，ジェンダー論は1990年代に入って急速に「憲法学界に影響を及ぼしつつある」[164]と指摘されるまでになった。

　もう一つの理由が，女性憲法学者の少なさであろう。たとえば，1945年に東京大学法学部に入学した女子学生第1期生の久保田きぬ子教授は，東大在学中は宮沢俊義教授に指導を受け，卒業後は同大学の特別研究生を経て，女性ではじめての憲法学者として，アメリカ憲法・政治に関する研究を中心に活躍した[165]。久保田教授は，当時の主流派憲法学の理論的見地を忠実に反映した理論を展開している。憲法上及び法律上は男女平等であるが，それを実現するのは女性の側の問題である，という主張である。すなわち，「重箱のスミをつつくように細かく点検してゆけば，男女差別の法制度が残っているかもしれないが，憲法にはすでに明示の規定が設けられているし，他の主要な法制面でも，男女平等はほとんど実現されているように思う。男女平等の実現の鍵は，法制度の面ももちろん重要であるが，それよりも，女の側がそれにどう対応するかに，もっぱらかかっているというのが，私の持論である」[166]と述べた。女性差別撤廃条約については，国家間の条約であるのに，私的領域における慣行についてまで差別を撤廃するようにと書いていることが非常に問題であると指摘した[167]。さらに，アメリカのアファーマ

---

(162)　戸松・同上，175頁。
(163)　戸松・同上，176頁。
(164)　大久保史郎「人権論の現段階」公法研究67号（2005年）15頁。
(165)　久保田教授の生涯と業績について，中山道子「Add Me, But I Can't Be Stirred Away ―日本初の女性憲法学者久保田きぬ子と日本の憲法学界―」ジェンダー研究2号（1999年）75-86頁。
(166)　久保田きぬ子「男女平等実現の鍵」ジュリスト749号（1981年）10頁。
(167)　久保田きぬ子「座談会・国連婦人の十年中間年世界会議をめぐって」ジュリスト725号（1980年）25頁。

第5章 女性に関する人権論の新たな展開

ティブ・アクションについては、これを逆差別として批判し、採用するべきではなく、自由競争、実力主義によって差別を解消するべきであると主張した[168]。

こうした久保田教授の議論について、「東京大学出身で、大学に奉職する女性の憲法学研究者としては、二番目」[169]となった中山道子教授が、フェミニズム法学の視点から考察した。中山教授は、クオータ制を逆差別と説明した際に久保田教授が例に挙げた、企業の採用試験について「男性より成績が良くてもなおかつ女であることを理由に落とされる人間のうちの一部が落とされないようにすることこそ」割当制度（クオータ制）を導入する意義であるのに、こうしたまさに性差別の例である「『正差別』に対しては、どんな解決を取るのか、といった真剣な応答が、この座談会（ジュリスト725号、注167 ―筆者注）で、あるいは、その後の憲法学においても、全く見られないのはなぜか」[170]と疑問を提起した。さらに、「現代主流派憲法学は、教条的に個人主義的な理念を掲げたり、あるいは、そのような思考枠組みに対する理念的反省を開陳したりする反面、現実を検討することには十分な努力を払おうとしない。私（中山教授―筆者注）からみるならば、男女平等論というのは、この状況を明確な形に浮き彫りにするよい例なのである」[171]と批判した。

久保田教授より後の女性研究者からは、今までの学説が女性差別解決に寄与しなかった原因として、平等権の意義そのものの転換と、「人権」に女性の人権が含まれていないことが主張されるようになった。

前者では、金城清子教授によって主張された、平等を「原則」ではなく、「権利」として理解する、憲法14条解釈の転換である[172]。これについては、

---

(168) 「現実とは別の議論として、積極的差別解消政策と呼ばれる、逆差別になるおそれのあるやり方は、…女の立場からは主張したい人もいるかもしれませんが、私は採るべきではないと思います。自由競争、実力主義でいって、道を切り開いていくのが正道ではないかと思います。」久保田・同上、28頁。
(169) 中山・前掲注(165)、75頁。
(170) 中山・前掲注(165)、82頁。
(171) 中山・前掲注(165)、81頁。

第 4 節　現場からの人権論の構築に向けて

すでに第 1 章で検討したので，ここでは省略する。

　後者では，まず，辻村みよ子教授による数多くの考察がある。辻村教授は，オランプ・ドゥ・グージュに関する研究をきっかけに，フランス人権宣言の女性差別性を指摘した(173)。また，人権主体として自立した強い個人を設定し，人格的自律の観念を中心として人権理論を構築してきた憲法学に対して，「女性の人権」やジェンダーの視点から公私二元論の再編を促すことが求められているとした(174)。さらに，「昨今の『女性の人権』論の実質的内容が，女性の身体の自由や性暴力からの自由などであることからしても，参政権や社会権等を含めた広義の女性の権利よりも，より基本的な『人間として当然に具有している権利』に対して『人権』概念を当てはめる方が，より本質的な議論ができる」(175)ので，憲法 13 条により保障される現在問題になっている女性の身体的自由等の基本的諸権利が，本来，人間として当然に保障されているべきであった固有の人権であるとして，女性の権利（Women's rights）＝参政権と社会権等をも含めた広義の概念と女性の人権（Human Rights of Women）＝人間に固有の普遍的権利（狭義の人権概念）の意味で，限定的用法とは異なるという認識を示した(176)。

　また，辻村教授は，女権拡張論に対しては，男性と同等のものをめざした

---

(172)　金城教授は，平等権を主張した 1984 年の全国憲法研究会を振り返って，「伝統的な憲法学からの反対論は激烈であった」と述べた。金城清子「ジェンダー法学の歴史と課題」ジェンダーと法 1 号（2004 年）10 頁。なお，こうして憲法学に対し，法女性学からの見直しを迫った同教授であるが，近年では，「法女性学やフェミニズム法学を超えたジェンダーの法律学」が必要であり，男女の共同参画によって研究されなければならず，このようにして初めて学問としての普遍性を獲得できる，と考察の軸を若干変化させたように思われる（金城・同上，2 - 3，8 頁）。かつて，弁護士の立場から，憲法学の理論が実際に女性の抱えている問題解決に役に立たないことを問題視して法女性学に取り組み始めた教授の主張の転換が，今後どのように憲法学とジェンダー法学に影響を与えるのか，注目する必要があろう。
(173)　辻村・金城・前掲注(82)〔辻村みよ子〕30 - 52 頁。グージュの「女性および女性市民の権利宣言（1791 年）」の全訳につき，辻村・前掲注(11)，303 - 310 頁。
(174)　辻村みよ子『比較憲法』（岩波書店，2003 年）209 頁。
(175)　辻村みよ子「『女性の人権』の法的構造」成城法学 48 号（1995 年）379 頁。
(176)　辻村・同上，380，396 頁の注 16。

第 5 章　女性に関する人権論の新たな展開

形式的平等論であったことに限界がある[177]との批判的な立場をとるからか，性別にかかわらず男女双方の個人が有する人権および憲法で保障された諸権利の構造について，まず前提的に確認することから始め，性的自己決定権や性的自由等は，憲法 13 条の規定から，男女をとわず両性に属する諸個人に認められる基本的人権[178]こそ「人権」であるとした。すなわち，「従来のように，憲法一四条の性差別の合理性を問題とする視点だけでは足りず，憲法一三条の『個人の尊重』『幸福追求権』の具体的内包を，女性・男性および両性一般について各々明確にし，さらに今日の『女性の人権』論議のなかで重視されつつある女性の性的自由や妊娠中絶の自由等を，憲法一三条の保障する自己決定権やプライバシー権として，憲法の権利保障の構造のなかに理論的に位置づけていくことが課題」[179]であると指摘した。

　さらに，フェミニズムやジェンダー論を例にとって，人権批判の諸潮流を再考し，新たな人権論のあり方を模索した。すなわち，第一に，「フェミニズム論と人権の関係については，人権の観念や女性の人権の土俵を重視する立場(A)と，これらを批判・忌避する立場(B)に大別することができる」とし，「人権の普遍性を承認する視点から男性と同等の女性の権利を要求したリベラル（ブルジョア）・フェミニズムは(A)，人権の普遍性を懐疑し階級的視点にたった古典的な社会主義フェミニズムおよびマルクス主義フェミニズムは基本的に(B)である」と区別した[180]。第二に，1960 年代から 70 年代以降のラディカル・フェミニズムの立場については，「(A)の人権の普遍性を認める立場を前提に，性的自己決定権などの女性の人権（Women's Human Rights）を強調する系譜(Al)もあるが，むしろ，普遍的人権と異なった女性固有の権利（Women's Rights）や差異への権利を強調する系譜(Bl)がラディカル・フェミニズムの中心的な立場」とし，「近代批判や合理主義批判の視点にたつかぎり後者(Bl)が基調となろう」とした[181]。しかし，日本の社会

---

(177)　辻村・同上，384 頁。
(178)　辻村・同上，391 頁。
(179)　辻村・同上，389 頁。
(180)　辻村・前掲注(174)，210 頁。
(181)　辻村・前掲注(174)，210 頁。

第4節　現場からの人権論の構築に向けて

学や歴史学を中心に展開された従来のフェミニズムやジェンダー論では，「むしろ，両性平等や個人の尊重という人権論の土俵で論じる従来の法学的なアプローチは，すべてブルジョア・フェミニズムであるとして排斥される傾向にあった」[182]として，「今日の人権論的アプローチを，すべてブルジョア・フェミニズムや近代主義の立場として否定することは妥当ではない」[183]との立場から，フェミニズムにはやや距離を置き，むしろリベラルなジェンダー法学ならびにシティズンシップ論からのアプローチを展開している[184]。第三に，1990年代における女性の人権論の展開過程で，「性差別撤廃＝平等論のアプローチから，権利論・人権論のアプローチへ進展し，単なる『男性並み平等』論から脱して，女性を人権主体として位置づけることに成功したということができる」とした[185]。

紙谷雅子教授は，フェミニズム法学の立場から，男女平等とは現在の男性の場や地位を女性が獲得したり，女性が男性化したりするのではなく，基準を「男性」ではなく，「女性を含めた人」とするという転換を図っている[186]。そうすることで，「基準を男性としたならば必然的に発生するズレをなく」[187]し，平等ばかりを強調するのではなく，女性という視点に立つことを強調した。

植野妙実子教授は，従来の憲法の下で，憲法14条の法の下の平等の規定がありながら，不平等状態の解消が十分にされず，なぜ，女性差別撤廃条約の締結を機会に殊更のように多くの問題が取り沙汰されるようになったのか，との疑問を提起した。その理由として，第一に，憲法は一般原則を理念として示したにすぎず，具体的な規範としてとらえきれなかったこと，第二に，

---

(182)　辻村・前掲注(174)，210頁。
(183)　辻村・前掲注(174)，211頁。
(184)　その他，人権論についてフェミニズム法学をリベラリズム，多文化主義，ポストモダニズムとあわせて分析するものとして，渡辺康行「人権理論の変容」江橋崇ほか編『現代の法1巻　現代国家と法』（岩波書店，1997年）88-95頁。
(185)　辻村・前掲注(126)，189頁。
(186)　紙谷雅子「ジェンダーとフェミニスト法理論」高橋ほか編・前掲注(84)，90頁。
(187)　紙谷雅子「日本国憲法とフェミニズム」ジュリスト1089号（1996年）83頁。

第5章 女性に関する人権論の新たな展開

平等のような、伝統的な慣習にゆだねられているままでは少しも改革の進まないことがらについては、憲法における理念や価値は下位の法規範や事実の関係に、速やかには浸透していかなかったことを挙げ、これまでの憲法14条論の問題点を指摘した[188]。さらに、憲法上に性別による差別の禁止が明記されたことによって、少なくとも法的な一般原理としては受け入れられたことを示し、今後「社会が進展するにつれて、差別の縮減に向けた、より具体的な方策が要求されていることを物語っていよう」[189]と述べた。また、人権概念について、女性の視点からとらえなおす試みとして、人権を「自立した個人の自由と権利という意味」[190]と定義し、経済的自由、人身の自由、精神的自由を男性と同等に認められ、加えて女性差別撤廃条約以降は、男性も女性とともに、社会的責任と家庭における責任を果たすことが、人間として望まれるようになったとした[191]。とくに、女性にとっての人身の自由は、基底に自立の観念を有し、誰にも縛られない自由で自立した心と身体が存在するので、憲法13条の個人の尊重とともに性的自己決定権の根拠ともなる、とした[192]。

このように、憲法学においても、1993年の世界人権会議（ウィーン会議）において、国際的に「女性の権利は人権である」と定義の転換がなされたことと、人権史の研究の中から、オランプ・ドゥ・グージュの「女権宣言」に注目し、フランスの人権宣言にいうdroits de l'hommeには女性（femme）の人権が含まれていなかったことを明らかにした辻村教授の指摘等を受けて、人権概念の女性差別性を認め[193]、その転換が図られていることが示唆されるようになった。その範囲は、従前の憲法学の理解するところであった「人権概念の男女平等の適用」だけでなく、新しい「女性の人権」までを含めることである。すなわち、リプロダクティブ・ヘルス／ライツ等の「女性固有

---

(188) 植野妙実子『「共生」時代の憲法』（学陽書房，1994年）27頁。
(189) 植野・同上，17頁。
(190) 植野妙実子『憲法の基本　人権・平和・男女共生』（学陽書房，2000年）76頁。
(191) 植野・同上，76頁。
(192) 植野・同上，77頁。
(193) 樋口・前掲注(1)，47-48頁。

第4節　現場からの人権論の構築に向けて

の権利性」を認める視点や，従来の人権を考える際，たとえば表現の自由について検討する際には問題にならなかった，ポルノグラフィ等メディアにおける性表現といった性の商品化等について，ジェンダーに基づく女性の人権侵害を重視する視点である[194]。

　法哲学者の野崎綾子教授は，平等について，ハンナ・アーレント教授の「政治的」，「社会的」，「私的」の三区分を用いて分析し，アーレントの「異なるものの平等の考え方」から，実質的平等の実現を求める議論を試みた。すなわち，公的領域＝政治の領域における，「異なる人々の差異を縮減して均一化することによって平等を達成するのではなく，異なる人々の差異を残しながら（あるいは，その差異にもかかわらず）公共の領域に包含し，平等を達成しようとするところに特徴がある」[195]といった考え方は，男性を万人にとっての規範とする男性中心主義に陥る，または差異を本質主義的に強調することによって，社会を分断化し，公共的意思の形成を困難にするという問題点について，解決を示しうる可能性があるのではないだろうかと指摘した[196]。また，アーレント教授が政治的領域を狭く限定し[197]，社会問題を政治によって解決する可能性について消極的でありながら，人種差別問題と同様，「女性の不利益の問題も，法律的なレベル＝『政治』のレベルにおいては，もはや平等は殆ど達成されたということができ，問題はむしろ，社会におけるレベルの問題」[198]であることを明らかにしたことを受けて，野崎教授は，社会的関係における差別禁止と平等実現に消極的な憲法学を批判した[199]。

　加えて，同教授は，私的領域への不介入原則について，従来のリベラリズ

---

(194)　辻村みよ子「男女共同参画社会と『女性の人権』」ジュリスト1192号（2001年）71頁。
(195)　野崎綾子『正義・家族・法の構造転換』（勁草書房，2003年）98頁。
(196)　野崎・同上，98頁。
(197)　野崎・同上，99頁。
(198)　野崎・同上，100頁。
(199)　差異と平等のジレンマを乗り越える可能性を，マーサ・ミノウ教授の理論を手がかりに考察したものとして，小久見祥恵「差異と平等」同志社法学56巻1号（2004年）79-122頁。

第5章 女性に関する人権論の新たな展開

ムだけではなく、公私二元論を批判したフェミニズムを再批判し、家族を単位とした私的領域ではなく、「個人単位のプライバシーを保障することによって、公私区分を維持する」[200]ことを主張した。ただし、「私的領域への不介入の原則に対しては、家族内における無償労働の負担の不均衡が、公的領域における女性の不利益な地位をもたらしている以上、この不均衡が『現実的で完全』に解消されない限り、女性の不利益も解消されないという批判がなされるであろう」[201]との疑問を提起した。これに対する応答は、第一に、無償労働の契約による分配や、これを基礎付ける家族関係の法的なアプローチにより家族メンバーの負う権利義務を明確化することで、女性の不利益を改善する積極的な役割を果たしうるとした。第二に、家族内における無償労働の負担の不均衡による影響が、公的領域に及ぶことが、女性の不利益な地位の原因であるならば、その影響が私的領域から公的領域に及ぶことを防ぐような措置をとることが、女性の地位の改善に役立つはずとした[202]。

こうした、憲法14条に関する学説が包含する性差別性は、憲法学内部でもすでに自覚され始めているが、そこでは、これまでの条文解釈が前提としてきた家父長制の考え方や、憲法解釈が広く依拠してきた民主主義、公平、正義といった基本的な概念を十分に見直すことは行わず、先の第1節で述べたように、最近は、むしろ憲法13条の人権概念を見直すことを通じて問題を扱う必要性が強調されるようになった。その反面で、「男女平等論」については、憲法14条による「政治的、経済的又は社会的関係」における性差別の禁止も、24条による家族生活における「個人の尊厳と両性の本質的平等」の保障も、44条等による選挙における性差別の禁止も、議論を深めることなく、「男女共同参画論」に置き換えることで発展させようとしている。この置き換えの論理には、職場、家庭、学校、地域の活動が男女に対して公平に開かれ、両性に等しく分配されれば性差別はなくなるという、近代個人主義原則である自己責任論に基づいた楽観的な予測が隠れているといえるだろう。

---

(200) 野崎・同上, 68頁。
(201) 野崎・同上, 93頁。
(202) 野崎・同上, 94頁。

第4節　現場からの人権論の構築に向けて

第3項　司法におけるジェンダー・バイアスの発見

　弁護士等の実務家を中心に，司法におけるジェンダー・バイアスを具体的にあげて，その見直しをすることで，人権概念の転換を試みるものもある[203]。裁判を通じた憲法解釈としても，注目できる試みである。

　司法におけるジェンダー・バイアスとは，司法において，(1)男女の性質や役割についての固定観念に基づく判断や言動がなされること，(2)社会における不当な男女差別をそのまま反映した判断や言動がなされること，(3)端的に一方の性を低く見ること，(4)一方の性が現実に受けている不利益を無視すること，あるいは考慮しないこと，(5)一方の性に不利益を押し付けること，(6)一方の性により重い負担や責任を課すこと，(7)一方の性に属する人に差別的に作用する制度が存在すること，(8)性を理由とする無礼な言動をすること，である[204]。こうしたバイアスが不適切であるとされる理由は，第一に，性別とは無関係な場面や紛争に，性別という基準を持ち込んで解決しようとするものであること，第二に，男女別の特性や特徴が引き合いに出される場合，それらが根拠を欠く誤ったものであり，かつ，当事者個人には当てはまらないことがあること，第三に，不合理な男女差別の被害者は，司法の世界には男女差別がなく公平・平等な判断が仰げると期待して救済を求めるのに，

---

(203) 実務家による考察として，第二東京弁護士会両性の平等に関する委員会『司法におけるジェンダー・バイアス』(1999年)。第二東京弁護士会司法制度改革推進二弁本部ジェンダー部会司法におけるジェンダー問題諮問会議編『事例で学ぶ司法におけるジェンダー・バイアス』(明石書店，2003年)。角田由紀子『性の法律学』(有斐閣，1991年)。同『性差別と暴力』(有斐閣，2001年)。同「法律実務とジェンダー法学」ジェンダーと法1号(2004年) 15-28頁。日本弁護士連合会両性の平等に関する委員会・2001年度シンポジウム実行委員会『司法における性差別』(明石書店，2002年)。福島瑞穂『裁判の女性学』(有斐閣，1997年)。

　研究者によるものには，浅倉むつ子「司法におけるジェンダー・バイアス」法律時報73巻7号(2001年) 87-90頁。浅倉むつ子・戒能民江「司法改革と法学教育」浅倉ほか・前掲注(158)，402-416頁等がある。

(204) 第二東京弁護士会司法におけるジェンダー問題諮問会議編・同上，89-94頁。

第5章 女性に関する人権論の新たな展開

ジェンダー・バイアスによって救済されないとすれば，司法の機能不全となってしまうこと，第四に，司法に対する国民の信頼が害されること，第五に，判例は規範性を有するため，ジェンダー・バイアスのある規範が作られて，社会に還元されてしまうこと，である[205]。

こうしたバイアスが存在・発現する場合を類型化すると，(1)法律そのものに内在する場合，(2)法律の運用過程である司法作用の過程で発現する場合，(3)司法制度の中に存在する場合，(4)市民の司法へのアクセス障害という面で発現する場合，の4つに分けられる[206]。

第一の，法律そのものに内在する場合とは，先に述べたように，民法731条の婚姻年齢の男女差等があげられる。

第二の，法律の運用過程である司法作用の過程で発現する場合とは，司法に携わるもの，すなわち，裁判官，検察官，弁護士，調停委員，家庭裁判所調査官，警察官等にジェンダー・バイアスがあることにより，裁判における事実認定，事実評価や分析の過程，判決，調停手続の進行と結果に歪みが生じる[207]ことである。離婚事件，強姦等の性犯罪事件，セクシュアル・ハラスメント事件，DV事件，労働事件，交通事故等の逸失利益の算定を行う損害賠償事件[208]等に出現しやすい[209]とされている。こうした裁判の判決においては，「違憲」と判断されたたことはほとんどなく，合理的差別が容認されたままである。

たとえば，妻が夫からの強姦行為を理由として離婚を求めた際に，裁判所は，妻と夫では，妻の性交拒否権よりも，夫の性的要求権の方が優先されるとした[210]。性犯罪事件では，加害者の加害行為よりも，被害者の抵抗の度

---

(205) 第二東京弁護士会司法におけるジェンダー問題諮問会議編・同上，94-95頁。
(206) 日本弁護士連合会両性の平等に関する委員会・前掲注(203)，26頁。
(207) 日本弁護士連合会両性の平等に関する委員会・前掲注(203)，27頁。
(208) 野崎教授は，交通事故による損害賠償を求める裁判において認められる逸失利益の男女間格差を検討することによって，司法におけるジェンダー・バイアスを明らかにした。野崎・前掲注(195)，176-207頁。
(209) 日本弁護士連合会両性の平等に関する委員会・前掲注(203)，28-45頁。
(210) 「妻が夫との一切の性交渉を拒否したことが，夫の行為の原因であり，四〇代の健康な男性にとって妻から理由もなしにそのような態度をとられた場合，性的不

合いや対処方法が問題とされ，強姦罪の裁判において，「ある程度の有形力の行使は，合意による性交の場合でも伴う」として無罪とした[211]り，必死の防御ないし抵抗を行わなかった被害者の供述の信用性を否定したりした[212]。

労働事件では，高卒で採用した従業員について，男性は幹部候補要員とし，女性は定型的事務補助業務に従事する職種に位置づけたことについて，「男女差別以外のなにものでもなく，性別による差別を禁じた憲法14条の趣旨に反する」としながらも，「被告会社としては，その当時（昭和40年代頃—筆者注）の社会意識や女性の一般的な勤続年数等を前提にしてもっとも効率のよい労務管理を行わざるをえない」から民法90条で定める公序良俗には反しないとされ，原告女性が敗訴した[213]。差別の合理性の判断には2つの基準があり，両性の肉体的・生理的条件の違いに由来するものは合憲であるが，役割分担の観念や，女性の地位についての偏見に根ざすものは違憲になるとの見解がある[214]が，この「偏見」が問題となるのである。

第三の，司法制度の中に存在する場合とは，裁判官への任用，検察官への採用枠問題等，司法行政の中で女性が不利益に扱われている場合である[215]。

たとえば，1970年に，最高裁判所事務総局任用課長による，女性は裁判官の適格に欠けるとの談話が公表された[216]。1976年に司法研修所の裁判官，

満に陥り，妻に対して右のような行動をとったとしても止むを得ないところであり，それを動物的な人権蹂躙行為と断ずるわけにはいかない。その際被告に多少手荒な行為があったけれども，それも一般の夫婦喧嘩にあり勝ちな程度のものにすぎず，とりたてて問題にする程とも思われない」として離婚請求を棄却した。東京地裁八王子支判昭和60年2月14日判例集未搭載。福島・前掲注(203)，33-34頁。

(211) 広島高判昭和53年2月20日判時922号11頁。
(212) 名古屋高判平成3年3月26日判タ786号26頁。
(213) 住友電工事件，大阪地判平成12年7月31日労判792号50頁。
(214) 内野正幸「みんなが生きてゆくために」樋口陽一編『ホーンブック憲法』（北樹出版，1993年）201頁。
(215) 日本弁護士連合会両性の平等に関する委員会・前掲注(203)，45-46頁。
(216) 桜井任用課長（当時）は，不適格さの理由として，女性は生理休暇を取るため男性の裁判官に仕事がしわ寄せされる，性犯罪や暴力事件は女性裁判官に担当さ

第5章 女性に関する人権論の新たな展開

裁判教官，事務局長が，「裁判官や弁護士になることは考えないで，…家庭に入ってよい妻になるほうがいい」，「男が命をかけている司法界に女を入れることは許さない。…女が裁判をするのは適さない」と発言した[217]。また，2001年には，検察官への採用の際に，女性は司法研修所の各クラス1名ずつとする「女性枠」があることが発覚した[218]。

第四の，市民の司法へのアクセス障害という面で発現する場合とは，法律扶助制度等のリーガル・サービスの知識が十分ではないこと，自治体が実施する市民のための法律相談へ出かけても，説教をされて諭されたり，二次被害を受けたりして，司法制度を利用することができないといった，法的救済に至るまでの当事者の困難さ[219]である。

司法におけるジェンダー・バイアスの発見は，日本国憲法やそれに伴う法改正が実施されて，性差別は解消されたとする憲法理論に挑戦状を突きつけた。逆に，こうしたジェンダー・バイアスを検討することによって，憲法の理念である男女平等や性差別の禁止・撤廃について，裁判所等の司法制度が「当事者の人権を救済する」とは逆の作用，すなわち，社会における不平等や性差別を固定化する役割を果たしたのではないかとの疑念が生じる。裁判所の下した判決を合理的に解釈し，理論的根拠を提供してきた憲法学に対しても，もちろん，同様の疑念が生じるのである。

さらに，労働法の分野では，イギリスの性差別禁止法が，性差別には「直

せたくない，現場検証が山奥の場合不便である，支部長として男性の職員を部下として掌握し一人で切り盛りできない等を挙げた。これに対し，婦人法律家協会（現女性法律家協会）は，1970年に最高裁判所長官に対し，裁判官に女性を採用したくないとした最高裁判所事務総局人事局長及び同局任用課長の発言に抗議する要望書を提出した。婦人法律家協会「司法界における女性差別に抗議」（1970年12月16日）。

(217) 日本弁護士連合会「司法研修所における女子修習生差別問題に関する報告書」（1976年9月18日）。

(218) 日本弁護士連合会「森山法務大臣に対する検察官任命に関する要望書」（2001年9月11日）。

(219) 大西祥世「法的救済に至るまでの当事者の困難さ」第二東京弁護士会司法におけるジェンダー問題諮問会議編・前掲注(203)，176頁。かながわ・女のスペース"みずら"編『シェルター・女たちの危機』（明石書店，2002年）。

第4節　現場からの人権論の構築に向けて

接差別」と「間接差別」があると規定していることから，この概念を導入して差別の問題を論じるようになった。イギリスの間接性差別の規定は，アメリカの判例上の経験から導入された(220)。間接性差別とは，取扱いそのものは性中立的な基準や要件に基づくものであるが，それが一方の性に差別的な効果をもたらし，しかも，差別をした側が正当性を主張できない場合に発生するとされている(221)。アメリカでは，イギリスよりも早く判例法理として確立されたが，1991年市民的権利に関する法律（Civil Rights Act）改正によって，明文上禁止された（1991年市民的権利に関する法律第Ⅶ編703条(k)(1)）。すなわち，直接差別は，従来憲法学において形式的平等と定義してきた概念と同様であり，間接差別は，実質的平等と定義してきた概念と同様の意味であろう。しかし，日本の憲法学では，実質的平等の確保の必要性について，間接差別の問題として議論することはまだ行われていないように思われる。

　一方，憲法学では，最近ようやく，ジェンダーに敏感な視点からの判例の分析が試みられるようになった。1999年の日本公法学会において，若尾教授は，前借金無効最高裁判決(222)，住友セメント結婚退職制無効地裁判決(223)，尊属殺重罰規定違憲最高裁判決(224)の3つの判決の再検討を通して(225)，日本国憲法の「『女性の人権』論への展望」(226)を検討し，おのおのの判決にあるなお残る家制度的な意識や慣行を指摘して，憲法「二四条が，個人主義をジェンダーの観点から再検討する場を憲法内部に持ち込むことを可能にする規範だということができる」(227)と指摘した。

　また，樋口陽一教授は，住友電工訴訟の原告の求めた「『憲法一四条の趣

---

(220) 浅倉むつ子『労働とジェンダーの法律学』（有斐閣，2000年）500頁。イギリスの間接差別理論とアメリカの差別的効果理論との比較につき，相澤美智子「間接性差別禁止規定導入についての思索」社会科学研究54巻1号（2003年）171-209頁。
(221) 浅倉むつ子「間接性差別の禁止」浅倉ほか・前掲注(158)，89-90頁。
(222) 最判昭和30年10月7日民集9巻11号16頁。
(223) 東京地判昭和41年12月20日判時467号26頁。
(224) 最判昭和48年4月4日刑集27巻3号265頁。
(225) 若尾典子「『女性の人権』をめぐって」公法研究61号（1999年）98-110頁。
(226) 若尾・同上，100頁。
(227) 若尾・同上，109頁。

旨』としての男女差別禁止という憲法的価値」[228]よりも，被告が主張した憲法22条や憲法29条の経済活動の自由や財産権保障に依拠する採用の自由という憲法的価値の優位を認めた住友電工地裁判決について，次の2つの理由により批判した。第一に，同判決では，被告会社による女性従業員（原告）の処遇について，男女差別の存在を明確に認め，それだけではなく，憲法14条の趣旨に反すると明言しているにもかかわらず，憲法14条の憲法的価値は社会意識であり，経済活動の自由等は無数の制定法があるから，後者を優先させた判断をしたからである。第二に，「個人の尊厳と両性の本質的平等」という価値は民法1条の2（現2条）に明記されることによって，「男女平等という価値は，民法という制定法としての根拠を持つことを主張できるはずだった」[229]からである。樋口教授のこの主張は，こうした問題に対して，民法90条だけでなく，憲法制定過程で強調された民法2条を活用できることを再認識させるものであり，たいへん注目される。

　ただし，同裁判の控訴審では，2003年12月に画期的な和解が成立し，司法におけるジェンダー・バイアスを解消する一つの道筋が示された[230]。同和解勧告では，裁判官から，憲法，女性差別撤廃条約，男女共同参画社会基本法，改正男女雇用機会均等法等の取組みは，「男女差別の根絶を目指す運動の中で一歩一歩前進してきたものであり，すべての女性がその成果を享受する権利を有するのであって，過去の社会意識を前提とする差別の残滓を容認することは社会の進歩に背を向ける結果となることに留意されなければならない。そして現在においては，直接的な差別のみならず，間接的な差別に対しても十分な配慮が求められている」とされた。すなわち，同和解勧告は，

---

(228) 樋口陽一「憲法・民法90条・『社会意識』」樋口陽一ほか編集代表『日独憲法学の創造力〔上巻〕―栗城壽夫先生古稀記念―』（信山社，2003年）142頁。なお，同論文は，住友電工控訴審に際して，書証として提出された（同労働法律旬報1575号（2004年）71-77頁）。

(229) 樋口・同上，142頁。

(230) 宮地光子「住友電工男女賃金差別訴訟」労働法律旬報1575号（2004年）4-11頁。林弘子「住友電工事件和解と男女別コース管理をめぐる法的問題」労働法律旬報1575号（2004年）12-21頁。

これまでの社会意識によって形成された差別を容認することは，結果として女性が権利を享受できないことになることを鋭く指摘して，ジェンダー・バイアスの解消を求めた[231]。女性差別撤廃への実効性ある取組みを実施する必要性について，かなりふみこんだ判断を示したものであり，画期的な判断といえよう。

小　括

　日本の女性運動の大きな特色の一つは，裁判を通じた権利の追求である。性差別の被害を受けた当事者や，当事者を支援する NGO が救済を求めて立ち上がるときには，裁判に訴えることが多かった。戦後に急増した女性弁護士の努力もあって，女性労働における差別や，離婚の際の不利益な待遇について，裁判で憲法上の差別禁止原則や人権保障原則への侵害であることを訴えて，個別に救済をはかり，それを契機に社会を改革することをめざした。形式的差別に該当すると考えられたいくつかの事例では，画期的な判決も勝ちとられた。しかし，こうした運動についても，憲法学はその成果を憲法理論に取りいれるでもなく，憲法理論変革の契機にするでもなく，距離をおいていた。

　伝統的な憲法学においても，憲法の人権規定には，国政の上で尊重されるという宣言的担保とともに，裁判所による担保があるといわれてきた[232]。あるいは，「思想としての人権」と「実定法上の人権」という区別[233]や，「道徳的権利としての人権ないし自然権」と「この憲法が国民に保障する権利」と区別される[234]ともいわれてきた。日本国憲法においては，基本的人権も権利なのであって，権利と言う概念には義務という概念が対応している以上，侵害されたものに対する個別救済の義務が制度化されていなければな

---

(231)　和解勧告及び和解条項の全文は，労働法律旬報 1575 号（2004 年）22‐23 頁。
(232)　宣言的担保につき，宮沢俊義『憲法 II〔新版〕』（有斐閣，1971 年）121‐129 頁。裁判による担保につき，同 129‐135 頁。
(233)　樋口・前掲注(1)，13 頁。
(234)　佐藤幸治「人権の観念と主体」公法研究 61 号（1999 年）21 頁。

第5章 女性に関する人権論の新たな展開

らない。が，これまでは公私二元論が強く，十分に実現できなかった。

　本章では，憲法学における若干の反省と理論の変革を扱うとともに，主としてジェンダー法学等からの従来の憲法学への批判を検討することになった。第一に，憲法13条論を経ることで，人間の人格や生存と結びついた女性に関する人権論が位置づけられた。第二に，国際人権法を通じて，国際人権基準を見ることができた。国際社会では，ジェンダーの主流化と女性に関する人権が依然として重要な課題であることがわかった。第三に，当事者からみたジェンダー法学の動きが出てきたことが明らかになった。司法におけるジェンダー・バイアスが発見されて，当事者や実務家の粘り強い取組みが，フェミニズム法学，ジェンダー法学の成果に結集した。今後は，ロースクール等で，紛争解決力のある法律学が指向される。こういうなかで，女性に関する人権論を憲法学として展開することが求められている。

　憲法学は，こうした実質的な差別の撤廃と人権の保障への組み替えの必要性を提起し，女性に関する人権や平等に関する考察を深めている憲法学外部の研究者，あるいは問題の解決に取組んでいる実務家の問題提起を十分に受けとめきれていないように思われる。

　しかし，当事者が主体となる人権救済の試みは，憲法学の言葉でいえば自己実現の権利と読み替えることができ，日本社会における憲法原則の再検討の鍵として理解することができるだろう。

　ただし，最近の憲法学の蓄積をみても，そこには現実の実践や当事者の主張，あるいは国や自治体による女性に関する人権保障と差別撤廃の推進について，真剣に深く学んだという痕跡は見出すことができなかった。ふりかえって考えてみれば，日本国憲法制定時には憲法学者が人権論をリードしうる状況であったのに，できなかった。これは，憲法学説の未熟及び実務の未成立によって，第1章でみたように，その課題に答えることができなかったのであった。第2章から第4章でみたように，女性運動は豊かに成立した。一定の緊張を含みながら，立法，行政，司法の実務も成立した。しかし，本章で検討したように，これらと憲法学との関係の検討はまだまだ発展途上であり，今後の課題である。

第6章　ま　と　め——女性と憲法の構造

　本書ではここまで，日本国憲法に盛り込まれた性差別撤廃や女性に関する人権保障の考え方が，戦後日本社会の中でどのように機能してきたのか，また憲法学がそれをどのように評価してきたのかをつぶさに検討してきた。
　本書の「はじめに」において，この論文の課題は，この半世紀余りの日本における女性に関する人権保障と差別撤廃の憲法構造を明らかにすることと定めた。この課題に応えるため，第1章においては代表的な憲法理論を検討し，第2章では，国と自治体の立法と行政を検討した。続いて第3章では，個別権利救済と司法の役割，行政の役割を検討した。さらに第4章において，この問題に取組む女性の運動について検討した。第5章では，このような実践の経験をふまえた憲法学の新しい展開を検討した。
　以上を通じて，いくつかのことがらが明らかにできたと思う。
　第一に，第1章においてみたように，日本国憲法の制定と関連法令の改廃を通じて，女性に関する差別の撤廃や人権保障の憲法原則が確立された。この関連法令の改廃は，別の言い方をすれば，日本国憲法の制定にともなって，制度上の形式的な性差別が広く解消されたことでもある。すなわち，日本国憲法上の規定は法制度上を改廃する基準となる機能を果たしたことになる。しかし，その際には，社会に根強く残る性差別意識をストレートに反映して，いくつかの法制度上の男女の異なった扱いが合理的差別という概括的な表現によって，憲法上許容された。
　第二に，第4章で見たように，戦後の女性の運動と女性の法曹は，個別の裁判を通じて，合理的差別とされた法制度上の男女の異なる扱いが実は性差別的で不合理であることを，次々に明らかにしていった。その際に，憲法学説は合理的差別論の「合理性」の見直しに関する積極的な学説を十分には展開できなかった。他方，国際社会の動向は，女性差別撤廃条約等の国際人権法規範，あるいは国際的な合意等として日本にも紹介され，運動の新たな理

第6章 まとめ

論的根拠となっていった。憲法学はのちに，合理性を再検討する作業に加わった。とくに憲法訴訟論は，見直し作業の手続や基準を，精緻なものにしていった。この意味では，憲法上の女性に関する差別の撤廃と人権保障の原則は，女性に対する不合理な差別や人権侵害に苦しむ個別の事例で，救済をすすめる基準という機能も果たすようになったといえる。

また，女性の運動は，法律上は形式的平等がすでに確保されているが，実質的には不十分であって，差別が解消できていない場合について，国が立法や計画を通じて積極的に是正することを求めるようになった。とくに，1975年の国際婦人年より後になると，国際社会における女性差別撤廃条約締結へ向けての議論の影響もあって，国の差別撤廃に対する責務が強調されるようになった。憲法学ではこの種の問題は立法政策の問題であるとして，放置された。

第三に，第2章で見たように，国や自治体は，女性の運動の働きかけに応答して女性行政を展開するようになった。その際には，法律によって，女性に関する差別撤廃に関わる女性の実定法上の権利を認め，それに対応して，雇用主や公共機関に義務を課すという権利義務関係を設定することもなくはなかったが，さまざまな事情でそれは困難であり，むしろ国と自治体の自発的な責務責任として，平等の促進，奨励，支援等，ポジティブな手法が採用され，実質的な平等の促進と女性に関する人権の促進が進められた。これを，政府が憲法上の人権を促進する責務責任を実行したと考えるのか，単に立法政策のレベルの問題に過ぎないと考えるのかは，憲法学において立場の分かれるところであろう。本書では，それを憲法上求められている責務責任の実施と考える。憲法上の人権規定は，このように，施策の展開を促すという機能を果たしたのであり，第5章で指摘したように，これは日本国憲法が13条で期待していた「立法その他の国政の上で」の最大尊重の重要な例にほかならない。第2章でも述べたように，責務責任は自発的で裁量をもった「責務」なのであるから，それが十分に実施されなかったからといって，「義務」としての履行を迫る法制度上の形式的差別の場合と同一には扱われない。義務履行に適した裁判制度に訴えても，立法裁量の問題として否定されることが多い。だが，このことから，白紙委任的な立法裁量論を導くことには疑問

がある。責務責任として本書で検討しているのは、政府が責務を遂行する際に、それを条件づけるものとして憲法上の人権規定があるという―ドイツの基本権保護義務論等の主張のように、まだ憲法学界では少数であるが―考え方である。そうした意味で、女性に関する差別の撤廃と人権についての憲法原則は、国が立法及び計画を通じて、制度的改革をしていく方向づけをする宣言的担保の機能を果たしている、といえる。

第四に、本書第3章で解明したのは、性差別や人権侵害に苦しむ個別の事例で、被害者、加害者、関係者を積極的に支援して、その権利を回復させる国家の役割である。第3章では、問題解決や救済に対する司法権の限界とそれを補充する行政機関における個別的な人権救済を取り扱った。そこで主として用いられている、個別の相談及び苦情処理、いいかえれば、オンブズパーソン的機能においては、相談事例の対象となった侵害行為が形式的意味の平等原則に反していたり、すでに実定法化されている法規範に反している場合には、裁判所への出訴が薦められ、可能ならば政府もそれを支援する。他方、法規範に明白に違反していない場合には、制裁・処罰ではなく、促進、奨励、サポート、避難の受け入れ、保護・自立支援というポジティブな手法が採用されることになる。この点では、上にあげた立法裁量論の基準という言葉をここでも使えば、個別事案における憲法原則は行政裁量権の行使の基準という機能を営んでいるといえるだろう。第3章で明らかになったように、この立法と政府が複雑に交差して推進していく面は、採られる手法も積極面と消極面の両方がからみあっていることがわかる。

第五に、憲法上の平等原則がうたわれたことから、女性が国や自治体の政策決定を求めるだけではなく、自らもそのプロセスに参画する道が開かれた。第2章、第4章で扱ったように、古くは市民参加、のちに女性の参画の促進、男女共同参画社会形成の促進が求められた。なお、女性に関する人権条約等への批准・加盟は、市民運動と政府との関係についても大きく影響した。すなわち、条約の加盟時及びその後に、政府は条約機関に報告書を提出して審査を受ける条約上の義務を負い、NGOはときにその報告書作成に協力し、ときに報告書に対置するカウンター・レポートを作成し、国際世論の注目の中で、日本における性差別を解消するという道を切り開くことができた。一

第6章 まとめ

方，個別事件の解決においても，性差別の撤廃と人権の実現を求めるNGOが，当事者を支援し，政府に要求し，自らも協力してサポートすることが進められた。すなわち，第4章で明らかにしたように，この憲法原則は，広く市民に，自分で自らの人権を実現するための指標を提示する機能を果たした。これには，その運動に直面した政府が改善施策をとるようになるという，政府に向けた直接的な機能も果たしたことになる。

第六に，憲法学内外からの，女性に関する人権の保障と促進に関する憲法理論を再構築する動きがあるので，第5章で扱った。人格権論の発展，人権の国際化，公私二元論の見直し，男女共同参画論，ジェンダー法学の展開，といった新しいアプローチにおいては，実質的な性差別の撤廃と女性に関する人権の保障に向けた憲法学の組み替えが試みられた。これらの議論で求められたことは，立法，司法，行政，NGOによるこうした取組みを，憲法構造として理解することであった。

以上を通じて，本書では，なお不十分な点があるにしても，女性と憲法の構造をある程度は明らかにできたと思う。さいごに，これまでも繰り返し述べてきたことではあるが，公法領域のジェンダー法学形成の必要性について，若干付け加えたい。最近では，行政や立法に関連して，「男女共同参画」ではなく，「女性」の視点からの政策，施策は古い，または克服されるべき課題であると強調されることが多いように思われる。しかしながら，実際は，社会においては，差別や人権侵害の被害は依然として圧倒的に女性に多く生じている。こういう状況において，今日，そうした現状を救済・解決して，女性の被害を軽減し，廃絶する取組みが展開できるように，その理論的な足がかりを含みこんだものとして「ジェンダー法学」に取り組むのでなければ，結局は政策も法律も中途半端になってしまい，男女ともに自己実現が難しくなることになる。性差別の被害を深刻に受けている女性の側の問題に焦点をあてて政策，施策の努力が集中できるように，「現場からの人権の実現」を考察することは，古いようで，いまなお新しい課題である。私は，これに取り組むことによって，憲法学とジェンダー法学の融合にむけて展望が開けるであろうし，公法領域におけるジェンダー法学形成の必要性が説明できると考えている。

第 6 章 ま と め

　このように，本書は，21世紀の日本社会に向けた新しい理論は十分に提供できなかったにしても，それを議論し，提示する作業のための基礎的な前提は明らかにできたと思う。筆者としては，今後とも，この研究に取り組んでいきたい。

　考えてみれば，第二次大戦後60年に近い時間の経過は，すなわち，国が憲法に基づいてこの問題を取り扱った全歴史をカバーしているように思える。本書では，21世紀の憲法学や女性学に向けて，20世紀をまとめておくという作業ができたのではないかと思っているのである。この研究を基礎に，今後女性に関する人権と差別撤廃の議論が深まり，その憲法構造がより豊かになることが期待される。

参 考 文 献

相澤美智子「間接性差別禁止規定導入についての思索」社会科学研究54巻1号（2003年）171-209頁
青井未帆「憲法上の権利の司法的救済」本郷法政紀要7号（1998年）33-65頁
青柳幸一『個人の尊重と人間の尊厳』（尚学社，1996年）
赤松良子『志は高く』（有斐閣，1990年）
──『均等法をつくる』（勁草書房，2003年）
秋池宏美「地方自治体の男女共同参画推進条例における苦情処理（申出）条項に関する研究」駿河台法学15巻1号（2001年）95-188頁
秋田セクシュアルハラスメント裁判Aさんを支える会編『セクハラ神話はもういらない 秋田セクシュアルハラスメント裁判女たちのチャレンジ』（教育史料出版会，2000年）
浅井春夫「いま，男女共同参画は？─荒川区の動き─」婦人通信550号（2004年）6-8頁
浅井春夫ほか編著『ジェンダーフリー・性教育バッシングここが知りたい50のQ＆A』（大月書店，2003年）
浅倉むつ子『男女雇用平等法論─イギリスと日本』（ドメス出版，1991年）
──『労働とジェンダーの法律学』（有斐閣，2000年）
──「男女共同参画社会と条例─労働法へのインプリケーション」労働法律旬報1487号（2000年）7-18頁
──「司法におけるジェンダー・バイアス」法律時報73巻7号（2001年）87-90頁
──「人権論の課題─性差別への法的アプローチ労働法の試み」ジュリスト1222号（2002年）36-43頁
──「『労働法のジェンダー分析』とは何か」労働法律旬報1543・44号（2003年）10-19頁
──「男女共同参画施策の法的課題─ジェンダー平等の達成に向けて」大原社会問題研究所雑誌546号（2004年）1-10頁
浅倉むつ子監修『導入対話によるジェンダー法学』，『同〔第2版〕』（不磨書房，2003年，2005年）
浅倉むつ子ほか『フェミニズム法学』（明石書店，2004年）

参考文献

芦部信喜『現代人権論』(有斐閣, 1974年)
　──『憲法Ⅱ人権(1)』(有斐閣, 1978年)
　──『司法のあり方と人権』(東京大学出版会, 1983年)
　──『人権と憲法訴訟』(有斐閣, 1994年)
　──『憲法学Ⅱ人権総論』(有斐閣, 1994年)
　──『憲法叢説2 人権と統治』(信山社, 1995年)
　──『憲法〔新版〕』(岩波書店, 1997年)
　──『宗教・人権・憲法学』(有斐閣, 1999年)
芦部信喜編『講座憲法訴訟第1〜3巻』(有斐閣, 1987年)
芦部信喜ほか『日本国憲法制定資料全集(1)(2)』(信山社, 1997年, 1998年)
芦部信喜ほか編『基本法学1〜8』(岩波書店, 1983年)
芦部信喜・高橋和之補訂『憲法〔第3版〕』(岩波書店, 2000年)
阿部浩己「司法におけるジェンダー・バイアス」神奈川大学法学研究所研究年報20号 (2002年) 151-204頁
　──『国際人権の地平』(現代人文社, 2003年)
阿部浩己ほか『テキストブック国際人権法〔第2版〕』(日本評論社, 2002年)
阿部照哉編『平等権』(三省堂, 1977年)
阿部照哉・野中俊彦『平等の権利』(法律文化社, 1984年)
阿部泰隆『行政の法システム(上)(下)〔新版〕』(有斐閣, 1997年)
安部義信「法的平等についての理論的考察」公法研究18号 (1958年) 31-36頁
天野寛子『戦後日本の女性農業者の地位』(ドメス出版, 2001年)
天野正子「『解放』された女性たち」中村政則ほか編『戦後思想と社会意識』(岩波書店, 1995年) 213-250頁
新井誠「地方自治体における公的オンブズマン制度の新たな展開─川崎市の『人権オンブズパーソン』制度の導入に関する公法的考察─」釧路公立大学地域研究11号 (2002年) 57-72頁
有澤知子「積極的平等施策と合衆国最高裁判所─アダランド判決と積極的平等施策の今後」法学新報103巻2・3号 (1997年) 209-232頁
安藤建治「自治体法律相談の役割と問題点」法律のひろば56巻8号 (2003年) 38-41頁
イーゼンゼー, ヨーゼフ (ドイツ憲法判例研究会編訳)『保護義務としての基本権』(信山社, 2003年)
飯倉章・金子ゆかり「地方自治と男女共同参画社会条例」国際文化研究所紀要10

号（2005 年）23-41 頁
池田泰昭「児童買春・児童ポルノに係る行為等の処罰及び児童の保護等に関する法律の制定について」警察学論集 52 巻 9 号（1999 年）122-141 頁
池本壽美子「DV と裁判所の改革―日本における DV コートの可能性」民商法雑誌 129 巻 4・5 号（2004 年）615-645 頁
石井美智子「リプロダクティブ・ヘルス／ライツ」ジュリスト 1237 号（2003 年）174-183 頁
石川健治「執政・市民・自治」法律時報 69 巻 6 号（1997 年）22-34 頁
――「憲法学における一者と多者」公法研究 65 号（2003 年）127-140 頁
移住連「女性への暴力」プロジェクト編『ドメスティック・バイオレンスと人身売買』（現代人文社，2004 年）
市川房枝編『日本婦人問題資料集成〔第 2 巻〕政治』（ドメス出版，1977 年）
市川喜男『女は元気！　北九州市の燦めく 16 人』（講談社，1994 年）
伊藤公雄「『相対化』と『私』中心社会のなかで　バックラッシュの構図」（インパクション 117 号，2000 年）53-61 頁
――「男女共同参画社会の見取り図―バックラッシュ（逆流）を超えて―」都市問題研究 54 巻 3 号（2002 年）17-29 頁
――『「男女共同参画」が問いかけるもの』（インパクト出版会，2003 年）
伊藤哲夫「『ジェンダー』強化と『間接差別』導入による共参勢力の肥大化を止めるのは誰か」正論 406 号（2006 年）48-53 頁
伊藤正己「法の前の平等」国家学会雑誌 64 巻 1 号（1950 年）26-54 頁
――「法の下の平等」公法研究 18 号（1958 年）17-30 頁
――『憲法〔初版〕』，『同〔第 3 版〕』（弘文堂，1982 年，1995 年）
伊藤眞知子「自治体における男女共同参画推進の取り組み状況(2)―北海道の場合―」自治総研 292 号（2003 年）68-82 頁
稲邑恭子「ジェンダーフリー・バッシングなんてこわくない《その後》」くらしと教育をつなぐ We130 号（2005 年）18-22 頁
犬伏由子ほか編『女性学キーナンバー』（有斐閣，2000 年）
イノウエ，キョウコ（古関彰一監訳）『マッカーサーの日本国憲法』（桐原書店，1996 年）
井上達夫「フェミニズムとリベラリズム―公私二元論批判をめぐって」ジュリスト 1237 号（2003 年）23-30 頁
井上輝子・江原由美子編『女性のデータブック〔第 4 版〕』（有斐閣，2005 年）

参考文献

井上典之『司法的人権救済論』(信山社, 1992年)
　──「平等保障の理論展開─結果の平等・積極的差別是正措置をめぐって」ジュリスト1237号 (2003年) 48-58頁
井上匡子「男女共同参画社会基本法と地方自治体の女性政策」コミュニティ政策研究4号 (2002年) 3-12頁
猪口邦子ほか「婦人問題企画推進本部機構をめぐる問題について」婦人展望497号 (1994年) 6-11頁
今川晃編『行政苦情救済論』(社団法人全国行政相談委員連合協議会, 2005年)
IMADR-JCマイノリティ女性に対する複合差別プロジェクトチーム編『マイノリティ女性の視点を政策に！　社会に！　女性差別撤廃委員会日本報告書審査を通して』(解放出版社, 2003年)
今関源成「『行政』概念の再検討」公法研究67号 (2005年) 160-171頁
今村都南雄ほか『ホーンブック行政学』(北樹出版, 1996年)
入江信子「労働行政からみる働く女性の地位」法律論叢78巻2・3号 (2006年) 1-32頁
ウィロビー，チャールズ・A（延禎監修）『ウィロビー回顧録　知られざる日本占領』(番町書房, 1973年)
植木淳「平等保護原理とAffirmative-Action」六甲台論集法学政治学篇46巻2号 (1999年) 17-68頁
　──「疑わしき区分─平等保護条項は何に反対するのか」神戸法学雑誌51巻2号 (2001年) 91-150頁
　──『憲法学における「平等」の基礎的考察』(2001年)(神戸大学大学院博士学位論文)
上野千鶴子『近代家族の成立と終焉』(岩波書店, 1994年)
　──「『雇用の危機』と『分配公正』」世界604号 (1997年) 22-30頁
　──『差異の政治学』(岩波書店, 2002年)
　──「市民権とジェンダー」社会正義21号 (2002年) 17-44頁
　──(聞き手稲邑恭子)「インタビュージェンダーフリー・バッシングなんてこわくない！」くらしと教育をつなぐWe127号 (2004年) 2-19頁
　──「地方自治・NPO・女性」女性学研究12号 (2005年) 40-54頁
　──『生き延びるための思想』(岩波書店, 2006年)
上野千鶴子・辛淑玉『ジェンダー・フリーは止まらない！　フェミバッシングを超えて』(松香堂書店, 2002年)

参 考 文 献

上野千鶴子編『ラディカルに語れば……』（平凡社，2001 年）
植野妙実子『「共生」時代の憲法』（学陽書房，1994 年）
　──『憲法の基本人権・平和・男女共生』（学陽書房，2000 年）
　──「家庭内暴力防止に対する憲法的アプローチ」比較法雑誌 35 巻 4 号（2002 年）1 - 24 頁
　──『憲法 24 条　今，家族のあり方を考える』（明石書店，2005 年）
植野妙実子編『21 世紀の女性政策─日仏比較をふまえて』（中央大学出版会，2001 年）
上村千賀子「終戦直後（昭和 20 ～ 21 年）における婦人教育」婦人教育情報 No.14（1986 年）22 - 26 頁
　──「昭和 20 年代の婦人教育」婦人教育情報 No.18（1988 年）25 - 32 頁
　──『占領政策と婦人教育』（財団法人日本女子社会教育会，1991 年）
　──「日本における占領政策と女性解放」女性学研究 2 号（1992 年）5 - 28 頁
　──「占領政策下における地方軍政部の活動」婦人教育情報 No.26（1992 年）23 - 31 頁
ウォーカー，レノア・E（穂積由利子訳）『バタードウーマン』（金剛出版，1997 年）
牛尾奈緒美「アメリカ型アファーマティブアクションの日本への導入」三田商学研究 45 巻 5 号（2002 年）155 - 173 頁
碓井光明「女性のチャレンジ支援策─公共契約を通じた支援をめぐって」ジュリスト 1237 号（2003 年）68 - 77 頁
内野正幸「"人権"という言葉の位置づけ」渡辺昭夫編『アジアの人権』（財団法人日本国際問題研究所，1997 年）
　──『憲法解釈の論点〔新版〕』，『同〔第 3 版〕』（日本評論社，1997 年，2000 年）
浦田賢治編『立憲主義・民主主義・平和主義』（三省堂，2001 年）
浦田賢治・大須賀明編『新判例コンメンタール日本国憲法 I 』（三省堂，1993 年）
エクパットジャパン関西編『約束を果たすために日本での取り組みと第 2 回世界会議に向けて』（2000 年）
江島晶子『人権保障の新局面』（日本評論社，2002 年）
衛藤幹子「ジェンダーの政治学─シティズンシップの構想とエージェンシー─(上)(下)」法學志林 100 巻 3 号（2003 年）1 - 39 頁，101 巻 3 号（2004 年）5 - 44 頁
エドワーズ，博美「北京会議と男女共同参画─その正当性を衝く(上)(中)(下)」（日本時事評論 2003 年 11 月 28 日号，同年 12 月 5 日号，同年 12 月 12 日号）

参考文献

NMP研究会・大西祥世編『ドメスティック・バイオレンスと裁判―日米の実践』（現代人文社，2001年）
NGOレポートをつくる会『女性2000年会議「日本NGOレポート」』（1999年）
江橋崇「憲法9条と日本の国際化」世界456号（1983年）46-48頁
　――「立憲主義にとっての『個人』」ジュリスト884号（1987年）2-12頁
　――「日本国憲法の効能」思想755号（1987年）17-27頁
　――「人権の国際化と国際水準(上)(中)(下の1)(下の2)」法律時報59巻6号（1987年）76-80頁，同8号（1987年）50-54頁，同10号（1987年）56-63頁，同12号（1987年）101-106頁
　――「人権の国際化―国際人権法からの問題提起をどう受けとめるか」法律時報61巻1号（1989年）101-103頁
　――「国内的人権から国際的人権へ」ジュリスト937号（1989年）20-26頁
　――「権利保障規範としての憲法と国際人権規約」ジュリスト1037号（1994年）109-113頁
　――「国際人権条約を活用するには」法学セミナー500号（1996年）32-35頁
　――「人権行政と日本の人権状況」法学セミナー523号（1998年）43-47頁
　――「男女共同参画社会基本法と男女平等推進条例」法学セミナー529号（1999年）6-9頁
　――「国際社会の人権と日本の人権」国際人権10号（1999年）32-35頁
　――「マイノリティの人権」ジュリスト1192号（2001年）64-68頁
　――『市民主権からの憲法理論』（生活社，2005年）
江橋崇ほか編『現代の法1巻　現代国家と法』（岩波書店，1997年）
　――『現代の法14巻　自己決定権と法』（岩波書店，1997年）
江橋崇・辻村みよ子「全国憲法研究会シンポジウム―討論の概要と問題点―」ジュリスト819号（1984年）75-78頁
江橋崇・山崎公士編『人権政策学のすすめ』（学陽書房，2003年）
江原由美子『フェミニズムと権力作用』（勁草書房，2000年）
　――『フェミニズムのパラドックス定着による拡散』（勁草書房，2000年）
　――『自己決定権とジェンダー』（岩波書店，2002年）
　――『ジェンダー秩序』（勁草書房，2002年）
遠藤比呂通「憲法的救済法への試み(1)～(4)」国家学会雑誌101巻11・12号（1988年）1-45頁，同102巻7・8号（1989年）35-113頁，同103巻5・6号（1990年）1-30頁，同105巻1・2号（1992年）62-89頁

大久保史郎「人権論の現段階」公法研究 67 号（2005 年）1‐23 頁
大沢真理「社会政策論へのジェンダーアプローチ①〜⑤」時の法令 1481 号（1994 年）61‐68 頁，1483 号（1994 年）69‐76 頁，1485 号（1994 年）75‐84 頁，1487 号（1994 年）59‐67 頁，1489 号（1995 年）67‐75 頁
―――「『男女共同参画影響調査』の基本的考え方」社会政策研究 2 号（2001 年）49‐71 頁
―――『男女共同参画社会をつくる』（NHK ブックス，2002 年）
―――「男女共同参画社会への施策と住民自治の発展(1)」自治総研 286 号（2002 年）1‐16 頁
―――「自治体における男女共同参画推進の取り組み状況(4)―群馬県の場合―」自治総研 294 号（2003 年）118‐132 頁
―――「男女共同参画政策とジェンダー」女性展望 570 号（2005 年）13‐15 頁
大沢真理編集代表『21 世紀の女性政策と男女共同参画社会基本法〔改訂版〕』（ぎょうせい，2002 年）
大沢真理ほか編『ユニバーサル・サービスのデザイン　福祉と共生の公共空間』（有斐閣，2004 年）
大西祥世「女性行政と憲法に関する一考察」法政法学 24 号（1999 年）1‐70 頁
―――「女性行政におけるオンブズパーソン制度」法学セミナー 529 号（1999 年）17‐19 頁
―――「自治体における DV の取組― DV 防止法と男女平等条例を中心に」法政大学大学院紀要 47 号（2001 年）79‐92 頁
―――『千葉県配偶者暴力相談支援センター機能整備調査報告書』（2002 年）
―――「自治体における男女平等オンブズパーソンの意義と課題」ジェンダー研究 6 号（2003 年）59‐83 頁
―――「自治体における男女平等オンブズパーソン制度」都市問題 95 巻 2 号（2004 年）31‐43 頁
―――「日本の暫定的特別措置（ポジティブ・アクション）」国際女性 18 号（2004 年）97‐99 頁
―――「男女共同参画政策―女性差別撤廃条約 2 条と国及び自治体の動き」国際女性 19 号（2005 年）113‐119 頁
―――「男女共同参画社会と自治体政策」法律時報 78 巻 1 号（2006 年）42‐46 頁
大西祥世・江橋崇「自治体女性行政の比較研究」法學志林 98 巻 3 号（2001 年）115‐213 頁

参考文献

大羽綾子『男女雇用機会均等法前史』(未来社, 1988年)
大橋洋一「市町村オンブズマンの制度設計とその運用(上)(下)」ジュリスト1074号 (1995年) 99 - 109頁, 1075号 (1995年) 87 - 92頁
―――「福祉オンブズマンの制度設計」法政研究63巻3・4号 (1997年) 823 - 875頁
―――「福祉オンブズマンの制度設計とその運用(上)(下)」自治研究73巻5号 (1997年) 90 - 103頁, 同6号 (1997年) 69 - 86頁
―――「『民事不介入』の観念と行政型ADR」自治体学研究91号 (2005年) 20 - 25頁
大村敦志「家族関係の変容とジェンダー」ジュリスト1237号 (2003年) 108 - 116頁
大脇雅子「国の女性行政」法学セミナー529号 (1999年) 10 - 13頁
大脇雅子ほか『働く女たちの裁判』(学陽書房, 1996年)
大脇雅子ほか編『21世紀の男女平等法』,『同〔新版〕』(有斐閣, 1996年, 1998年)
岡田康彦編『新訂会計法精解』(大蔵財務協会, 1988年)
岡野八代『法の政治学』(青土社, 2002年)
―――『シティズンシップの政治学』(現代書館, 2003年)
岡本明子「内閣府男女共同参画会議の恐るべき戦略」正論362号 (2002年) 314 - 323頁
―――「社会崩壊を招く男女共同参画」日本時事評論 (2002年6月14日号)
小川利夫・新海英行編『GHQの社会教育政策』(大空社, 1990年)
―――『日本占領と社会教育―資料と解説』(大空社, 1991年)
奥平康弘「"Separate but Equal" Ruleの推移過程」公法研究18号 (1958年) 36 - 43頁
―――『憲法Ⅲ』(有斐閣, 1993年)
小久見祥恵「差異と平等」同志社法学56巻1号 (2004年) 79 - 122頁
奥山明良ほか『世界のアファーマティブ・アクション (資料集)』(財団法人東京女性財団, 1995年)
―――『諸外国のアファーマティブ・アクション法制』(財団法人東京女性財団, 1996年)
尾佐竹猛ほか「新憲法を語る座談会」家庭文化2巻4号 (1946年) 16 - 19頁
お茶の水女子大学21世紀COEプログラム「ジェンダー研究のフロンティア」プロジェクトA-1ワークショップ「国・自治体のジェンダー政策研究」報告書編

集委員会編『若手研究者・NGO 中心型ワークショップ報告書「国・自治体のジェンダー政策」』(F-GENS Publication Series 3, 2004 年)
「夫(恋人)からの暴力」調査研究会『ドメスティック・バイオレンス〔新版〕』(有斐閣, 2002 年)
オプラー, アルフレッド(内藤頼博監訳)『日本占領と法制改革』(日本評論社, 1990 年)
オルセン, フランシス(神長百合子訳)「コミュニティにおける平等―幻想と可能性―」法社会学 51 号(1999 年)137-143 頁
―――(寺尾美子訳)「アメリカ法の変容(1955～1995年におけるフェミニズム法学の役割(上)(下)日本のポストモダニズム的理解に向けて」ジュリスト 1118 号(1997 年)78-84 頁, 1119 号(1997 年)113-120 頁
女たちの便利帳 4 編集室編『女たちの便利帳 4』(教育史料出版会, 2002 年)
女たちの便利帳 5 編集室編『女たちの便利帳 5』(教育史料出版会, 2004 年)
女も男も編集部『男女雇用機会均等法 20 年の足跡とこれから』季刊女も男も 105 秋号(2005 年)
戒能民江「男女共同参画基本法総合的政策への足がかり」法学セミナー 542 号(2000 年)64-67 頁
―――『ドメスティック・バイオレンス』(不磨書房, 2002 年)
―――「ドメスティック・バイオレンス」ジュリスト 1237 号(2003 年)146-155 頁
戒能民江編『ドメスティック・バイオレンス防止法』(尚学社, 2001 年)
―――『DV 防止とこれからの被害者当事者支援』(ミネルヴァ書房, 2006 年)
鍛治千鶴子「女性の権利をめぐる問題」ジュリスト 586 号(1975 年)31-38 頁
鹿嶋敬『男女摩擦』(岩波書店, 2000 年)
―――「男女共同参画」松下圭一ほか編『自治体の構想課題』(岩波書店, 2002 年)43-64 頁
―――『男女共同参画の時代』(岩波書店, 2003 年)
―――「3『ない』1『ためらい』―地方自治体の苦情処理事情」共同参画 21 11 号(2004 年)16-17 頁
粕淵有紀子「団地妻ユキの闘い」正論 360 号(2002 年)262-269 頁
―――「徹底抗戦!! 男女共同参画 行政と闘う方法教えます」湧泉創刊号(2002 年)105-116 頁
片山善博「自治体行政の正常化としての男女共同参画」都市問題 97 巻 1 号(2006

参考文献

年）9-13頁
勝田卓也「ミシガン大学ロー・スクールにおけるアファーマティブ・アクションをめぐる連邦控訴裁判決」ジュリスト1229号（2002年）180-183頁
加藤シヅエ『ある女性政治家の半生』（PHP研究所，1981年）
――『百歳人加藤シヅエ生きる』（日本放送出版会，1997年）
加藤シヅエ（船橋邦子訳）『ふたつの文化のはざまから』（青山館，1985年）
金井淑子・細井実「討論男女共同参画政策へのバックラッシュ―いま何が起こっているか」PEOPLE'S PLAN24号（2003年）66-77頁
かながわ・女のスペース"みずら"編『シェルター・女たちの危機』（明石書店，2002年）
神奈川県立かながわ女性センター編『かながわ女性ジャーナル11号・10周年記念誌』（1993年）
――『かながわ女性ジャーナル13号　女性政策とジェンダー』（1995年）
神奈川自治総合研究センター『平等な社会を求めて』（1991年）
兼子一ほか「男女同権は実現されているか（座談会）」ジュリスト6号（1952年）23-37頁
金子雅臣・水島広子「対談ジェンダーフリーはこわくない」世界738号（2005年）88-95頁
金平輝子編『男女協働社会の創造』（ぎょうせい，1993年）
釜田泰介「性差別と平等」公法研究45号（1983年）62-73頁
神長勲ほか編『公共性の法構造』（勁草書房，2004年）
神長百合子「フェミニズム法理論の現状」桐朋学園大学短期大学部紀要第9号（1991年）106-116頁
――「アメリカにおけるフェミニズム法理論の概観」法社会学45号（1993年）256-260頁
――「フェミニズムから見た法の象徴的機能」日本法社会学会編『法社会学の新地平』（有斐閣，1998年）216-225頁
――「フェミニズムによる法実践」アメリカ法1998-2号（1999年）179-197頁
――「近代法とフェミニズム―ジェンダーの法社会学序論」専修法学論集88号（2003年）1-52頁
神野吉弘「呆れた自治体『男女共同参画』行政の暴走Ⅰアダルトグッズ店長を招いた品川区シンポの非常識『男女別トイレは暴力』!?」正論383号（2004年）290-295頁

参考文献

神谷和孝「男女の平等原則に関する一考察―女子差別撤廃条約を中心として」東海女子大学紀要11号（1991年）25‐34頁
紙谷雅子「日本国憲法とフェミニズム」ジュリスト1089号（1996年）82‐88頁
――「フェミニスト法理論：コメント，あるいは，『フェミニズム』と法」アメリカ法1998‐1号（1998年）20‐27頁
紙谷雅子編『日本国憲法を読み直す』（日本経済新聞社，2000年）
神谷義郎「法の下の平等」公法研究18号（1958年）49‐53頁
川島武宜『ある法学者の軌跡』（有斐閣，1978年）
川嶋四郎「より利用しやすい司法制度」ジュリスト1198号（2001年）119‐129頁
川添利幸「平等原則と平等権」公法研究45号（1983年）1‐26頁
川西市子どもの人権オンブズパーソン事務局編『ハンドブック子どもの人権オンブズパーソン』（明石書店，2001年）
菅直人『大臣』（岩波書店，1998年）
木佐茂男ほか編『地方分権の本流へ』（日本評論社，1999年）
岸上慎太郎「ECの『女性政策』の現在」ジュリスト961号（1990年）96‐100頁
貴族院事務局調査部『憲法改正に関する諸論輯録』（1946年）
喜多明人ほか編『子どもオンブズパーソン』（日本評論社，2001年）
北九州市立男女共同参画センター"ムーブ"編『ジェンダー白書1―女性に対する暴力』（明石書店，2003年）
――『ジェンダー白書2―女性と労働』（明石書店，2004年）
北田暁大『責任と意義』（勁草書房，2003年）
木下智史「私人間における人権保障をめぐる学問と実践の狭間」神戸学院法学34巻1号（2004年）83‐124頁
木下麻奈子「条例制定の心理的基盤―男女共同参画条例における立法者意識の伝播と変容―」法社会学57号（2002年）5‐23頁
君塚正臣『性差別司法審査基準論』（信山社，1996年）
――「第三者効力論の新世紀㈠㈡」関西大学法学論集50巻5号（2000年）124‐165頁，同6号（2001年）105‐144頁
――「アメリカにおけるステイト・アクション理論の現在」関西大学法学論集51巻5号（2001年）1‐61頁
――「欧米各国における積極的差別是正とその示唆するもの」関西大学法学論集51巻4号（2001年）58‐100頁
――「日本国憲法二四条解釈の検証」関西大学法学論集52巻1号（2002年）1‐

参考文献

　　72 頁
　　——「女性の再婚禁止期間の合憲性」『家族法判例百選〔第 6 版〕』（有斐閣，2002 年）8 - 9 頁
　　——「憲法とジェンダー」法律時報 78 巻 1 号（2006 年）4 - 9 頁
木村勇「男女共同参画に関する苦情処理について」法律のひろば 55 巻 2 号（2002 年）38 - 42 頁
'98 女のゼネスト実行委員会『'98 女のゼネスト記録集』（1998 年）
教育と社会編集部「婦人団体に就て—ウィード中尉に訊く」教育と社会 1 巻 5 号（1946 年）28 - 31 頁
共同研究「男女協働社会の形成」チーム編『男女共同参画社会の実現に向けてジェンダーの主流化を』（財団法人大阪府市町村振興協会おおさか市町村職員研修研究センター，2000 年）
京都 YWCA・APT 編『人身売買と受入大国ニッポン』（明石書店，2001 年）
清宮四郎『憲法 I 〔第 3 版〕』（有斐閣，1983 年）
ギリガン，キャロル（岩男寿美子訳）『もう一つの声』（川島書店，1986 年）
金城清子『法女性学のすすめ』（有斐閣，1983 年）
　　——「婦人差別撤廃条約にみる男女平等権と日本国憲法」ジュリスト 819 号（1984 年）56 - 61 頁
　　——『法女性学』，『同〔第 2 版〕』（日本評論社，1991 年，1996 年）
　　——『ジェンダーの法律学』（有斐閣，2002 年）
　　——「ジェンダー法学の歴史と課題」ジェンダーと法 1 号（2004 年）1 - 14 頁
久保田きぬ子「アメリカ法と男女平等」アメリカ法 1977 - 2 号（1977 年）197 - 211 頁
　　——「アメリカにおける『差別』判決の動向—バッキー判決を契機に㈠～㈢」ジュリスト 674 号（1978 年）83 - 87 頁，677 号（1978 年）70 - 74 頁，679 号（1978 年）121 - 125 頁
　　——「座談会国連婦人の十年中間年世界会議をめぐって」ジュリスト 681 号（1979 年）13 - 18 頁
　　——「女の一生と仕事」時の法令 1093 号（1980 年）2 - 3 頁
　　——「逆差別について—アメリカの判例を中心に」成蹊法学 17 号（1981 年）47 - 64 頁
　　——「男女平等実現の鍵」ジュリスト 749 号（1981 年）10 - 11 頁
久保田洋『入門国際人権法』（信山社，1990 年）

グループみこし『フォーラム女性政策〜政策・講座・女性センターの近未来を探る〜』(1994 年)
―――『自治体の女性政策と女性問題講座』(学陽書房, 1994 年)
―――『女性政策「指標」研究女性問題職員研究プログラム』(1996 年)
ゲイン, マーク『ニッポン日記』(筑摩書房, 1963 年)
現代憲法学研究会編『小林直樹還暦記念・現代国家と憲法の原理』(有斐閣, 1983 年)
憲法24条を活かす会編『個人・家族が国家にねらわれるとき』(岩波ブックレット, 2005 年)
憲法普及会編『事業概要報告書』(1947 年)
―――『新しい憲法明るい生活』(1947 年)
憲法理論研究会編『現代の憲法理論』(敬文堂, 1990 年)
―――『人権理論の新展開』(敬文堂, 1994 年)
―――『人権保障と現代国家』(敬文堂, 1995 年)
行動する会記録集編集委員会編『行動する女たちが拓いた道』(未来社, 1999 年)
コーエン, セオドア (大前正臣訳)『日本占領革命 GHQ からの証言(上)』(TBS ブリタニカ, 1983 年)
ゴードン, ベアテ・シロタ (平岡磨紀子構成・文)『1945 年のクリスマス』(柏書房, 1995 年)
―――(高見澤たか子構成)『ベアテと語る「女性の幸福」と憲法』(晶文社, 2006 年)
コーネル, ドゥルシラ (仲正昌樹監訳)『脱構築と法―適応の彼方へ』(御茶ノ水書房, 2003 年)
ブトロス＝ガーリ, ブトロス (国際女性の地位協会訳)『国際連合と女性の地位向上 1945 - 1996』(1998 年)
国際女性の地位協会編『女性差別撤廃条約の注解』(尚学社, 1992 年)
―――『女性関連法データブック』(有斐閣, 1998 年)
―――『女性の権利ハンドブック女性差別撤廃条約』(岩波書店, 1999 年)
国際婦人年日本大会の決議を実現するための連絡会編『連帯と行動　国際婦人年連絡会の記録』(財団法人市川房枝記念会, 1989 年)
国連 NGO 国内婦人委員会編『国連・女性・NGO』(財団法人市川房枝記念会, 1997 年)
国連人権センター編 (マイノリティ研究会訳)『国内人権機関』(解放出版社, 1997

参考文献

年)
小島新一「呆れた自治体『男女共同参画』行政の暴走Ⅱ拉致被害者家族の講演を『反動』呼ばわりする大阪・豊中市の参画センター」正論383号（2004年）296-299頁
小島妙子『ドメスティック・バイオレンスの法』（信山社，2002年）
小島妙子・水谷英夫『ジェンダーと法Ⅰ』（信山社，2004年）
小島武司『ADR・仲裁法教室』（有斐閣，2001年）
──『裁判外紛争処理と法の支配』（有斐閣，2000年）
小島武司・外間寛編『オンブズマン制度の比較研究』（中央大学出版部，1979年）
国家学会編『新憲法の研究』（有斐閣，1947年）
小林孝輔・芹沢斉編『別冊法学セミナー基本法コンメンタール憲法〔第四版〕』（日本評論社，1997年）
小林直樹「現代公共性の考察」公法研究51号（1989年）27-62頁
小松満貴子「男女共同参画社会形成への政策課題」自治研究情報版高槻地方自治研究センター（1993年）
小松満貴子編著『ジェンダー・セクシュアリティ・制度』（ミネルヴァ書房，2003年）
小山剛「西ドイツにおける国の基本権保護義務」法学研究63巻7号（1990年）54-78頁
──「私法関係における基本権の保護」法学研究65巻8号（1992年）23-82頁
──「基本権保護と自己決定」名城法学47巻1号（1997年）21-66頁
──「基本法下におけるドイツ基本権論の展開」比較憲法研究10巻（1998年）33-48頁
──『基本権保護の法理』（成文堂，1998年）
──『基本権の内容形成』（尚学社，2004年）
小山剛・駒村圭吾編『論点探求憲法』（弘文堂，2005年）
雑賀葉子「男女共同参画影響調査手法による事例研究」日本評価研究4巻1号（2004年）31-40頁
最高裁判所事務総局総務局編『裁判所法逐条解説(上)』（法曹会，1968年）
財団法人朝日新聞文化財団「企業の社会貢献度調査」委員会編『有力企業の社会貢献度　2002』（PHP研究所，2002年）
──『有力企業の社会貢献度　2003』（朝日新聞社，2003年）
財団法人アジア女性交流・研究フォーラム編（篠崎正美監訳，監修）『アジアのド

メスティック・バイオレンス』(明石書店，2002年)
財団法人市川房枝記念会『女性参政関係資料集』(1997年)
財団法人大阪府男女協働社会づくり財団『女性のための相談事業ハンドブック』(1999年)
　　──『人と情報を結ぶ情報相談ハンドブック』(2001年)
財団法人関西情報・産業活性化センター『地方における男女共同参画施策の方向に関する基礎調査』(2004年)
財団法人東京女性財団『都民女性の戦後50年』(ドメス出版，1997年)
　　──『都民女性の戦後50年(資料編)』(ドメス出版，1997年)
　　──『女性政策・女性センターを考える』(2000年)
財団法人日本女子社会教育会編『「国連婦人の十年」の歩みと課題』(1986年)
財団法人横浜市女性協会編『女性施設ジャーナル1～8号』(学陽書房，1995～2003年)
　　──『横浜市女性相談ニーズ調査報告書1フェミニストリサーチの視点から』(1996年)
　　──『女性問題キーワード111』(ドメス出版，1997年)
　　──『相談員のための相談実践マニュアル』(2003年)
齊藤純子「男女平等法制の新段階」外国の立法33巻4・5・6合併号(1995年) 1-7頁
　　──「ドイツ自治体の男女平等政策─その法的根拠，政策内容，政策推進力」大阪女子大学女性学研究センター論集10女性学研究(2002年) 2-27頁
齊藤誠「男女平等基本法」国際女性12号(1998年) 86-93頁
阪本昌成「優先原則と平等権」公法研究45号(1983年) 98-113頁
　　──『憲法理論Ⅱ』(成文堂，1993年)
　　──『憲法理論Ⅰ〔第2版〕』，『同〔補訂第3版〕』(成文堂，1997年，2000年)
阪本昌成・村上武則編『人権の司法的救済』(有信堂，1990年)
櫻井智章「基本権論の思考構造㈠㈡」法学論叢155巻3号(2004年) 109-129頁，同6号(2004年) 94-116頁
桜井裕子「猪口さん，ジェンダーフリー推進の旗を降ろして」正論404号(2005年) 336-348頁
桜井陽子「男女共同参画推進の拠点としての女性センター」都市問題95巻2号(2004年) 45-53頁
佐々木惣一『日本国行政一般総論㈠』(有斐閣，1952年)

参考文献

佐々木雅寿「人権の主体」公法研究 67 号（2005 年）122-135 頁
笹田栄司「裁判外紛争処理」公法研究 63 号（2001 年）185-195 頁
笹田栄司ほか『司法制度の現在と未来』（信山社，2000 年）
笹沼朋子「わたしたちは黙ってはいない―愛媛県男女共同参画推進条例制定をめぐって」インパクション 131 号（2002 年）56-60 頁
―――「性差別再考　愛媛県男女共同参画推進条例をめぐる議論を参考として(1)～(3)」愛媛法学会雑誌 29 巻 1 号（2002 年）31-61 頁，同巻 4 号（2003 年）39-66 頁，30 巻 1・2 号（2003 年）73-99 頁
―――『女性解放の人権宣言』（創風社出版，2004 年）
佐藤功『憲法(上)〔新版〕』（有斐閣，1983 年）
―――『日本国憲法概説〔全訂第 4 版〕』（学陽書房，1991 年）
佐藤幸治『憲法〔初版〕』，『同〔新版〕』，『同〔第 3 版〕』（青林書院，1981 年，1990 年，1995 年）
―――「司法権の観念と現代国家」法学教室 37 号（1983 年）6-19 頁
―――「現代における司法権の観念と機能について」公法研究 46 号（1983 年）19-55 頁
―――「法・権力・社会」長尾龍一・田中成明編『現代法哲学 3 巻　実定法の基礎理論』（東京大学出版会，1983 年）351-384 頁
―――『憲法訴訟と司法権』（日本評論社，1984 年）
―――『現代国家と司法権』（有斐閣，1988 年）
―――『憲法 II』（成文堂，1988 年）
―――「立憲主義といわゆる『二重の規準論』」樋口陽一・高橋和之編『現代立憲主義の展開〔上〕』（有斐閣，1993 年）5-35 頁
―――『国家と人間』（放送大学教育振興会，1997 年）
―――「人権の観念と主体」公法研究 61 号（1999 年）13-45 頁
―――『日本国憲法と「法の支配」』（有斐閣，2002 年）
佐藤幸治・初宿正典『人権の現代的諸相』（有斐閣，1990 年）
佐藤幸治ほか『ファンダメンタル憲法』（有斐閣，1994 年）
―――『憲法五十年の展望 II』（有斐閣，1998 年）
―――『司法制度改革』（有斐閣，2002 年）
佐藤達夫『日本国憲法成立史第 1 巻』，『同第 2 巻』（有斐閣，1962 年，1964 年）
佐藤達夫・佐藤功補訂『日本国憲法成立史第 3 巻』，『同第 4 巻』（有斐閣，1994 年）

佐藤英世「我が国のオンブズマン制度の諸問題㈠～㈢」産大法学 30 巻 2 号（1996 年）55 - 87 頁，30 巻 3・4 号（1996 年）114 - 144 頁，31 巻 3 号（1997 年）22 - 81 頁

佐貫五郎「男女共同参画はジェンダーフリーにあらず」世界思想 324 号（2002 年）18 - 21 頁

The Rights of Women 和訳会『女性は裁判でどうたたかうか』（教育史料出版会，1997 年）

シェイズ，エイブラム（柿島美子訳）「公共的訴訟における裁判官の役割」アメリカ法 1978 - 1 号（1978 年）1 - 50 頁

シェルター・DV 問題調査研究会議『シェルターを核とした関係援助機関の活動連携事例および法制度・運用に関する調査』（2000 年）

――『日本人女性を対象としたドメスティック・バイオレンスの実態調査』（2000 年）

――『シェルターにおける援助に関する実態調査』（2000 年）

――『マイノリティ女性に対するドメスティック・バイオレンスに関する研究』（2001 年）

塩尻公明「男女平等の諸問題」婦人公論 406 号（1951 年）25 - 31 頁

塩野宏『行政法 I〔第 3 版〕』（有斐閣，2003 年）

篠原一・林屋礼二編『公的オンブズマン』（信山社，1999 年）

司法制度改革審議会『意見書』（2001 年）

司法制度改革推進本部『総合的な ADR の基盤の整備について』（2003 年）

柴山恵美子・中曽根佐織編著『EU の男女均等政策』（日本評論社，2004 年）

――『EU 男女均等法・判例集』（日本評論社，2004 年）

渋谷秀樹・赤坂正浩『憲法 1 人権』，『同〔第 2 版〕』（有斐閣，2000 年，2004 年）

清水伸編『逐条日本国憲法審議録第 2 巻』，『同第 3 巻〔増補版〕』（原書房，1962 年，1976 年）

清水澄子・北沢洋子『女性がつくる 21 世紀』（ユック舎，1996 年）

市民立法機構編『市民立法入門』（ぎょうせい，2001 年）

下村美恵子『女性問題を学ぶ ある自治体のこころみから』（新水社，2000 年）

社団法人大学婦人協会『「国連婦人の十年」の評価と展望』（1986 年）

社団法人部落解放研究所編『人権条例とまちづくり』（解放出版社，1998 年）

社団法人部落解放・人権研究所編『地域に根ざす人権条例人をつなげるまちづくり』（解放出版社，2003 年）

参考文献

JNATIP編『人身売買をなくすために』(明石書店, 2004年)
ジュアンジャン, オリヴィエ（山元一訳, 解説)「独仏基本権比較試論」法学セミナー597号（2004年）70-75頁
女性施策を考える会『都内女性センター情報'96』(1996年)
女性とまちづくり研究会編『女性のための草の根まちづくり』(かもがわ出版, 1999年)
女性の家サーラー『女性の家サーラー10年のあゆみ 外国籍女性への暴力の実態』(2002年)
ジョンソン, カルメン（池川順子訳）『占領日記』(ドメス出版, 1986年)
城山英明『国際行政の構造』(東京大学出版会, 1997年)
城山英明ほか編著『中央省庁の政策形成過程』(中央大学出版部, 1999年)
城山英明・細野助博編著『続・中央省庁の政策形成過程』(中央大学出版部, 2002年)
新教育振興会『子供の憲法 一郎君と春子さんの日記から』(1947年)
申惠丰『人権条約上の国家の義務』(日本評論社, 1999年)
進藤久美子『ジェンダーと日本政治』(有斐閣, 2004年)
菅原和子「日本の『女性参政権』の成立とその史的背景」自治研究70巻4号（1994年）97-115頁, 同10号（1994年）101-120頁, 71巻1号（1995年）107-122頁
──『市川房枝と婦人参政権獲得運動：模索と葛藤の政治史』(世織書房, 2000年)
杉原泰雄『憲法II統治の機構』(有斐閣, 1989年)
──『地方自治の憲法論』(勁草書房, 2002年)
杉原泰雄・樋口陽一編『論争憲法学』(日本評論社, 1994年)
杉原泰雄先生古稀記念論文集刊行会『二一世紀の立憲主義』(勁草書房, 2000年)
杉本貴代栄編『ジェンダーで読む福祉社会』(有斐閣, 1999年)
──『フェミニスト福祉政策原論』(ミネルヴァ書房, 2004年)
鈴木昭典『日本国憲法を生んだ密室の九日間』(創元社, 1995年)
鈴木安蔵「憲法と女性」女性改造1巻2号（1946年）〔丸岡秀子編『日本婦人問題資料集成〔第9巻〕思想(下)』(ドメス出版, 1981年）92-96頁所収〕
──『新憲法解説と批判』(新文藝社, 1947年)
須藤八千代ほか『相談の理論化と実践』(新水社, 2005年)
清山玲「ジェンダー平等政策の展開と雇用における『結果の平等』」大原社会問題

研究所雑誌 547 号（2004 年）1 - 16 頁
世界女性会議ネットワーク関西全国シンポジウム報告書編集委員会編『北京＋10 に向けて―進捗と課題』（北京 JAC 第 9 回全国シンポジウム実行委員会・世界女性会議ネットワーク関西全国シンポジウム実行委員会，2005 年）
世界人権週間によせて，男女平等社会を前進させる集会「バックラッシュ問題を考える」女性展望 545 号（2003 年）14 - 16 頁
世界日報ジェンダーフリー問題取材班「浸透するジェンダーフリー　家庭破壊の"解放"思想を追う」Viewpoint192 号（2003 年）4 - 38 頁
関口千恵「特別インタビュー　憲法の男女平等条項を起草したベアテ・シロタ・ゴードン氏」法学セミナー 501 号（1996 年）108 - 109 頁
全国憲法研究会編『憲法改正問題』（日本評論社，2005 年）
全国女性会館協議会『女性関連施設に関する総合調査情報・相談事業に関する調査』（2001 年）
――『女性関連施設における相談員の研修についての調査』（2002 年）
全国婦人会館協議会『女性関連施設に関する総合調査 1 分析編』（1998 年）
――『女性関連施設に関する総合調査 2 施設概要編』（1998 年）
――『女性関連施設に関する総合調査〈学習・研修〉事業に関する調査事例集』（1999 年）
――『女性関連施設に関する総合調査男女共同参画時代の女性センター』（2000 年）
外崎光弘『日本婦人論史(上)(下)』（ドメス出版，1986 年，1989 年）
総務庁『女性労働に関する行政監察結果報告書』（1996 年）
曽根暁子「分権条例の構造と論理　第 15 回男女共同参画条例」ガバナンス 15 号（2002 年）122 - 125 頁
園部逸夫・枝根茂『オンブズマン法〔新版〕』（弘文堂，1997 年）
第二東京弁護士会両性の平等に関する委員会『司法におけるジェンダー・バイアス』（1999 年）
第二東京弁護士会司法改革推進本部二弁本部ジェンダー部会司法におけるジェンダー問題諮問会議編『事例で学ぶ司法におけるジェンダー・バイアス』（明石書店，2003 年）
高市早苗・木村貴志「男らしさ，女らしさは否定されるべきなのか」正論 362 号（2002 年）222 - 233 頁
高作正博「フランスにおける表現の自由の私人間適用」上智法学論集 38 巻 2 号

参考文献

　　　（1994年）223-279頁
高野眞澄『現代の人権法と人権行政』（有信堂，2002年）
高橋和之『国民内閣制の理念と運用』（有斐閣，1994年）
　　——「司法制度の憲法的枠組み」公法研究63号（2001年）1-32頁
　　——「『憲法上の人権』は私人間には及ばない—人権の第三者効力論における『無効力説』の再評価—」ジュリスト1245号（2003年）137-146頁
　　——『立憲主義と日本国憲法』（有斐閣，2005年）
高橋和之ほか編『現代と法11巻　ジェンダーと法』（岩波書店，1997年）
高橋史朗「非常事態に陥った日本　自治体と教育現場で進行する文化大革命」正論360号（2002年）250-261頁
　　——「ファロスと矯めて国立たず」諸君2002年6月号（2002年）156-166頁
　　——「相次ぐ過激な男女共同参画条例制定『家族解体』『伝統破壊』へと暴走する自治体」正論372号（2003年）274-283頁
田代美江子「ジェンダーフリーがめざすもの」婦人通信550号（2004年）10-12頁
髙見勝利『宮沢俊義の憲法学史的研究』（有斐閣，2000年）
田上穣治編『体系憲法事典』（青林書院新社，1968年）
高柳賢三ほか『日本国憲法制定の過程Ⅰ原文と翻訳』（有斐閣，1972年）
　　——『日本国憲法制定の過程Ⅱ解説』（有斐閣，1972年）
瀧川裕英『責任の意味と制度　負担から応答へ』（勁草書房，2003年）
滝澤美佐子『国際人権基準の法的性格』（国際書院，2004年）
竹中勲「自己決定権の意義」公法研究58号（1996年）28-52頁
竹信三恵子「やっぱりこわい？　ジェンダーフリー・バッシング」くらしと教育をつなぐWe129号（2005年）2-10頁
竹前栄治『証言日本占領史』（岩波書店，1983年）
竹村和子編『"ポスト"フェミニズム』（作品社，2003年）
ダス，トゥシャル K.「バングラデシュにおける男女平等問題㈠㈡」法學志林99巻2号（2001年）75-150頁，同3号（2001年）121-181頁
只野雅人『憲法の基本原理から考える』（日本評論社，2006年）
建石真公子「フランスにおける市町村会選挙と国民主権—『クオータ制法』と『マーストリヒト条約に基づく外国人の選挙権』に関して」法政論集156号（1994年）155-193頁
　　——「女性差別と憲法」法学セミナー509号（1997年）40-43頁
　　——「人権と女性」針生誠吉先生古稀記念論文集刊行委員会編『定本　憲法の二

十一世紀的展開』（明石書店，1997 年）95 - 125 頁
　　――「憲法と国際人権法―『国の主権』と『人権の国際的保障』―」国際人権 13
　　　号（2002 年）20 - 24 頁
　　――「女性に関わる人権政策の課題」ヒューマンライツ 196 号（2004 年）9 - 12
　　　頁
田中和子「男女共同参画社会への施策と住民自治の発展(3)」自治総研 288 号（2002
　　　年）52 - 77 頁
　　――「自治体における男女共同参画推進の取り組み状況(5)―神奈川県の場合―」
　　　自治総研 295 号（2003 年）131 - 154 頁
田中二郎『行政法総論』（有斐閣，1962 年）
田中二郎編集者代表『日本国憲法体系』（有斐閣，1965 年）
田中成明ほか編『現代の法 5 巻　現代社会と司法システム』（岩波書店，1997 年）
棚村政行『結婚の法律学〔補訂版〕』（有斐閣，2002 年）
田端忍「法の下の平等」公法研究 18 号（1958 年）1 - 16 頁
男女共同参画とジェンダーフリーを考える会『あぶない！「男女共同参画条例」―
　　　あなたの町の子供と家庭を守ろう』（2003 年）
丹野清人ほか「人身売買の社会学―シェルターに逃れてきたトラフィッキング被害
　　　者からみえてくるもう一つの市民社会」人文学報 338 号（2003 年）87 - 103 頁
千野陽一「戦後婦人教育の展開」羽仁説子・小川利夫編『現代婦人問題講座 5　婦
　　　人の学習・教育』（亜紀書房，1970 年）185 - 220 頁
千野陽一編『資料集成現代日本女性の主体形成〔第 1 巻〕〔第 4 巻〕〔第 7 巻〕』（ド
　　　メス出版，1996 年）
千葉展正「夫婦別姓推進論七つのウソ」八木秀次・宮崎哲弥編『夫婦別姓大論
　　　破！』（洋泉社，1996 年）10 - 37 頁
地方分権推進委員会『中間報告』（1997 年）
　　――『第 1 次勧告～第 5 次勧告』（1996～1998 年）
　　――『意見』（2000 年）
　　――『最終報告』（2001 年）
張學錬「荒川区条例問題にみるバッシングの実相」世界 738 号（2005 年）106 - 109
　　　頁
辻村みよ子『人権の普遍性と歴史性―フランス人権宣言と現代憲法―』（創文社，
　　　1992 年）
　　――「『人権』と女性の権利」一橋論叢 108 巻 4 号（1992 年）54 - 73 頁

参考文献

―――「『女性の人権』の法的構造」成城法学48号（1995年）375-400頁
―――『女性と人権』（日本評論社，1997年）
―――「女性と人権をめぐる問題状況」婦人展望492号（1998年）16-17頁
―――『憲法』，『同〔第2版〕』（日本評論社，2000年，2004年）
―――「男女共同参画社会と『女性の人権』」ジュリスト1192号（2001年）69-74頁
―――『市民主権の可能性―21世紀の憲法・デモクラシー・ジェンダー』（有信堂，2002年）
―――『比較憲法』（岩波書店，2003年）
―――「男女共同参画社会基本法後の動向と課題―男女共同参画とポジティブ・アクションの理念をめぐって」ジュリスト1237号（2003年）2-10頁
―――「近代憲法理論の再編と憲法学の課題」公法研究65号（2003年）25-49頁
―――「ポジティブ・アクションの手法と課題―諸国の法改革とクォータ制の合憲性―」法学67巻5号（2004年）176-207頁
―――「ジェンダーと人権」法学69巻5号（2005年）185-221頁
―――『ジェンダーと法』（不磨書房，2005年）

辻村みよ子編『世界のポジティヴ・アクションと男女共同参画』（東北大学出版会，2004年）
辻村みよ子・稲葉馨編『日本の男女共同参画政策』（東北大学出版会，2005年）
辻村みよ子・金城清子『女性の権利の歴史』（岩波書店，1992年）
角田由紀子『性の法律学』（有斐閣，1991年）
―――『性差別と暴力』（有斐閣，2001年）
―――「法律に対して女性運動ができること　男女共同参画社会基本法とDV防止法を中心に」インパクション131号（2002年）8-37頁
―――「法律実務とジェンダー法学」ジェンダーと法1号（2004年）15-28頁
土田とも子「自治体における男女共同参画推進の取り組み状況(3)―和歌山県の場合―」自治総研293号（2003年）43-54頁
土田とも子・禿あや美「自治体職場における男女共同参画実現のための取り組み状況―アンケート調査結果報告」自治総研289号（2002年）23-64頁
土屋彰久「過程の平等」早稲田政治経済学雑誌356号（2004年）67-83頁
手島孝・中川剛『憲法と行政権』（法律文化社，1992年）
寺尾美子「ジェンダー法学が切り拓く地平」ジュリスト1237号（2003年）11-22頁

土井真一「憲法解釈における憲法制定者意思の意義―幸福追求権解釈への予備的考察をかねて―㈠〜㈣」法学論叢131巻1号（2000年）1-27頁，同3号（2000年）1-36頁，同5号（2000年）1-24頁，同6号（2000年）1-33頁

土井たか子・ゴードン，ベアテ・シロタ『憲法に男女平等起草秘話』（岩波書店，1996年）

東京大学社会科学研究所編『基本的人権1〜5』（東京大学出版会，1968〜1969年）

東京弁護士会両性の平等に関する委員会編『相談対応マニュアルドメスティック・バイオレンス　セクシュアル・ハラスメント』（商事法務研究会，2001年）

堂本暁子『堂本暁子のDV施策最前線』（新水社，2003年）

利谷信義「日本における女性政策の発展」ジェンダー研究1号（1998年）68-80頁

戸波江二「西ドイツにおける基本権解釈の新傾向㈠〜㈤」自治研究54巻7号（1978年）83-95頁，同巻8号（1978年）91-104頁，同巻9号（1978年）67-79頁，同巻10号（1978年）71-83頁，同巻11号（1978年）111-125頁

――「幸福追求権の構造」公法研究58号（1996年）1-27頁

――「国の基本権保護義務と自己決定権のはざまで―私人間効力論の新たな展開」法律時報68巻6号（1996年）126-131頁

戸波江二ほか『憲法⑵人権』（有斐閣，1992年）

戸松秀典「性差別訴訟と司法審査の役割」成城法学17号（1984年）23-54頁

――「性における平等」ジュリスト884号（1987年）171-179頁

――『立法裁量論』（有斐閣，1993年）

――「平等原則とアファーマティブ・アクション」ジュリスト1089号（1996年）185-190頁

内閣府男女共同参画局「男女共同参画に関する苦情処理について①国の対応」法律のひろば55巻2号（2002年）30-37頁

内閣府男女共同参画局編『男女共同参画白書平成12年度〜17年度版』（2000年〜2005年）

――『わかりやすい男女共同参画社会基本法』（有斐閣，2001年）

――『市町村男女共同参画計画の策定の手引き』（2001年）

――『女性差別撤廃条約第4回報告書』，『同第5回報告書』（1998年，2002年）

――『配偶者からの暴力相談の手引き』（財務省印刷局，2002年）

――『配偶者等からの暴力に関する事例調査』（財務省印刷局，2002年）

――『地方公共団体における男女共同参画社会の形成又は女性に関する施策の推

参考文献

　　　進状況』（2001～2006年）
　　──『苦情処理ガイドブック』（2004年）
　　──『逐条解説男女共同参画社会基本法』（ぎょうせい，2004年）
内藤和美「男女平等に関する行政需要と行政ニーズ」群馬パース看護短期大学紀要
　　　2巻1号（2000年）11-18頁
　　──「男女平等推進計画の計画過程」群馬パース看護短期大学紀要3巻2号
　　　（2001年）43-54頁
内務省記者会編纂『新選挙法の解説』（朝日新聞社，1945年）
中尾喬一「法の下の平等についての一考察─男女平等と女性差別撤廃条約─」鳥取
　　　大学教育学部研究報告人文・社会科学44巻2号（1993年）141-153頁
長尾誠夫「恐るべしジェンダーフリー教育」正論360号（2002年）270-279頁
　　──「子供たちに家族解体を教え込む教科書の恐怖」正論371号（2003年）240-
　　　249頁
中川善之助「個人の尊厳と両性の平等─民法一条の二について─」東北法學會雑誌
　　　10号（1960年）1-9頁
中川善之助教授還暦記念家族法大系刊行委員会『家族法大系Ⅰ』（有斐閣，1959
　　　年）
中里見博「性支配と人権」法の科学29号（2000年）20-35頁
　　──「ジェンダーが揺さぶる憲法構造」法律時報73巻1号（2001年）56-61頁
　　──「新たな公共圏としての家族に向けて」法の科学32号（2002年）93-96頁
　　──『憲法24＋9条』（かもがわブックレット，2005年）
　　──『現代改憲論における家族条項改変問題』法律時報77巻9号（2005年）84-
　　　89頁
中西正司・上野千鶴子『当事者主権』（岩波書店，2003年）
中原精一『女性と憲法問題』（評論社，1969年）
　　──『裁判の公正と女性の権利』（成文堂，1987年）
永原和子・米田佐代子『おんなの昭和史〔増補版〕』（有斐閣，1996年）
中村睦男「法の下の平等と『合理的差別』」公法研究45号（1983年）27-48頁
中村芳彦「ADR法で民事紛争処理システムはどう変わるのか」法学セミナー607
　　　号（2005年）10-14頁
中本ミヨ「差別定年制裁判の一〇年をふりかえって」労働法律旬報974号（1979
　　　年）25-28頁
中山道子「Add Me, But I can't Be Stirred Away─日本初の女性憲法学者久保田きぬ

子と日本の憲法学界―」ジェンダー研究2号（1999年）75-86頁
　　――『近代個人主義と憲法学』（東京大学出版会，2000年）
名取はにわほか「座談会『ジェンダー・フリー』バッシングをめぐって」女性展望
　　561号（2004年）6-13頁
鳴海正泰『地方分権の思想』（学陽書房，1994年）
西清子編『占領下の日本婦人政策』（ドメス出版，1985年）
西尾勝・村松岐夫編『講座行政学1巻　行政の発展』（有斐閣，1994年）
　　――『講座行政学3巻　政策と行政』（有斐閣，1994年）
西川祐子『近代国家と家族モデル』（吉川弘文館，2000年）
西川祐子ほか『特集ポスト家族ポスト国家』（思想955号，2003年）10-103頁
西谷剛ほか編『政策実現と行政法』（有斐閣，1998年）
西原博史『平等取扱の権利』（成文堂，2003年）
　　――「『国家による人権保護』の困惑」法律時報75巻3号（2003年）80-84頁
21世紀男女平等を進める会『誰もがその人らしく男女共同参画』（岩波書店，2003
　　年）
新田均「上野千鶴子女史が激賞したジェンダーフリー条例失効の顛末」正論392号
　　（2005年）298-306頁
日本教育法学会子どもの権利条約研究特別委員会『提言〔子どもの権利〕基本法と
　　条例』（三省堂，1998年）
日本女性学会ジェンダー研究会編『Q&A男女共同参画／ジェンダーフリーバッシ
　　ング』（明石書店，2006年）
日本女性差別撤廃条約NGOネットワーク編『女性差別撤廃条約とNGO』（明石書
　　店，2003年）
　　――「女性差別撤廃委員会第29会期日本レポート審議最終コメント」国際女性
　　17号（2003年）99-104頁
日本政策研究センター「『男女共同参画』に隠されたジェンダーフリーの企み　『体
　　制内フェミニスト』大沢真理東大教授の『思想』と『戦略』」明日への選択
　　206号（2003年）14-19頁
日本婦人団体連合会編『婦人白書1975年～1999年版』（1975～1999年）
　　――『女性白書2000年～2005年』（2000～2005年）
日本弁護士連合会「司法研修所における女子修習生差別問題に関する報告書」
　　（1976年）
　　――「森山法務大臣に対する検察官任命に関する要望書」（2001年）

参考文献

日本弁護士連合会両性の平等に関する委員会・2001年度シンポジウム実行委員会『司法における性差別―司法改革にジェンダーの視点を』(明石書店, 2002年)
日本法哲学会編『ジェンダー, セクシュアリティと法』(有斐閣, 2004年)
縫田曄子編『あのとき, この人―女性行政推進機構の軌跡』(ドメス出版, 2002年)
糠塚康江「フランス社会と平等原則」日仏法学22号 (1999年) 67-105頁
　　――「国家と自由/憲法学の可能性パリテ―その後」法律時報73巻1号 (2001年) 88-91頁
　　――「政治参画とジェンダー」ジュリスト1237号 (2003年) 59-67頁
　　――『パリテの論理』(信山社, 2005年)
根森健「憲法上の人格権―個人の尊厳保障に占める人権としての意義と機能について」公法研究58号 (1996年) 66-79頁
　　――「男女平等条例を創る」国際女性12号 (1998年) 94-98頁
ネルソン, ジョン・M (新海英行監訳)『占領期日本の社会教育改革』(大空社, 1990年)
野崎綾子『正義・家族・法の構造変換』(勁草書房, 2003年)
南野知恵子監修『解説性同一性障害者性別取扱特例法』(ぎょうせい, 2004年)
南野知恵子ほか監修『詳解DV防止法』(ぎょうせい, 2002年)
　　――『詳解改正DV防止法』(ぎょうせい, 2004年)
野坂泰司「憲法と司法権」法学教室246号 (2001年) 42-49頁
野田愛子ほか「座談会女子差別撤廃条約以前・以後」判例タイムズ583号 (1986年) 2-18頁
野中俊彦「『法の下の平等』についての一考察」金沢法学27巻1・2号 (1985年) 79-101頁
　　――「平等権の判例・補遺 (資料)」金沢法学29巻1・2号 (1987年) 457-477頁
　　――「男女平等」法学セミナー389号 (1987年) 164-165頁
　　――「平等原則の審査基準」樋口陽一編『現代立憲主義の展開(上)』(有斐閣, 1993年) 381-403頁
野中俊彦・浦部法穂『憲法の解釈Ⅰ総論』(三省堂, 1989年)
　　――『憲法の解釈Ⅱ人権』(三省堂, 1990年)
野中俊彦ほか『憲法Ⅰ・Ⅱ〔第4版〕』(有斐閣, 2006年)
野牧雅子「犠牲者続々！　DV防止法の恐怖が貴方を襲う」正論402号 (2005年)

302-311頁
野村旗守編『男女平等バカ』(宝島社, 2005年)
唄孝一『戦後改革と家族法　唄孝一家族法著作選集』(日本評論社, 1992年)
VAWW-NET JAPAN編『戦時・性暴力をどう裁くか国連マクドゥーガル報告全訳』(凱風社, 1998年)
　――「資料各国の『慰安婦』被害・年表・裁判」世界682号(2000年)117-127頁
VAWW-NET JAPAN翻訳チーム編『女性に対する暴力をめぐる10年国連人権委員会特別報告者クマラスワミ報告書』(明石書店, 2003年)
萩原弘子「カタカナ語『ジェンダー』の概念を法,政策に導入したことについての問い」大阪女子大学女性学研究センター論集10 女性学研究(2002年)43-53頁
橋本公亘・和田英夫編『現代法2巻　現代法と国家』(岩波書店, 1965年)
橋本ヒロ子「男女平等基本法と国内本部機構」国際女性12号(1998年)99-102頁
　――「地方自治体における女性政策の評価指標に関する試論1―都道府県・指定都市を中心に―」社会情報論叢第2号(1998年)43-78頁
　――「男女共同参画社会基本法の制定と男女平等条例の制定の動き」国際女性13号(1999年)85-88頁
　――「自治体行政におけるジェンダーの主流化」社会情報論叢6号(2002年)145-168頁
　――「男女平等条例制定の状況とその成果」労働法律旬報1532号(2002年)6-10頁
　――「男女共同参画社会基本法と自治体条例」おおさか市町村職員研修研究センター研究紀要第5号(2002年)3-14頁
　――「自治体における男女共同参画推進の取り組み状況―熊本県の場合―」自治総研291号(2003年)76-89頁
　――「男女平等条例制定の状況とその成果」都市問題95巻2号(2004年)14-30頁
　――「マスメディアとバックラッシュ」婦人通信550号(2004年)4-6頁
橋本ヒロ子・伊藤眞知子「男女共同参画社会への施策と住民自治の発展(2)」自治総研287号(2002年)75-93頁
長谷川正安「法の下の平等」法学セミナー54巻8号(1960年)26-28頁
長谷川三千子(聞き手:岡本明子)「ジェンダーなんか怖くない!」正論408号

参考文献

　　（2006 年）249‐259 頁
長谷部恭男『憲法』，『同〔第 2 版〕』（新世社，1996 年，2001 年）
　　——『憲法学のフロンティア』（岩波書店，1999 年）
　　——「司法権の概念と裁判のあり方」ジュリスト 1222 号（2002 年）140‐146 頁
　　——『司法権をめぐる論点』（国立国会図書館調査及び立法考査局，2004 年）
長谷部恭男・金泰昌編『法律から考える公共性』（東京大学出版会，2004 年）
波田あい子・平川和子編『シェルター』（青木書店，1998 年）
花見忠「両性の平等」芦部信喜ほか編『基本法学 1 人』（岩波書店，1983 年）323‐
　　351 頁
羽仁説子「婦人は憲法にかく要求す」世界評論 1 巻 5 号（1946 年）40‐42 頁
早川和宏「男女共同参画社会の実現と住民参加」高岡法学 16 巻 1・2 号（2005 年）
　　101‐136 頁
早川吉尚ほか編『ADR の基本的視座』（不磨書房，2004 年）
林弘子「住友電工地裁判決鑑定意見書と残された課題」労働法律旬報 1529 号
　　（2002 年）28‐29 頁
　　——「住友電工事件和解と男女別コース管理をめぐる法的問題」労働法律旬報
　　1575 号（2004 年）12‐21 頁
林道義『フェミニズムの害毒』（草思社，1999 年）
　　——『母性の復権』（中央公論新社，1999 年）
　　——『父性の復権』（中央公論新社，2000 年）
　　——「『男女平等』に隠された革命戦略」正論 360 号（2002 年）240‐249 頁
　　——「フェミ・ファシズムの無法をあばく」正論 387 号（2004 年）248‐255 頁
　　——『家族を蔑む人々』（PHP 研究所，2005 年）
　　——「ソフト路線に転じたフェミニズムの新たな罠」正論 396 号（2005 年）344‐
　　353 頁
林道義・高橋史朗「対談　良識の包囲網にボロを出し始めたジェンダーフリー論者
　　たち」正論 377 号（2003 年）246‐258 頁
原田尚彦『行政法要論〔全訂第 5 版〕』（学陽書房，2004 年）
原秀成『日本国憲法制定の系譜Ⅰ～Ⅲ』（日本評論社，2004～2006 年）
原ひろ子ほか編『アジア・太平洋地域の女性政策と女性学』（新曜社，1996 年）
阪急コミュニケーションズ書籍編集部編『日本に生まれて　女性が考える日本国憲
　　法』（阪急コミュニケーションズ，2004 年）
反差別国際運動日本委員会編『市民が使う人種差別撤廃条約』（解放出版社，2000

年)
――『マイノリティ女性が世界を変える！』(解放出版社, 2001年)
樋口恵子『チャレンジ「平和ボケおばさん」七十歳の熱き挑戦！』(グラフ社, 2003年)
樋口陽一『人権』(三省堂, 1996年)
――『国法学　人権原論』(有斐閣, 2003年)
――「憲法・民法90条・「社会意識」」労働法律旬報1575号 (2004年) 71-77頁
樋口陽一編『ホーンブック憲法』(北樹出版, 1993年)
――『講座憲法学3』(日本評論社, 1994年)
樋口陽一ほか『注釈日本国憲法〔上巻〕〔下巻〕』(青林書院新社, 1984年, 1988年)
――『憲法Ⅰ』,『同Ⅳ』(青林書院, 1994年, 2004年)
樋口陽一・野中俊彦編『憲法学の展望　小林直樹先生古希祝賀』(有斐閣, 1991年)
樋口陽一ほか編『憲法理論の50年』(日本評論社, 1996年)
樋口陽一ほか編集代表『日独憲法学の創造力〔上巻〕―栗城壽夫先生古稀記念―』(信山社, 2003年)
日髙昭夫「男女共同参画条例の制定動向㈠」山梨学院大学法学論集51巻 (2004年) 251-283頁
久布白落實「我國の新憲法」婦人新報560号 (1946年) 1-5頁
平井亮輔編『正義』(嵯峨野書院, 2004年)
広岡守穂「男女共同参画社会基本法以後の自治体政策」都市問題95巻2号 (2004年) 3-14頁
広岡守穂・広岡立美『よくわかる自治体の男女共同参画政策』(学陽書房, 2001年)
ファー, スーザン・J.「フェミニストとしての兵隊達―占領下における性役割論争―」国際女性学会'78東京会議報告書 (1978年) 13-17頁
――(坂本喜久子訳)「女性の権利をめぐる政治」坂本義和・ウォード, R.E.編『日本占領の研究』(東京大学出版会, 1987年) 459-504頁
――(賀谷恵美子訳)『日本の女性活動家』(勁草書房, 1989年)
ファインマン, マーサ・アルバートソン (上野千鶴子監訳)『家族, 積みすぎた方舟：ポスト平等主義のフェミニズム法理論』(学陽書房, 2003年)
ファルーディ, スーザン (伊藤由紀子・加藤真樹子訳)『バックラッシュ　逆襲さ

参考文献

れる女たち』(新潮社, 1994年)
福岡久美子『国家の人権保護義務―家庭・学校における虐待問題をめぐって―』(1998年)(大阪大学大学院博士学位論文)
福岡市市民局女性部編『現代女性図鑑』(海鳥社, 1993年)
福祉オンブズマン研究会編『福祉"オンブズマン"』(中央法規, 2000年)
福島瑞穂『裁判の女性学』(有斐閣, 1997年)
福島みずほ編『みんなの憲法24条』(明石書店, 2005年)
藤井廣美「男女共同参画政策から見た地域的特性とその要因」人文論究74号(2005年) 81-95頁
藤井樹也「私人による憲法上の『権利』の侵害㈠㈡」民商法雑誌110巻1号(1994年) 1-36頁, 同2号 (1994年) 321-352頁
――『「権利」の発想転換』(成文堂, 1998年)
藤枝澪子・グループみこし『実践事例どう進めるか, 自治体の男女共同参画政策』(学陽書房, 2001年)
藤田たき『わが道―こころの出会い』(ドメス出版, 1979年)
――『続わが道―こころの出会い』(ドメス出版, 1988年)
藤田宙靖『行政法学の思考形式』(木鐸社, 1978年)
藤田宙靖・高橋和之編『憲法論集』(創文社, 2004年)
婦人展望編集部「政府決定の国内行動計画に不満を表明する婦人集会」婦人展望262号(1977年) 12-13頁
船橋邦子「男女共同参画とバックラッシュ ジェンダーの視点でみる女性の人権のいま」部落解放511号(2003年) 4-13頁
船橋邦子ほか「ジェンダー・フリーこれほどまでに攻撃されるのはなぜ?」くらしと教育をつなぐWe130号(2005年) 2-14頁
フランス憲法判例研究会編『フランスの憲法判例』(信山社, 2002年)
古橋源六郎ほか「座談会苦情処理の現状と課題」共同参画21 11号(2004年) 4-10頁
北京JAC『全国の行政(都道府県・政令指定都市)における男女共同参画社会実現のための取り組み調査報告書1, 2』(1999年, 2002年)
ヘンキン, ルイス(小川水尾訳・江橋崇監修)『人権の時代』(有信堂, 1996年)
法学セミナー増刊・総合特集シリーズ『女性と法』(日本評論社, 1976年)
法学セミナー増刊・総合特集シリーズ『女性そして男性』(日本評論社, 1985年)
法務省人権擁護推進審議会『人権救済制度の在り方について』(2001年)

参考文献

　　──『人権擁護委員制度の改革について（諮問第2号に対する追加答申）』（2001年）
法務省人権擁護局「平成9年の人権擁護事務の概要」法曹時報50巻4号（1998年）22‐25頁
　　──「平成16年の人権擁護事務の概要」法曹時報57巻7号（2005年）145‐167頁
法律時報編集部『戦後法学文献総目録第一集』（日本評論新社，1954年）
　　──『戦後法学文献総目録〔一九五四～一九六六年版・公法編(上)〕』（日本評論社，1969年）
細溝清史編『最新会計法精解〔増補版〕』（大蔵財務協会，2002年）
堀眞琴「憲法改正草案と婦人」毎日新聞1946年3月10日
堀江孝司『現代政治と女性政策』（勁草書房，2004年）
前田眞理子「『テロ後』とフェミニズムの論理」法律時報74巻6号（2002年）44‐49頁
巻美矢紀「憲法の動態と静態㈠～㈤」国家学会雑誌117巻1・2号（2004年）37‐88頁，同7・8号55‐110頁，9・10号57‐94頁，11・12号110‐144頁，118巻7・8号（2005年）1‐41頁
松井茂記『日本国憲法〔第2版〕』（有斐閣，2002年）
　　──『アメリカ憲法入門〔第4版〕』（有斐閣，2000年）
マッキノン，キャサリン（奥田暁子他訳）『フェミニズムと表現の自由』（明石書店，1993年）
　　──（村山淳彦監訳）『セクシャル・ハラスメント　オブ　ワーキング・ウィメン』（桐書房，1999年）
マッキノン，キャサリン・ドウォーキン，アンドレア（中里見博・森田成也訳）『ポルノグラフィと性差別』（青木書店，2002年）
マッキノン，キャサリン・ポルノ・買春問題研究会編（訳）『キャサリン・マッキノンと語る　ポルノグラフィと売買春』（不磨書房，2003年）
松澤幸太郎「女性の合衆国市民権㈡」筑波法政34号（2003年）254‐290頁
松下圭一「戦後憲法学の理論構成」東京大学社会科学研究所戦後改革研究会編『戦後改革3　政治過程』（東京大学出版会，1974年）19‐48頁
　　──『市民自治の憲法理論』（岩波書店，1975年）
　　──『政策型思考と政治』（東大出版会，1991年）
　　──『市民立憲への憲法思考』（生活社，2004年）

参考文献

松下圭一ほか「松下圭一・五十嵐敬喜・菅直人鼎談」世界638号（1997年）42-66頁

松田聡子「男女共同参画社会基本法の法学的検討」大阪女子大学女性学研究センター論集10 女性学研究（2002年）28-42頁

松原正晃「法の下の平等と法の理念」公法研究18号（1958年）43-49頁

松本和彦「基本権の私人間効力と日本国憲法」阪大法学53巻3・4号（2003年）269-296頁

――「公共の福祉の概念」公法研究67号（2005年）136-159頁

松本克美「セクシュアル・ハラスメント―職場環境配慮義務・教育研究環境配慮義務の意義と課題」ジュリスト1237号（2003年）137-145頁

丸岡秀子編『日本婦人問題資料集成〔第9巻〕思想(下)』（ドメス出版，1981年）

三井マリ子「男女平等を嫌う反動勢力の実像」くらしと教育をつなぐWe127号（2004年）22-28頁

光田督良「憲法による家族の保障」DAS研究会編『ドイツ公法理論の受容と展開』（尚学社，2004年）452-477頁

三並敏克『私人間における人権保障の理論』（法律文化社，2005年）

光原正「過激派操る『国連』に騙された日本の男女共同参画」正論396号（2005年）326-337頁

――「『男女共同参画』その欺瞞の系譜とレトリック」正論402号（2005年）250頁

宮沢俊義『東と西』（春秋社，1943年）

――「宮澤俊義教授講ポツダム宣言ニ基ク憲法，同附属法令改正要點（1945年9月28日於外務省）」

――『銀杏の窓』（廣文館，1948年）

――『神々の復活』（読売新聞社，1955年）

――『憲法II〔新版〕』（有斐閣，1971年）

宮沢俊義・芦部信喜補訂『全訂日本国憲法』（日本評論社，1978年）

宮下紘「憲法の私人間効力論の根底にあるもの」一橋法学3巻2号（2004年）363-385頁

――「民営化時代における憲法の射程」一橋法学3巻3号（2004年）495-531頁

宮地光子「住友電工男女賃金差別訴訟」労働法律旬報1575号（2004年）4-11頁

武藤健一『近代個人主義と個人単位主義的人権論～フランス革命と女性の人権・家族』（2002年）（一橋大学大学院博士学位論文）

参考文献

棟居快行『人権論の新構成』(信山社，1992年)
　　──『憲法学再論』(信山社，2001年)
村松安子「政策評価手法としてのジェンダー予算」日本評価研究4巻1号 (2004年) 4-19頁
村松安子・村松泰子編『エンパワーメントの女性学』(有斐閣，1995年)
室井力ほか編『現代国家の公共性分析』(日本評論社，1990年)
森竹美「幸福追求権について─立法政策の核として─」西南学院大学大学院法学研究論集18号 (2000年) 1-45頁
森英樹編『市民的公共圏形成の可能性』(日本評論社，2003年)
森ます美『日本の性差別賃金』(有斐閣，2005年)
森田ゆり『多様性トレーニングガイド：人権啓発参加型学習の理論と実践』(解放出版社，2000年)
八木秀次『反「人権」宣言』(ちくま新書，2001年)
八木秀次・宮崎哲弥編『夫婦別姓大論破！』(洋泉社，1996年)
安西文雄「ミシガン大学におけるアファーマティブ・アクション」ジュリスト1260号 (2004年) 227-230頁
　　──「人権の観念について」公法研究67号 (2005年) 110-121頁
安西文雄ほか『憲法学の現代的論点』(有斐閣，2006年)
山内力『政治とアイヌ民族』(未来社，1989年)
山口定ほか編『新しい公共性』(有斐閣，2003年)
山口敏昭「快挙！ 社会良識を守る男女共同参画条例制定─『男・女らしさ』『家族』尊重を望んだ宇部市民の勝利」正論362号 (2002年) 324-333頁
　　──「フェミニズム条例を一掃しよう！」正論384号 (2004年) 330-341頁
山口智美「『ジェンダー・フリー』をめぐる混乱の根源①②」くらしと教育をつなぐWe127号 (2004年) 20-21頁，同129号 (2005年) 21-25頁
山崎公士「日本における人権救済制度の立法化─国際人権法の視点から見た人権擁護法案の問題点─」国際人権13号 (2002年) 2-9頁
山崎公士・NMP研究会編『国内人権機関の国際比較』(現代人文社，2000年)
山崎紫生「占領初期 (1945年〜1947年) の婦人政策にみる女性の役割その1，その2」婦人展望363号 (1986年) 12-13頁，同364号 (1986年) 12-13頁
山下泰子『女性差別撤廃条約の研究』(尚学社，1996年)
　　──「男女平等基本法・推進条例」国際女性12号 (1998年) 81-85頁
　　──「女性差別撤廃条約採択後の国際人権の展開」ジュリスト1237号 (2003年)

参考文献

31-47頁
―――『女性差別撤廃条約の展開』（勁草書房，2006年）
山下泰子ほか『法女性学への招待』，『同〔新版〕』（有斐閣，1996年，2000年）
山下泰子ほか『男女共同参画推進条例のつくり方』（ぎょうせい，2001年）
山下泰子・植野妙実子『フェミニズム国際法学の構築』（中央大学出版会，2004年）
山谷えり子（聞き手：猪野すみれ）「目指すのは男女共同"家族・社会"です」正論408号（2006年）260-269頁
山谷えり子・中條高徳「男女共同参画の欺瞞と驚愕の性教育」正論402号（2005年）250-259頁
山谷えり子・八木秀次「反フェミニズム対談　国家・社会規範・家族の解体に税金を使うな！」正論366号（2003年）294-307頁
山谷えり子ほか「鼎談　国自ら国を滅ぼす子育て支援策の大愚」正論370号（2003年）296-307頁
山本章編『ここがおかしい「男女共同参画」』（世界日報社，2006年）
山本杉「憲法改正と女性の責務」法律新報728号（1946年）43頁
山本敬三「憲法システムにおける私法の役割」法律時報76巻2号（2004年）59-70頁
山元一・高橋和之「行政権と司法権」法学セミナー573号（2002年）34-42頁
UNDP人間開発報告書『ジェンダーと人間開発』（1995年）
横田啓子「インタビュー　ベアテ・シロタ・ゴードン　私はこうして女性の権利条項を起草した」世界583号（1993年）61-70頁
横田耕一「女性差別と憲法」ジュリスト819号（1984年）68-74頁
―――「法の下の平等と最高裁」法律時報59巻9号（1987年）6-12頁
―――「ポジティブ・アクションと女性行政」法学セミナー529号（1999年）14-16頁
―――「『集団』の『人権』」公法研究61号（1999年）46-69頁
―――「憲法学はどう応えるのか」ジェンダーと法1号（2004年）122-134頁
横田耕一・高見勝利編『ブリッジブック憲法』（信山社，2002年）
横浜セクシュアルハラスメント裁判を支える会『横浜セクシュアルハラスメント裁判報告書 From A to A』（1998年）
横山文野『戦後日本の女性政策』（勁草書房，2002年）
吉川智「平等理論への一試論」政教研紀要26号（2004年）1-22頁

吉田克己「家族法改正問題とジェンダー」ジュリスト1237号（2003年）126-136頁
　──「憲法と民法」法律時報76巻2号（2004年）50-58頁
吉田仁美「Grutter v. Bollinger, 288 F.3d.732（2002）── Bakke判決の基準をめぐって」関東学院法学12巻1・2号（2002年）177-207頁
米沢広一「子ども・家族・憲法」公法研究54号（1992年）75-85頁
　──『子ども・家族・憲法』（有斐閣，1992年）
米田眞澄「女子差別撤廃条約の国内的実施に関する若干の考察」阪大法学44巻1号（1994年）123-144頁
読売新聞社『新憲法読本』（1946年）
依田精一「戦後家族制度改革と新家族観の成立」東京大学社会科学研究所戦後改革研究会編『戦後改革1 課題と視角』（東京大学出版会，1974年）271-317頁
　──「占領政策における家族制度改革」思想の科学研究会編『日本占領軍その光と影・上巻』（徳間書店，1978年）362-377頁
　──「占領政策における婦人解放」中村隆英編『占領期日本の経済と政治』（東京大学出版会，1979年）267-300頁
ヨンパルト，ホセ『日本国憲法哲学』（成文堂，1995年）
リプロダクティブ法と政策センター編（房野桂訳）『リプロダクティブ・ライツ世界の法と政策』（明石書店，2001年）
歴史評論編集部編『近代日本女性史への証言』（ドメス出版，1979年）
レビン，小林久子『調停者ハンドブック』（信山社，1998年）
蠟山政道「封建的残滓一層」朝日新聞1947年3月8日
労働省『婦人関係資料シリーズ3　婦人の地位についての調査』（1950年）
労働省監修『婦人参政25周年記念「目で見る婦人の歩み」』（1971年）
六本佳平『法社会学』（有斐閣，1986年）
ワイルズ，ハリー・エマルソン（井上勇訳）『東京旋風』（時事通信社，1954年）
ワーカーズ・コレクティブネットワークジャパン編『どんな時代にも輝く主体的な働き方ワーカーズ・コレクティブ法の実現を』（同時代社，2001年）
ワーキング・ウィメンズ・ネットワーク『男女平等の国際基準報告と資料』（1998年）
若尾典子「『女性の人権』をめぐって―ジェンダーに敏感な視点からの判例分析」公法研究61号（1999年）98-110頁
　──「買売春と自己決定―ジェンダーに敏感な視点から」ジュリスト1237号

参 考 文 献

　　　（2003 年）184‑195 頁
　　――『ジェンダーの憲法学』（家族社，2005 年）
　　――『女性の身体と人権』（学陽書房，2005 年）
我妻栄『家の制度』（酣燈社，1948 年）
　　――「新憲法・家族制度の"封建"拂拭」毎日新聞 1946 年 3 月 8 日
　　――「新憲法の焦顛」毎日新聞 1946 年 4 月 23 日，同 24 日
和田鶴蔵『憲法と男女平等』，『同〔増補版〕』（法律文化社，1969 年，1974 年）
和田幹彦「元 GHQ 民政局次長故チャールズ・L・ケイディス氏へのインタビュー
　　（一九九三年）―憲法 24 条の成立と，民法・戸籍法の『家』制度の改廃過程―」
　　法學志林 94 巻 2 号（1997 年）133‑158 頁
　　――「戦後占領期の民法・戸籍法改正過程―『家』の廃止を中心として―㈠〜㈥」
　　法學志林 94 巻 4 号（1997 年）51‑66 頁，同 95 巻 2 号（1998 年）29‑85 頁，同
　　95 巻 4 号（1998 年）39‑88 頁，同 101 巻 3 号（2003 年）45‑77 頁，同巻 4 号
　　（2004 年）77‑149 頁，同 103 巻 4 号（2006 年）1‑43 頁
渡辺昭夫編『アジアの人権』（財団法人日本国際問題研究所，1997 年）
渡辺和子編『女性・暴力・人権』（学陽書房，1994 年）
渡部昇一ほか『国を売る人々』（PHP 研究所，2000 年）
渡辺智子『Q＆A わかりやすい女性の人権』（明石書店，2003 年）
渡部保夫ほか『テキストブック現代司法〔第 4 版〕』（日本評論社，2000 年）

事項索引

＜あ 行＞

あっせん……………………138, 179
アファーマティブ・アクション……70
違憲審査基準………………46-49
違憲立法審査制……………36, 169
EC 裁判所……………………74
一時保護………………………139
一日合同行政相談所長…………192
インテーク…………………213, 263
ADR…………170-172, 185-186, 238
NGO との連携…………………136
NGO の支援……………………238
エンパワーメント
　………………218, 222-223, 256, 266
覚書（総理府と労働省）………113-114
オンブズパーソン………………176
オンブズマン……………………176

＜か 行＞

家　族……………………293-295
家族制度…………………20-25
GAD……………………………135
かながわ女のスペース"みずら"
　……………………………237
かながわ女性センター………119-120
家父長制………………………299
間接性差別……………………331
間接適用説……………………42
議員立法………………………96
企業（の取組み）……………271-274
企業との連携…………………129
機構信託説……………………149-150
貴族院帝国憲法改正案特別委員
　小委員会……………………18
基本権保護義務………………44, 159
義務（国家の）………………282, 287
救済法…………………………164
行政権…………………………148-149
　──の肥大化………………145
行政相談委員…………………173, 190
近代家族制度…………………36
近代個人主義…………………304, 326
均等推進企業…………………273
苦情処理委員会………………176
具体的権利……………………165
形式的平等……………………39-40
結婚退職制……………………225
厳格審査論……………………47-49
憲法 13 条………………87, 317, 326
　──14 条………27-28, 36-42, 46-49,
　62-64, 77-82, 279, 317, 326
　──65 条……………………144, 148
憲法 24 条論の不在……………26
憲法普及会……………………10, 33
憲法問題調査委員会……………7, 8, 12
強姦罪…………………………55
公共性…………………………152-153
公共性の分有…………………153-157
公共的訴訟モデル……………165-167
公共の福祉……………………281
公契約…………………………268-270
公私二元論……………………27, 292-297
厚生労働省雇用均等・児童家庭
　局……………………………115
幸福追求権……………………278-279

377

事項索引

合理的区別……………………59
合理的差別…………26, 38, 49, 279, 310
国際協力……………………135, 256
国際協力事業団………………136
国際人権法……………………285
国際女性の地位協会……………250
国際人権基準…………………286-287
国際婦人年……………………106, 242
国際婦人年日本大会……………231
国際婦人年日本大会の決議を実
　現するための連絡会…231-235, 246
国際婦人年をきっかけとして行
　動を起こす女たちの会…235-236
国策フェミニズム………………306
国政上最大尊重義務……………282-284
国内行動計画…………………77, 87, 107
国立女性教育会館………………267
国連（の取組み）………………241-251
国連NGO国内婦人委員会…243, 246
戸主権…………………………20-25
個人の尊厳……………………278
五大改革の指令………………8, 13
国公立女子大学…………………55
雇用均等室……………………174
婚姻年齢………………………53

＜さ 行＞

再婚禁止期間…………………53-54
埼玉県男女共同参画苦情処理委
　員……………………………188
財団法人女性のためのアジア平
　和国民基金…………………240, 252
財団法人横浜市女性協会……121-122
裁判（の定義）………………162
差別解消義務（国の）…………75
参議院共生社会に関する調査会……96

GHQ……………………8-9, 11, 99-102
　――人権に関する小委員会………15
　――地方軍政部…………………105
　――民間情報教育局……28, 104-105
　――民政局…………………15, 100
シェルター……………………237
ジェンダーフリー
　………………111-112, 271, 311-315
ジェンダー法学…………………318
自己決定………………………264
自己決定権……………………279, 302
自己実現………………………222
私人間適用……………………41-46
実質的平等……………………72, 325
シティズンシップ……………297-306
児童買春………………………255
児童相談所……………………181
司法権（の定義）……………162-170
司法制度改革…………………171, 182
司法におけるジェンダー・バイ
　アス…………………………221, 327
市民権…………………………299-306
市民自治の基本法………………150
社会的差別……………………68, 80
社会福祉基礎構造改革…………259
衆議院議員選挙法………………12
衆議院帝国憲法改正案委員小委
　員会……………………………18
従軍慰安婦……………………251-253
首都圏男女平等条例市民ネット
　ワーク………………………237
省庁割拠制……………………98
女権拡張論……………………132, 321
女性教育………………………30, 92, 104
女性行政………………………86, 314

378

事項索引

――，横浜市の ……………121
――，川崎市の ……………123
――，東京都の ……………116
――，神奈川県の …………119
女性行動計画 ………………125
女性差別撤廃委員会 ………250
女性差別撤廃条約
　　………27, 55, 93, 248-250, 288
　　――選択議定書 …………291
女性参政権 ……………11-14, 29
女性センター …127-128, 178, 240
　　――公設民営方式 ………128
女性団体（との連携）………129
女性の解放 …………………9
女性の権利は人権である …133, 301
女性の地位委員会 …………241
女性の地位向上………………18
女性のチャレンジ支援策 …271
女性保護規定 ………………52-53, 91
女性問題担当大臣 …………109
自立支援 ……………………139
人権オンブズパーソン（川崎市）…188
人権概念の女性差別性 ……324
人権概念の閉鎖性……………67
人権教育のための国連10年……266
人権政策の三原則 …………262
人権問題の国際化 …………289
人権擁護委員 ………………172, 190
人権擁護法案 ………………182
人身売買罪 …………………255
新二重の基準論………………61
ステイト・アクション ……44
住友電工訴訟 ………………331-333
政策方針決定過程への参画促進 …134
世界女性会議 ………………97, 244-248

世界女性会議ネットワーク関西 …247
責任（行政の）……………146-147
責任（自治体の）…………152
責務（国の）………………81-83, 284
責務責任 ……………………89-90
セクシュアル・ハラスメント ……228
全国憲法研究会 ……………288
戦後対策婦人委員会…………11
「戦争と女性への暴力」日本ネッ
　トワーク …………………253
総合調整 ……………………126
総理府男女共同参画室 ……109
　　――婦人問題担当室 ……107, 113
ソーシャル・インクルージョン …259
訴訟支援制度 ………………141
措　置 ………………………263

＜た　行＞

縦割り行政……99, 106, 127, 195, 212
男女共同参画会議 …………111, 191, 268
男女共同参画基本計画（国の）
　　……………………………110, 191
男女共同参画社会基本法
　　…94, 110, 142-143, 156, 190, 308-310
　　――附帯決議 ……………143
男女共同参画条例 …………130-132, 196
男女共同参画審議会設置法 ……110
男女共同参画担当行政相談委員 …173
男女共同参画担当大臣 ……109
男女共同参画2000年プラン……307
男女共同参画ビジョン ……307-308
男女共同参画論 ……………133, 306-307
男女雇用機会均等法 ………56, 93, 226
男女同権 ……………………34
男女平等オンブズパーソン
　　……………………………138, 186-221

事項索引

――, あっせん …………………215
――, 事務局 ………………204-205
――, 守秘義務 ………………206
――, 専門調査員 ………………205
――, 調整 ……………………215
――, 発意調査 ………………210
――, 申出の内容 …………207-210
――, 類型 ……………………197
男女平等オンブド（川崎市）…124, 187
男女別定年制 …………………225
地域福祉計画 …………………259
地方議会 ……………………219-220
地方分権推進委員会 …………148-149
中央省庁改革 ………………114, 127
賃金差別 ……………………227
続　柄 ………………………230
東京ウィメンズプラザ …………117
当事者主権 …………………302
都道府県警察 …………………179
ドメスティック・バイオレンス
　…………………139, 262, 296
トラフィキング ……………253-255

＜な　行＞

二次被害 ……………………265
日産自動車事件 ………………42
日本軍性奴隷制を裁く女性国際
　戦犯法廷 …………………253
日本公法学会 ………37-38, 319, 331
日本女性差別撤廃条約NGO
　ネットワーク ………………250

＜は　行＞

配偶者からの暴力の防止及び被
　害者の保護に関する法律 ……139
配偶者暴力相談支援センター 180-181
売春防止法 ……………………92

バックラッシュ ………………310
バッシング ……………………310
母親学級 ……………………104
パリテ法 ……………………75
評価システム …………………141
平等権 ……………………38, 40, 63
夫婦同氏の原則 ………………54
フェミニズム法学 ……………65-66
複合差別 ……………………211
婦人の地位向上 ……………102, 112-113
婦人問題企画推進本部 ………107, 112
プライバシー …………………300
　――の権利 …………………279
分離すれども平等 ……………57-58
北京JAC ……………………247
法の下の平等 …………………37
法律上の争訟（の定義）………162
法律相談 ……………………177
ポジティブ・アクション
　………………71-75, 135, 267
母性の保護 …………………19
本質的平等 …………………18

＜ま　行＞

まちづくり条例 ………………258
マッカーサー草案 ………13, 15-17
民法1条の2 ………………20, 332
民法改正案 ……………54, 181, 229
民主主義的合理性 ……………50
無適用説 ……………………46
文部省社会教育局 ……………92

＜ら　行＞

立法義務論 …………………36, 69
立法者拘束説 …………………76
立法政策論 …………………78
連絡調整 ……………112-113, 126

労働基準法 ……………………… 50
労働省婦人少年局 …… 31, 99, 102, 112
労働センター …………………… 179

〈わ 行〉

ワーカーズ・コレクティブ …260-261
ワンストップショッピング …140, 263

人 名 索 引

〈あ 行〉

赤坂正浩 ……………………… 277
芦部信喜 …………………… 82, 279
阿部照哉 …………………… 39-40, 63
石川健治 …………………… 153-155
市川房枝 …………………… 11, 14
伊藤正己 …………………… 39, 51, 282
井上典之 ……………………… 169
ウィード,エセル ………… 28, 99-105
上野千鶴子 ………………… 299-306
植野妙実子 ……………… 6, 294, 323-324
内野正幸 …………………… 67-69
浦部法穂 ……………………… 39
江橋崇 …………… 154, 283, 289-291
遠藤比呂通 …………………… 169
大河内輝耕 …………………… 23
大沢真理 ……………………… 307
岡野八代 …………… 297-299, 303

〈か 行〉

加藤一郎 …………………… 25-26
加藤シヅエ ……………… 19, 29-30, 101
金森徳次郎 …………… 20-22, 75-76
神長百合子 …………………… 167
紙谷雅子 ……………………… 323
河合良成 …………………… 19-20
川島武宜 ……………………… 25
北浦圭太郎 …………………… 21
君島東彦 ……………………… 294
君塚正臣 …………… 47-49, 293-294

木村篤太郎 ………………… 18, 20-23
金城清子 …………… 6, 63-64, 320
グージュ,オランプ ドゥ …… 321
久保田きぬ子 ……………… 319-320
ケイディス,チャールズ …… 16-17
越原はる ……………………… 20
小山剛 …………………… 44, 159

〈さ 行〉

佐々木雅寿 …………………… 303
笹田栄司 ……………………… 170
佐藤幸治 …… 59, 61, 164-167, 171, 282
沢田牛麿 ……………………… 18
霜山精一 …………………… 22-23
シロタ,ベアテ ……………… 15, 32
申惠丰 …………………… 286-287
鈴木安蔵 ……………………… 9, 76

〈た 行〉

高橋和之 …………………… 46, 64, 66
瀧川裕英 …………… 89-90, 146-147
滝澤美佐子 …………………… 287
武田キヨ …………………… 19, 24
只野雅人 …………… 170, 283, 296-297
田所美治 ……………………… 23
谷野せつ ……………………… 101
田畑忍 …………………… 37-38
辻村みよ子 …… 6, 159, 279, 304-306, 316-317, 321-323
土井たか子 ………………… 95-96
戸波江二 ……………………… 159

人名索引

戸松秀典 ……… 47, 65-66, 73, 318-319

＜な　行＞

中里見博 ……… 294-296
中村睦男 ……… 38
中山道子 ……… 293, 320
西原博史 ……… 159
根森健 ……… 282, 316
ネルソン，ジョン ……… 104-105
野崎綾子 ……… 325-326
野中俊彦 ……… 52, 276, 288

＜は　行＞

橋本公亘 ……… 60, 81-82
長谷川正安 ……… 38
長谷部恭男 ……… 170, 276, 282
林道義 ……… 310-311
樋口陽一 ……… 304-305, 331-332
ヘンキン，ルイス ……… 285

＜ま　行＞

巻美矢紀 ……… 46

牧野英一 ……… 22
松井茂記 ……… 49, 276
松下圭一 ……… 149-150
松本和彦 ……… 154
三浦寅之助 ……… 21
三並敏克 ……… 59-60
宮沢俊義 ……… 39, 50, 56-59
宮下紘 ……… 154
棟居快行 ……… 41

＜や　行＞

山川菊枝 ……… 103
横田耕一 ……… 71-73
吉田茂 ……… 21
米沢広一 ……… 293

＜わ　行＞

若尾典子 ……… 7, 331
我妻栄 ……… 25, 76
和田鶴蔵 ……… 41, 52, 61, 68-69

〈著者紹介〉

大西祥世(おおにし・さちよ)

2005年　法政大学大学院社会科学研究科法律学専攻博士後期課程修了。博士(法学)

現　職　財団法人 地方自治総合研究所　特別研究員

主要著作　『女性に関する人権保障の憲法構造』(課程博士学位論文, 2005年)

『ドメスティック・バイオレンスと裁判——日米の実践』(現代人文社, 2001年)[共編著]

「自治体女性行政の比較研究」法學志林98巻3号(2001年)[共著]

「男女共同参画社会と自治体政策」法律時報78巻1号(2006年)

女性と憲法の構造

2006年(平成18年)10月1日　初版第1刷発行

著　者　　大　西　祥　世

発行者　　今　井　　　貴
　　　　　渡　辺　左　近

発行所　　信山社出版株式会社
　　　　　(〒113-0033) 東京都文京区本郷6-2-9-102
　　　　　　　　　　　TEL 03 (3818) 1019
　　　　　　　　　　　FAX 03 (3818) 0344

Printed in Japan

印刷・製本／松澤印刷・大三製本

© 大西祥世, 2006.
ISBN4-7972-2448-7　C3332